AF617242

LA DICTADURA ROMANA

LOS MAGISTRADOS Y EL *IMPERIUM*

LA DICTADURA ROMANA
LOS MAGISTRADOS Y EL *IMPERIUM*

Theodor Mommsen

Introducción, traducción y comentarios
de
Sabino Perea Yébenes

Sílex

Editor: Ramiro Domínguez Hernanz

C/ San Gregorio, 8, 2, 2ª Madrid
España
www.silexediciones.com

ISBN: 978-84-10267-31-2
Depósito Legal: M-25300-2024
Colección: Sílex Universidad

Impreso y encuadernado en España

CONTENIDO

El Estado solamente puede conservar su estabilidad cuando se dé en él un equilibrio de derecho, de deber y de poder, de suerte que los magistrados tengan la suficiente potestad, el senado tenga la suficiente autoridad, y el pueblo tenga la suficiente libertad.

Cicerón, *De republica*, II, 57.

Mommsen cannot be replaced by people who are smaller than Mommsen.

(Arnaldo Momigliano, en *Journal of Roman Studies* 39, 1949, p. 156).

Th. Mommsen escribió esta frase en las últimas líneas de la introducción a su obra *Das römische Imperium der Cäsaren: römische Geschichte*:

Mit Entsagung ist dies Buch geschrieben und mit Entsagung möchte es gelesen sein.

[El autor ha renunciado a muchas cosas en este libro y debe ser leído igualmente con espíritu de renuncia].

Ofrecemos al lector este libro, que es de Mommsen y sobre Mommsen, haciendo nuestra la idea del sabio.

Sílex Universidad es una colección de Historia nacida hace 20 años para publicar novedades historiográficas y transportar una historia crítica, analítica y rigurosa.

Colección Sílex Universidad

Consejo Asesor

El presente libro ha sido evaluado por el sistema de revisión por pares académicos.
Los dictámenes correspondientes están depositados en el seno de la editorial.

La editorial Sílex ocupa la posición n.º 6 del *Scholarly Publishers Indicators in Humanities and Social Sciences* (SPI) de 2022 en prestigio editorial en la disciplina de Historia con un ICEE de 84.

Propuestas de publicación

Las propuestas de edición serán enviadas a:
gestion@silexediciones.com
en un archivo pdf. La colección se pondrá en contacto con el remitente para informarle del proceso de revisión por pares, las condiciones de edición y su potencial programación.

PREFACIO

EVOCACIÓN DE THEODOR MOMMSEN

Carl David af Wirsén

(Discurso pronunciado en la entrega del premio Nobel a Theodor Mommsen, por el poeta Carl David af Wirsén el 10 de diciembre de 1902)[1]

El párrafo segundo de los estatutos del Premio Nobel estipula que bajo el concepto de literatura no solo se deben incluir obras puramente literarias, sino también otros escritos. Esta interpretación que propone la correlación de la literatura con otras disciplinas, permite dar la bienvenida a un filósofo, un exégeta, un naturalista o un historiador, cuando sus obras destaquen tanto por el alto valor del contenido como por la perfección de la forma.

La Academia Sueca eligió este año a uno de los nombres más ilustres que se le habían presentado. Decidió, de hecho, otorgar el premio al historiador Theodor Mommsen, propuesto por 18 miembros de la Real Academia de Ciencias de Prusia.

El índice de sus obras y artículos, compilado por Zangemeister con motivo del 70 cumpleaños de Mommsen, contiene 920 entradas. Una de las tareas más importantes de Mommsen durante su vida fue la redacción del *Corpus Inscriptionum Latinarum*, una empresa gigantesca, para la que contó con la asistencia de un gran número

[1] Publicación original: Carl David af Wirsén: Verleihungsrede bei der Überreichung des Nobelpreises für Literatur an Theodor Mommsen am 10. Dezember 1902, publicado en: Th. Mommsen, *Römische Geschichte* (Der literarische Nobelpreis), Zurich, 1902, 17-20. El texto presentado aquí está traducido del prefacio de la edición francesa (resumida) de la *Histoire de Rome*, de Mommsen, publié dans la Collection des Prix Nobel de Littérature, sous le patronage de L'Académie Suédoise et de la Foundation Nobel, realisé par Les Presses du Compagnonnage, et une sélection des Éditions Rombaldi, Paris, 1960, 11-16.

de colaboradores, pero a la que contribuyó en cada uno de los 50 volúmenes; también era suyo el mérito de organizar todo el trabajo. Como un verdadero héroe de la ciencia, Mommsen actuó como un erudito independiente, descubriendo y renovando el Derecho Romano, la epigrafía, la numismática y la cronología romana, así como en la antigüedad romana en general, y trató con mimo y autoridad otros temas, una inscripción yapígica, los fragmentos de *Apius Caecus* o la agricultura de los cartagineses. Se ha convertido en el historiador más famoso entre el público en general que se ha educado gracias a su *Historia Romana*. Especialmente por esta obra monumental la Academia Sueca ha decidido otorgarle el Premio Nobel. La publicación de este trabajo comenzó en 1854; el cuarto volumen aún no ha aparecido, el quinto, en cambio, que contiene una magistral descripción de la posición de las provincias romanas durante el Imperio, fue publicado en 1885, en una época tan cercana a la nuestra que conserva este carácter de actualidad a los que se hace referencia en los estatutos del Premio Nobel y puede servir de base para debates fascinantes. Su *Historia Romana* ha sido traducida a un gran número de idiomas; se caracteriza tanto por una erudición sólida y amplia como por una presentación contundente y viva. Al dominar una documentación prodigiosa, Mommsen aúna rigor crítico, método estricto, ardor juvenil y forma artística; todo ello conduce a que la narración sea viva y entrañable. Se las arregla para separar lo esencial de lo secundario, y no sabemos qué más debemos admirar de su vasta erudición, su ordenado buen sentido, la fuerza de su imaginación profética, su aptitud para análisis de acontecimientos, cuidadosamente meditados y transmitir imágenes llenas de vida. Por su capacidad de predicción y su capacidad para expresarse, el historiador y el poeta están muy cerca. Mommsen también sintió esta afinidad, cuando dijo, en el volumen quinto de su *Historia Romana*, que la fantasía no es solo la madre de toda la poesía, sino también de cualquier historia. Y, de hecho, las analogías son sensibles. La suprema objetividad de Leopold von Ranke recuerda la grandeza silenciosa de Goethe, e

Inglaterra, para ser francos, ha arrojado los huesos de Thomas B. Macaulay al "rincón de los poetas" en Westminster.

Mommsen ha descrito a grandes rasgos el carácter del pueblo romano y ha mostrado cómo el ciudadano romano obedecía al Estado porque había aprendido a escuchar a sus padres. Ha pintado ante nosotros, con extraordinario talento, el gran fresco del desarrollo de Roma desde sus orígenes humildes hasta su dominio del mundo. Mostró cómo, a medida que crecía el imperio, los nuevos deberes del Estado excedían las normas constitucionales tenazmente conservadas; cómo la soberanía de los *comitia* se convirtió gradualmente en una ficción, transformada, solo ocasionalmente, en realidad práctica por los demagogos; cómo el Senado se preocupaba honorablemente por los asuntos públicos; cómo la vieja oligarquía aristocrática que se justificó en su tiempo ya no respondía a las exigencias de la situación; cómo un capitalismo, muchas veces poco nacional, abusó de su poder en especulaciones políticas y cómo una agricultura libre fue desapareciendo poco a poco para desgracia del Estado; cómo los frecuentes cambios de cónsules impedían la unidad y la lógica en la conducción de la guerra, cómo, en consecuencia, los mandos militares debían prolongarse, cómo aumentaba en la misma medida el deseo de independencia de los generales, cómo el cesarismo se convertía en una necesidad política por muchas razones, entre las que la falta de formas representativas del Imperio, en ese momento, no era la menor, y cómo el absolutismo habría sido en muchos casos menos dañino que la oligarquía. Cada grandeza fingida recibe el juicio del historiador inexorable. Separa el oro real del falso, y tiene, como César, objeto de su admiración, ojo certero para discernir entre las realidades y la ilusión de la libertad, que él alaba y observa entre los guerreros galos.

Mommsen ha sido reprochado desde varios frentes por haber sido a veces, con la independencia que confiere el genio, subjetivo y apasionado en sus juicios, en particular en sus comentarios a menudo desfavorables sobre los últimos amigos de la libertad política agonizante y sobre los adversarios de César o sobre aquellos que, en tiempos tan difíciles, vacilaron entre partidos. Se han hecho críticas, a menudo acertadas, al arte y a la manera que tiene Mommsen de rendir homenaje a la fuerza del genio, incluso cuando rompe relaciones legítimas, y a su afirmación de que donde en la historia no hay un juicio por alta traición, puede suceder que un revolucionario sea un estadista muy inteligente y digno de elogio. Por otro lado, se debe enfatizar que Mommsen no glorifica la fuerza bruta *per se*, sino la fuerza que, según él cree, sirve a razones de Estado imperiosas, y es necesario recordar su opinión de que "la alabanza, que ha sido corrompida por el genio del mal, peca contra el sano espíritu de la historia". Y, cuando notamos que usa, al hablar de la Antigüedad, a veces expresiones modernas que no pueden tener toda su resonancia en el contexto de la historia antigua, este proceso, que pretende mostrar las similitudes entre las manifestaciones de distintas épocas, se explica no sólo por la fantasía viviente de Mommsen, sino por su erudición: dispone de un gran número de analogías entre los distintos períodos de la historia. Aunque la descripción a veces se vuelve abigarrada, otras veces se muestra más fresca. Mommsen no es en modo alguno un materialista histórico. Reprocha al historiador Polibio, a quien admira, haber descuidado las fuerzas morales de la humanidad y haber tenido una concepción excesivamente mecánica del mundo. Dice de Tiberio Sempronio Graco y de las medidas tomadas por este brillante revolucionario, elogiado por él en ciertos casos y reprochado en otros, que todo Estado reposa sobre pies de barro cuando un lazo moral no une a gobernantes y al pueblo. Considera a la familia como la célula de la nación. Habla en los términos más enérgicos contra la maldición del sistema esclavista romano. Ha visto cómo la desgracia puede endurecer y sostener moralmente a un pueblo que todavía tiene fuerzas, y hay una verdad instructiva en esta afirmación, expresada por la Academia de Ciencias de Prusia: Atenas resucitó los anhelos de libertad tras ver la Acrópolis incendiada por los persas, así como la unidad de la Italia moderna surgió de las llamas que asolaron Roma, invadida por los franceses.

Con erudición, vivacidad e ironía, Mommsen arrojó luz sobre la política interior y exterior de Roma, su religión, su literatura, sus leyes, sus finanzas, sus costumbres. Sus descripciones son magníficas; las historias de batallas –la del lago Trasimeno, la de Cannas, la de Alesia, la de Farsalo–, quedan grabadas en la memoria del lector.

Igual de espontáneos y llenos de vida son los retratos de personajes. Penetrantes y expresivos emergen ante nosotros los perfiles del incendiario político Gayo Graco o de Mario, cuyo destino quedó claro cuando "su locura creció empujándole al abismo, para escapar del engaño"; de Sila ofrece un retrato que ha sido cuidadosamente reproducido en manuales y crestomatías y que es incomparable, y también del gran César, el ideal romano de Mommsen, de Aníbal, de Escipión, el conquistador de Zama, por no hablar de figuras más modestas cuyos rasgos son reproducidos con precisión por la pluma del maestro. El historiador Treitschke dijo frente a estas imágenes que la *Historia Romana* es la obra histórica más bella del siglo XX y que todo adolescente, todo joven luchador, debe ser un apasionado del Aníbal y del César de Mommsen.

Mommsen tiene un notable conjunto de cualidades. Es un científico consumado, que busca pacientemente descubrir las fuentes y, a veces llevado en su juicio, penetra con un conocimiento asombroso de las cosas en los complicados trabajos de la administración y la vida económica; pero es a la vez un genial pintor de batallas y un gran pintor de personajes. Es quizás ante todo un artista y su *Historia de Roma* es una gigantesca obra de arte. La filología, esa noble flor de la cultura, no será lo mejor de su herencia, pero aun así Mommsen se muestra como uno de sus mejores representantes. Cuando entregó el primer volumen de su *Historia de Roma* a su editor, escribió: "Mi dolor ha sido ilimitado", y, con motivo del 50 aniversario de su doctorado, pronunció unas sentidas palabras sobre "el mar sin orillas" de la investigación; pero, en su obra acabada, el esfuerzo, por grande que haya sido, es invisible, como ocurre en toda auténtica creación artística que parece natural, y uno se siente en tierra firme. La gran obra está ante nuestros ojos como fundida en metal. Por eso Lord Acton designó acertadamente a Mommsen, en su curso introductorio en la Universidad de Cambridge, como "uno de los más grandes escritores de la actualidad y, precisamente por eso, es merecedor de un gran premio literario". La primera edición alemana del último volumen de la *Historia Romana* ya está completa. No hay cambios. La obra representa, en su antigua frescura, un monumento de la solidez del bronce, si no de la suave belleza del mármol. Por todas partes asoma el investigador, pero también el poeta. Y Mommsen realmente escribió poesía en su juventud. El *Libro de canciones de tres amigos*, que data de 1843, lo atestigua. Podría haber puesto este talento al servicio del canto, si, como él mismo dice, las circunstancias le hubieran impedido que

> Antes, de los folios y la prosa
> de cada capullo habría florecido una rosa.

El historiador Mommsen era amigo de Hans Theodor Storm y admirador de Eduard Mörike; y en su vejez volvió a traducir ciertas obras de los poetas italianos Giosuè Carducci y Giuseppe Giacosa.

La ciencia y el arte se han mostrado a menudo capaces de preservar la juventud del corazón de los eruditos y artistas. Mommsen es a la vez científico y artista, y a sus 85 años es joven en sus obras. A una edad ya avanzada, y más recientemente en 1895, presentó valiosos trabajos en el marco de las publicaciones de la Academia de Ciencias de Prusia.

La medalla del Premio Nobel de Literatura representa a un joven que escucha atentamente las inspiraciones de la Musa. Mommsen es un anciano, pero este anciano tiene la llama de un adolescente. Rara vez se ha sentido tan vívidamente a la musa Clío como en la *Historia Romana* de Mommsem. Esta historia pura nos llenó de entusiasmo cuando, en nuestra juventud, aprendimos a conocerla; ha mantenido este poder mismo sobre nuestras mentes cuando lo leemos de nuevo en nuestra vejez. La fuerza de la ciencia histórica es tanto mayor cuanto que es al mismo tiempo un gran arte.

Por todo ello, se rinde hoy homenaje a Theodor Mommsen en el país de Erik Gustaf Geijer.

PARTE I

INTRODUCCIÓN
(SABINO PEREA YÉBENES)

INTRODUCCIÓN

I. Theodor Mommsen, premio Nobel literatura

Sobre Theodor Mommsen (nacido el 30 de noviembre de 1817 en Garding, Schleswig-Holstein, y fallecido el 1 de noviembre de 1903 en Berlín-Charlottenburg, mientras dormía), se ha escrito mucho; aquí apenas hacemos un esbozo biográfico en relación, principalmente con la obtención del Premio Nobel de Literatura un año antes de morir, y poniendo ahora el foco en su labor magistral como Historiador del Derecho romano.

Theodor era un hombre de profunda ideología liberal y democrática, no ajeno a los problemas políticos de su tiempo, lo que le condujo a enfrentarse abiertamente al *káiser* Federico Guillermo IV y sus *junkers*, "viejos estúpidos conservadores". En el Parlamento siempre defendió una ideología liberal frente al viejo sistema nacional del *káiser*, de tipo militar y casi feudal. La lucha por sus ideales políticos siguió, si cabe aún más enérgicamente expresada contra la política represiva del Bismark, a quien se opuso siempre siendo diputado en el Parlamento.

Había tomado parte en los movimientos de 1848 en Kiel y Hamburgo, donde había sido herido. Esta actuación política le había hecho salir de Holstein y aceptar una cátedra de Derecho romano en Leipzig, donde, como Jahn y Moritz Haupt, era uno de los representantes del liberalismo en la Universidad. En este año de 1851 fue suspendido y castigado por la política reaccionaria del primer ministro sajón Beust, en unión de sus compañeros.

Deja Leipzig ese mismo año, trasladándose a Zurich, Suiza, a donde llegó en 1852. Dos años después publicaría allí las *Inscriptiones Confoederationis Helveticae Latinae*, obra escrita íntegramente en latín, y cuya estructura fue modelo de los que más tarde sería el Corpus de inscripciones latinas. Fue allí donde dos editores –los hermanos Caspar y Salomon Hirzel– contactaron con Mommsen para que escribiera para ellos una *Historia Romana*. Aceptó, ¿cómo? Lo cuenta él en una carta dirigida a Gustav Freytag, que merece la pena ser reproducida:

> ¿Sabe usted cómo llegué a escribir la *Historia de Roma*? En lo que yo había pensado como posible en cosas completamente distintas, como trabajar en el Derecho penal romano, en editar los documentos jurídicos romanos o, acaso, un compendio de las Pandectas, pero no había pensado, en absoluto, en escritos históricos. Entonces me atacó esa conocida enfermedad infantil que pasa todo joven profesor de dar, con las consiguientes mutuas molestias, una conferencia en el refinado Leipzig. Y como precisamente por aquel entonces trabajaba en el campo jurídico, y con un tema así no me habría dado a conocer a mi futura mujer de una manera muy agradable, pronuncié una conferencia sobre los Graco. El público la aceptó, como otras cosas parecidas, y, además, se resignó con serenidad a no tener del famoso par de hermanos más que una oscura idea. Pero entre el público se encontraban también Reimer y Hirzel, y dos días más tarde vinieron a mí para preguntarme si quería escribir una Historia romana para su colección. Verdaderamente, me sorprendí mucho en el primer momento, ya que no se me había ocurrido en absoluto tal posibilidad; pero ya sabe usted lo que sucede en estos años de revueltas y equivocaciones: todo el mundo confía demasiado en sí mismo, y si se pregunta a un joven profesor si quiere ser ministro de Educación, suele contestar que sí. Yo también dije que sí, pero lo dije porque estas dos personas me imponían respeto, y pensé: "Si ellos confían en ti, ¿por qué no has de confiar tú también en ti mismo?" No sé quién de los dos tuvo la idea, y, aunque lo supiera no lo diría... Querría que dijese al público, ya que debo creer que mi obra ha encontrado lectores agradecidos, que una buena parte de su agradecimiento, si no la mejor, corresponde a los dos hombres que me encargaron esta tarea.[1]

[1] Tomado de CARRERAS, 1987^{7}, pp. III-IV.

Había adquirido el compromiso de escribir la *Historia de Roma* en tres volúmenes, sin poner fecha al momento en que tal historia debía acabar. Algunas dificultades económicas surgidas de repente disiparon las dudas acerca de ponerse manos a la obra, y sacarla adelante. El gran esfuerzo de escritura que ese plan suponía y otras dificultades personales quizás mermaron la confianza de Mommsen en su propio trabajo, y bajó sus expectativas económicas sobre los derechos de edición, ya que pensaba que esta obra no alcanzaría el éxito de la *Historia de Grecia* de Ernst Curtius. En 1854 salió el primer volumen de la *Historia de Roma*; en junio del 1855 el segundo, y en la primavera del 1856 el tercero[2], que sería considerado el último, alcanzando cronológicamente hasta la muerte de César. Por tanto, la obra no es la Historia de Roma completa, sino desde sus orígenes hasta el final de la República. En efecto, el régimen del Principado, inaugurado por Augusto, está ausente en la *Historia de Roma*, y aparece solamente como colofón en los diversos capítulos del *Staatsrecht*. Con acierto J.J. Carreras ha resumido el pensamiento de Mommsen en este sentido:

> Augusto, en la concepción de Mommsen, había buscado un intermedio entre la oligarquía senatorial y el absolutismo militar cesáreo; su régimen sería una diarquía que no representaba una ruptura con el viejo régimen, sino la continuación de una evolución jurídica, que se proseguiría ininterrumpidamente hasta Diocleciano. La diarquía sería una resurrección de viejas instituciones republicanas, adaptadas a los problemas planteados por la crisis de la República, y solo la aparición de la autocracia, en el siglo IV, la haría desaparecer. El *Princeps* no era un cargo hereditario, sino solo un funcionario del Estado, vitalicio y sin colegas, que compartía el poder con el senado. Con todas las críticas que ha sufrido, tanto la concepción general como ciertos detalles de su interpretación, ha sido una de las más fecundas para el conocimiento comprensivo

---

2 Sobre el proceso de elaboración de la *Historia de Roma*, entre 1861 y 1865, vid. Carreras, 1987[7], pp. III-VIII. Este trabajo es fundamental para el estudio de la obra de Mommsen, su ideología política, y su biografía esencial académica.

> no solo en las instituciones jurídicas, sino para la historia romana toda desde Augusto a Diocleciano[3].
>
> El concepto de la magistratura como encarnación del poder popular es el eje de la evolución de la historia romana. A través de todas las vicisitudes de la época republicana y de la oligarquía senatorial, este principio sigue en pie: a él debe su esencia, y su límite el Principado de Augusto. Lo mismo que el magistrado republicano no era más que un rey, limitado por una serie de leyes especiales, así también el Principado no es sino una magistratura reforzada y adaptada a las nuevas circunstancias. La famosa diarquía augustea, el reparto de poderes entre el Senado y el *Princeps*, es, en cierto sentido, según Mommsen, una vuelta a la primitiva dualidad de poderes que se habría dado en Rómulo. Los elementos más importantes a partir de los cuales se desarrollaría el Principado son el poder tribunicio y el mando militar. La unión al Principado del poder tribunicio supone "una gota de aceite democrático, sin el cual no hubiese podido originarse el Imperio". De esta manera, el poder de la magistratura, lo esencial en la antigua Roma, perdura en la época del Principado. Con todo, en Mommsen, la obra de Augusto no es más que un mezquino sucedáneo (*an sich betrachtet sehr schwlichliches Surrogat*), frente a la creadora y sobrehumana de su antecesor. Ahora podemos comprender desde otro punto de vista la valoración de César. César no es solo el árbitro excepcional y enérgico de una situación crítica, sino también, considerado desde el fondo de la estructuración nacional romana, el representante más excelso de la misión de la romanidad[4].

Por aquellos años en que estaba concluyendo la Historia de Roma llega el ofrecimiento que le hace la Academia de Berlín de una beca para que trabajase en la idea de un Corpus de inscripciones latinas, en colaboración con Henzen, a quien había conocido en Roma. Acepta el reto, siendo él uno de los principales *factotum* de la gigantesca

[3] CARRERAS, 1987[7], p. IX.
[4] CARRERAS, 1987[7], p. XX. En efecto, basta leer en las páginas finales de la Historia de Roma el *elogium* de Mommsen a la obra de César.

empresa que la Academia inició en 1854: la publicación de todas las inscripciones latinas conocidas hasta entonces, el *Corpus Inscriptionum Latinarum*, clasificando los textos por provincias (romanas)[5], un instrumento de trabajo que es útil todavía hoy, y sobre el que se sigue trabajando con actualizaciones al hilo de los nuevos descubrimientos arqueológicos. En el proyecto trabajaron la flor y nata de la investigación de la época: Otto Hirschfeld, Emil Hübner, Hermann Dessau, Alfred von Domaszewski, Karl Zangemeister, entre otros.

El estudio del Derecho Romano condujo a Mommsen a sus estudios históricos. Al éxito de sus empresas contribuyó indudablemente su perfecto conocimiento de griego y de latín. De hecho, sus primeros trabajos los escribió en la antigua lengua del Lacio, y así se publicaron. Ello demuestra el alto nivel académico de entonces, no solo de los investigadores sino también de los lectores destinatarios.

De Zurich no le agradaba ni la gente, ni la universidad, ni la escasez de alumnos, en todo ello muy inferior a lo que él estaba acostumbrado en Leipzig, pero allí conoció, en 1852, a la que sería más tarde su esposa, Marie Reimer, única esposa, que dio a luz 16 hijos; doce de ellos sobrevivieron a los padres. Algunos malintencionados aseguran que prestaba más atención a los libros que a sus vástagos.

En 1854 se trasladó de Zurich a Breslau, ciudad en la que tampoco estaba cómodo, hasta que la familia se trasladó a Berlín en 1858, ciudad de la que se quejaba continuamente, pero que nunca habría de abandonar como sede familiar. La permanencia de muchos años logró lo que antes había sido imposible en otras ciudades: una familia estable y creciente, lograr un círculo de amigos leales, y desarrollar una labor política en el Parlamento (*Reichstag*), desde 1861, en la línea de su ideología política liberal de izquierda que años atrás había provocado su salida de Leipzig. Uno de los enemigos más acérrimos

[5] Para la concepción, desarrollo, importancia y proyección de este titánico proyecto de Mommsen, Alföldy, 2005, pp. 153-170. El autor se refiere a Mommsen como "la más grande personalidad de la epigrafía romana" (*ibid.* p. 152), y al proyecto del *Corpus inscriptionum latinarum* como "la *bibla sancta* de la ciencia epigráfica latina" (ibid. p. 152). Y añade más adelante: "En una frase se puede resumir la contribución de Mommsen a la epigrafía romana: gracias a su trabajo, una disciplina que hasta entonces era un ámbito más propio del anticuariado que de las ciencias de la Antigüedad, se transformó en una ciencia, es decir, en una ciencia histórica" (ibid. p. 162).

de Mommsen fue el canciller Otto von Bismarck, un hombre autoritario que atacó sin disimulo a la socialdemocracia de su época. En el *Reichstag*, como parlamentario, une su conocimiento como historiador de tiempos antiguos a sus ideales del presente. Estos ideales tenían como cimiento la historia romana, el Derecho romano, y su aspiración era lograr un Estado alemán fuerte

> ... que lograra situarse por encima de los antagonismos de clase, que Mommsen claramente advirtió en el Estado prusiano. En este punto, su concepción política era idealmente clara: no quería saber nada de "los llamados partidos de los intereses materiales". Llegaba a no encontrar, aparte de los naturales matices éticos y personales que los distinguen, ninguna diferencia esencial entre Bebel, que quería utilizar el Estado en provecho exclusivo de los obreros, y el conde Kanitz, que intentaba hacerlo en favor de los grandes latifundistas. Según sus afirmaciones repetidas, las tendencias deshumanizadoras de ese tiempo se expresaban tanto a través del proletariado como de los considerados "círculos mejores" (*in dem Proletariat sowohl wie in dem sogennanten besseren Kreisen*), actuando en una nueva época de bárbaros (*ein neues Barbarentum*). La lucha de los intereses opuestos en el seno del Estado es calificada por Mommsen como *bellum omnium contra omnen*. En estas apreciaciones políticas de carácter general es donde puede encontrarse más fácilmente la conexión con algunos de sus criterios históricos. La afirmación de la unidad nacional como base del desarrollo histórico romano, en un primer y casi exclusivo lugar, está en inmediata relación con la apasionada creencia en la necesidad de la unidad alemana para el normal desarrollo, no solo político, sino ampliamente espiritual, de su pueblo[6].

En 1865 salió al público la primera edición de la *Historia de Roma,* en los 3 volúmenes proyectados. Tres décadas después, 1885, dio a la imprenta lo que era una parte de ese tomo IV de la *Römische Geschichte*, con el subtítulo, o más bien título de *Das Imperium*

---

[6] CARRERAS, 1987[7], pp. XII-XIII.

des Cäsaren, obra de la que disponemos de una buena versión en lengua castellana, con traducción de Wenceslao Roces, traductor igualmente de Leopold von Ranke, cuya primera edición apareció en México en 1945 publicada por Fondo de Cultura Económica. En la introducción, Mommsen se encuentra decepcionado por entregar una obra "en construcción", que tiene dos grandes secciones principales, la primera dedicada a la vida de las provincias romanas de César a Diocleciano, y la tercera, donde trata de la literatura, el arte y la cultura romanas antes del Cristianismo. La segunda, de menor entidad, presenta algunos mapas del Imperio romano y una galería de 37 esculturas-retrato de personajes romanos. Aun así, este volumen de *El Imperio de los Césares*, de 766 páginas en la edición española, da idea de que incluso los trabajos poco sistemáticos, o desequilibrados en su conjunción interna, son estudios monumentales salidos de una mano y de una mente privilegiada y concienzuda.

En alguna ocasión se ha dicho que una parte de su *Historia de Roma* está escrita con odio. Es un odio o desprecio dirigido a la oligarquía romana que envileció la vida política. Frente a la ideología (histórica) conservadora de Ranke, Mommsen, que vive tiempos de cambio político y de crítica del régimen militarista prusiano, propone dejar a un lado el lema rankiano de que la historia debía escribirse *sine ira et studio*, y propone el de que la "de que la Historia se pueda hacer y escribir sin odio y sin amor".

Y en todo momento, como se ha dicho con acierto, "vivió la vida y los conflictos de su época con una vasta y profunda humanidad"[7]. Se trata de un estilo de vida, de una profunda disposición ética y política (*tiefe sittliche und staatliche Anlage*), del que cabe esperar lo mejor del desarrollo humano, en el plano personal y en el ámbito público. "La Historia es la lucha de la Necesidad y de la Libertad (*Notwendigkeit und Freiheit*). Aquí habría que entender Necesidad en el sentido griego de la ἀνάγκη (*anánkē*): la fuerza inexorable del Destino, el Destino mismo –*Fatum*, diría un latino–, lo que une al

[7] Sordo, 1982, p. 29.

hombre, en su existencia, por ley natural, con lo que le es inaprensible: el devenir, su devenir, a veces trágico, o el de otros.

En los estudios históricos, siguió la norma ética preconizada por Barthold Georg Niebuhr, su maestro, que había muerto en 1831, haciendo suya la máxima de que "el historiador cumplirá su misión con tanta mayor fuerza cuanto más relevantes hayan sido los acontecimientos contemporáneos en los que haya tomado parte con el corazón lacerado o alegre" [8]. Como toda gran obra, *Historia de Roma* de Mommsen recibió elogios, y también críticas basadas, por una parte, en la paradoja que suponía en el pensamiento de Mommsen el combate contra la política absolutista prusiana y cómo, sin embargo, hace de Julio César la figura capital en la culmina la República romana; por otra parte se le critica que el excesivo apasionamiento por César eclipsara, en su obra, la biografía de Cicerón. Y en ese sentido va, por ejemplo, la corrosiva opinión de Marcelino Menéndez Pelayo (muerto en 1912, nueve años después de Mommsen):

> Mommsen, historiador tan grande como apasionado, llega a considerar a los enemigos del dictador (César) como enemigos personales suyos. Sea por su exaltado cesarismo, sea por amor a la paradoja o por afán de buscar en la historia armas para la política contemporánea, Mommsen se ha ensangrentado con la memoria de Cicerón (...). A sus ojos, Cicerón no es más que un abogado y "un periodista en el peor sentido de la palabra" (...). Theodor Mommsen, con toda su enorme ciencia y su peregrino talento de adivinación y de reconstrucción, no se ha librado muchas veces de la común calamidad moderna de escribir la historia en estilo de periódico y de mirar lo pasado con ojos de lo presente[9].

De estas críticas ya se había hecho eco mucho antes George Peabody Gooch (1873-1968), en su libro *History and Historians in the Nineteenth Century*, publicado en Nueva York en 1913 por la editorial Longmans. De este importante libro disponemos de una versión

[8] Sordo, 1982, p. 29.
[9] Cita tomada de Sordo, 1982, p. 32.

española, que vio la luz en 1942, debida a E. de Champourcin y R. Iglesia, impresa en México, Fondo de Cultura Económica. Este libro, y el capítulo dedicado a Mommsen, vio la luz, por tanto, apenas un decenio más tarde de la muerte del historiador germano, y nos aporta la perspectiva de un casi (o parcialmente) contemporáneo, cuando el valor de la obra de Mommsen sobre Roma, en su conjunto, era ya muy valorada. Tras algunas pinceladas sobre los primeros años de formación académica, Gooch comenta -¡algo inevitable!- la repercusión que tuvo en Europa la Historia de Roma de Mommsen, que, en efecto, "se tradujo con prontitud a todos los idiomas civilizados", aportando a los lectores, más o menos eruditos, por primera vez un estudio completo de la República romana. Y acerca de su estilo, indica Gooch, "La firmeza de sus pinceladas, su múltiple saber, su palpitante vitalidad y el colorido veneciano de sus retratos dejaron una impresión imborrable en todos sus lectores". A nivel general y académico, la magna obra de Mommsen agradó a la mayoría, pero no hubo consenso en el mundo académico pues, en palabras de Gooch, "los sabios confirmaban su impecable erudición, aunque algunos especialistas se sintieron molestos al ver rechazadas viejas hipótesis y expuestas otras nuevas como si fueran hechos incontrovertibles. Las críticas fueron mayores al último volumen; hubo una especie de protesta general contra la concepción de los protagonistas de la escena culminante del drama, es decir César, Cicerón y los cesaricidas. Mommsen nunca ocultó su admiración por César, después de mostrarse devoto de los libros de Drumann. Por el hecho de mostrar Mommsen a un César idealizado, se le acusó de imparcialidad. Le molestaba que, en sus obras, los lectores y los eruditos confundiesen su defensa de la figura de César con la defensa del cesarismo. Gooch sintetiza la idea mommseniana: "La República estaba podrida. La obra de César fue necesaria y saludable, no porque trajera o pudiera traer un bien, sino porque era el mal menor. En otras circunstancias hubiera sido una usurpación"[10].

Para Gooch, el más importante de los escritos de Mommsen, al tiempo que coordinaba los trabajos del *Corpus Inscriptionum*

[10] Gooch, p. 457 de la edición española.

Latinarum y la creación de un *Corpus Nummorum*[11], es, sin duda, su tratado de *Derecho Público Romano*, la mayor de todas sus obras, que dobla en extensión a la Historia de Roma. En palabras de Gooch[12]:

> Un trabajo tan vasto y detallado no podía alcanzar nunca la popularidad; pero su consumada erudición lo convierte en objeto de admiración y desesperación para los historiadores. Es el tratado histórico más grande que se haya escrito sobre las instituciones políticas. Iluminó toda la historia romana, estudiando las maneras en que el pueblo dio forma a sus ideas de gobierno. "Mientras la jurisprudencia ignoró al Estado y al pueblo", decía, "y la historia y la filología ignoraron el derecho, ambas llamaron vanamente a la puerta del mundo romano". Uno de los secretos de su grandeza estriba en que era jurista a la vez que historiador, encontrándose tan a sus anchas en el mundo de los conceptos jurídicos como en el de los fenómenos políticos.

Uno de los motivos de controversia era la perpepción que Mommsen tenía de Cicerón, concediendo al arpinate mayor benevolencia que otros de sus contemporáneos. Lo que no quiere decir que aprobara las decisiones del Cicerón de los últimos años. Yo creo que Mommsen admiraba también en Cicerón su enorme talla de intelectual. Y ello, del mismo modo, tampoco significa que comulgara con todas las ideas de aquél. Por ejemplo, consideraba que la célebre máxima ciceroniana de que "la historia es maestra de la vida" era una simpleza, y por tanto no debe ser a primera vista un espejo donde aprender de los errores. Si la Historia es maestra, a esa maestra hay que someterla a un juicio crítico. En algunas páginas de la *Historia de Roma*, lo explica, a modo de profesión de fe:

> Es cierto que la historia de los pasados siglos debe ser la maestra de los tiempos actuales; pero no en el sentido vulgar de que se

---

[11] Además de la inspiración de un proyecto de *Corpus Papyrorum*, y de otros recursos fundamentales para el estudio de la historia romana, como fue el *Thesaurus Linguae Latinae*.

[12] Gooch, p. 459 de la edición española.

> puede encontrar la clave para las coyunturas del presente en los relatos sobre el pasado, el diagnóstico político y las recetas para interpretar los síntomas y los fenómenos específicos de nuestro tiempo. No, la historia es una ciencia adoctrinadora exclusivamente en el sentido de que la observación de las culturas antiguas nos revela las condiciones orgánicas de toda civilización: las fuerzas fundamentales, que son en todas partes las mismas, y la combinación y el entrelazamiento de estas fuerzas, que difieren en todas partes; todo lo cual nos estimula y nos anima, no para imitar servilmente el pasado, sino para inspirarnos en nuestra propia obra creadora[13].

En su tiempo, o poco después, se alternaban las opiniones encomiásticas con otras más críticas. Las más extensas y documentadas son de comienzos del siglo XX[14]. Pero lo cierto es que Mommsen consolidó, año a año, su prestigio como profesor de Derecho Romano, como historiador y epigrafista; su trabajo le permitió ser miembro de la Academia de Ciencias Prusiana (Preussische Akademie der Wissenschaften) o Academia de Berlín, prestigiosa institución, fundada en 1700, que sería la que iba a avalar finalmente su candidatura para el Premio Nobel. A la edad de 85 años, en 1902, el año que la academia sueca le concedió el Nobel, Mommsen gozaba de gran prestigio académico. Su persona era claramente reconocible, con su cierto aspecto extravagante, con su largo cabello blanco, que aún conservó y exhibía así en la vejez, tal como había hecho durante toda su vida de adulto. Ello le otorgaba un sello de personalidad; era fácilmente reconocible por su aspecto, que puede parecer algo descuidado a nuestros ojos. Pero no nos engañemos; era esa su forma de vestir y peinarse, y así se muestra orgulloso, por ejemplo, en el retrato al óleo que le hizo Ludwig Knaus en 1881, y como le vemos en varias

---

[13] Cita tomada de SORDO, 1982, p. 30.

[14] Por ejemplo, las de Julius KAERST, publicada en *Historische Vierteljahrschrift*, VII, 1904, pp. 313-42; K. J. NEUMANN, publicada en *Historische Zeitschrift*, XCII, 1904, pp. 192-238; Francis HAVERFIELD, publicada en *English Historical Review*, XVI, 1901, pp. 219-291.

fotografías, siempre elegantemente presentado con un lazo que cierra el cuello de su camisa.

Por razones de salud, no pudo acudir personalmente a recoger el premio, haciéndolo en su nombre el embajador alemán en Estocolmo. En el acto, el poeta sueco David af Wirsén hizo el discurso, en nombre de la Academia, que justificaba la concesión del premio[15], texto que el premiado pudo tener enseguida en su poder, como es natural. Al leer el premiado texto tan elogioso, comentó: "*Ich könnte mir keine bessere Gedenkrede wünschen, wenn mein Leben wirklich zu Ende gewesen wäre*" [No podría aspirar a un mejor elogio de mi vida, como si ésta hubiera acabado *realmente*]. Lo tomó, no sin humor, como una especie de elogio fúnebre.

II. La presente obra

Presentamos al lector español una nueva versión de varios capítulos de la monumental obra de Th. Mommsen, *Römisches Staatsrecht*. Hemos tenido presente la edición original alemana y la versión francesa del ilustre jurista, y traductor de Mommsen, Paul Frédéric Girard, publicada en París por la casa editorial Thorin, 1893 ss. Hemos ignorado los capítulos abreviados dedicados por Mommsen a la dictadura y al uso de los fasces en el *Compendio de Derecho público romano* (*Abriss des Römischen Staatsrechts*, 1893), del que hay versión española de Pedro Dorado[16], pues están disponibles en bibliotecas. Precisamente, la comparación de los capítulos del *Compendio* y la traducción que damos aquí de la versión extendida del *Römisches Staatsrecht* permite al lector que tiene este libro en sus

---

[15] Véase tal discurso en las páginas 21-26 del presente libro.

[16] Th. Mommsen, *Compendio de Derecho Público Romano*, La España Moderna, sin fecha [¿1899?], pp. 274-277. Para la misma editorial, Dorado también tradujo el volumen *Derecho Penal Romano*, cuya versión castellana vio la luz en fecha imprecisa (ésta no figura en el libro), entre 1902 y 1905. En 1999 vio la luz en Santa Fe de Bogotá una reproducción, en un solo volumen, de la versión de P. Dorado, pero presentándola como edición primera, sin mención de aquella de 1902-1905. En el mismo año 1999 la editorial Jiménez Gil, de Pamplona, reeditó los dos volúmenes que publicara a comienzos de siglo XX La España Moderna. Esa empresa de reedición facsímil es loable, pero el texto de Dorado merece una profunda revisión, que nadie ha realizado.

manos comparar lo que para Mommsen era un resumen dirigido a los estudiantes de Derecho Romano y la versión documentada "erudita" con numerosas y prolijas notas al pie de página. Este aparato crítico denota el conocimiento detallado que Mommsen tenía de las fuentes en una época –cabe recordarlo a menudo– en que se escribía a mano y el investigador debía tener el auxilio de un fichero de fuentes bien organizado.

Para no desmerecer ese trabajo titánico de investigación de Mommsen, en estas páginas hemos dado la versión íntegra de texto y notas en los cinco capítulos aquí presentados: el dedicado a la dictadura romana, y el de los fasces, los magistrados romanos, los auspicios y el *imperium*.

III. Mommsen jurista

Theodor Mommsen siempre se mostró interesado por el Derecho Romano. Desde su época de juventud Mommsen tuvo la vocación de estudiar el Derecho romano, sus instituciones, porque consideraba que existía un vacío, incluso un desprecio, hacia los textos jurídicos por parte de los historiadores, y aún mayor por parte de los filólogos. En 1843 y 1844 ya había publicado varios ensayos sesudos, los más importantes, escritos en latín, como son los dedicados a las asociaciones y sodalicios romanos y a las tribus romanas y su papel desempeñado en la administración civil. En 1848 impartió en Leipzig una clase magistral sobre la jurisprudencia en la historia de Roma (*Die Aufgabe der historischen Rechtswissenschaft*) y años después, en 1852, en Zurich, otra sobre la importancia del Derecho romano (*Die Bedeutung des römischen Rechts*). Estos trabajos y disertaciones parece que fortalecieron el interés "didáctico" de Mommsen hacia los alemanes de su tiempo. Él era un pensador liberal, y por tanto también un jurista liberal, cuyas ideas sobre "qué podía enseñar el Derecho romano" a la nación alemana y al fortalecimiento del Estado, divergía de otras visiones más tradicionales o mojigatas. Él vio claramente que el Derecho romano –y su prolongación natural, el Derecho Germánico (o el Derecho romano germanizado)– era la base más sólida para garantizar las libertades del individuo, con sus derechos y deberes perfectamente reglados.

Desde la perspectiva metodológica, los estudios de Derecho romano de Mommsen eran un reto a la tradición histórica (de la Historia de Roma propiamente dicha) y de la Historia del Derecho romano, que era, precisamente *historicista*, esto es, las instituciones estudiadas en su contexto histórico, y en su devenir cronológico, como hacía, por ejemplo, Niebuhr. Por así decirlo, el relato jurídico mommseniano era "ahistórico", y ese fue el principal reproche de sus críticos.

Mommsen quería otra cosa, y propuso otro modelo, que fue el que llevó a la práctica: el estudio de cada una de las instituciones romanas como entes autónomos, individualizados; de ahí que se le criticara muchas veces su extrema rigidez. Pero es que no pretendía exponer cada una de las instituciones en su desarrollo histórico o cultural, sino que aplicaba el método histórico (con el apoyo principal de fuentes literarias y epigráficas, y solo secundariamente de literatura histórica de su tiempo) a cada institución. Y cada una de ella forma parte del gran edificio jurídico que vertebra el Estado romano.

En el manejo de las fuentes antiguas no se limitó a copiarlas, sino a hacer de ellas un trabajo filológico, y hasta una crítica textual, si fuera necesario. La filología es parte de su método jurídico. Y así, Mommsen, debe ser modelo de muchos historiadores del Derecho romano actuales que deben aprender de él la primera lección: sin saber latín perfectamente, tan bien o mejor que la lengua vernácula, no se puede ser historiador del Derecho romano. Absténgase de estudiar Derecho romano los que no han estudiado antes Filología Latina. Esto debería ser una consigna.

Todas las ideas de Mommsen sobre lo que debe de ser un estudio sistemático de las instituciones romanas las plasmó en su titánico *opus magnum* jurídico: *Römische Staatsrecht*, es decir, *Derecho Constitucional Romano*. En ocho años, desde 1871, escribió las cinco partes de la obra, publicada en tres volúmenes: en total más de tres mil páginas. Éstas no son páginas "literarias", como las de su *Historia Romana*, sino que se exhibe en ellas una insultante erudición, una explicación que denota el manejo exhaustivo de las fuentes, citadas y comentadas en las miles de notas al pie, ocupando estas notas muchas veces más espacio en la página impresa que el texto discursivo principal. Un ejemplo de este método de trabajo se puede observar en el presente libro.

En el prólogo de la obra reconocía la importancia de la cronología en un discurso histórico-jurídico, pero solo distinguiendo los grandes periodos, la República y el Imperio. Y ocurre que las instituciones más importantes romanas se crean y se desarrollan durante la República –de ahí la preeminencia en la atención que el autor presta a este periodo–, siendo el Imperio, en muchos casos, una debilitación de tales instituciones, o su transformación profunda, o incluso su desaparición. En la obra jurídica de Mommsen la secuencia cronológica no es algo fundamental. Lo esencial es la explicación de las instituciones "en su orden correcto, en su lugar correcto", sistemáticamente, explicadas lógica y metódicamente hasta alcanzar "la médula" o esencia jurídica de cada institución. La suma de las partes ofrece un cuadro orgánico completo de la Constitución romana. Podría decirse que el *Staatsrecht* es el "libro" de la Constitución romana que nunca llegó a escribirse por los romanos. Ni siquiera los grandes jurisconsultos de los primeros siglos del Imperio –Gayo, Papiniano, Ulpiano, o muchos otros– se plantearon una obra tan titánica. Solamente siglos después, el bizantino Juan Lydo, escribe, en griego, hacia 554 d.C., una obra sistemática sobre las instituciones políticas romanas, el Περὶ Ἀρχῶν τῆς Ῥωμαίων Πολιτείας, que en la divulgación histórica se conoce más bien por su título latino, *De magistratibus Rei Publicae Romanae*, obra que obviamente conoce y maneja Mommsen, aunque solo le concede la autoridad del copista bizantino que reúne ordenadamente las noticias previas, con pocos puntos originales.

El elemento central –estructural— en la obra jurídica de Mommsen es la magistratura (las magistraturas, los magistrados), cuya suma N, es el mapa del "poder oficial". En el centro de esa estructura del Estado está el Senado romano, auténtico factótum de poder de los magistrados sobre Roma, y de Roma sobre Italia, primero, y luego sobre el mundo. Esa primacía de la nobleza se vio compensada con las instituciones del pueblo, a las que el autor concede enorme importancia en el desarrollo institucional romano. Para él existía, en su pensamiento, un poder bicéfalo –*Senatus Populusque Romanus*– y hasta tal punto cree en esa doble faz del sistema institucional que el propio Mommsen, al estudiar el principado augusteo a la sombra del sistema republicano, lo califica, no como "monarquía", sino una diarquía cuyas cabezas son el Senado y el *Princeps*, quedando en muy segundo plano las instituciones políticas populares. La clave del éxito del Principado es la lección aprendida por el joven Octavio (y por el maduro Augusto) del asesinato de su padre adoptivo, César, y de su experimento dictatorial: lo fundamental era tener el control de las leyes (es decir, del Senado), y, a través de este sistema, contener el poder de la nobleza, de la aristocracia republicana tradicional. Se trató de torcer, hasta desvirtuarlos, los procedimientos jurídicos. Augusto, figura poco simpática a Mommsen, representa el antirepublicanismo, la negación del espíritu jurídico que había hecho grande a Roma en su expansión imperialista.

Las ideas de Mommsen, presentadas en grandes bloques-modelo de instituciones individualizadas por los magistrados que las ocuparon, no contentaban ni agradaban los historiadores de la Roma antigua ni a los romanistas de corte más clásico. Se le achacaba a Mommsen ser "demasiado sistemático y no lo suficientemente histórico" (*Zu systematisch und zu wenig historisch*)[17].

Algunas críticas ácidas hacia su método, entristecieron a Mommsen hasta el punto de que en el *Compendio de Derecho Constitucional romano* (*Abriss des römischen Staatsrechts*), que vio la luz en 1893, trató de corregir algunos enfoques.

Pero los trabajos jurídicos de Mommsen, por rechazo a sus postulados, estimularon extraordinariamente los estudios económicos y sociales, tras su muerte, como el presentado por Matthias Gelzer en 1912 titulado *Die Nobilität der römischen Republik*, o algunos estudios de Eduard Meyer, Gaetano de Sanctis, y Ernst Meyer[18]. Otros, en

---

[17] Rebenich, 2002, p. 115.

[18] De este último en particular: *Römische Staat un Staatgedanke*, Zurich, Artemis Verlag, 1948.

cambio, como Adolf Harnack, siguieron los modelos mommsenianos cuando examinó las primeras instituciones cristianas[19].

Pero la obra de Mommsen era en sí misma gigantesca y meritoria, hasta el punto de ser hoy día el modelo paradigmático de los estudios de Derecho romano clásico en todas las universidades del mundo, transcurridos 135 años de la publicación del último volumen en 1887. Entre ese mismo año y 1891 vio la luz en Francia la traducción completa del *Römische Staatsrecht* que integraría los volúmenes principales dedicados al Derecho romano en el monumental proyecto del *Manuel des Antiquités romaines* dirigido por Joaquin Marquardt y otros, donde Paul Krueger escribiría el volumen relativo a las *Fuentes del Derecho romano*. Mommsen y Krueger colaborarían, entre 1877 y 1890 de la edición crítica *Instituciones* de Gayo, de los libros de *Reglas* y de *Sentencias* de Paulo, y de los *Fragmentos Vaticanos* que incluyen la *Collatio legum mosaicarum et romanarum*. Lo esencial, para él, historiador, romanista y filólogo, era hacer la edición crítica, *princeps*, de las principales fuentes jurídicas. Estas ediciones hoy son insuperadas, son canónicas, fundamentales.

Si la redacción y publicación del *Römische Staatsrecht* es un hito en la historia de la historiografía jurídica, no menos meritoria fue la empresa de su versión francesa, hecha en pocos años, y supervisada y prologada por el propio Mommsen. Pocos años después de haberse publicado en Alemania el *Abriss des römischen Staatsrechts*, fue traducido al francés, y de la versión francesa surge la versión española del *Compendio*.

La vigencia de los estudios jurídicos de Mommsen aún se justifica, tiene sentido. Uno de sus biógrafos, Stephan Rebenich, disecciona así la importancia del *Römisches Staatsrecht*:

> El *Derecho Constitucional romano* puede leerse como un monumento al liberalismo del siglo XIX. En la *res publica* romana, Mommsen encontró un paradigma histórico para la justificar la perspectiva liberal de un Estado sostenido por un sistema complejo

[19] Para las influencias mutuas entre Mommsen y Harnack, *vid.* Molina Gómez, 2002, pp. 454-456.

de normas legales. Él mismo creó esta ley, que dio al Estado romano el soporte de conexión en su perspectiva histórica. Para el liberal Mommsen, el Estado solo era concebible como un "Estado regido por el imperio de la ley". Ya en 1845 formuló que la ley es el "alma del Estado" y el "nervio de todas las condiciones de vida". Por tanto, no se conformó con la terminología reconstruida a partir de las fuentes antiguas, sino que utilizó el lenguaje del discurso constitucional liberal contemporáneo. Identificó pueblo y comunidad, aclaró la condición del ciudadano, examinó el cargo y la autoridad oficial, las competencias y responsabilidades municipales, y disertó sobre la "soberanía popular y comunitaria", así como la soberanía cívica, sobre sus derechos y obligaciones.

El centro de su interés no estaba en el Derecho Constitucional del Imperio Romano completo, ni en las principales codificaciones legales de la Antigüedad tardía, sino en la génesis de las relaciones jurídicas republicanas. Aquí pudo analizar con precisión la relación entre la soberanía popular y el poder ejecutivo. Aquí debía mostrarse la continuidad del poder real y el poder del magistrado, que se manifestaba en el hecho de que tanto el rey como los funcionarios administraban la *res populi*. Aquí estaban las bendiciones de un sistema que limitaba los extensos poderes de la magistratura. El Derecho Constitucional de Mommsen de ninguna manera refleja la comprensión del Estado de la escuela legal histórica conservadora, que buscaba probar la insostenibilidad científica de un estado constitucional.

En la República romana, Mommsen vio el modelo de un Estado basado en la división del trabajo y la soberanía popular. Por lo tanto, no sorprende que el Estado de la Antigüedad tardía no fuera la preocupación de Mommsen. Aquí reinaba el poder absoluto e incontrolado del monarca. Esto no correspondía al ideal constitucional de Mommsen: en la historia de los pueblos, como escribió en el *Abriss,* el momento decisivo en última instancia es la cooperación del ciudadano en las actividades de la comunidad. "Comunidad, actitud defensiva, idoneidad oficial... patriotismos de todo tipo... no son más que hermosos florecimientos de la autoactividad burguesa». Mommsen sabía que la reforma constitucional diocleciano-constantiniana no era necesaria para acabar con el ideal del ciudadano emancipado. Este proceso ya había comenzado en los últimos años de la República.[20]

En una obra posterior, de los últimos años de Mommsen, cuando este tenía 82 de edad, en el *Derecho Penal romano* (*Römisches Strafrecht*), el autor intentó corregir algunos aspectos que algunos de sus críticos consideraban defectos metodológicos en el *Derecho Constitucional*, logrando engarzar la jurisprudencia y la Historia Romana. En esta obra, de la que también se dispone una versión española, ya centenaria, Mommsen deja traslucir también sus ideales liberales y "republicanos", como en las páginas donde trata de la arbitrariedad de los juicios contra los esclavos; en otros capítulos, en otras páginas, se atisban reflexiones morales, o trata sobre la importancia de la libertad del individuo. Esos son valores que deben ser reivindicados siempre, entonces y ahora, como la propia obra jurídica de Mommsen.

Además, cabe mencionar un aspecto humano: el del historiador infatigable, enredado en varios proyectos titánicos de investigación y que ve, apenado y en cierto modo impotente, que algunos de sus proyectos están abocados al fracaso.

La figura de Mommsen puede transmitir a quien la ve, en sus retratos, la idea de que era un profesor siempre encerrado en un despacho, entre libros, trabajando casi a oscuras con sus anteojeras; al contrario, era un creador, estudioso y erudito en muchos campos –maestro consumado en epigrafía latina, filología clásica, arqueología, numismática, jurisprudencia, mitología y literatura latina y griega–[21], todas ellas disciplinas finalistas en sí mismas, pero también y sobre todo, instrumentos para escribir Historia. El espíritu de Mommsen se opone radicalmente a L. von Ranke, de la generación anterior, que era, este sí, un "ratón de biblioteca". En Mommsen, "el artista se hermana con el investigador, y entre ambos formaban la unidad del historiador Mommsen, sabio de carne y hueso, de cerebro y de sangre, para quien el indagar y el escribir eran función de vida.

[20] Rebenich, 2002, pp. 118-119.
[21] Roces, 1945, p. IX.

Realmente, es un caso portentoso el de este hombre, "príncipe de los eruditos", a quien el polvo de las piedras arqueológicas y de los archivos, lejos de empañar la mirada para percibir las realidades vivas, se la aguzaba, y para quien estas realidades hacían, a su vez, cobrar vida a las piedras y a los papiros. El Mommsen historiador, aleación pasmosa de ciencia y de fantasía, de estudio y de pasión, de investigador y de artista, reencarna con mayor dramatismo aquello que se dijera de Niebuhr: que no veía los acontecimientos "con los ojos de los viejos intermediarios..., sino con imaginación creadora, como un testigo de vista, como un partícipe"[22]. Características humanas que no solamente se aplican al historiador, sino al hombre preocupado por la política de su país, en la que participó activamente durante muchos años. El mencionado traductor y prologuista de Mommsen, W. Roces, se hacía eco de un juicio resolutivo del antes citado historiador británico George Peabody Gooch a propósito de la obra de Mommsen *Das Imperium des Cäsaren*, y que vale la pena recordar: "Un mundo desaparecido se reconstruía por obra del genio de un hombre, y ello permitió por primera vez apreciar en su justo alcance el carácter y la influencia del imperio. Los escritores que le precedieron lo habían contemplado con los ojos de los historiadores y satíricos romanos, que colocaban en primer plano la personalidad del gobernante. Mommsen demostró que Roma no era el imperio y que las crueldades y excentricidades de los monarcas apenas repercutían en la inmensa extensión del mundo romano»[23]. Es solo un ejemplo más de cómo Mommsen, en sus trabajos de síntesis –de síntesis, pero monumentales– se demuestra joven y atrevido en sus planteamientos, aún en sus trabajos de madurez.

Con todo el trabajo realizado a sus espaldas, y ya con una merecida fama de historiador, Mommsen nunca bajó la guardia ni redujo la intensidad de sus lecturas. Ya anciano, siguió explorando novísimas líneas de investigación, llegando a idear un Corpus de papiros[24],

[22] Roces, 1945, p. X.

[23] Roces, 1945, p. XIII.

[24] Entonces la ciencia papirológica estaba en sus albores, y los trabajos de excavación y edición de documentos en papiro por parte de Bernard Pyne Grenfell y su amigo y colega Arthur Surridge Hunt, en Egipto, en Oxyrrinco, proporcionaban hermosos

equiparable al proyecto de Inscripciones latinas; seguía atento a los nuevos descubrimientos epigráficos en Europa, y a las exploraciones arqueológicas en Oriente. En los últimos años de vida propuso coordinar ediciones monumentales de Derecho germánico, Derecho griego, incluso indio, musulmán o judío[25]. Su espíritu enciclopédico, su ansia de conocimiento, le muestran siempre inquieto, nunca inactivo, trabajando él o proponiendo a otros ideas y proyectos. En este sentido, Mommsen era un hombre moderno.

Lo cierto es que todas las empresas eruditas emprendidas por Mommsen fueron inmensas, y todas quedaron preparadas para que fueran concluidas por otros, por ejemplo, el mencionado *Corpus Papyrorum*, y otros recursos fundamentales para el estudio de la historia romana, como fue el *Thesaurus Linguae Latinae*, o los *Monumenta Germaniae Historica*, cuya primera sección, dedicada a los *Auctores antiquissimi*, publicada en 15 volúmenes entre 1877 y 1919, contó con la dirección de Mommsen hasta la fecha de su muerte. Tanto en la Historia de Roma como en los tratados jurídicos, Mommsen podía haber ido más lejos: la historia de la Roma imperial está apenas esbozada en su estudio sobre las provincias; y del mismo modo los estudios de las instituciones romanas acaban –en su análisis interno– hasta el momento en que acaba la República, siendo las menciones a los emperadores una proyección incompleta e insuficiente. Mommsen hubiera necesitado 20 o 30 años más de vida para llevarlas a término, suponiendo que, al mismo tiempo, no abriese nuevos caminos en la investigación y nuevos grandes proyectos.

Por sus estudios de epigrafía, de Historia, de Derecho romano y de otras disciplinas, el hombre actual –del siglo XIX, del XX y del XXI– debe mucho al sabio alemán en el campo casi inabarcable de la Historia Antigua de Roma.

tesoros escritos que auguraban nuevos rumbos, nuevas fuentes importantísimas para la investigación histórica a partir de sus testimonios primarios.

[25] CARRERAS, 1987[7], p. XI. Todos estos proyectos gigantescos que Mommsen albergó en su cabeza de hombre anciano, han ido tomando forma y se ha hecho realidad a lo largo del siglo XX, por mano de otros equipos científicos de todo el mundo.

Obras más importantes de Th. Mommsen sobre Derecho romano:

1843.

Ad legem de scribis et viatoribus et de adctoritate commentationes duae, quas ... Publice defensurus est Theodorus Mommsen. Kiliae, C. F. Mohr. 23 p.

Ägyptischer Erbschaftsprozeß aus dem Jahre 124 v.Chr. En: *Zeitsckrift der Savigny-Stiftung für Recktsgeschichte.* Weimar, H. Bohlau (s.d.), pp. 267-284.

De collegiis et sodaliciis romanorum, Scripsit Th. Mommsen. Kiliae, in libraria schwersiana. 134 p. + 1 lámina

1844

Die römischen Tribus in administrativer Beziehung. Altona, J. F. Hammerich. VIII-232 p.

1857

Die Stadtrechte der latinischen Gemeinden Salpensa und Malaca in der Provinz Baetica. Abhandlungen der philologisch-historischen Klasse der koniglich-siichsischen Gesellschaft der Wissenschaften. 11. Leipzig, S. Hirzel, pp. 363-507 + *lámina facsímil.*

Das Theodosische Gesetzbuch. En: *Zeitschrift der Savigny-Stiftung für Rechtsgeschichte.* Weimar, H. Bohlau (s.d.) pp. 149-190 y et 2 p. suppl.

1861

Juris antejustiniani fragmenta quae dicuntur Vaticana, post Aug. Maium et Aug. Bethmann-Hollweg, recognovit Th. Mommsen. Bonnae, apud A. Marcum. XXIV-I44 p..

Legis coloniae Juliae Genetivae Urbanorum sive Ursonis datae a. U. c. DCCX fragmenta nova. Addittamentum ad Corporis vol. 11. (S.l.) G. Vogt (s.d.), pp. 87-112.

1862

Fragmente zweier Lateinischer Kaiserrescripte auf papyrus. En : *Jahrbuch des gemeinen deutschen Rechts*, VI. Leipzig, pp. 398-416.

1865-1875
Gordians decret von Skaptoparene. En : *Zeitschrift der Savigny-Stiftung für Rechtsgeschichte*. Weimar, H. Bohlau (s.d.), pp. 244-267.

1870
Collectio librorum Juris Antejustiniani in usum scholarum. Ediderunt Paul Krueger, Theodorus Mommscn, Guilelmus Studemund.

I. Gai Institutiones, ad codicis veronensis apographum studemundianum, ediderunt Paulus Krueger et Guilelmus Studemund. Inest epistula critica Theodori Mommsen. 1877.

II. Ulpiani Liber singularis Regularum. Pauli Libri quinque Sententiarum. Fragmenta minora saeculorum p. Chr. n. secundi et tertii. Edidit Paulus Krueger. 1878.

III. Fragmenta vaticana; mosaicarum et romanarum legum collatio, recognovit Theodorus Mommsen. Consultatio veteris cujusdam jurisconsulti, Codices gregorianus et hermogenianus, alia minora, edidit Paulus Krueger. - 1890. Berolini, apud Weidmannos.

1871-1887
Handbuch der römischen Alterthümer. (Théodore Mommsen, Joachim Marquardt, Paul Krueger)

Vol. I-III (5 partes). *Römisches Staatrech*, Théodore Mommsen. 1881-1887. Leipzig, S. Hirzel.

1893
Abriss des römischen Staatsrechts. Leipzig, Duncker und Humblot. XVI-363 p.

1894
Ägyptisches Testament vom Jahre 189 n. Chr. En: *Sitzungsberichte der k. preussischen Akademie der Wissenschaften zu Berlin*. 1894. III. Berlin, Reichsdruckerei (s.d.). 13 p.

1898
Judicium legitimum. En: *Zeitschrift der Savigny-Stiftung für Rechtsgeschichte*. Weimar, H. Böhlau (s.d.), pp. 267-284.

1899
Römisches Strafrecht. 4ª ed., Leipzig, Duncker. XXIII-1078 p.

1905
Der religionsfrevel nach römischen Recht. Separatabdruck aus *Hist. Zeitschr.*, 64 Bd.S.l.n.d. pp. 389-429.

1905-1907.
Gesammelte Schriften. Vol. I, II, III: *Juristische Schriften*.
(Recopilación de los trabajos cortos de tema jurídico)

IV. Idea y proyecto del *Staatsrecht*, según el propio autor

El *Staatsrecht* (Derecho Constitucional romano o Derecho Público romano) de Mommsen es una obra magna de casi 4.000 páginas (3 partes en cinco volúmenes, en su versión original alemana) que llevó al autor muchos años de trabajo, aunque no en exclusiva. Al mismo tiempo "construía" esta obra titánica, realizaba y compatibilizaba su labor de jurista con la de historiador o epigrafista. Como indica el autor en el prólogo a la primera edición alemana, su propósito con el *Staatsrecht* era reemplazar otra obra que él uso y admiraba, el volumen segundo del *Handbuch der römischen Altertümer*[26], que W.A. Becker consagró a la constitución política romana, una obra que Becker comenzó en 1844 y en la que trabajó hasta el año de su muerte en 1846, siendo concluida por Joaquim Marquartd. Mommsen reconocía el valor de la obra de Becker pero al tiempo reconocía que es misión de las nuevas generaciones renovar la ciencia, así como los vehículos que hacen accesibles a los alumnos esos progresos: los

[26] El *Manual de Antigüedades Romanas*, serie de monografías temáticas, publicada entre 1874 y 1888, donde Mommsen publicaría su obra titánica *Römische Staatsrecht.*

manuales. "¡Éstos envejecen pronto!" –decía–, ¡antes que los trabajos de investigación!" Y no le faltaba razón al sabio alemán. Esa *renovatio* de los manuales de Derecho romano clásico que pretendía Mommsen, consistía en presentar los temas, las instituciones políticas, de una forma autónoma, corrigiendo errores, sin que ello supusiera una ruptura con los trabajos anteriores. Los grandes manuales de Derecho romano hicieron escuela en el siglo XIX, y en cierto modo los del siglo XX y XXI son epígonos y deudores del trabajo de Mommsen y de otros grandes juristas.

Para la ordenación del borrador o proyecto inicial de la obra, pensó en un primer momento que el Derecho, y su explicación escrita, debería tener como trasfondo necesario, la historia, o, por mejor decirlo, la cronología. Pero parece que pronto renunció a una exposición historicista para cada una de las instituciones; eso no significa renunciar a compartimentar el discurso en los grandes periodos de la Historia de Roma: la Monarquía, la República y el Imperio (para ser más exactos, el Alto Imperio, los tres primeros siglos de nuestra Era). Su propósito inicial –que es el que finalmente llevó a la práctica– era "estudiar a cada una de las instituciones de Derecho público por sí misma, tal como se tratan en el Derecho Privado". La segunda idea es de "reparto" temático, en razón de los grandes conceptos estatales: las magistraturas, los magistrados, que son el factótum de los órganos de gobierno estatal: el Senado y el Pueblo.

En tal sentido, Malavé Osuna sintetiza bien la aparente paradoja entre Derecho público y privado en la obra de Mommsen:

> Mommsen asegura que el Derecho Público romano adolecía de aquella vasta tradición jurídica directa con la que sí contaba, en cambio, el Derecho privado, a pesar de las pérdidas. Sin embargo, la tradición histórica, y hasta la pseudohistórica, colmaba las lagunas de aquél en una medida muy superior al Derecho privado. No obstante, la que Mommsen considera indudable ventaja se reduce al tiempo absolutamente marginal, al afirmar poco después que la génesis histórica de los institutos públicos particulares es, en razón a su mismo origen, irracional. Y es precisamente ahora cuando puede traerse a colación la ya inveterada dicotomía

> historia-dogmática, omnipresente en la abundante literatura científica sobre el autor: en efecto, Mommsen había roto con la tendencia anticuaria, inserta en la ciencia jurídico-pública mediante parámetros exclusivamente históricos, es decir, sustentados en la descripción de instituciones contingentes que se suceden cronológicamente y que venían a formar la constitución de los romanos. Y había roto con esta tendencia impulsado por el objetivo que presidió siempre su labor científica: la elaboración de un sistema de conceptos válido para un milenio y medio de historia de un pueblo. Digamos que se había debatido entre la concepción dogmática del Derecho romano y la concepción historicista del mismo, apostando decididamente por la primera de ellas, imperante en la Alemania de la segunda mitad del siglo XIX. Ahora bien, decantarse en exclusiva por una de las dos opciones significa desnaturalizar en cierto modo el verdadero carácter del Derecho romano; en consecuencia, habría de imponerse una necesaria y deseable perspectiva conciliadora, según la cual, la representación abstracta de los institutos jurídicos particulares debería relacionarse con la concepción historicista del Derecho romano, en términos de perfecto equilibrio[27].

La metodología de estudiar el Derecho Público como si fuese Derecho Privado, la defiende Mommsen por su pragmatismo: "En el Derecho Privado, el progreso científico ha consistido en identificar principios generales para enunciarlos sistemáticamente fuera de sus aplicaciones particulares y por encima de ellas. El Derecho Público, del que hoy el Derecho Privado se distancia tanto en términos de trabajo de investigación y exposición como en términos de documentos, solo logrará caminar de la mano con él en cierta medida cuando lo haya hecho objeto de un trabajo análogo"[28]. Así, el consulado o la dictadura serán considerados solo como dos aspectos particulares de la idea general de magistratura.

---

[27] Malavé Osuna, 2005, pp. 172-173. La autora dice basarse en el estudio de Panero, 1988, pp. 973-990.
[28] Del prólogo a la primera edición alemana de *Staatsrecht* I, 1871.

Cada una de las instituciones está expuesta con rigor, con lógica, anclado en la cronología y en las fuentes antiguas disponibles. Busca Mommsen una exposición racional y sistemática de lo esencial, sentando las bases institucionales seguras para que otros autores –a los que invita– desarrollen un trabajo histórico que debe apoyarse, aconseja, además, en los progresos de la arqueología[29].

Cinco años después de la primera edición del volumen primero del *Staatsrecht*, Mommsen añadía otras consideraciones a las escritas entonces. Dirigiéndose ahora a los profesores, compañeros, alumnos o a los estudiosos de la Historia de Roma, Mommsen hace unas reflexiones a propósito del lugar que debe ocupar el trabajo del autor –el suyo– en el conjunto de la literatura científica consagrada al estudio de la antigüedad romana, recalcando las líneas maestras del primer volumen: la exposición de las instituciones políticas de Roma, comparadas con los tratados de Derecho civil, del Derecho criminal, así como a los procedimientos de estas dos últimas ramas. A ello hay que sumar el estudio del ejército (como institución), las finanzas y la administración municipal y provincial.

Reconoce el autor que en las fuentes no siempre se encuentran en igual medida las noticias sobre las atribuciones de los magistrados, así como las del Senado y las del pueblo romano. Y que lo mismo puede decirse acerca del procedimiento civil, o del criminal, y en general del Derecho público. La "dualidad de objetivos expositivos" que el autor se había propuesto podía provocar ciertas repeticiones, capas superpuestas que sería conveniente evitar. Y añade Mommsen, en clara exposición de una declaración de intenciones metodológicas:

> "Si el Estado es un todo orgánico, para comprenderlo necesitamos conocer, por un lado, cada órgano o institución por sí misma, tomada aisladamente, y por otra parte es preciso conocer las funciones que resultan de la acción común de muchos órganos o instituciones. El resultado de esta segunda indagación se consigue con la exposición ordenada de los materiales, de las fuentes; si bien el primero es objeto de Derecho público. No nos basta con ver al

[29] Baena del Alcázar, 2005, pp. 179-190.

pretor a veces mandando en la guerra, otras veces administrando justicia en juicios civiles, y otras presidiendo juegos en festivales públicos; debemos penetrar la magistratura como tal en su unidad para poder comprender su intervención en cada función distinta. El carácter propio del Estado romano, donde en las esferas superiores no hay ningún órgano particular desarrollado para ejercer una función particular, cuya esencia es involucrar a todas las autoridades superiores en todos los asuntos públicos y exigir la observación de este método con una necesidad absoluta"[30].

Y añade a propósito del *imperium* de las autoridades militares[31] :

"Por otra parte, la esencia del *imperium* es tanta que interviene simultáneamente en varios círculos que no puede entenderse claramente ni en la teoría de la organización militar ni en la del procedimiento civil, aunque tanto la guerra como el procedimiento lo tienen como fundamento. La institución ingeniosamente complicada de la censura es de hecho una parte integral del sistema militar y del sistema financiero; pero toda exposición de una u otra debe darse por conocida: porque no es una magistratura militar, ni una magistratura financiera, ni en general una magistratura materialmente delimitada. En consecuencia, el Derecho público también encuentra los límites naturales de su dominio en el punto en que este carácter de orden político general deja paso a reglas especiales. Toda la técnica del arte militar, que no se rige directamente por consideraciones políticas, es ajena al Derecho público. Las diversas clases de acciones civiles, de procesos penales no pueden encontrar cabida en él, a pesar de la necesidad en que se encuentra de resolver la cuestión de saber qué órganos del Estado intervienen en las diversas relaciones jurídicas. La situación del magistrado investido de mando y jurisdicción solo puede ser comprendida por quien ha considerado la Constitución del Estado en su conjunto"[32].

---

[30] Del prólogo a la segunda edición alemana de *Staatsrecht* I, 1876.
[31] Véase sobre el *Imperium*, *in extenso*, las pp. 163-186 del presente libro
[32] Ibídem.

Este desdoblamiento de funciones –que afectan a la explicación orgánica de cada institución– se percibe también al tratar del gobierno provincial y del municipio tal como estos se desarrollaron durante la República y el Principado.

En todos los casos aconseja –pues es científicamente legítimo– estudiar, junto al Derecho público general, las distintas ramas de la administración, y cada una de ellas con sus características específicas.

Por otro lado, en lo relativo al procedimiento del Derecho civil o criminal, entran de forma natural en la explicación, puesto que forman parte esencial, y natural, de la vida, de la sociedad, y por tanto debe contemplarse en la explicación científica de los manuales de Derecho romano. Parte importante, complementaria, de las instituciones políticas, son las religiosas (muchas veces imbricadas con las políticas), y las económicas o financieras. Se trata, en definitiva, de incluir bajo la denominación de Derecho público, "una descripción de la Constitución romana, un intento de explicar cada institución tanto en sus particularidades como una parte del todo, y mostrando sus relaciones con el organismo de conjunto".

La dificultad de este tipo de estudio reside en el conocimiento de las fuentes y en saber discernir cuáles son las características particulares de cada institución y cuál es su importancia en el organigrama general del Estado romano.

Los instrumentos para tal construcción teórica son los documentos, y muchas veces el investigador se siente impotente por carecer de algunos elementos informativos que podrían ser esenciales en el empeño de reconstrucción. "En tal afán –dice Mommsen– me he esforzado y he consagrado todas mis fuerzas, en el trabajo y en la reflexión, hasta lograr "apropiarme" de todos los materiales disponibles para poner en pie cada una de las ideas con todas sus consecuencias»[33].

Como todo trabajo humano, la obra de Mommsen es mejorable, como reconoce él mismo, y en la segunda edición del primer volumen del *Staatsrecht* añade algunas páginas complementarias sobre el *Auspicium*, el *Consilium* o el *Interregnum*. Ni el trabajo base, ni las actualizaciones, son trabajos que caen en saco roto, "porque hay

[33] Ibídem.

dos cosas seguras a partir de ahora: no hay investigación política o histórica de un orden elevado que pueda hacer abstracción de Roma, y que el estudio, no de la tradición positiva o darse a sí misma por tal, sino de las instituciones políticas, es el camino a seguir para alcanzar el conocimiento de la historia romana", concluye.

Este corolario de ideas sobre el pasado romano y sus instituciones se completa con el prólogo a la tercera edición del volumen I del *Staatsrecht*, y cuando ya habían visto la luz, en 1887, los dos libros consagrados a las Magistraturas (*Staatsrecht*, II, en dos partes, en dos volúmenes), y la primera parte del volumen III, dedicado el Pueblo romano. Estas reflexiones de Mommsen no son extensas; el autor se limita a decir que se ha ocupado, en las sucesivas ediciones, de incorporar los nuevos documentos epigráficos que han ido descubriendo, así como tener en consideración obras científicas nuevas de mérito. En todo caso, Mommsen reitera que, a pesar de la gigantesca extensión de los sucesivos volúmenes de su *Staatsrecht*, esta obra es solamente "un manual", y que, a pesar de algunas críticas, eran más las opiniones positivas y muchos los colegas y amigos que habían contribuido a mejorar esta obra en continuo avance, entre otros Otto Hirschfeld, Alfred Pernice y Ulrich von Wilamowitz[34].

V. Actualidad

Hay un doble motivo por el cual presento este libro. En primer lugar, traer de nuevo a Mommsen a la actualidad. Sorprende que uno de los más grandes historiadores de la Roma antigua –si no el que más–, y un jurista "constitucionalista" de su talla no ha sido traducido al español de nuevo, ni total ni parcialmente en alguna de sus obras desde hace más de un siglo. Si decimos de Mommsen que es un "clásico", y realmente lo es, hay que releerlo periódicamente para aprender de la Historia de Roma y de sus instituciones políticas. Aduzco una segunda razón para esta empresa, y está relacionada con el tema elegido, y que da título a este libro: *La dictadura romana. Los magistrados del* imperium. No soy

[34] Del prólogo a la tercera edición alemana de *Staatsrecht* I, 1887.

de los que creen que la Historia es cíclica (como hicieron Arnold J. Toynbee, hablando de ciclos político-culturales, o Mircea Eliade refiriéndose a los mitos) pero puede que algo de razón tengan cuando desde la segunda mitad del siglo XX y lo que llevamos del XXI, pensábamos que las dictaduras estaban superadas como sistema político –totalitario–, quedando ese modelo reducido a unos pocos países de Asia o del Caribe, y excepcionalmente en la Europa del siglo XX. Pero resulta que los totalitarismos están en auge en muchos países actuales, disfrazados muchas veces de democracia, y otras veces directamente sin disfraz. Con demasiada frecuencia se lee en la prensa el término "dictadura" aplicada a algunos sistemas actuales, y "dictador" a sus líderes. Pero, ¿qué dictaduras tienen como referente histórico esos que la invocan? La dictadura es una magistratura romana, es un invento romano, y no de antes de ayer. Posiblemente el término dictador, aplicado a algunos gobernantes del siglo XX, y lo que llevamos del XXI, tenga un sentido más degradado, más indeterminado, más laxo, y quizás con ese sustantivo se quieran referir algunos a quienes abusan de las instituciones y de las leyes de su país, que no respetan la división de poderes –que caracteriza a los Estados modernos– y se comportan autocráticamente. El término griego *autokrátor*, αὐτοκράτωρ, lo usaban los griegos, despectivamente, para designar a quien, en la vida pública, política, ejerce el poder de forma absoluta, concentrando en su persona un mando superior al que las Constituciones asignan y reparten en las diversas instituciones políticas del Estado. El historiador Polibio hace equiparar el término *autokrátor* al de *dictator*, dictador, y más tarde, aplicados a algunos jefes militares, equivale a *imperator* (por ejemplo, Plutarco, *Pompeyo*, 9; *Galba*, 1), es decir, un jefe militar en época romana republicana, o lo que convencionalmente llamamos emperador a partir de Augusto, en el cambio de Era.

Por tanto, este libro quiere presentar al lector culto una síntesis de lo que era la dictadura romana, de mano de su (posiblemente) mejor estudioso. Al contrario que en su *Historia Romana*, en sus estudios jurídicos Mommsen no se limita a exponer con buena prosa los hechos, sino que aporta todas las fuentes relativas que sobre la dictadura y los dictadores romanos hay en las fuentes latinas y griegas antiguas. Este es el segundo propósito por el cual –decía– creo que este libro es necesario para que el hombre de hoy esté informado acerca de la dictadura romana, y pueda hablar con mimbres bien tejidos cuando se refiera a esta institución romana[35]. Se ha añadido otro capítulo, donde Mommsen habla del uso de los fasces por los distintos magistrados romanos que tenían derecho a ello, por el legado de una tradición antigua, como era el caso de los cónsules o el dictador, que tiene su origen en la realeza romana. El uso de fasces y de los *lictores*, y la determinación de su número, está asociado al rango y categoría de las distintas magistraturas, especialmente en la República. El uso de los fasces en época imperial es menos intenso y muchas veces parecen un fósil iconográfico y ceremonial debido al recuerdo y al respeto que los romanos tenían por su pasado republicano, aunque la República hubiera fenecido, de hecho, con el Principado augusteo, iniciado en septiembre del año 27 a.C.

Todo esto no se entiende sin exponer debidamente en qué consiste la magistratura romana, de ahí que aquí mostremos un capítulo a explicarla.

Las prerrogativas principales –las más elevadas– de los magistrados romanos son, primero, los auspicios (es decir, tener el *placet* de los dioses para emprender cualquier empresa o proyecto, incluida la guerra), y después el *imperium*, que es la expresión máxima y práctica del poder político romano delegado en sus máximos representantes.

El conjunto de estos estudios mommsenianos sobre la noción de poder y su ejercicio –en su cotidianidad constitucional y en sus excepciones y excesos–, creemos que ilustra magníficamente el sistemático trabajo de Mommsen y su metodología como jurista.

VI. *Imperium* e imperialismo, conceptos denostados

Si echamos mano de la definición de la RAE, hay que entender actualmente por imperialismo la "actitud y doctrina de quienes

[35] Un libro aparecido a finales del 2022 evidencia el interés actual por el tema de la dictadura, de Roma a nuestros días. Goupy, Marie - Rivière, Yann (dir.) (2022): *De la dictature à l'état d'exception*, Roma, 2022. Collection de l'École française de Rome – 601.

propugnan o practican la extensión del dominio de un país sobre otro u otros por medio de la fuerza militar, económica o política".

Tomando como referencia esta idea, conviene hacer dos matizaciones con respecto al concepto de *imperium* que Mommsen maneja en su obra, y en estas páginas. El autor no utiliza nunca la palabra "imperialismo" (*imperialismus*, o *Weltmachtpolitik*). El *Staatsrecht* no es un estudio de historia, ni de exposición de procesos históricos, de modo que "imperialismo" sería la expresión del *imperium*, aplicado este en un país extranjero legítimamente desde la perspectiva de la Constitución política romana. Nada de esto le interesa a Mommsen en esta obra, y que sin embargo, *sensu contrario*, lo encontramos en su *Historia romana*, donde asistimos al desarrollo político de Roma y a su expansión, primero en Italia, y luego en las guerras contra Aníbal y los cartagineses, su presencia en el oriente europeo, combatiendo contra los reyes griegos..., hasta el sometimiento de las provincias occidentales, fascinado especialmente por la figura de César. Parece como si, dada por conocida su *Historia Romana*, en *Staatsrecht* soslaya el relato histórico y se centra únicamente en mostrar las instituciones por sí mismas.

La segunda idea que queremos plantear es la ausencia, en la actualidad, de políticas imperialistas en sentido antiguo, si exceptuamos la reciente ocupación de Ucrania por el ejército ruso. Esta última iniciativa es hoy día una excepción –afortunadamente– pero cabe recordar que los procesos de expansión imperialista mediante el uso de la fuerza militar a gran escala fue siempre el signo de los tiempos, desde la antigua Asiria hasta Hitler. El concepto imperialismo está hoy denostado, con razón; al menos el "imperialismo" que podríamos calificar de "tradicional", aunque, en cambio, las naciones se someten de buen grado a otros imperialismos teóricamente pacíficos, como el cultural, el control de los *big data*, o las ideas totalitarias que se aceptan por los ciudadanos –increíblemente-, como una moda, sin conciencia de estar siendo sometidos.

Por tanto, puesto que en estas páginas la guerra es solo una referencia a pie de página para ilustrar otras ideas, teóricas o prácticas sobre el ejercicio del poder político, el lector tampoco debe buscar aquí –a propósito de la palabra y de la idea de *imperium*– episodios de batallas. El título de la obra de Mommsen, *Römische Staatsrecht, Derecho Público (o Constitucional) romano* se define por sí mismo; se trata de *teoría* política, no de cómo los romanos llevaron a la práctica su idea de poder militar (*militiae*) llevando las armas romanas a combatir a las naciones que baña el Mediterráneo.

VII. Magistrados – *Magistratus*

De nuevo el diccionario actualizado de nuestra lengua española viene a centrar una idea preconcebida que puede ser equivocada a propósito del término "magistrado". Según la Academia Española, magistrado es el "miembro de la carrera judicial con categoría superior a la del juez".

De ningún modo este concepto es el que debe aplicarse al *magistratus* romano. El vocablo latino no se limita solo al ámbito judicial; al contrario, es mucho más rico semánticamente. Su étimo es *magister* –como explica perfectamente Mommsen–, y de ahí *magistratus*, el hombre que ostenta un puesto público por designación del pueblo, reunido en asamblea, y por el senado reunido en la curia. Los magistrados poseen la máxima autoridad delegada del Estado, ya en el ámbito civil o militar, en la capital (*domi*) o en el exterior, en la guerra. Los magistrados mayores, los hombres que ostentan a nivel individual o colegiado el poder máximo, llevan asociado el *imperium* y la *potestas*, el poder militar en esencia. La función de justicia está asignada a los pretores, y no en exclusiva, pues su función principal es la dirección de la guerra. Si nos fijamos en la división de los magistrados civiles –*extraordinarii* y *ordinarii*– cabe precisar que a los primeros pertenecían los dictadores, los *magistri equitum*, los *duumviri perduellionis*, los *quaestores rerum capitalium*, etc. Los segundos se dividían en *maiores*: el consulado, la pretura y la censura; y los *minores*, a los que pertenecían los ediles, los cuestores, los tribunos de la plebe, etc. Además de estos, estaban los *magistratus patricii*, que, en un principio, estaban ocupados por patricios; y, por otro lado, *magistratus plebeii*, que se elegían de entre la plebe; los curules, que tenían el privilegio de usar *la sella curulis*, es decir, los cónsules, censores, pretores y ediles curules. También hay magistrados municipales...

En fin, con este repaso imperfecto e incompleto solo pretendemos indicar la gran riqueza semántica del término romano *magistratus*, por completa oposición al concepto de magistrado en la lengua española, *vulgo*, donde magistrado es sinónimo de juez, y en sentido jurídico técnico alguien cuyo rango está por encima de el del juez ordinario, por ejemplo, en el sistema jurídico español, los "magistrados del Tribunal Supremo".

VIII. Nota gramatical

Hemos traducido la palabra fasces en masculino porque en latín este sustantivo tiene ese género, al igual que en español, según la RAE, si bien esta institución se muestra laxa a este respecto y admite que "se puede usar también como femenino". Naturalmente optamos por permanecer fiel al género del étimo latino y al uso ortodoxo en idioma castellano, usando el masculino en este vocablo.

IX. Bibliografía

a) Estudios usados y citados de forma abreviada por Mommsen en este libro:

Becker = *Topographie der Stadt Rom*, de Wilhelm Adolph Becker, Leipzig, 1843 (vol. 1 del *Handbuch der römischen Altertümer*, de W.A. Becker y J. Marquardt, 5 volúmenes publicados en Leipzig entre 1843 y1867).

CIL = *Corpus Inscriptionum Latinarum*. Berlin. 1853-

Cohen = *Description historique des monnaies frappées sous l'Empire romain communément appelées Médailles impériales*, de Henry Cohen, vols. I-VII, Paris, 1859-1868; 2ª edición, Paris, 1880-1888.

Cohen, *Méd. consul* = *Médailles consulaires en or et en argent*, de Henry Cohen, Paris, Pierrat, 1891.

Drumann = *Geschichte Roms in seinem Übergange von der republikanischen zur monarchischen Verfassung*, de Wilhelm Karl August Drumann, 6 vols. Königsberg, 1834-1844.

Chronologie = *Römische Chronologie*, de Theodor Mommsen, Dritte Auflage, Berlin 1859.

Festo = Sex. Pompeius Festus. *De Verborum Significatione* (Sexti Pompei Festi De Verborum Significatu Quae Supersunt cum Pauli Epitome), ed. W. M. Lindsay, Apud Petrum Santandreanum., [Geneva], 1913.

Lange = *De Legibus Aelia et Fufia commantatio.* Ludovici Langii (Lange, Ludwig), Gissae, Typis G.D. Bruehli, 1861.

Lorenz = *De dictatoribus Latinis et municipalibus*, de Christian Gottlob Lorenz, Grimma, 1841.

Madvig, *Emend. Liv.* = *Emendationes Livianae*, de Johan Nikolai Madvig. Sumptibus Librariae Gyldendalianae, (Hegeliorum), Hauniae, 1877.

Maffei, M. V. = *Museum Veronense.* Descripsit Scipio Maffei, Verona 1749.

Monnaie: *Histoire de la monnaie romaine*, I, II, III, Paris, Libraire Franck, 1873. (Traducción de Le Duc de Blacas, de la edición alemana *Geschichte des römischen Münzwesens*, Berlin, Weidman, 1860).

Monum. Ancyr. = *Res gestae divi Augusti: ex monumentis Ancyrano et Apolloniensi iterum*, de Theodor Mommsen, Berlin, Apud Weidmannos, 1883.

Müller = *Die Etrusker*, I-II, de Karl Otfried Müller, Breslau, Verlage von Josef Max & Komp, 1828.

Niebuhr = *Römische Geschichte,* de Barthold Georg Niebuhr, 3ª ed. Obra en 3 vols., Berlin, 1828-1832. De esta magna obra existe una traducción francesa realizada por Marie-Philippe-Aimé de Golbéry, *Histoire romaine*, 7 vols., Paris, 1830-1840.

Rich = *A Dictionary of Roman and Greek Antiquities*, de Anthony Rich, Londres, Longmans, Green & Company, 1873.

Rubino, *Untersuch.* = *Untersuchungen über römische Verfassung und Geschichte. 1: Über den Entwickelungsgang der römischen Verfassung bis zum Höhepunkte der Republik*, de Joseph Rubino, Gassel, Krieger's Verlag, 1839.

Schwegler = *Römische Geschichte*, de Albert Schwegler. 2ª ed. 3 vols., Tubingen, 1867-1872.

Teuffel = *Geschichte der romischen Litteratur*, de Wilhelm Segismund Teuffel, 3º éd., Leipzig: Teubner 1874; 5ª edición, revisada par L. Schwabe, 2 vol., Leipzig: Teubner, 1890. Hay traducción francesa de la tercera edición, por Jean Bonnard y P. Pierson, con un prefacio de Thomas-Henri Martin, *Histoire de la Littérature romaine*, tomos I, II y III, París, F. Vieweg, 1873-1883.

Whermann = *Fasti praetorii, ab A. U. DLXXXVII ad A. U. DCCX,* de Petrus Whermann, Berlin, Apud Weidmannos, 1875.

b) Lecturas recomendadas sobre la vida y la obra de Mommsen:

ALFÖLDY, Gèza (2005): "Theodor Mommsen y la epigrafía romana a los cien años de su muerte", en Martínez Pinna, Jorge (coordinador), En el centenario..., pp. 153-169..

ANGELINI, Piero (1975): "Lo Staatsrecht nell'epitolario Mommsen-Wilamowitz", *Studia et Documenta Historiae et Iuris* 41, pp. 363-390.

BAENA DEL ALCÁZAR, Luis (2005): "La arqueología en la Historia de Roma de Theodor Mommsen", en Martínez Pinna, Jorge (coordinador), *En el centenario...*, pp. 179-190.

BANCALARI MOLINA, Alejandro (2005): "Theodor Mommsen, el mundo romano y sus proyecciones: A propósito del centenario de su muerte", Atenea, 492, pp. 135-146.

BARDT, Carl (1903): *Theodor Mommsen*, Berlin: Weidman.

BERNAYS, Jacob (1875): "Die Behandlung des römischen Staatsrechtes bis auf Theodor Mommsen", *Deutsche Rundschau* 2, pp. 54-68.

BOISSIER, Gaston (1872): "L'Allemagne contemporaine. Études et Portraits, I. Theodor Mommsen", *Revue des Deux Mondes*, 2e période, tome 98, pp. 798-826.

BUONOCORE, Marco (2003): *Theodor Mommsen e gli studi sul mondo antico: dalle sue lettere conservate nellaBiblioteca Apostolica Vaticana.* Napoli: Jovene.

CARRERAS, Juan José (1987[7]): "Prólogo a la Historia de Roma de Mommsen", en Th. Mommsen, *Historia de Roma*, Madrid, Aguilar, vol. I, pp. I-XXVII. [Reproducido en: J. J. CARRERAS, *Razón de historia: estudios de historiografía*, Madrid, Marcial Pons y Prensas Universitarias de Zaragoza, 2000, pp. 15-39].

CHRIST, Karl (1981): "Theodor Mommsen und sein Biograph", *Historische Zeitschrift*, 233, pp. 363-370.

CHRIST, Karl (2001): *Theodor Mommsen und die „Römische Geschichte"*, dtv, München 2001.

DE RUGGERO, Ettore (1875): *Studi sul diritto pubblico romano da Niehbur a Mommsen*, Florencia: Le Monnier.

DELGADO, José A. (2003): "La obra de Theodor Mommsen en España: la traducción española de la Römische Geschichte", *Gerión* 21/2, pp.. 45-58.

DILIBERTO, Oliverio (2004): "Mommsen èdito in Italia", en *Theodor Mommsen e l'Italia. Atti dei Convegni Lincei (Roma, 3-4 novembre 2003)*, Roma: Accademia Nazionale dei Lincei, pp. 139-167.

EL BEHEIRI, Nadja (2016). "El valor perenne del "Römisches Staatsrecht" de Theodor Mommsen: la "res publica" romana, entre realidad histórica e institución jurídica, en *Foro. Revista de ciencias jurídicas y sociales, nueva época*, 18.2, pp. 249-265.

FONTÁN, Antonio (1978): "Theodor Mommsen (un gigante de la ciencia histórica) (1817-1903)", en A.A. V.V., *Forjadores del mundo contemporáneo*, II, Planeta, Barcelona 1978, pp. 351-362.

FONTÁN, Antonio (2015): *Historia y Humanismo: el nacimiento de un concepto en Th. Mommsem y J. Burckhardt*, Madrid, Fundación Marqués de Guadalcanal. 35 pp.

FREYTAG, Gustav (1872): "Th. Mommsen und sein römisches *Staatsrecht*", *neuen Reich* 2/1, pp. 913 ss.

GOOCH, George P. (1942): *Historia e Historiadores en el siglo XIX*, México, Fondo de Cultura Económica. (Orig. 1913).

HEUSS, Alfred (1974): "Theodor Mommsen und die revolutionare Struktur des rômischen Kaisertums", *Aufstieg und Niedergang der römischen Welt*, II.1, Berlin, pp. 77-90.

HARTMANN, Ludo Moritz (1908/2017): *Theodor Mommsen: Eine biographische Skizze. Mit einem Anhange: Ausgewählte politische Aufsätze Mommsens*, Gotha, F. A. Perthes, 1908 (Repr. Severus Verlag, 2017).

HEUSS, Alfred (1996): *Theodor Mommsen und das 19. Jahrhundert*, Steiner, Stuttgart.

KÖPF, Peter (2004): *Die Mommsens. Von 1848 bis heute – die Geschichte einer Familie ist die Geschichte der Deutschen*, Europa Verlag, Hamburg.

MALAVÉ OSUNA, Belén (2005): "Mommsen y la ciencia del Derecho público », en Martínez Pinna, Jorge (coordinador), *En el centenario*..., pp. 171-177.

MALITZ, Jürgen (1979): *Theodor Mommsen. Römische Staatsrecht. Stellenregister*, München: Beck.

MARTÍNEZ PINNA, Jorge (coordinador) (2005): *En el centenario de Theodor Mommsen. Homenaje desde la Universidad española*, Málaga y Madrid, Universidad de Málaga; Real Academia de la Historia.

MASIELLO, Tommaso (1996): *Mommsen e il diritto penale romano*, Cacucci, Bari.

MOLINA GÓMEZ, José Antonio (2001): "Theodor Mommsen (1817-1903) y la Antigüedad Tardía", en: *Hombres de fe, hombres políticos. El Concilio de Éfeso (431) y sus participantes*, (Antigüedad y Cristianismo XVIII), pp, 445-468.

NICOLET, Claude (1970), "Préface" à l'Histoire Romaine de Mommsen: Paris: Club Français du Livre, pp. XXII-LV.

NICOLET, Claude (1984), "Avant-Propos", en *Mommsen, Le Droit Public Romain*, I, Paris: De Boccard, pp. I-V.

NIPPEL, Wilfried - SEIDENSTICKER, Bernd (éd) (2005): *Theodor Mommsens langer Schatten. Das römische Staatsrecht als bleibende Herausforderung für die Forschung*, Olms Verlag, Hildesheim.

OBARRIO MORENO, Juan Alfredo - PIQUER MARÍ, José Miguel (2017), "La tradición textual: notas sobre el Praefacio de Mommsen al *Digesto*", *Anuario de Historia del Derecho Español*, 87, pp. 167-223.

PANERO, Ricardo (1988): "Derecho romano: realidad histórica – realidad actual", en *Estudios de homenaje a Juan Iglesias*, Madrid, UCM, vol. 2, pp. 973-990.

REBENICH, Stephan (2002): *Theodor Mommsen. Eine Biographie*, München, Beck.

ROCES, Wenceslao (1945): "Prólogo" a Theodor Mommsen, *el mundo de los Césares*, México, FCE, pp. VII-XVI.

ROMERO RECIO, Mirella (2005): Traducciones y ediciones de la obra de Mommsen en España (1876-1905), en Martínez Pinna, Jorge (coordinador), *En el centenario...*, pp. 135-152.

SARTORI, Franco (1961): "Mommsen storico e político", *Paideia*, 16, 1961, p. 3-21.

SORDO, Enrique (1982): "Theodor Mommsen, historiador liberal", en VV.AA., *Los premios Nobel*, Barcelona, Orbis, Tomo I, pp. 28-32.

STRAUSS, Simon (2017): *Von Mommsen zu Gelzer? Die Konzeption römisch-republikanischer Gesellschaft in „Staatsrecht" und „Nobilität"*, Stuttgart: Franz Steiner Verlag.

THOMAS, Yann (1984) : "Mommsen et «l'Isolierung» du droit", EN *Mommsen, Le Droit Public Romain*, I, Paris: De Boccard, pp. 1-52.

WICKERT, Lothar (1959-1980): *Theodor Mommsen*, Klostermann, Frankfurt - Main, I-IV.

WIESEHÖFER, Josef (éd) (2005): *Theodor Mommsen: Gelehrter, Politiker und Literat*, Stuttgart, Steiner.

WUCHER, Albert (1956): *Theodor Mommsen. Geschichtschreibung und Politik.* Zurich – Berlin- Fankfurt: Musterschmidt Verlag.

X. Breve vocabulario conceptual

Apparitores: Subalternos al servicio de un magistrado.

Comitia: En Roma, asamblea de ciudadanos libres, donde están representadas proporcionalmente todas las tribus originarias, étnicas, romanas, organizadas por curias. Es un órgano "democrático", consultivo y determinativo, que sancionaba (aprobaba) o podía rechazar el nombramiento de magistrados, o incluso controlar la política de Estado con su derecho de veto. En la época republicana este órgano político equilibra el dominio de Roma que se sustenta, a decir de Mommsen, en una diarquía, un poder desdoblado, repartido, que viene expresada en la frase *Senatus Populusque Romanus*.

Dictio: Delaración; exposición (de causas); testimonio.

Domi militiaque: liberal y literariamente, "tanto en la paz como en la guerra". Pero en el lenguaje constitucional, en referencia a las funciones ejercidas por los magistrados, *domi* significa "Roma" –debe entenderse la política interior, "doméstica"– por oposición a la política exterior, indefectiblemente asociada a la guerra (*militiae*) y al ejercicio del *imperium* de los magistrados fuera de la ciudad.

Fasti: listados con los nombres de los principales magistrados que cada año asumían sus funciones en Roma. Estas listas eran grabadas en piedra o bronce y expuestas públicamente, a modo de tablas que se iban completando año a año. Se han conservado algunos *fasti* parcialmente (por ejemplo, los *Fasti Triumphales*, grabados sobre piedra), y otros se han podido reconstruir tomando la información de autores literarios y de las inscripciones. Así, tenemos los *Fasti consulares*, completados a partir de fuentes diversas, con la lista completa de los cónsules de Roma *ab Urbe condita*.

Fórmulas legales (motivaciones más frecuentes) para designar a dictador.

-*rei gerendae causa*: para solucionar un conflicto bélico.
-*seditionis sedandae*: para reprimir una rebelión interna.

-*comitiorum habendorum causa*: para convocar a los comicios, la asamblea popular.

-*clavi figendi causa*: "para clavar un clavo". Se trata de una costumbre antiquísima romana no exenta de cierto carácter apotropaico o mágico. Se trata del *clavus annalis* que el dictador, nombrado al efecto, debía introducir la pared derecha del templo de Júpiter cuando acechaba el peligro de una peste u otra desgracia pública; con ello se pretendía clavar o detener la expansión de la pandemia.

Intercessio: Interposición (de un recurso); veto; mediación.

Provocatio: Aunque se traduce homofónicamente al español por "provocación", el término merece una explicación. El sustantivo deriva del verbo *provoco*, "llamar a", "hacer venir". Así, la *provocatio*, en realidad, *provocatio ad populum*, es el mecanismo legal mediante el cual un condenado a muerte pone límites al proceso judicial (*iurisdictio*) de un magistrado romano cuando el reo cree que se le ha condenado injustamente a la pena capital. Mediante el recurso legal de la *provocatio*, el condenado apela a las asambleas populares (comicios) para corregir o anular la sentencia. Lo mismo ocurre en caso de que un magistrado considere que otro, de rango superior, haya tomado una decisión política que perjudica al Estado, y apela al pueblo como mecanismo corrector para corroborar o matizar aquella decisión o designación considerada improcedente.

Vitium: Defecto formal cometido durante la consulta de los auspicios, que tiene como consecuencia la nulidad del voto en las asamblea comiciales.

Otras expresiones o instituciones de Derecho público romano, como *magister populi*, *magister equitum*, etc., el lector avisado podrá entenderlas sin dificultad a partir de las explicaciones del propio Mommsen, o serán aclaradas en la parte final de este libro, en los comentarios al texto mommseniano.

Fragmento de los *Fasti consulares*. Palazzo dei Conservatori, Roma

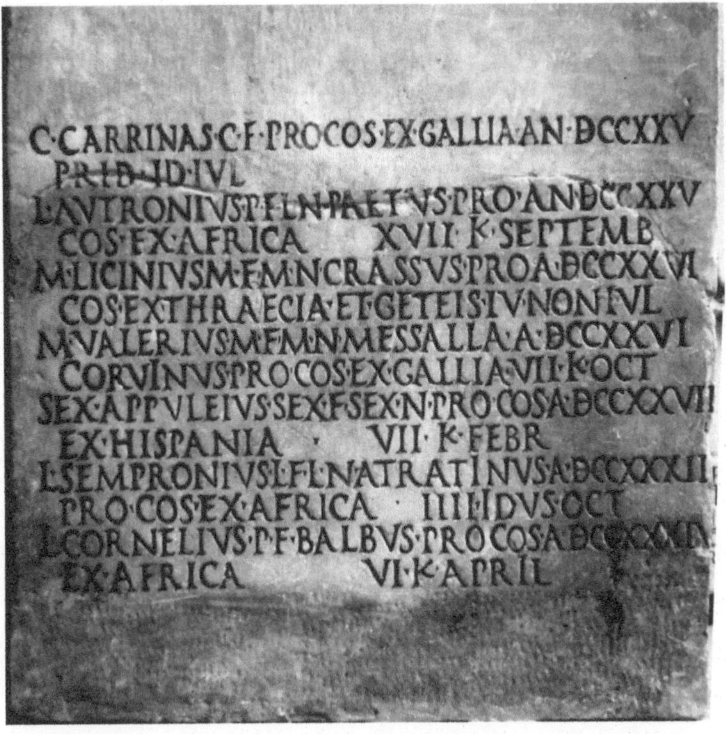

Inscripción con la parte final de los *Fasti Triumphales*. Museos Capitolinos, Roma

PARTE II

THEODOR MOMMSEN

CAPÍTULO I

LOS MAGISTRADOS

I
MAGISTRATURA Y PODERES DE LOS MAGISTRADOS[1]

1. La percepción del Derecho público en Roma

El carácter mismo del Estado romano establece con sus magistrados el cuadro de su constitución jurídica. Así, en la antiquísima imagen que este Estado nos ha dejado de sí mismo, en forma de relato de su fundación, se representa al rey como anterior a la ciudad y al pueblo. Hay una primera razón para no estudiar al Consejo y a la Asamblea de la ciudad antes que sus magistraturas: que ni el Consejo ni la Asamblea tienen facultad de obrar sin la asistencia de un magistrado y que, en consecuencia, todo acto de uno o de otro es al mismo tiempo el acto de un magistrado. Pero hay otra razón, que para nuestro tema es la más importante: si bien los jurisconsultos romanos no permanecieron ajenos a la noción de ley pública designada con el nombre de *ius publicum*[2], no quedó como fundamento

---

[1] *Staatsrecht*, I, 1887 (Dritte Auflage), pp. 3-7 (Die Magistratur. Amt und Amtsgewalt)

[2] El *ius publicum* –en el sentido de reglas de derecho que conciernen especialmente al Estado, y en contraste con el *ius privatum*, que se refiere especialmente a los individuos–, se encuentra en particular en Ulpiano, *Dig.* 1, 1, 1, 2 (de donde derivan los textos de Gayo, *Inst.* 1, 1, 4 e Isidoro, *Orig.* 5, 8): *(Iuris) studii duae sunt positiones, publicum et privatum publicum ius est quod ad statum rei Romanae spectat, privatum quod ad singulorum utilitatem... publicum ius in sacris, in sacerdotibus, in magistratibus consistit.* Es en el mismo sentido que Cicerón, *Pro Balbo*, 15, 34, hace a los *publici iuris periti Gaditani* insistir en la modificación de un tratado público irregular y que el mismo Cicerón añade (en *Brut.* 59, 214): *Non publicum ius, non privatum et civile cognoverat.* Del mismo modo, las XII tablas se denominan, según leemos en Tito Livio, 3, 34, 6, *fons omnis publici privatique iuris* (véase la misma oposición en Plinio, *Ep.* 1, 22, 2. 8, 14, 1, Pomponio, *Dig* 1, 2, 2, 46, Aulo Gelio, 10, 20, 2). Así se designan

de sus trabajos "científicos"[3]. De lo que partieron fue de la división fundamental, por un lado, de los asuntos públicos en sus relaciones con los dioses, y por otro, en las relaciones entre los hombres: para las primeras, los antiguos vincularon sus explicaciones a la teoría de los sacerdocios[4], y para las segundas a la teoría de las magistraturas.

Además, solo excepcionalmente se ocupan de la magistratura en general[5]. La literatura de la materia consiste en su conjunto en

---

los derechos que pertenecen al pueblo mismo (Livio, 45, 48, 4: *Ubi publicanus esset, ibi aut ius publicum vanum aut liberiatem sociis nullam esse*). Sin embargo, general y particularmente en las obras de Derecho, el *ius publicum* no significa el derecho relativo a las personas, sino el que procede de ellas; así, por ejemplo, las disposiciones sobre la *usucapio* (*Dig.* 39, 2, 18, 1), sobre la fianza (*Dig.* 24, 1, 7, 6), sobre la nulidad de los pactos onerosos relacionadas con la liberación de esclavos (*Dig.* 38, 1, 42), sobre la nulidad de las enajenaciones fraudulentas hechas por el deudor insolvente (*Dig.* 26, 1, 8), sobre las excusas (Dig. 26, 29. 27, 1, 36, 1), sobre la responsabilidad en la rendición de cuentas por parte de los tutores (*Dig.* 26, 7, 5, 7. 27, 8, 1, 9), sobre la cuarta reservada al heredero que establece la ley Falcidia (*Dig.* 35, 2, 15, 1), sobre las garantías a prestar o no por el heredero (*Dig.* 35, 1, 77, 3. 36, 3, 12), sobre el derecho a una sepultura (Dig. 11, 7, 20, pr.). Todas ellas corresponden al *ius publicum.* Preferentemente, las normas de derecho privado que obligan a los particulares no solo por vía de presunción, sino de manera imperativa, se denominan *ius publicum* (*Dig.* 2, 14, 38: *Ius publicum privatorum pactis mutari non potest.* 50, 17, 45, 1), aunque las leyes puramente permisivas (por ejemplo, *Dig.* 35, 1, 77, 3. 36, 3, 12. *Cod. Iust.* 10, 43, 2) también se integran en el *ius publicum.* En este último sentido, el *ius publicum* es absolutamente lo que el lenguaje jurídico antiguo designaba con las palabras *lex publica.*

3 No conozco ninguna obra antigua de la que pueda decirse que haya tratado el Derecho público en este sentido. Las *Antiquitates rerum humanarum et divinarum* de Varrón tienen un tema mucho más amplio. Ulpiano también indica, al dividir el *ius publicum* en el derecho de los *sacra,* de los sacerdotes y de los magistrados, que no está pensando en un trabajo de este tipo, sino en el tipo de trabajo como el que inmediatamente planteamos nosotros. Además, no cita a los *sacra* por amor a la división tripartita. Al menos la literatura relativa a la ley sagrada de ninguna manera parece prestarse a una división del Derecho en Derecho de los *sacra* y el Derecho sacerdotal.

4 Los *libri de sacerdotibus publicis compositi,* como los llama Aulo Gelio, 10, 15, 1 (cf. 13, 23, 1), especialmente los *commentarii pontificum et augurum,* forman, como sabemos, la base de la literatura religiosa, por no decir de toda esta literatura. Al igual que los escritos del mismo tipo sobre los magistrados, aparecieron al principio sin nombres de autores, y solo mucho más tarde los *augures populi R. qui libros de auspiciis scripserunt,* Aulo Gelio, 13, 14, 1, reemplazaron a los antiguos *commentarii augurum.* Los libros pontificales desempeñan en el dominio del sacerdocio un papel análogo al del Derecho pretoriano en el ámbito de la magistratura.

5 Las obras más antiguas de este tipo que se nos citan con el nombre de un autor, parecen haber tratado de la magistratura de manera general. Estos son los *libri magistratuum* de C. Sempronio Tuditano, cónsul en el 623 (131 a.C.) y el tratado *De potestatibus* de Junio Gracano, cuyo séptimo libro trata sobre los cuestores (*Dig.* 1, 13, 1, pr.).

instrucciones redactadas para el ejercicio de determinadas magistraturas[6], así como para el cumplimiento de otras funciones[7]. Se comenzaba por anotar o por conservar decretos particulares de magistrados, para servir de precedentes a los posteriores titulares de las mismas funciones[8], y la actividad teórica más antigua ejercida inicialmente bajo esta forma se restringía a la redacción de fórmulas destinadas a magistrados, atribuidas arbitrariamente a uno u otro de sus antecesores[9]; solo después llegamos gradualmente, en las diferentes

[6] Desde este punto de vista debemos considerar toda la literatura dedicada a Roma, ya sea la relativa al conjunto o a los detalles de la organización pública. En la parte más conocida, la que trata del Derecho privado, se revela de la manera más evidente esta división según la competencia de los magistrados. Las obras de Derecho civil no son más que las instrucciones más antiguas hechas para el pretor urbano y, en este sentido, corresponden a los comentarios al edicto de épocas posteriores, y encontramos, en el resto de la literatura, manuales hechos para los ediles curules, para los presidentes de *quaestiones* (tratado *De iudiciis publicis*), para las autoridades que se pronunciaban en materia fiscal (tratados *De iure fisci et populi* y *Ad legem Iuliam y Papiam*), para las autoridades encargadas de las cuestiones de fideicomiso y tutela. El mismo carácter está representado, con menos desarrollo, en los escritos destinados a servir de instrucciones a otros magistrados, o en los comentarios anónimos de los reyes (Teuffel, § 12 = tr. fr. 1, p. 112), cónsules, censores, cuestores, etc. (Teuffel, § 78 = tr. fr. 1, p. 119), o en obras más recientes colocadas bajo el nombre de un autor específico y entre las cuales, los libros de Hemina *De censoribus*, suscitan dudas. La más antigua que se conoce es la obra de Cincio, *De consulum potestate*, que data de la época de Augusto. Las obras *De comitiis* (por ejemplo la obra de Cincio, la de Veranio, *auspiciorum de comitiis* serían solo una parte de sus *pontificalia*) y el *De senatu habendo* (por ejemplo de Varrón y de Nicóstrato) pueden considerarse como capítulos separados de esta literatura compuesta de instrucciones. Además, no es necesario señalar que estos manuales de magistrados podrían y deberían servir también para informar a las personas interesadas.

[7] En esta categoría se incluyen las obras *De re militari*, entre las que abre la lista la de Catón, *De officio senatoris*, tema tratado por Capitón, y el *De officio iudicis*, tema tratado por Tuberón.

[8] La conocida costumbre de las grandes familias de conservar especialmente en sus archivos privados (*tablinum*) los *Monumenta rerum in magistratu gestarum* (Plinio, *H.N.* 35, 2, 7; Festo, v. *Tablinum*, p. 356; Dionisio, 1, 74), habría contribuido a producir este tipo de obras, a menos que, por el contrario, como también es posible, el uso haya sido provocado por un interés práctico, por el deseo de permitir que el hijo del presente cónsul, llegue a su vez al consulado, educándose así en sus deberes consultando los documentos oficiales dejados por su padre. A esto se refiere el deseo de Cicerón –que no es más que un deseo, dice él mismo– de que los magistrados salientes hagan oficiales sus papeles (*De leg.* 3, 4, 11, c. 20, 47: *Apud censores qui magistratu abierint, edant et exponent quid in magistratu gesserint*).

[9] Tales son, por ejemplo, el comentario del rey Tulio (Cicerón, *Pro Rab. ad pop.* 5, 15) sobre el juicio de los Horacios y el de Servio Tulio que sirvió de base para la celebración de los Comicios centuriados (Livio, 1, 60; invocado en Festo, pp. 246, 249, bajo el nombre de *discriptio classium o centuriarum* del rey Servio, en Cicerón, *Orat.* 46, 156, bajo el de *tabulae censoriae*). Cabe señalar, además, en relación con estas

ramas de la ciencia, a una exposición francamente teórica tanto en la forma como en el fondo[10].

2. Los poderes generales de los magistrados y las diferentes magistraturas

La exposición del sistema de la magistratura romana no es en modo alguno una tarea fácil. Pero la mayor dificultad es quizás encontrar un orden exacto de materias, que tenga en cuenta tanto las ideas jurídicas fundamentales como la arbitrariedad y la multiplicidad infinita de formaciones políticas, y en particular separar exactamente la parte general y la parte especial. Los tratados publicados hasta la fecha se han ocupado principalmente de estudiar una a una las magistraturas del periodo reciente de la República. Por el

decisiones atribuidas a los reyes, que los comentarios de los pontífices contenían un gran número de ellas. Los comentarios de los sacerdotes y los de los magistrados han sido, sin duda, desde el principio, tan diversos como los distintos tipos de sacerdotes y de magistrados. Es significativo que ambos temas tengan como punto de partida los *commentami regum*; pero los primeros no tienen nada que ver con los segundos.

[10] Las fórmulas de las *legis actiones* han existido desde la Antigüedad, en el ámbito del derecho civil. Pero la redacción de las propias fórmulas también se produjo en un momento probablemente muy precoz con respecto a otras materias. Las fórmulas de los comentarios de los magistrados citados por Varrón, 6, 86 y ss. para la convocatoria del pueblo por los cónsules y los censores, y del mismo modo el *commentarium vetus* para ser llamado por el cuestor, pertenecen ya a la literatura claramente didáctica, pues los textos no relatan hechos del pasado, sino que pretenden reunir consejos y reglas para el futuro. También es necesario, siguiendo la observación de Reifferscheid (en la revista *Rheinische Museum,* 15, p. 627), entender en esta literatura la máxima de Velio Longo, *De Orthographia*, edición de Putsch, p. 2234: *Oriens consul magistrum populi dicat.* No resuelvo la cuestión de saber si se puede concluir –del hecho de que está puntuado como un verso saturniano– que las colecciones más antiguas de prescripciones de esta naturaleza estuvieran en verso. Pero no es inverosímil. Posteriormente, la forma teórica se generalizó cada vez más. Entre las fórmulas dadas por Varrón, la más antigua, la de los cuestores, todavía da un nombre propio al magistrado y al acusado, las de los cónsules y censores ya no contienen ninguno. Pero el propósito práctico de esta rama de la literatura no cambia; tiene como finalidad proporcionar al magistrado entrante la información necesaria para el ejercicio de sus funciones. Varrón escribió otro tratado de este tipo para Pompeyo, cuando obtuvo el consulado en 684 (70 a.C.), como indica Aulo Gelio, 14, 7: *Eum magistratum Pompeius cum initurus foret, quoniam per militiae tempora senatus habendi consulendique, rerum expers urbanarum fuit, M. Varronem familiarem suum rogauit, uti commentarium faceret* εἰσαγωγικόν – *sic enim Varro ipse appellat* –, *ex quo disceret, quid facere dicereque deberet, cum senatum consuleret.*

contrario, me pareció necesario dar en principio mayor amplitud a los desarrollos generales sobre la magistratura y las facultades que ésta confiere. Para las magistraturas inferiores, que, a diferencia de las superiores, tienen la particularidad de tener solo una competencia limitada, podemos contentarnos con un estudio especial; y sin embargo hay atribuciones, por ejemplo, el derecho de hablar al pueblo y el derecho de hablar en el senado, que están ligadas a la idea abstracta de magistratura y que, en consecuencia, solo pueden ser suficientemente desarrolladas en una parte general. Pero es sobre todo para la magistratura superior para la que el método seguido hasta ahora no es en modo alguno satisfactorio. Naturalmente, no podemos prescindir de estudiar aparte al consulado, la dictadura, la pretura y las demás variedades de la magistratura superior que existen bajo la República. Pero los principios fundamentales que están en juego no pueden encajar por completo en ese marco. El Estado romano tuvo como punto de partida la unidad del poder público, y nunca negó este origen.

Es una regla capital del Derecho Público romano que la noción de *imperium* se tome como base, con perfecta uniformidad, por los reyes y por los primeros cónsules. Puesto que en nuestras fuentes no tenemos tradición directa sobre el primero, debemos tomar el reto de emprender el estudio general de este *imperium* que concierne a las diversas categorías de magistraturas, para reconstituir, con la ayuda de las instituciones históricamente conocidas del consulado, de la dictadura y de la pretura, ese poder que originalmente se concentró íntegramente en manos de un solo magistrado supremo (el rey).

Lo que es verdadero, con respecto del *imperium*, para los altos magistrados patricios, lo es también, en gran parte, para los altos magistrados de la plebe. Las magistraturas de la segunda especie han tomado prestada de la primera su Constitución, ya sean sus atribuciones ampliadas o reducidas, o incluso negadas. Por tanto, la noción de poder, asociada al *imperium*, solamente puede entenderse a partir de aquellas primitivas instituciones, y en su tiempo.

3. Materias

En consecuencia, esta primera parte del tratado de Derecho público romano comenzará desarrollando la noción de magistrado (*magistratus*) y los poderes que le corresponden (*imperium*, *potestas*), luego se expondrá la teoría de los conflictos de poderes (*par maiorve potestas*) y la importante y difícil idea de la colegialidad. Las siguientes subdivisiones de la parte general se dedicarán a las diversas atribuciones que resultan de la magistratura, en cuanto requieran y comprendan un estudio general: primero, desde el punto de vista positivo, los auspicios y el *imperium* militar.

II
MAGISTRADOS. PRO MAGISTRADOS. *IMPERIUM. POTESTAS*[11]

1. Definición de la magistratura: la elección popular

Magister es un individuo que, entre los miembros de una ciudad o de una corporación originariamente iguales entre sí en derecho, ha llegado a ser más alto y más poderoso; este sustantivo ya no se usa en lenguaje reciente, aparte de algunas fórmulas consagradas desde

[11] *Staatsrecht*, I, 1887 (Dritte Auflage), pp. 8-24 (*Magistratus. Pro magistratu. Imperium. Potestas*).

tiempos antiguos[12] solo para designar presidencias de una asociación o colegio religioso o privado[13].

El término *magistratus* es, en sentido propio, solo la expresión abstracta correspondiente a la palabra concreta *magister*, y se confunde originariamente con ella[14]. Pero, estando el poder de los magistrados siempre reducido en la Constitución romana a un mandato del pueblo[15], designa, en el periodo reciente de la República, ya sea en un sentido abstracto donde alterna con "honor"[16], la magistratura política ordinaria, es decir, en sentido concreto, el individuo investido de esta magistratura ordinaria emanada de la elección popular. Esta circunstancia de la elección popular es el criterio específico del magistrado en cuanto al honor, y el sentido de las palabras ya lo muestra; pues cualquier hombre no puede ser *magister*, sino aquel que ha sido llamado al poder por sus iguales, y en consecuencia por su libre elección: él es el "más poderoso", y en el fondo la misma idea se encuentra en el concepto de *honos* (honor). Esto lo indican también los hábitos lingüísticos. Por una parte, estas expresiones se emplean para designar a los jefes de todos los Estados organizados

---

[12] La expresión *magister equitum* debe citarse especialmente aquí, mientras que la de *magister populi* quedó desfasada. Esta obsolescencia del término *magister* se debe probablemente al hecho de que la palabra, en su sentido más antiguo y preciso, designaba a un solo presidente y, en consecuencia, parecía menos apropiado para las magistraturas organizadas según el principio de colegialidad que el término abstracto *magistratus*. Indudablemente uno encuentra *magistri* en varias instituciones, por ejemplo para los *quindecemviros*, los *pagi*, los *vici*, etc. Pero estos casos parecen ser una adaptación posterior de la expresión.

[13] Pueden citarse el *magister* de los Arvales, el de los Salios, el de los quindecémviros y tantos otros *magistri* de colegios, a los que se oponen los *ministri*, así como los *magistri pagi* y *vici*, y los sacerdotales; también el *magister societatis*, *magister navis*, *magister honorum*, *magister ludi/ludorum*, etc.

[14] La palabra todavía se usa en este sentido junto con *magister* en el *senatus-consultum de Bacchanalibus* [CIL, I, p. 43): *Magister neque vir neque mulier quisquam esset, ... neve magistratum neve pro magistratu neque virum neque mulierem quiquam fecise velet.*

[15] Cicerón, *De lege agr.* 2, 7, 17: *Omnes potestates imperia curationes ab universo populo Romano proficisci convenit.* Con frecuencia se encuentran indicaciones similares.

[16] A veces, *magistratus* y *honos* se usan al mismo tiempo, como en Suetonio, *Aug.* 26; Modestino, *Dig.* 50, 12,11, Dion, 44, 47 (καὶ τιμῶν καὶ ἀρχῶν ἐξίωσε) y especialmente en Gayo, 1, 96, según el cual la ciudadanía romana es adquirida por los latinos que *honorem aliquem aut magistratum gerunt.* Es difícil ver aquí solo una tautología, pero no encuentro otra alternativa. Cierto es que las *promagistraturas,* incluidos los sacerdocios, tienen poco de los *honores* propios de los magistrados, y que los hombres de origen latino no ocupan nunca tales cargos en tanto que ciudadanos.

constitucionalmente o casi, y nunca lo son para los de los Estados donde se desconoce el voto de los ciudadanos y que en consecuencia constituyen más bien *regna*, reinos. Por otro lado, el hecho de ser elegidos por el pueblo[17] es lo que distingue a los magistrados, ya sea de los sacerdocios para los cuales el sufragio popular está excluido en principio[18], o de las muchas funciones públicas o cargos de oficiales, soldados, jurados y otros, a los que pueden ser llamados los ciudadanos por orden del magistrado, por rotación o de cualquier otro modo, y que se reúnen habitualmente bajo el nombre común de *munera*. De aquí se sigue que la idea de que *magistratus* y honor no son conceptos ligados a una categoría de funciones públicas cualitativamente determinables y que tal relación no ha permanecido igual en todos los tiempos[19]. Es rara en la Roma de la época regia; en la Roma republicana, en un principio se entendía por ella solo a los magistrados superiores, siempre que surgieran de la elección popular; y eran, además, los únicos a quienes se aplicaba perfectamente la designación de *magister* o *magistratus* en el sentido gramatical de la palabra. Pero cuando, desde un periodo muy remoto, probablemente a partir del año 303 (451 a.C.), la elección popular se extendió en Roma al cargo de cuestor, el círculo de magistraturas se amplió al mismo tiempo; y, por supuesto, nuestras fuentes ya no reconocen en la palabra en su antiguo significado limitado. Muchas otras funciones, en parte aún menos elevadas, entraron luego entre las conferidas por el pueblo; y eran consideradas igualmente magistraturas. Y el principio fue tan

---

[17] Si el dictador, elegido por cooptación y no por elección popular, se cuenta entre los magistrados, es por la razón dada más adelante (Véase en las páginas siguientes §*Magistraturas que datan de la época de los reyes*). Por lo demás, el derecho público de la República reconoce la cooptación solo para los sacerdocios; se desconoce para las magistraturas patricias. Primero fue admitida, por motivos de conveniencia, en la pseudo magistratura plebeya, y muy pronto desapareció.

[18] Por eso la asamblea electoral, cuando de hecho interviene, este sistema de elección se organiza como una *minor pars populi*, de modo que formalmente no es una asamblea del pueblo.

[19] Así, en muchas ciudades, la cuestura no se cuenta entre los honores y ha permanecido en todas partes como era originalmente, un *munus*, como la *cura annonae* y funciones similares. Carisio en *Dig.* 50, 4, 18, 2: *Et quaestura in aliqua civitate inter honores non habetur, sed personale munus est.* Los *Fasti* de Venusia anotan, en el año 720 (de Roma) (34 a.C.): *Hoc anno quaestores creati*, y los cuentan en adelante entre los magistrados.

rigurosamente observado que, para aquellos cuyo nombramiento procedía en parte del pueblo y en parte de los magistrados, como era el caso de los tribunos militares y los *praefecti iure dicundo*, solo la primera categoría se clasificaba entre los *magistratus*[20]. El límite más extremo alcanzado en esta línea descendente lo marcan los tribunos militares *a populo*, los *vigintisexviri* y más tarde los *vigintiviri*.

2. Magistraturas que datan de la época de los reyes

Para completar adecuadamente la noción de magistratura, cabe añadir una observación. Puesto que la institución se basa radicalmente en la elección popular, contradiciendo así el sistema de la realeza, los romanos de la República mantienen en su concepción, más teórica que tradicional, que la realeza también tiene una base popular, y consecuentemente surge la idea de que hay cierta homologación entre magistratura y realeza. Más tarde, además –como resultado de la aplicación del derecho a llevar insignias propias de los magistrados dentro de la ciudad– muchas de las instituciones del periodo monárquico sobrevivieron, excepto el criterio de la elección del rey mediante la reunión asamblearia del pueblo legalmente constituido. Por eso consideramos como magistrados tanto al rey[21] como al *interrex*[22] y al dictador, es decir, al rey elegido en tiempo. Además, como el rey tenía derecho a conferir a sus delegados el uso de las fasces en la ciudad y por lo tanto, al menos según el criterio adoptado posteriormente,

[20] Esto se muestra particularmente bien por la comparación de la recapitulación de aquellos que *magistratum habuerunt* en Cicerón, *Pro Cluent.* 57, 156, y de los términos de la citada ley aludida en esta obra, c. 54, donde se mencionan los tribunos militares de las primeras cuatro legiones, los cuestores, los tribunos del pueblo y *deinceps omnes magistratus*. Esto se observa también en la *lex Bantina*, línea 15, con la explicación dada en CIL, I, p. 47. En cuanto a los *praefecti*, compárese Festo, v. *Praefecturae*, p. 233, donde opone los cuatro prefectos "*populi suffragio creati*", que encontraremos al estudiar los *vigintisexviri* y a los demás prefectos nombrados por el pretor. Los decretos de Pisa emitidos en honor de los hijos de Augusto también, en lugar de la designación habitual *IIvir praefectusve*, llevan también la fórmula *magistratus sive qui ibi iure dicendo praeerunt*.

[21] Pomponius en *Dig.* 1, 2, 2, 14: *Quod ad magistratus attinet, initio civitatis huius constat reges omnem potestatem habuisse.*

[22] Asconius, in *Mil.* p. 34, menciona expresamente a este *magistratus curulis*.

la magistratura, también se contaban entre los magistrados personas nombradas bajo la República bajo la misma prerrogativa real por parte del dictador[23], es decir, el jefe de la caballería (el *magister equitum*)[24] y el prefecto de la ciudad designado por el dictador.

El *magistratus* es, pues, en cuanto a la forma externa de las cosas, el que tiene derecho a tener en la ciudad los fasces u otras insignias que implican autoridad. Desde el punto de vista del Derecho público, es él quien administra, en la ciudad de Roma[25], los asuntos del Estado, ya sea en virtud de la Constitución primitiva, mientras esté todavía en vigor, o de acuerdo con las instituciones de la República, en virtud de la elección directa de los ciudadanos o de la cooptación de un magistrado electivo.

3. Definición de la promagistratura: poderes ejercidos por representación

A la definición del *magistratus* romano hay que añadir, como complemento de la misma idea, la determinación de lo que significa ser

---

[23] La ley δι' οὗ πᾶσι τοῖς παρὰ δικτάτορος ἀρχήν τινα λαβοῦσι χρῆσθαι αὐτοῖς (a los fasces) ἐδίδοτο, citada por Dion 43, 48. Véase en el presente libro el capítulo dedicado a empleo de los fasces por los dictadores.

[24] El *magister equitum* es sin duda un magistrado; sin embargo, no es elegido por consulta popular.

[25] No hay magistrado cuya jurisdicción no se aplique en Roma. Este carácter de la magistratura se demuestra porque los funcionarios de cuya jurisdicción está excluida la ciudad de Roma no son, según las ideas romanas, magistrados, sino promagistrados. No debemos, sin embargo, incluir entre estos últimos a los magistrados –por lo demás escasos y de fecha reciente– cuyas atribuciones son exclusivamente militares, como los tribunos militares elegidos por los *comitia* y los *duoviri navales*. Porque, si sus atribuciones están limitadas en cuanto al fondo, no están sujetas a la correspondiente limitación local, y las funciones militares recaen en parte entre las que se ejercen en el interior de la ciudad. Los *tribuni militum* hacen el *dilectus* (el reclutamiento) en Roma, y los *IIviri* navales probablemente también procedan allí a la leva de los remeros. En cuanto a los pretores provinciales y los cuestores itálicos y provinciales, la magistratura de que fueron investidos, según resultó de la votación, incluía la jurisdicción urbana. El carácter general de las competencias colegiadas no se modificó porque una distribución de funciones, entonces realizada por sorteo, situara fuera de la ciudad el ámbito principal de actuación de algunos de sus miembros.

pro magistratu[26]. Esta designación se aplica en su sentido técnico[27], a quienes, sin ser magistrados, están autorizados para actuar como magistrados. En consecuencia, desde el punto de vista negativo, el promagistrado no es magistrado, pero, al mismo tiempo, desde el punto de vista positivo, está constitucionalmente investido de las facultades de magistrado. El fundamento jurídico por el que se rige el promagistrado, en el sentido estricto de la palabra, es una prórroga o una delegación de funciones[28].

Por las funciones que ejerce fuera de la ciudad, el magistrado tiene el derecho y el deber de continuar, con igual validez, después

[26] La oposición se hace por lenguaje técnico. *Lex Rubria*, 1, 50: *quis mag. prove mag. neive quis pro quo imperio potestateve erit*; lo mismo en la *Lex repetundarum*, línea 70 (cf. línea 84): *Nei quis magistratus prove magistratu prove [quo imperio potestateve erit]*. En la *Lex agraria*, línea 87: *Mag(istratus) prove mag. queive pro eo imperio iudicio [curationeve erit]*, y líneas 30. 72: *Nei qui mag. neive pro mag. facito*. También en la ley *quaestoria* de Sila, 2, 32; en la relativa a los Thermenses, 2, 2. 6. 14, en la *Lex Rubria*, 1, 13; en el estatuto municipal de la colonia Genetiva, c. 97: *Ne quis IIvir neive quis pro potestate... facito*; y c. 125: *Quive tum magistratus imperium potestatemve colonorum suffragio... habebit quive pro quo imperio potestateve tum in colonia Genetiva erit*. La expresión *pro magistratu* se emplea sustantivamente como *pro consule*; pero no se dice *promagistratus*. La misma oposición conceptual se encuentra en materia sacerdotal en los *senatus consulta* más antiguos.

[27] Tal vez no haya, en toda la esfera del Derecho público, una terminología tan difícil como la de las calificaciones de funciones compuestas con la preposición *pro*. Por lo tanto, es necesario reunir los diferentes significados posibles para un examen general. Pero debe observarse cuidadosamente que el significado técnico por excelencia, el de la lengua oficial, está limitado con absoluto rigor y debe distinguirse estrictamente de otras acepciones no menos correctas desde el punto de vista del lenguaje.

[28] El prefijo *pro* en las expresiones *pro magistratu*, *pro dictatore*, etc., significa muy a menudo "en virtud del cargo". Tito Livio, 6, 38, 9: *Si M. Furius pro dictatore quid egisset*. 8, 26.1: *Magistro equitum vetito quicquam pro magistratu agere*. 9, 7, 12: *Consules in privato abditi nihil pro magistitratu agere*. 9, 26, 15. 39, 5, 2. C. Graco en Aulo Gelio, 10, 3, 5: *Missus est... pro legato*. Estatuto de la colonia Genetiva, c. 94: *Pro eo imperio potestate*, relativo al duunviro y su prefecto. Es probable que, en esta división, los términos en cuestión designen magistraturas nombradas por *magistratus*, como las promagistraturas nombradas *pro magistratu* o bien situaciones que no tienen denominación legal, *cum imperio* o *cum potestate*. — *Pro* se toma a menudo en un sentido análogo en otras expresiones, por ejemplo en *pro imperio* (Livio, 1, 51, 2); *pro collegio*, *pro consilio* (Salustio, *Iug*. 29), es decir, *de consilii sententia*, *pro tribu*. Por otro lado, las expresiones *pro magistratu* o *pro dictatore*, y otras, pueden significar también "en lugar del magistrado", "en lugar del dictador"; de modo que se da a entender con esto que la persona en cuestión no tiene la magistratura, la dictadura. Este es el sentido más común, usado en los títulos por la designación oficial de los magistrados tribunos militares como procónsules, como se ve en el *feriale* latino. Así, se utiliza *pro milite* junto a *miles* (Salustio en Servio, *Ad Aen*. 2, 151) para designar al voluntario que realiza el servicio de un soldado; *pro censore* (Catón, en Aulo Gelio, 10, 23) para designar al juez

de la expiración del tiempo de su ejercicio y hasta la llegada de su sucesor, de dirigir las operaciones que le fueron encomendadas en razón de su cargo. Pero como el mandato que había recibido era limitado en el tiempo, ya no actúa en virtud del voto del pueblo, y por consiguiente ya no es magistrado, es *pro magistratu*. Para las mismas funciones, el magistrado superior tiene el derecho y el deber de nombrar, en su ausencia y por el tiempo que dure su ausencia, a un representante investido de sus derechos; este representante, al no emanar del voto del pueblo, no actúa como magistrado, sino como promagistrado.

Fuera de la ciudad, en caso de que falte el comandante supremo militar por cualquier circunstancia, el ciudadano que se pone al mando del ejército –aun cuando su "usurpación" puede ser legítima, y asumir la representación y los poderes del general y el ejercicio de una especie de función pública–, este ciudadano tampoco es magistrado, sino que es *pro magistratu*, o al menos hemos tratado de considerarlo como tal[29].

La promagistratura, esto es, el poder público ejercido por prórroga o delegación si ello fuera indispensable para la República, era absolutamente inconciliable con la Constitución de los reyes. En efecto,

---

que, en el *iudicium de moribus*, decide, como el censor en cuestiones de moralidad, en libertad de conciencia; *pro legato* (Tácito, *Ann.* 15, 28; CIL, III, 605) para designar al oficial que actúa como legado sin tener el rango senatorial requerido para este cargo. Pero cabe preguntarse si la negación contenida en esta fórmula se refiere de manera general a la calidad de magistrado, como ocurre indiscutiblemente en *pro magistratu*, o solo a la magistratura particular que se designa. En muchos de los casos más frecuentes, *pro consule* y expresiones similares designan al que es *pro magistratu*, es decir, al que carece no solo de consulado, sino en general de la calidad de magistrado. Por el contrario, la denominación *tribunus militum pro consule* implica que el personaje no es cónsul, pero en absoluto que no sea magistrado. En este mismo sentido Tito Livio, 22, 31,10, menciona la institución de un personaje que *pro dictatore esset*. Esta institución estaba lo suficientemente alejada de las reglas de la dictadura para que el miembro electo pudiera ser recusado por la calidad y el título de dictador, pero su calidad de magistrado por lo tanto no fue impugnada, y, en la distinción entre la magistratura y la de la promagistrado, esta prodictadura pertenece ciertamente a la primera categoría. Incluso encontramos esta designación utilizada en el lenguaje oficial para el *praetor pro consule* del periodo reciente de la República: es un pretor que no es cónsul, pero que es igual en rango y poder a los cónsules.

[29] En casos especiales, tal representante se ha presentado como *pro praetore* y se ha comportado como tal; pero esta concepción rica en consecuencias obviamente no ha penetrado en la práctica.

no puede hablarse de prórroga en un régimen en el que el ejercicio del poder es vitalicio, y donde el ejercicio por representación de la autoridad regia constituía una magistratura, al menos en opinión común de época republicana. Además, la idea de promagistratura se basa en lo que se tratará más adelante: las competencias *domi* y *militiae*, respectivamente; ahora bien, precisamente esta última idea, al menos en cuanto al hecho de que restringe los derechos del magistrado, solo se dio bajo la República.

4. Promagistratura en sentido amplio: funciones ejercidas fuera de la ciudad

Pero aún existe una tercera variedad de pro-magistrado, si no en el sentido absolutamente riguroso[30], sí al menos en el sentido habitual de las palabras. Es la función pública que sí es conferida por el pueblo, pero de cuya jurisdicción queda excluida la ciudad.

Los comicios soberanos pueden decidir lo que les plazca respecto de las magistraturas y, en consecuencia, está en su mano derogar las leyes esenciales de la Constitución republicana, en particular la primera, la institución dictatorial y consular del supremo poder y las reglas sobre la duración de las magistraturas. Hubo derogaciones de este tipo, incluso respecto de funciones urbanas, por ejemplo con la concesión de *imperium* al magistrado que triunfa, para el día del triunfo, si éste se produce después de la expiración de sus poderes, y lo mismo para un número reducido de nombramientos hechos que desafiaban la regla que excluía la extensión de los cargos municipales; luego el *decemviratus legibus scribundis* y el tribunado consular, la dictadura de Sila y César, la *cura annonae* de Pompeyo, y otros casos. Tales anomalías no solo son raras, dejando aparte los últimos días de la República, sino muy raras, atendiendo a nuestro criterio de examinarlas en su carácter inconstitucional en sentido estricto. Por un lado, la denominación *pro magistratu* se

[30] Riguroso en el sentido de la división tripartita de las leyes que hemos citado en las notas previas: *Magistratus* — *pro magistratu* — *pro* (es decir, *cum*) *imperio*.

observa para los asuntos de la ciudad, aun cuando esta circunstancia no sería exactamente así en el fondo en los últimos tiempos de la República[31]. También se observa, para las situaciones de esta especie, el hecho notable de que los individuos elegidos, aunque nombrados directamente por el sufragio del pueblo, no son considerados como magistrados con la plenitud de los poderes; así, en particular, los tribunos consulares no pueden nombrar prefectos ni celebrar triunfos en Roma. Esto demuestra que los Comicios pueden considerar adecuado el proceder así con tales innovaciones que pueden permitirse el lujo de desviarse de la organización política regular, pero no conceder directamente a sus representantes electos la plenitud de los poderes del magistrado. La mejor prueba de la repugnancia que se sentía en otorgar, por resolución popular, en el interior de la ciudad, las atribuciones del supremo poder de otra manera que no fuera conforme a las normas constitucionales, está en el hecho que después de la época de Aníbal y durante la larga agonía de la República, el cargo de general en jefe nunca fue conferido directamente por votación. La razón fue, sin duda, que el mando militar supone auspicios tomados en Roma en el momento

[31] El propio gobierno urbano nunca ha podido prescindir de un promagistrado; es una idea que el Derecho público romano nunca ha malinterpretado ni oscurecido, como prueba en particular el régimen establecido para la representación de la magistratura superior municipal. El título oficial de los tribunos militares *pro consule* prueba también que en los tiempos más antiguos de Roma la denominación extraída de la promagistratura no era del todo ajena a la administración urbana. Pero, con el desarrollo de la República, el nombre quedó más relegado que la propia función. Para las magistraturas exclusivamente urbanas, como la censura y la edilidad, se observaba de hecho la exclusión de todo ejercicio anormal de funciones y en consecuencia no podía haber ni pro-censura ni pro-edilidad. Son rarísimos y secundarios los títulos de promagistrados que se encuentran en las magistraturas subordinadas urbanas. Todas las magistraturas excepcionales son ejercidas en el ámbito de la administración urbana, y cuando tales se acreditan, evitan la denominación de "promagistrado"; Dion, 39.9, califica exactamente a la *cura annonae* de Pompeyo de 697 (57 a.C.), como de una ἀρχὴ ἀνθυπάτου; y hay que recordar que Pompeyo no tomó el nombre de procónsul. Incluso si se encontraran una o dos excepciones, entre las funciones cuyo título no se nos ha transmitido con certeza, e incluso si, por ejemplo, el título proconsular de los magistrados electorales en el 711 (43 a.C.), se hubiera tildado de ἀντὶ ὑπάτων (Dion, 46, 33), la regla quedaría sin embargo establecida en sí misma. — Los magistrados de la época de los reyes, naturalmente, nunca toman el título de promagistrados, a menos que se quiera encontrar un ejemplo de ello en la expresión *pro praetoribus* atribuida por Suetonio, *Caes.* 76, referido al *praefectus urbi* del dictador para indicar su rango pretoriano.

de partir y que, en consecuencia, cualquier nombramiento de este tipo habría invadido necesariamente el dominio de las funciones urbanas, lo que, en la concepción romana, era constitucionalmente imposible[32].

Es verdad que, en otros aspectos, el antiguo sistema político sufrió muchas modificaciones. Por ejemplo, más de una vez se crearon nuevas plazas en el colegio de los altos magistrados. Sin duda, en Roma como en todas partes, la idea de una ley fundamental de la República, que se impusiera incluso a la asamblea soberana de los ciudadanos, era tan vacilante en la práctica como ilógica en la teoría. Pero son estas ideas ilógicas y vacilantes las que, aquí como tantas otras veces, han hecho historia; y en particular han sido la causa de que la concesión extraordinaria de los derechos del supremo poder y la derogación de la anualidad de la magistratura –esta última probablemente considerada como un paso hacia el restablecimiento de la monarquía y aborrecida por su ejemplo–, nunca calaran profundamente en la administración urbana.

Pero cuando se trata de poderes que no deben ejercerse dentro de la ciudad, estos escrúpulos constitucionales se desvanecen. El pueblo, desde una época remota, votó para que el general en jefe pudiera ampliar sus poderes, sin poner objeciones relativas a los auspicios, como tampoco hubo oposición a realizar nuevas votaciones ni tampoco se sometió a la regla de nulidad a ciertas funciones, a menudo importantes, por ejemplo, las del comisionado para el reparto de tierras. Los Comicios actúan con plena libertad con respecto a estos asuntos. Pero al mismo tiempo reconocen el principio de que tales nombramientos no crean magistrados con mayor rango constitucional que los salidos de la jurisdicción urbana; porque los funcionarios cuyos poderes están circunscritos a actuar fuera de los límites de la ciudad se cuentan siempre en la categoría de los promagistrados. Tal es el origen de la tercera categoría de promagistrados: la autoridad

32 Por supuesto, los Comicios podrían decidir que Escipión, sin ser magistrado, pudiera tomar los auspicios en el Capitolio, o incluso admitir que partiera con el ejército sin haber tomar los auspicios, del mismo modo que podrían haber abolidos los auspicios por completo. Pero el derecho así ejercido fue el aniquilamiento de la República; así es cómo la democracia siempre se ha destruido a sí misma sacando conclusiones extremas, desviadas de sus principios constitucionales.

derivada de un voto especial del pueblo, constitucionalmente anómala, y limitada a actuar en el exterior de la ciudad.

5. Combinación de la magistratura y de la promagistratura

La combinación de un magistrado y un promagistrado puede darse de varias formas. Así, por ejemplo, una persona puede al mismo tiempo ocupar el cargo de magistrado y actuar como pretor en virtud de una delegación. Asimismo, no es raro que el promagistrado de tercera categoría se otorgue de tal manera que los poderes de una magistratura superior se unan a los de una inferior por acto del pueblo o voto equivalente. Por ejemplo, ocurre con frecuencia al final de la República y regularmente bajo el Principado, que las funciones de propretor se vinculan a la cuestura provincial, y los gobernadores de la época republicana también estaban autorizados, regularmente en Hispania, y con frecuencia en las demás provincias, para actuar como cónsules al mismo tiempo que eran investidos de la pretura.

6. La desaparición de la promagistratura durante el Principado

Si la distinción entre la magistratura y la promagistratura caracteriza a la República frente a la Realeza, la desaparición de esta distinción caracteriza no menos claramente el fin de la República y la aparición del Principado. Mostraremos, estudiando la duración de las magistraturas y la delegación de poderes, que tanto el promagistrado resultante de una prórroga como el resultante de una delegación, desaparecieron con la Constitución del Principado. Lo que todavía se llama con este nombre cae dentro de los promagistrados en el sentido impropio señalado más arriba como tercera categoría: es decir, se trata de funcionarios que se emplean exclusivamente en funciones ejercidas fuera de la ciudad y que, en consecuencia, no son considerados magistrados en el sentido estricto de la palabra.

7. *Magistratus populi* y *magistratus plebis*

Hablando con propiedad, los magistrados electivos del Estado son llamados, entre los romanos, *magistratus populi*, o al menos legalmente podrían llamarse así[33]. Prestémosles atención ahora.

8. Magistrados municipales

Los magistrados de cualquier Estado extranjero reconocido por los romanos eran, en la concepción romana, *magistratus*, siempre que su poder emanara de elección popular; pero el Derecho público romano

[33] En los buenos tiempos, los romanos no especificaban, en relación a sus magistrados, que eran romanos, salvo cuando la adición era necesaria o deseable para establecer una oposición (*Bell. Hisp.* 42, en un discurso a los hispanos: *More barbarorum populi Romani magistratibus... manus,.. attulistis*; Valerio Máximo, 8, 1: *Populi R. magistratus*, en oposición a *Areopagitae*; Aulo Gelio, 10, 3, 2. 11, 1,4; *magistratus Romanus* también se encuentra en la ley agraria, línea 47), o para dar a la frase una energía especial (Cicerón, *In Vat.* 9, 21: *Consul populi Romani*, igualmente en Livio, 39, 32, 11; Cicerón, *Verr.* 5, 31, 81, *Praetor populi Romani*; Tácito, *Hist.* 1, 27: *Imperator populi Romani*; Veleyo, 2, 42, 1, comparado con Tácito, *Ann.* 12, 60; *Vita Severi*, c. 2). En el lenguaje legal de finales de la República y durante el Imperio, los autores suelen decir *magistratus populi Romani* (Gayo, 1, 6. 2, 24. *Dig.* 4, 2, 3, 1. 42, 1, 15, pr. 48, 4, 1, 1. 49, 3, 3), probablemente porque para ellos *magistratus* simplemente ya no designa a los magistrados del Estado romano como antes, sino a los magistrados municipales. — Sin duda hubo un tiempo en que los magistrados del Estado, a diferencia de los de la plebe, se llamaban *magistratus populi (Romani)*; esto se deduce, inevitablemente, por un lado, de la conocida oposición hecha entre *populus Romanus* y plebe, por otro lado, de la designación de los tribunos y los ediles de la plebe como *magistratus plebeii*. Los documentos y los testimonios indiscutibles, que nos dicen que los tribunos y los ediles de la plebe no eran considerados magistrados en los tiempos más antiguos, solo pueden tener sentido si no fueran *magistratus populi*. Pero, en las fuentes que tenemos, no solo no encontramos en ninguna parte la expresión *magistratus populi* opuesta a *magistratus plebeii*, sino que hay para esta oposición otro término, la expresión *magistratus patricii*. La razón es que los tribunos y ediles de la plebe se incluyeron entre los magistrados del Estado mucho antes del origen de los más antiguos monumentos, y siguieron siendo magistrados de la plebe solo nominalmente. Esta contradicción entre el nombre y la cosa puede haber contribuido al rechazo general de la expresión *magistratus populi* para no incluir ni excluir a los magistrados de la plebe.

no tiene por qué preocuparse por ello. Hay incluso, en el interior del Estado romano, al menos en tiempos más recientes, círculos más estrechos que no están, como las simples asociaciones privadas, bajo la dirección de *magistri*, sino que son una especie de "Estados dentro del Estado sujetos a magistrados": la plebe con sus magistrados y los municipios y colonias con los suyos. La existencia de ambos se debe a circunstancias excepcionales, en parte a circunstancias revolucionarias. La plebe en particular, es decir, todo el pueblo con excepción de las antiguas familias de ciudadanos al completo, por principio quiere ser algo más que una simple asociación; crece y acaba por admitir su pretensión de poner sus aspiraciones en pie de igualdad con las del Estado (*lex sive id plebi scitum est*).

Por otro lado, la constitución de los municipios está dominada por el hecho de que se transformaron, pasando por los niveles intermedios de la federación dependiente, de Estados soberanos a ser parte (partes) del Estado romano. Se han conservado algunos restos de su antigua igualdad política, principalmente, pero no exclusivamente, en cuanto a nombres y formas, y constituyen el carácter específico del régimen municipal ajeno al Derecho romano antiguo[34]. No puede haber mención de los magistrados municipales en un tratado de Derecho público, salvo a modo de comparación.

9. *Magistratus patricii, plebeii*

Pero los magistrados de la plebe no pueden separarse de los del Estado, y además fueron muy pronto clasificados entre ellos en los puntos

[34] Es característico a este respecto que los *pagi* y los *vici* tengan *magistri* como las colonias, y que los municipios tienen magistrados. Ya en el lenguaje jurídico antiguo, los documentos del Estado romano utilizan sin escrúpulos para los magistrados municipales la expresión *magistratus potestasve*, al menos en combinación con *municipium*, etc. (por ejemplo, la *lex Iulia municipalis*, líneas 84. 90. 95. 98. 100. 106. 133. 140. 143) e igual sin complemento (por lo que probablemente en la ley Rubria, 1, 15: *Mag. probe mag. IIvir IIIIvir praef. ve*). Bajo el Imperio, los magistrados municipales eran incluso llamados *magistratus* sin más, en el lenguaje técnico, a diferencia de los magistrados del Imperio. Cf. *Dig.* 50, 16, 13.

esenciales. El Derecho público del Estado patricio-plebeyo[35] divide desde este punto de vista las magistraturas en *magistratus patricii*, que no son las magistraturas reservadas al orden de los patricios, sino las magistraturas de todo el pueblo[36], y en *magistratus plebeii*[37]. La expresión *magistratus* abarca, incluso en la lengua oficial, al menos en el periodo reciente de la República, las dos categorías[38].

10. Magistrados curules

Aparte de esta división histórica de los magistrados romanos en

[35] En el Estado puramente patricio, las funciones públicas se llamaban naturalmente magistraturas sin más, y no magistraturas "patricias" porque el calificativo se justifica solo por la oposición. Se introdujo necesariamente en la época en que el pueblo propiamente dicho y la plebe convivían, más o menos como dos Estados independientes, en el seno de la ciudad patricio-plebeya.

[36] Mesala, en Aulo Gelio, 13, 15, 4: *Patriciorum* (se sobreentiende *magistratuum*) *auspicia induassunt divisa potestates: maxima sunt consulum praetorum censorum... reliquorum magistratuum minora sunt auspicia.* Tito Livio, 3, 39, 9: *Fuisse regibus exactis patricios magistratus, creatos postea post secessionem plebis plebeios.* 4, 8, 5: *Quo plures patricii magistratus in republica essent.* 6, 38, 7: *Nihil patricium magistratum inseram concilio plebis.* 9, 33, 3: *Inter patricios magistratus tribunosque certamina.* 6, 41, 5: *Nobis adeo propria sunt auspicia, ut... quos populus creat patricios magistratus non aliter quam auspicato creet.* Cf. 3, 59, 4.4, 43, 10. Cicerón, *De lege agraria*, 2, 11, 26: *Cum centuriata lex censoribusfertur, cum curiata ceteris patriciis magistratibus.* Del mismo, *De domo* 14, 38: *Auspicia populi Romani, si magistratus patricii creati non sint, intereant necesse est.* Salustio, *Hist.* 3, 61, 15: *Ne vos ad virilia illa vocem, quo tribunos plebei modo, patricium magistratum* (es decir, la elegibilidad referida a las magistraturas del Estado), *libera ab auctoribus patribus suffragia maiores vestri paravere.* Dion, 46, 45: ἀδύνατον ἦν μεσοβασιλέα δι› ὀλίγου οὕτως ἐπ› αὐτὰς κατὰ τὰ πάτρια γενέσθαι, πολλῶν ἀνδρῶν τῶν τὰς εὐπάτριδας ἀρχὰς ἐχόντων ἀποδημούντων. Pseudo-Cicerón, *Ad Brut.* 1, 5, 4: *Dum unus erit patricius magistratus, auspicia ad patres redire non possunt.* — Tito Livio, 7, 1, 5, y Tácito, *Ann.* 11, 24, emplean *patricii* y *plebeii magistratus* en otro sentido, para designar magistrados de la clase patricia o plebeya.

[37] *Plebeii magistratus* se encuentra en Festo, *Ep*, p. 231, y es frecuente en Tito Livio, por ejemplo, 2, 33, 1: *Ut plebi sui magistratus essent sacrosancti*; 2, 56, 2: *Rogationem tulit ad populum, ut plebei magistratus tributis comitiis fierent*; *vid.* además: 2, 34, 9. c. 44, 9. 3, 39, 9. 6, 11, 7. c. 35, 3.

[38] Así, las expresiones *magistratus imperiumve* en la *lex Bantina*, líneas 17, 19, y en la *lex repetundarum*, líneas 8. 9, se refieren a todos los magistrados, incluidos los de la plebe; *magistratus* también se emplea en la ley municipal de César, líneas 24, 25, para los ediles curules y los ediles plebeyos. El lenguaje habitual de nuestras fuentes (por ejemplo, Cicerón, *De rep.* 1, 31, 47: *Mandant imperia magistratus*) es el mismo. Es verdad que hay textos donde *magistratus* es sinónimo de *magistratus patricii*: así en Cicerón, *De leg.* 3, 3, 9, donde se indica como condición del interregno: *Reliqui magistratus ne sunto*, mientras que el pasaje paralelo de *De domo* 14, 38, habla de *magistratus patricii* y sabemos que los magistrados plebeyos no tienen nada que ver con el interregno. En

patricios y plebeyos, se dividen a su vez, según su rango, en magistrados curules o no curules, y en magistrados superiores (*maiores*) o inferiores (*minores*). La categoría de magistrados curules, que se relaciona con la silla curul como insignia de jurisdicción incluye, además de los magistrados que tienen el *imperium*, a los ediles del Estado patricio-plebeyo y probablemente a los censores.

11. Magistrados mayores y menores

La división de los magistrados en *maiores* y *minores*, concebida de manera absoluta, se relaciona con el modo de elección: los magistrados que tienen el *imperium* y los censores, elegidos por los Comicios por centurias, son *maiores*, y los demás *minores*[39]. Sin embargo, no es seguro que esta distinción, que se encuentra especialmente con respecto a los auspicios, sea otra cosa que una teoría relativamente reciente. No encontramos en la práctica ninguna aplicación determinada[40], y esta oposición parece emplearse con frecuencia más

Tito Livio, 3, 21, 2, los *magistratus*, es decir, los cónsules, también parecen oponerse a los *tribuni*. Pero no quisiera deducir de estos testimonios que *magistratus* todavía se usaba, en la época de Cicerón y Augusto, en un sentido que, en la época de la dominación patricia, era seguramente el único correcto y concebible. Es mejor admitir que, así como los *Fasti Praenestini* hablan solo de cónsules, pretores y ediles cuando dicen para el 1 de enero que *magistratus ineunt*, *magistratus*, también es empleado *a potiori* por varios autores para aplicar lo que ellos dicen no a todos los magistrados, pero sí a la mayoría.

[39] Mesala (en Aulo Gelio, 13, 15) lo expresa de la manera más positiva, cuando, después de hablar de cónsules, pretores, censores, continúa diciendo: *Reliquorum magistratuum minora sunt auspicia: ideo illi minores, hi maiores magistratus appellantur: minoribus creatis magistratibus tributis comitiis magistratus... datur... maiores centuriatis comitiis fiunt.* Sin duda, aquí no se tiene en cuenta a los magistrados extraordinarios. Con frecuencia son nombrados por las tribus y, sin embargo, tienen indudablemente los *auspicia maiora* cuando reciben el *imperium* consular o pretoriano. Si tenemos en consideración el testimonio de Festo, p. 136: *Maior magistratus consul dicitur*, cabe decir que se remonta a la época en que no había magistrados ordinarios aparte de los cónsules y cuestores, y que concordaría perfectamente con el lenguaje de Mesala. Pero también puede tratarse de la diferencia entre pretor mayor y menor.

[40] Se ajusta bien a la definición de Mesala la que da Tácito, *Ann.* 4, 6, oponiendo los *minores magistratus* a los cónsules y a los pretores, que Tito Livio, 3, 55, 9, opone a los ediles los *maiores magistratus* y que los ediles y los *triumviri capitales* son llamados por él, 25, 1, 10. 11, *minores magistratus*, en oposición al pretor (también Tito Livio, 32, 26, 17: *Minores magistratus et III viri carceris lautumiarum intentiorem curam habere iussi*, y Salustio, *Cat.* 30: *Romae per totam urbem vigiliae haberentur eisque minores*

bien de forma puramente relativa[41], de modo que magistraturas completamente distintas se clasificarán, según las circunstancias, en mayores y menores.

12. Carácter ordinario y extraordinario de la magistratura

Aparte de las divisiones de las magistraturas indicadas, no hay ninguna que sea técnicamente fija en el Derecho público romano. La distinción formal entre magistraturas ordinarias y extraordinarias es desconocida en el Derecho romano; lo único que conoce es un cotejo ordinario y un cotejo *extra ordinem* de magistraturas estatales[42].

El carácter permanente o no de las magistraturas reviste tal importancia que no puede dejar de ocupar el primer rango en

magistratus praeessent; más tarde Ulpiano (*Dig.* 47, 10, 32) llama *minores magistratus* a los que *sine imperio aut potestate essent*, entendiendo, quizás, por *potestas* la *potestas gladii*. En todos estos pasajes, la expresión también puede entenderse en su acepción relativa habitual.

[41] Aulo Gelio, que reproduce las palabras de Mesala para explicar el antiguo edicto consular *ne quis magistratus minor de caelo servasse velit*, no convencerá a nadie de que esta defensa se dirigía únicamente contra los magistrados elegidos en los *Comitia tributa*. Ulpiano dice lo mismo en *Dig.* 4, 4, 18, pr.: *Minor magistratus contra sententiam maiorum non restituet.* Tampoco faltan casos especiales que son conciliables con el criterio de Mesala. Los *minores magistratus* aparecen en Tito Livio, (30, 3, 3: *Qui senatores essent quibusque in senatussentiam dicere liceret quique minores magistratus essent*), en oposición a las magistraturas curules; en Cicerón, *De leg.* 3, 3, 6, que une a los cuestores, los *XXVIviri* y los tribunos militares bajo el nombre de *minores magistratus*, en oposición a las demás magistraturas, incluido el edil, frente a todas las magistraturas que dan derecho a sentarse en el Senado, *vid.* Suetonio, *Caes*, 41: *Praetorum aedilium quaestorum, minorum etiam magistratuum numerum ampliavit*; Tito Livio, 39, 16, 12, donde los *IIIviri* capitales y otros magistrados de policía son llamados *minores magistratus* en oposición a cónsules; en Tito Livio, 23, 23, 6, el texto *qui magistratus cepissent* debe corregirse insertando no *minores*, sino *non*. Nos hemos acostumbrado, a partir del pasaje de Suetonio, a llamar a los *vigintisexviri* o a los *vigintiviri* de tiempos más recientes *minores magistratus*; como designación técnica, no concuerda con las fuentes. Sería mejor, al menos, al margen de la teoría de los auspicios, no otorgar categoría general a las expresiones *magistratus maiores* y *minores*, porque pueden inducir a error fácilmente y con dificultad pueden considerarse calificaciones extraídas de los autores.

[42] Los términos *ordo* y *extra ordinem* están vinculados en Roma, en lo que se refiere a las magistraturas, al *certus ordo* de los magistrados (Cicerón, *De lege agraria*, 2, 9, 24; Calístrato, *Dig*, 50, 4, 14, 5) y al orden de sucesión legalmente fijado. Por tanto, el *consul ordinarius* es ya en la lengua de la época de la República (Livio, 41, 18, 16) el que recibió su magistratura de acuerdo con el orden de sucesión legalmente establecido de

cualquier estudio global de las instituciones políticas, y los mismos jurisconsultos romanos se ocupaban, instintivamente se podría decir, de divisiones relativas a las mismas; pero esta distinción nunca ha sido establecida teóricamente de manera expresa. Básicamente, desde este punto de vista, podemos distinguir tres clases de magistraturas romanas: (I) las magistraturas permanentes y por nombramiento, que se confieren legalmente cada año[43], como el consulado, la pretura, la edilidad, la cuestura; (II) las que también son nombradas y constituidas con competencia precisa por una ley general, pero que no son permanentes y nunca entran en actividad sino en virtud de un acto especial, regularmente mediante un *senatus-consultum*[44], como son la dictadura, el tribunado militar *consulari potestate*, y la censura[45]; y (III) finalmente, las magistraturas creadas por una ley especial o acto equivalente, que a veces reciben su propio nombre, como el

las magistraturas; se considera como *extra ordinem* toda magistratura que se obtiene en contra de una de las prescripciones legales (Dion, 36, 39 [22]), o la relativa a la sucesión de magistraturas (Cicerón, *Brut.* 63, 226; Tácito, *Ann* 2, 32, 13, 29), ya sea por lo que se refiere a los intervalos que deben separarlas (César, *B.C.* 1, 32), ya sea por cuestiones relativas al sorteo (Cicerón, *De domo* 9, 23, 24; *Phil.* 11, 7, 17), o bien aspectos que no están previstos en la Constitución, como el mando militar asignado por una ley especial: tablas triunfales del año 358 (396 a.C.); Cicerón, *Phil.* 11, 8, 20; Suetonio, *Caes.* 11. Esta oposición, por tanto, no es en absoluto apropiada para compartir las magistraturas y, en particular, no puede aplicarse en modo alguno al periodo que precede al establecimiento del *certus ordo magistratuum.* En realidad, nunca se toma como base de una división; solamente lo hace Varrón, hablando del derecho de convocar el Senado que corresponde a los magistrados (en Aulo Gelio, 14, 7), después de haber citado a los magistrados que tienen calidad para este fin existentes por ley en su tiempo, entre otros el dictador, el *interrex* y el prefecto de la ciudad, añadiendo que la misma facultad se concede *extraordinario iure* a los tribunos militares *consulari potestate*, a los *decemviri legibus scribendis* y a los triunviros *rei publ. constituendae.* Varrón habría considerado estas tres magistraturas como extraordinarias en relación con las precedentes, porque no las cuenta entre el número de instituciones orgánicas y estables del Estado, lo que puede llevar a confundirlas con el tribunado militar. En ningún caso sería procedente basar una división de Derecho público en estas reflexiones aisladas y posiblemente mal redactadas.

[43] La expresión "magistrados anuales" se usa con cierta frecuencia, por ejemplo, por Suetonio, *Aug.* 30, y Apiano, *Praef.* 6; *B.C.*, 2, 107. 5, 132.

[44] Naturalmente, se trata de un *senatus-consultum* autorizado por la Constitución, que regula la implementación de una magistratura basada en el voto del pueblo. La magistratura fundada por un *senatus-consultum* que reemplaza el voto del pueblo cae en la tercera categoría.

[45] Estas magistraturas son descritas por Zonaras, 7, 19, como formando parte de un *ordo*. Este autor indica su orden jerárquico: Τῶν δὲ προσκαίρως ἀρχόντων πρεσβεῖα μὲν ἐδίδοτο τοῖς δικτάτωρσι, δευτερεῖα δέ γε τοῖς τιμηταῖς, ἡ δὲ τρίτη τάξις τοῖς ἱππάρχοις νενέμητο.

decenvirato legislativo y el triunvirato para el reparto de tierras, pero que con mayor frecuencia carecen de calificación técnica y son designadas solamente de manera general, unas veces con la fórmula *cum imperio* o *cum potestate esse*, y cuya competencia está siempre fijada por la ley especial hecha para tal circunstancia[46].

Nosotros llamaremos a las tres clases de magistrados: magistrados anuales, magistrados ordinarios no permanentes y magistrados extraordinarios.

13. *Imperium* y *potestas*

El poder público[47] se llama, entre los romanos, tanto *imperium* como *potestas*. *Imperium*, cuya etimología es oscura[48], designa, en su sentido técnico más general[49], el máximo poder público, incluyendo

[46] Esta clase se puede comparar con los contratos innominados, las acciones *praescriptis verbis* del derecho civil, llamados así porque faltan los *vulgaria atque usitata actionum nomina* (*Dig.* 19, 5, 2). Hay acciones que de hecho son nombradas, como la acción que surge del intercambio, pero no tienen una calificación formal fija. Su fórmula, cuya redacción varía según las hipótesis, corresponde exactamente a la ley especial que, en Derecho público, establece una magistratura particular.

[47] Cuando se atribuye al pueblo *imperium* y *potestas*, para que sean transferidos al magistrado (Ulpiano, *Dig.* 1, 4, 1, pr.), o cuando se pregunta si en el *populus Romanus* no tiene el *summum imperium* más que aquellos que lo reciben de él (Livio, 4, 5, 1), son especulaciones políticas y no discursos técnicos. El *imperium* solo es usado abusivamente por el senado mismo (Livio, 42, 28, 7). En el sentido local, *imperium populi Romani* es correcto; así Varrón *L.L.* 5, 87, introduce *imperator ab imperio populi, qui eos qui id intentassent, oppressisset* (el manuscrito: *oppressi hostis*) y Augusto dice (*Res Gestae*, 5, 24): *Aegyptum imperio populi Romani adieci.*

[48] La primera sílaba es naturalmente la preposición, como ya muestra *enduperator*, pero es dudoso que la continuación sea realmente *parare*, "adquirir", especialmente porque recientemente hemos encontrado la forma *inpeirator* (sic) en un título del siglo II (CIL, II, 5041) [en el llamado Bronce de Lascuta, fechado en 189: *L(ucius) Aimilius L(ucii) f(ilius) inpeirator decreivit, utei quei Hastensium servei in Turri Lascutana habitarent, liberei essent; agrum oppidumqu(e), quod ea tempestate posedisent, item possidere habereque iousit, dum Poplus Senatusque Romanus vellet. Act(um) in castreis a(nte) d(iem) XII k(alendas) Febr(uarias)*]. La analogía de *vituperare*, *aequiperare*, no justifica suficientemente el cambio de vocal en presencia de *comparare*, *reparare*, etc. Por otro lado, el sentido de actuar a través de un tercero (compárese, *indicere*, *iniungere*) sería bastante apropiado, aunque cabría esperar que se enfatizara con más fuerza la idea de mando.

[49] El sentido más preciso, también técnico y mucho más frecuente, de lo que significa el *imperium* militar, se examinará luego en relación con este último. El sentido amplio arriba indicado, que posee la palabra además de su sentido concreto, se demuestra por

jurisdicción y mando militar, en contraposición, por un lado, a la facultad exclusiva de defender los derechos que tienen los tribunos del pueblo y, por otra parte, otorgar un poder subordinado, en la medida que corresponda, a los magistrados inferiores y a los delegados de los magistrados superiores. Este poder ilimitado de ordenar está ya en la Roma de los reyes, sin distinción de categorías de órdenes, concentrado en una sola mano, y, en la Roma republicana, pertenece, también en su totalidad, aunque debilitado, a los cónsules y a los que son colegas de los cónsules o a los que están los investidos de poder consular[50].

Como demostración bastará aquí señalar un hecho que se desarrollará más adelante: que sí hay un *imperium regium*, *dictatoris*, *consulare*, *praetorium*[51], pero que el *imperium* no pertenece ni a los tribunos del pueblo ni a los censores, ediles, cuestores, etc. En relación con el *imperium*, la *potestas* adquiere un sentido más amplio; se atribuye, en sentido técnico, a los que tienen el *imperium* –decimos *consularis potestas* como decimos *consulare imperium*[52]–, y en consecuencia coincide con el *imperium*; pero los magistrados que no tienen

la relación que establecen los jurisconsultos entre el *imperium* y la jurisdicción civil, y que debe estudiarse en conexión con este último. Apenas es necesario señalar que *imperium* designa, de igual modo, tanto a la magistratura suprema como al tiempo durante la cual la misma tiene vigencia (Salustio, *Cat.* 6,7; Gayo, 4, 105; Tácito, *Ann.* 1, 80).

[50] *Consules et ceteri qui habent imperium* (Varrón, en Aulo Gelio, 13, 12, 6). La organización de los *lictores* muestra en particular que existen diferencias con respecto del *imperium* entre sus diversos titulares, dictadores, cónsules, pretores, una diferencia, por así decirlo, más cuantitativa que cualitativa. Véase en este libro el capítulo dedicado a los *lictores*.

[51] Es necesario, para entender la noción de *imperium*, ceñirse a estas aplicaciones precisas y generalmente correctas, teniendo en cuenta la ausencia no menos característica del uso de la palabra para las demás magistraturas. No puede ser casualidad que la palabra se encuentre en los textos que mencionan a los *lictores* y los fasces, y que no se encuentre donde faltan estos términos. Sin embargo, subsisten algunas dificultades, no solo cuando la interpretación se ve dificultada por la acumulación de palabras más o menos exactamente sinónimas, sino también en las aplicaciones particulares que, en general, son mucho más precisas. Los triunviros para la fundación de colonias parecen haber tenido, en la época más antigua, solo un poder idéntico al de los censores: Tito Livio, 34, 53, 1, les atribuye sin embargo un *imperium in triennium*; es una irregularidad que solo puede entenderse por una negligencia en el uso del lenguaje. A propósito del *imperium* también conviene leer un segundo texto de Livio (9, 30, 3) aún más sorprendente.

[52] Es así que tanto a los tribunos consulares como a los decenviros se les atribuye a veces la *consularis potestas* y otras veces el *consulare imperium*.

el *imperium* poseen, no obstante, la *tribunicia, censoria, aedilicia, quaestoria potestas*. Sin embargo, el lenguaje actual, no contento con reservar la palabra *imperium* para los altos magistrados, utiliza preferentemente *potestas* para los que no tienen *imperium*, de modo que *imperium* y *potestas* pueden aparecen como conceptos opuestos[53]. Asimismo, entre las magistraturas innominadas, las superiores se designan como *cum imperio* y las inferiores como *cum potestate*[54].

III
El poder en la organización política y la organización militar[55]

Todos los Estados tienen el compromiso de desarrollar de forma doble –pero conciliadora–, como un todo orgánico, estos dos regímenes: el tiempo de paz y el tiempo de guerra, la organización política y la organización militar del pueblo, los poderes de los jueces y de los mandos militares. Todas las concepciones que se puedan tener del poder

[53] *Imperium potestasve*, en la *lex Rubria* de Galia Cisalpina (CIL, I, 205) 1, 51, y en la ley municipal de César para la colonia Genetiva (c. 94, 425), ambas referidas a los magistrados municipales. La *lex Iulia municipalis* (CIL, I, 206) dice en el mismo caso *magistratus potestasve* (3. 84. 133. 140. 143), quizá para reservar a los magistrados del Estado romano la expresión más elevada del *imperium*. Las expresiones *imperium* y *potestas* también se juntan a menudo de esta manera en obras legales, por ejemplo, *Dig*. 4, 6, 26, 2: *Consulem proetoremve ceterosque qui imperium potestatemve quam habent*. 48, 4, l, 1. tit. 6, 7. 10 pr. Paulo, 5, 5 A 1. En las dos palabras de esta fórmula, *potestas* parece designar con preferencia el poder inferior e *imperium* el superior. Sin embargo, también encontramos *imperium* y *potestas* usados acumulativamente para aquellos que tienen la plenitud del *imperium* (Cicerón, *Verr*. act. 1, 13, 37: *Erit tunc consul Hortensius cum summo imperio et potestate*. Del mismo, *Ad Qu. fr*. 1, 1, 10, 31: *In istis urbibus cum summo imperio et potestate versaris*. Y en el texto de Ulpiano, *Dig*. 1, 4, 1, pr.), que solo puede considerarse como un pleonasmo. En el periodo posterior, durante el Imperio, probablemente debido a una abreviación incorrecta de la fórmula *potestas gladii*, *potestas* se usa a veces (cf. *Dig*. 2, 1, 3 y también 47, 10, 32) para significar plena jurisdicción criminal y por lo tanto con sentido más enérgico que *imperium*.

[54] Festo, *Ep*. p. 50: *"Cum imperio est" dicebatur apud antiquos, cui nominatim a populo dabatur imperium; "cum potestate est" dicebatur de eo, qui a populo negotio alicui praeficiebatur*. Se trata con mayor profundidad en la designación *cum imperio* en el capítulo sobre mando militar.

[55] *Staatsrecht*, I, 1887 (Dritte Auflage), pp. 61-75 (Die städtische und die militärische Amtsgewalt).

público en Roma dependen de la cuestión de saber cómo se resolvió allí ese problema político, que es el primero y el más difícil de todos.

1. Definición de la autoridad ejercida *domi* y *militiae*

El Derecho público romano expresa esta diferencia al distinguir entre el ejercicio del poder *domi* y *militiae*[56], que no ha de confundirse en modo alguno con la del estado de paz y el estado de guerra. El estado de paz termina con la declaración de guerra, y sin embargo la formación del ejército vuelve a ejercer las funciones *domi*. Cuando la ciudad es sitiada y los ciudadanos se defienden tras sus murallas —hipótesis que no se plantea con frecuencia, es cierto, en nuestra tradición, pero cuya relativa frecuencia en los tiempos antiguos está fuertemente atestiguada por los estrechos límites del territorio, por la poderosas murallas de la ciudad y por toda la organización defensiva—, nadie duda de que hay guerra declarada, y los ciudadanos que defienden la ciudad ejercen su función militar como soldados[57]; incluso cuando hacen ejercicios de campo, en el lugar que se le asigna fuera de las puertas, forman un ejército, un *exercitus*[58]; pero las reglas establecidas para la autoridad ejercida *domi* permanecen sin embargo en vigor. La celebración de una victoria en el campo de batalla tiene lugar, sin embargo, en el Capitolio, de ahí *domi*; no obstante, se considera un acto militar, y el general conquistador ejerce el mando sin que sea

---

[56] Cicerón, *De rep.* I, 40, 63: *Noster populus in pace et domi imperat et ipsis magistratibus minatur, recusat appellat provocat: in bello sic paret ut regi*. El mismo, en *De leg.* 3, 3, 6: *Militiae ab eo qui imperabit provocatio nec esto*. § 8: *Regio imperio duo sunto... militiae summum jus habento*. Se dice también *aut belli aut domi* (Cicerón, *Brut.* 73, 256). No hay que referirse tanto al *imperium militare* como al *imperium domesticum*, porque en los últimos tiempos (en época imperial) se acostumbra llamar al *imperium militiae*, simplemente *imperium*.

[57] Lo que sabemos de la organización militar romana se refiere al servicio en campaña, y las normas establecidas sobre este tema, por ejemplo las relativas al nombramiento de los oficiales, no pueden trasladarse pura y simplemente al estado de guerra existente en el interior de la ciudad. Pero todo lo que resulta de esto es que las instituciones establecidas para este último caso cayeron en el olvido.

[58] No procede hacer distinción entre el ejército que parte para una guerra real o el que lo hace para realizar ejercicios o maniobras. En ambos casos prevalece la denominación *exercitus*.

necesario concederle un *privilegium*[59]. Consiguientemente, las funciones ejercidas *domi* no comprenden solo los actos "no militares", sino también los actos de carácter militar que se realicen dentro de la ciudad o cerca de ella; el principio no se cumple porque las reglas establecidas, principalmente con miras a la paz, para esta esfera de operaciones, no siempre pueden mantenerse en caso de guerra real, y se hacen excepciones a ello, ya sea para situaciones excepcionales, o en virtud de las disposiciones generales de la Constitución[60]. Por otra parte, el principio del poder ejercido según las leyes de la guerra era, en los tiempos más antiguos, la idea de guerra hecha por el general en jefe y la administración militar dirigida por él, pero, en la forma, comprendía todos los actos que, según el régimen vigente, tenían lugar fuera de la ciudad. La pretura provincial pertenece *en la forma* a las funciones de tipo militar; pero la administración de la justicia civil también formaba parte de la competencia propia de los pretores; cuando había guerras de alguna importancia dentro de sus jurisdicciones, las encomendaban a los cónsules.

En consecuencia, la distinción es puramente territorial, como lo expresan claramente los dos locativos característicos muy antiguos a los que nos referimos: *domi* y *militiae*. Las funciones se ejercen *domi* cuando se ejercen dentro de la ciudad, o en el barrio, y se ejercen *militiae* cuando se ejercen fuera, sin tener que preocuparse por la diferencia de los asuntos civiles y militares.

2. Delimitación y separación de los territorios

Esta distinción, tan importante para el Derecho público romano, tiene como primera condición establecer los límites de la *urbs Roma*,

---

[59] Para el promagistrado se requiere un privilegio; el magistrado ordinario tiene por derecho el poder subir al Capitolio como un general victorioso.

[60] La más importante de estas excepciones es la suspensión de la *intercessio* y de la *provocatio* para el caso de dictadura, es decir para el caso de guerra mayor; esto muestra claramente la ley por la que se rige la organización republicana. Es verdad que siempre se nombraba un dictador cuando Roma estaba sitiada; pero, si esto no se hubiera hecho, en su lugar el cónsul que defendía la ciudad hubiera sido objeto de intercesión y provocación.

rodeada por el recinto de Servio[61], o, como se les llama en lenguaje técnico, por el *pomerium*[62].

3. Límites de la Ciudad

El magistrado, que sale de la ciudad para tomar el mando, cruza estos límites con formas solemnes[63]. Después de que se hayan prestado especiales auspicios para este acto en el Capitolio y el general haya ofrecido los acostumbrados saludos militares al *Deus Optimus Maximus*, a quien espera devolverle la palma de la victoria[64], las trompetas

---

[61] El *pomerium* de la Roma del Palatino está ausente en el Derecho público romano.

[62] Ya expliqué, en mi trabajo publicado en la revista *Hermes* (nº 10, pp. 40 ss.) mi opinión según la cual hay que entender por éste el camino interior cubierto que rodea la ciudad detrás de la muralla y no el glacis del foso. Si aceptásemos la teoría de Detlefsen, publicada en *Hermes* (nº 21, pp. 504 ss.) de que habría un *templum* trazado exteriormente alrededor de las murallas de la ciudad, y por tanto se entiende por *urbs Roma* el espacio situado entre las murallas de la ciudad y la línea que circunscribe el *templum*, ese triple límite político de las murallas, del *templum* y del primer hito plantea, en mi opinión, complicaciones inextricables. Además, el Derecho público no tiene por qué determinar el curso de esta línea. El espacio encerrado por el *pomerium* es la *urbs*, la ciudad en su extensión real, lo que en Roma se llama "*urbs et urbi continentia aedificia*", como se lee en el senadoconsulto citado por Frontino, *De aqu.* 127; igualmente en *lex Iulia municipalis*, líneas 20 y 56; Dig. 3, 3, 5. 20, 2. 4, 1. 27, 1, 45, 4. 50, 16, 173, 1). Incluso Roma, por oposición a la *urbs* (50, 16, 2, pr. 87. 139, pr. 147), no juega ningún papel en el Derecho público.

[63] *Semper quidem ea res*, dice Tito Livio, 42, 49, cuando el cónsul P. Licinius Crassus sale para la guerra de Macedonia en 583 (171 a.C.), *cum magna dignitate ac maiestate geritur; praecipue convertit oculos animosque, cum ad magnum nobilemque aut virtute aut fortuna hostem euntem consulem prosequuntur.*

[64] Festo, p. 173: *Vota nuncupata dicuntur, quae consules praetores cum in provinciam proficiscuntur faciunt: ea in tabulas praesentibus multis referuntur.* Tito Livio, 45, 39, 11: *Consul proficiscens praetorve paludatis lictoribus in provinciam et ad bellum vota in Capitolio nuncupat: victor perpetrato eo eodem* (es así como hay que leerlo) *triumphans ad eosdem deos, quibus vota nuncupavit, merita dona portans redit.* 21, 63, 9: *Ne auspicato profectus in Capitolium ad vota nuncupanda paludatus inde cum lictoribus in provinciam iret.* 22, 1, 6. 7. 42, 49, 1. Cicerón, *Verr.* 5, 13, 34: *Cum paludatus exisset votaque pro imperio suo communique re publica nuncupasset.* César, *B.C.*, I, 6. Plinio, *Paneg.* 5.

suenan durante la marcha[65], el jefe victorioso[66] y sus *lictores*[67] se ponen el traje de guerra (*paludamentum*) y sus amigos y la multitud lo escoltan hasta las afueras de la ciudad, al *pomerium*[68]; a partir de ahí el magistrado es general.

Es cierto que, en rasgos esenciales, esta ceremonia es tan antigua como Roma; es cierto también que la ceremonia del *auspicium urbanum* debe tener lugar antes de partir para la guerra; el rey debe estar situado dentro del recinto del *pomerium*[69]. Pero, sin embargo, al menos en la concepción del poder real que los jurisconsultos de la República habían formado o que les había sido transmitida, no hubo un cambio fundamental en las atribuciones reales que estaban ligadas a traspasar la línea del *pomerium*. Si, en relación con los dioses, el rey necesitaba el *auspicium urbanum* para hacer la guerra, y si solo se vistió al principio con su traje militar y sus ornamentos, el poder que le correspondía no era menos ilimitado en el recinto, y sus *lictores* llevaban el hacha en uno de sus lados o indistintamente en el otro.

[65] Varrón, *L.L.* VII, 37: (*Paludamenta*) *insignia atque ornamenta militaria: ideo ad bellum cum exit imperator ac lictores mutarunt vestem et signa incinuerunt, paludatus dicitur proficisci.*

[66] Eso se llama *paludamento mutare praetextam* (Plinio, *Paneg.* 56. Tácito, *Hist.* II, 89); *paludatum exire* (Tito Livio, 36, 3, 14. 37, 4, 3. 40, 26, 6. 41, 17, 6. Cicerón, *Ad fam.* 8, 10, 2. 15, 17, 3. *Ep.* 19, 2. *Pro Sest.* 33, 71. *In Pis.* 13, 31, y muchos textos más).

[67] Varrón, *L. L.* VII, 37; Tito Livio, 31, 14, 1: *P. Sulpicius secundum vota in Capitolio nuncupata paludatis lictoribus profectus ab urbe*. Del mismo, 41, 10, 5 ss. ; 43, 39. Cicerón, *In Pis.* 23, 55, para el regreso del general: *Togulae lictoribus ad portam praesto fuerint, quibus illis acceptis sagula reiecerunt.*

[68] Tito Livio, 42, 49, 8: *Omnium ordinum homines proficiscentem consulem prosecuti sunt.* 44, 22, 17: *Traditum memoriae est maiore quam solita frequentia prosequentium consulem (L. Paulum cos. II) celebratum.* 27, 40, 7. Cicerón, *Ad Att.* 4, 13, 2: *Crassum quidem nostrum minore dignitate aiunt profectum paludatum quam olim aequalem eius Paullum iterum consulem.* Del mismo, *Ad fam.* 13, 6, 1; *In Pis.* 13, 31. Plinio, *Paneg.* 5.

[69] Mesala, en Aulo Gelio, 13, 14, 1: *Pomerium est locus intra agrum effatum... qui facit finem urbani auspicii.* Varrón, *L.L.*, 5, 143: *Qui (orbis), quod erat post murum, postmoerium dictum: eo usque* (el manuscrito dice: *eiusque*) *auspicia urbana finiuntur.* Ibid. 6, 53: *Effata dicuntur, quia* (el manuscrito dice: *qui*) *augures finem auspiciorum, caelestium* (es decir, lo auspicios urbanos) *extra urbem agris* (hacia los campos situados fuera de la ciudad) *sunt effati ubi esset.* Servio, *Ad Aen.* 6, 197: *Ager post pomeria ubi captabantur auguria dicebatur effatus* (Cf. la revista *Hermes*, nº 10, p. 44).

4. Dualidad de las atribuciones de los magistrados de la República

La diferencia esencial que presentan las atribuciones del magistrado, según se ejerzan en la paz o en el de la guerra, es una institución de la República, o más exactamente es la consecuencia necesaria del principio republicano en su oposición a la del principio monárquico. Las restricciones fundamentales que la nueva Constitución del Estado impone al poder de los magistrados no se aplican en todas partes sin distinción: se limitan topográficamente al territorio interior; para el territorio de guerra no se aplican, o se aplican solo en mucha menor medida.

Estas restricciones[70] son: el ejercicio exclusivo de la autoridad por magistrados sujetos a anualidad, sin extensión de poderes o constitución arbitraria de representantes; la colegialidad de los jueces, que encuentra su expresión en la admisibilidad de la intercesión entre colegas; finalmente, el derecho del pueblo a decidir soberanamente sobre las acusaciones capitales, derecho cuya expresión es la *provocatio*. La profunda claridad de la inteligencia romana se muestra claramente en que no se puede trasladar una de estas ideas fundamentales de época monárquica, pues esta descansa en la unidad e integridad del *auspicium* y del *imperium*[71], aunque no se puede concebir la República sin ellas; y también en que, cualquiera que haya sido históricamente[72], el Derecho público romano y los anales de épocas no históricas,

[70] Esta es la regla vista en conjunto. Hay excepciones a estos principios en la jurisdicción *domi*: ahí no ha faltado la representación de la suprema magistratura, sino que solo ha sido limitada y encubierta; ha habido casos en que la intercesión y la provocación han sido dejadas de lado. Esto es evidente y se explicará con más detalle en la exposición de estas instituciones, que solo se mencionan aquí para señalar la oposición que existe entre el régimen urbano y el régimen militar. La organización republicana primitiva apenas conoce excepciones en sentido contrario, es decir, extensiones de las consecuencias de estos principios al territorio *militiae*. No hay perfecta colegialidad de los cónsules ni efectiva intercesión en la administración ejercida fuera de la ciudad.

[71] Ni siquiera debemos admitir la existencia de la intercesión de la *maior potestas* en época regia; porque supone también dos poderes de la misma naturaleza, como son los cónsules y cuestores de la República, ya que ambos se nombran en los Comicios.

[72] Es inútil especular sobre cuál podría haber sido realmente el poder regio en Roma. Pero las limitaciones esenciales de la magistratura que se remontan a la época de los reyes parecen haber estado adscritas, de manera perfectamente ponderada, al territorio *domi*. No sin razón se desarrolla en Roma el asunto de la *provocatio* de Horacio.

que son su forma doctrinal, no nos indican cómo se habían desarrollado progresivamente durante la época republicana, sino que se limitan a decir cómo recobra su actividad con la República misma, inmediatamente y en su plenitud[73].

La oposición de la magistratura y de la promagistratura, por un lado, y, por otro lado, la doble naturaleza de la magistratura, que unas veces está sujeta a los privilegios del pueblo y otras veces no (*magistratus sine provocatione*), derivan de estos principios, o más bien, como ya se ha dicho, no son más que su expresión. En cuanto al desarrollo de estas oposiciones, ciertamente no puede proporcionarse aquí; porque en realidad es el Derecho público romano propiamente dicho.

La transformación más profunda que experimentó el Estado romano, la delimitación del poder público, hasta entonces único e indiviso, está conectada a la antigua costumbre según la cual el magistrado, que asume la calidad de general, se despoja de la vestimenta que usa en tiempo de paz y se pone el traje de guerra al cruzar solemnemente el *pomerium* después de haber tomado los auspicios en el Capitolio.

5. Competencias *domi* durante la República

Este acto ha cobrado gran importancia en el Derecho público, ya que el general tiene facultades más amplias que el magistrado de la capital. Separa la autoridad ejercida *militiae* de la ejercida *domi*. Para expresar que su derecho a castigar –hasta ahora limitado por la provocación–, recobra en este momento la integridad que una

La provocación se imaginó, por un lado, como opcional para el rey y, por otro lado admitiéndose solo *domi*.

[73] El movimiento posterior tendente a eliminar las excepciones admitidas al principio, se percibe particularmente en la agitación, finalmente coronada por el éxito, dirigida contra la prefectura de la ciudad y la dictadura: también se nota naturalmente en varias ocasiones la tendencia a extender los derechos populares fundamentales: a esto se une el establecimiento de la *intercessio* de los tribunos, la extensión de la *provocatio* fuera del círculo de las acusaciones capitales, y finalmente toda una serie modificaciones muy importantes hechas a la Constitución.

vez tuvo, el magistrado que sale de la ciudad[74] lo hace, tomando el traje militar, volviendo inmediatamente a poner las hachas en los haces de varas de los *lictores*, y así muestra, con un gesto visible, el punto inicial de partida oficial del magistrado. La adquisición de los poderes de general en jefe está en principio ligada a la observancia de estas formas. Si el magistrado ha cruzado el *pomerium* sin haber tomado los auspicios, se considera que su mando está afectado por un vicio. En consecuencia, ocurrió en varias ocasiones que los soldados obligaron a su general a volver a Roma para repetir el acto solemne de su partida[75].

6. Su límite es el primer hito miliario

Pero el límite topográfico de la autoridad ejercida *domi* no era la muralla de la ciudad. Todas las ciudades crecen desbordándose de sus murallas, y el entorno inmediato de la ciudad requiere un régimen jurídico no diferente al de la ciudad misma. En Roma, el límite se ha fijado siempre, que sepamos, en el primer hito de los diversos caminos que partían de la ciudad[76]; de modo que el territorio de la

[74] Probablemente así debe entenderse: el general no solo debe haber cruzado el *pomerium*, es decir, la línea que delimita la ciudad por debajo de la muralla, sino también haber pasado la puerta, es decir, haber dejado tras de sí la muralla con el camino de ronda y sus dependencias, en particular el Aventino. Era necesario delimitar el dominio del *auspicium urbanum* por la línea interior de las fortificaciones y el del *imperium militar* por su línea exterior, y en consecuencia excluir el Aventino de ambas. La prueba de que esto fue así resulta, por un lado, del hecho de que el Aventino está expresamente excluido del *auspicium urbanum*, y, por otro lado, del hecho de que ni los Comicios centuriados podrían celebrarse allí ni el procónsul podía residir allí en calidad de tal.

[75] Tito Livio, 41, 10, referido al año 577 de Roma (177 a.C.).

[76] Las distancias de las vías romanas se calculan a partir de las puertas del recinto de Servio, como demuestra Ganina (*Ann. dell' Inst.* 1853, p. 134), por ejemplo, para la Vía Apia que se conoce de manera precisa. El *miliarium aureum* del Foro de Roma (Becker, *Topogr.* p. 314) no tiene importancia para el cálculo de distancias, Macer lo dice expresamente, *Dig.* 50, 16, 154: *Mille passus non a miliario urbis, sed a continenteibus aedificiis numerandi sunt.* Pero Jordan (*Topogr.* tomo 2, p. 95) observa, con razón, que no se menciona en ninguna otra parte el procedimiento indicado por Macer, según el cual se partiría *de facto* del límite de la ciudad y no de su muralla. Hay un texto que se puede relacionar, según su encabezamiento, en la primera línea, que hace referencia al impuesto de sucesiones: se tomó como base la división en regiones de Augusto, de modo que este modo anormal de medida pudo haber sido utilizado igualmente

ciudad, como quiera que se llame[77], se extiende todavía mil pasos romanos, poco menos de kilómetro y medio, más allá del recinto de las murallas. El senador romano está obligado a vivir en esta zona[78], pues la autoridad urbana se extiende hasta esta línea de demarcación, así como la jurisdicción civil del pretor urbano, que no puede organizar válidamente pleitos más allá[79], y la misma regla rige para los ediles[80] y los magistrados que les están subordinados[81]. No hay duda de que la misma limitación existe para todos los magistrados que se denominan *urbani* o para los que, sin llevar este nombre, solo tienen atribuciones urbanas.

Los testimonios parecen contradecirse en lo relativo a la provocación y la intercesión. Para la provocación, el primer hito es el límite que, o bien se indica expresamente[82], o se revela fuera de toda duda

para la delimitación de la circunscripción de la ciudad de Roma, comparada con las regiones de Etruria y Campania.

77 No hay más expresión técnica que *urbs Roma propiusque urbem Romam passus mille. Urbs* se usa a menudo en este sentido, coloquialmente.

78 Ley de la colonia *Genetiva Iulia*, c, 91: *Quicumque decurio. . . huiusque col(oniae) domicilium in ea col(onia) oppido propiusve it oppidum p(assus) M non habebit annis V proxumis, unde pigniis eius quot satis sit capi possit, is in ea col(onia)... decurio ne esto quique IIviri in ea colonia erunt, eius nomen de decurionibus... eximendum curanto.* — Cf. Tito Livio, 43, 11, relativo al año 584 (170 a.C.); *M. Raecio praetori mandatum ut edicto senatores omnes ex tota Italia nisi qui rei publicse causa abessent, Romam revocaret; qui Romae essent, ne quis ultra mille passuum a Roma abesset.*

79 Gayo, *Inst.* 4, 104: *Legitima sunt iudicia, quae in urbe Roma vel intra primum urbis Romse miliarium... accipiuntur.* Tito Livio, 6, 12, 11: *Qui (praetor) ius in urbe diceret.* Cf. Tito Livio, 23, 32, 4.

80 Esto se expresa de la manera más precisa en el caso de la vigilancia de las vías encomendada a los ediles de la ciudad, que, según la ley *Iulia municipalis* (línea 20, menos contundente en línea 56), se ejerce i*n urbem Rom(am) propiusve u(rbem) R(omam) p(assus) m(ille) ubei continente habitabitur*, excluyendo la última frase la vigilancia viaria las localidades situadas dentro del recinto indicado donde las viviendas no forman una línea continua. Lo mismo ocurre con los reglamentos de vigilancia sobre la circulación de carruajes (Livio, 34, 1, 3: *In urbe oppidove aut propius inde mille passus*, aquí pues no solo para Roma, sino para todas las ciudades), sobre la apertura de teatros (Val. Max. 2, 4, 2: *In urbe propiusve passus mille*), sobre el establecimiento de capillas privadas (se trata de sacrificios a Isis, ἔξω τοῦ πωμηρίου σφᾶς ἱδρύσαντο, Dion 40, 47; μηδὲ ἐν τῷ προαστείῳ αὐτὰ ἐντὸς ὀγδόου ἡμισταδίου, Dion, 54, 6), aunque los ediles no se nombran aquí directamente.

81 Los ediles tenían la vigilancia de los caminos en toda la circunscripción urbana; bajo su mando estaban los cuatorviros para la limpieza de las calles del interior de la ciudad, y los dunviros para la de los caminos situados extramuros del primer hito miliario.

82 Tito Livio, 3, 20, 7: *Neque provocationem esse longius ab urbe mille passuum et tribunos, si eo* (en el lago Regillo, próximo a *Tusculum*, donde los cónsules habían convocado al

como regla esencial en la práctica del sistema constitucional[83]; pero, por otro lado, hay un caso de tiempos históricos en que el *imperium* independiente de la provocación se nos presenta, ajustado a la Constitución, en el espacio comprendido entre el *pomerium* y el primer hito miliario[84]. Lo mismo ocurre con la intercesión[85]. La jurisdicción civil se extendía hasta el primer hito, los *dilectus* –los llamamientos a filas, al ejército– habían tenido lugar, en los últimos tiempos, con mayor frecuencia en el Campo de Marte, pues el pueblo y el Senado[86] se reunían con mucha frecuencia fuera de las puertas; el primero ni siquiera podía, en los casos más importantes, aglomerarse en el interior del *pomerium*, por falta de espacio. Por tanto, es imposible que la intercesión correlativa a todas estas operaciones, en particular el *auxilium* de los tribunos, haya funcionado exclusivamente dentro del *pomerium*. El pretor y los cónsules no podían tener la facultad de sustraerse a la intercesión de los tribunos instalando su tribunal fuera de las puertas para impartir justicia o reclutar tropas. Aunque, por otra parte, se niega expresamente validez, al menos en un caso históricamente fiable, a la intercesión dirigida contra un general que actúa fuera del *pomerium* y antes del límite de la primera milla[87].

---

pueblo) *veniant, in alia turba Quiritium subiectos fore consulari imperio.*

[83] Toda la historia romana se volvería del revés si a los magistrados superiores se les hubiese concedido por regla general la plenitud del *imperium* militar tan pronto como hubieran cruzado el *pomerium.*

[84] Tito Livio, 24, 9, 2: *Lictores ad eum accedere consul iussit et, quia in urbem non inierat protinus in campum ex itinere profectus, admonuit cum securibus sibi fasces proeferri.*

[85] Salvo excepciones que aquí se pueden dejar aparte y que no afectan a la intercesión de los tribunos, esencialmente a la jurisdicción *domi.*

[86] Incluso bajo la presidencia de tribunos. Dion, 41, 15, cita una de esas sesiones del Senado. Las reuniones de la plebe bajo las murallas de la ciudad son frecuentes.

[87] Apiano, *B. C.* 2, 31, relativo al procónsul Pompeyo que se encontraba *ad urbem*: Κουρίωνι δ'οὐκ ἦν μὲν ὑπὲρ τὴν πόλιν ἐξουσία τις (οὐδὲ γὰρ προϊέναι τῶν τειχῶν τοῖς δημάρχοις ἐφίεται); Dionisio, 8, 87: οἱ γὰρ ὕπατοι προελθόντες ἔξω τῆς πόλεως ἐν τῷ παρακειμένῳ πεδίῳ τοὺς στρατηγικοὺς ἵφρους ἔθηκαν· ἐνταῦθα καὶ τὸν στρατιωτικὸν ἐποιοῦντο κατάλογον... ὁ δὲ κωλύων τὴν καταγραφὴν δήμαρχος οὐθὲν ἔτι ποιεῖν ἦν δυνατός... περιγέγραπται γὰρ αὐτῶν τὸ κράτος τοῖς τείχεσι. Esta limitación de la provocación a la ciudad se ha mantenido en el sentido de que no se puede apelar al pueblo solamente en casos de un juicio dictado bajo el *imperium domi.* La supuesta provocación de los últimos tiempos, que pertenece a todo ciudadano romano independientemente de su residencia, no conduce a un caso de provocación; no es otra cosa que una restricción aplicada a las competencias de los magistrados en ejercicio fuera de Roma: no pueden castigar a los ciudadanos romanos con penas capitales o corporales; deben enviar al reo a Roma y poner así a los

Del mismo modo se establece una diferencia entre el antiguo poder tribunicio republicano y el de los emperadores, cuyo perímetro para los primeros era el de la muralla primitiva de la ciudad, y en el segundo caso se toma como referencia el primer hito miliario[88].

Esta aparente contradicción de dos tradiciones igualmente irrefutables se resuelve partiendo de la idea señalada antes sobre la diferencia existente en el *imperium* militar, según se adquiriera, o no, con los auspicios de partida. El primero no está sujeto en nada a las restricciones constitucionales derivadas de la provocación y la intercesión. El segundo no está sujeto a ella más allá del primer hito[89]; pero está sujeto a ella de este punto. No es solo lógica jurídica. Esto se expresa materialmente por el hecho de que el que sale de la ciudad con estos auspicios, sus *lictores* llevan las hachas metidas en los haces, mientras que el que sale sin estos auspicios los *lictores* solo exhiben los haces de varas. Finalmente, los dos casos históricamente significativos donde la intercesión y la provocación no tienen efecto en el espacio situado entre el *pomerium* y el primer hito miliario, se refieren precisamente a magistrados que, habiendo tomado el *imperium* en las formas, se encuentran previamente en posesión de un mandato plenamente efectivo[90].

magistrados competentes en condiciones de iniciar el procedimiento sujeto a provocación según las normas vigentes en la capital. Por eso Tito Livio (3, 20, 7) considera con razón que todavía existen restricciones a la aplicación de la *provocatio*.

88 Dion, 51, 19: τὸν Καίσαρα τήν τε ἐξουσίαν τὴν τῶν δημάρχων διὰ βίου ἔχειν, καὶ τοῖς ἐπιβοωμένοις αὐτὸν καὶ ἐντὸς τοῦ πωμηρίου καὶ ἔξω μέχρις ὀγδόου ἡμισταδίου (medio estadio = una milla romana, según los cálculos de Dion) ἀμύνειν, ὃ μηδενὶ τῶν δημαρχούντων. En la práctica, parece que ciertamente desde entonces el principio se aplicó a toda la época imperial. Se detecta ya con Augusto, en Rodas (Suetonio, *Tib.* 11).

89 De esto se deduce claramente que la plenitud del mando militar no estuvo ligada en modo alguno a los auspicios de la salida, en la ceremonia propiamente dicha; tal requisito, además, no estaría del todo de acuerdo con la forma general en que se interpretan los auspicios.

90 Tito Livio, 24, 9, 2, y Apiano, *B.C.* 2, 31. En consecuencia, entendemos que el poder tribunicio del Príncipe, una vez extendido expresamente a los suburbios de la Ciudad, se consideró aplicable en todo el imperio. Según las leyes republicanas, este poder rompía el poder ejercido *domi*, pero declina ante el que se ejercía *militiae*. Al decidir que Augusto podía utilizarlo hasta el primer hito incluso frente a un magistrado investido con la plenitud del *imperium militiae*, parece que este derecho quedó reconocido. Y de esto, si no Labeón, al menos sí Capitón podía concluir que el poder tribunicio del emperador había sido así reconocido, de manera general, por encima del mando ejercido según el derecho de guerra.

7. División política tripartita del territorio

Por la distinta naturaleza de los poderes públicos, la división territorial es tripartita:

A) La ciudad. El territorio interior de la ciudad, sobre el cual son competentes los magistrados urbanos, y no lo son los promagistrados, y donde la provocación y la intercesión proceden sin reservas.

B) El territorio situado más allá del primer hito miliario. En este espacio los promagistrados tienen autoridad, y aquí la *provocatio* y la *intercessio* están fuera de discusión.

C) El territorio situado entre las murallas de la ciudad y la primera milla, hito sobre el cual los magistrados y promagistrados son igualmente competentes, y donde la provocación y la intercesión son admisibles frente a un magistrado que ha tomado otros auspicios[91] o que no ha tomado ninguno, pero donde no son llevados los reos ante el magistrado o promagistrado que partió solemnemente para el ejército después de haber tomado los auspicios de partida. Esta especie de zona neutral entre los dos sistemas opuestos se ajusta perfectamente a los actos de este poder militar urbano que encuentra su expresión militar en la formación del ejército por parte de los censores y en los ejercicios de campaña y su expresión civil en los Comicios centuriados.

Debían tomarse disposiciones legislativas para que todos los actos de los magistrados que iban a ser objeto de provocación o intercesión se cumplieran dentro de la primera milla; esto se logró o bien limitando el ejercicio de los poderes de los magistrados en cuestión a este territorio, como se hizo con el pretor urbano y los censores, o sometiendo los diversos actos mismos a esta restricción, como puede demostrarse para los Comicios centuriados[92] y como

[91] El magistrado que cruza el *pomerium* para celebrar los Comicios centuriados también recibe auspicios. Pero éstos no son los solemnes auspicios de partida, son probablemente los *auspicia peremnia*.

[92] Esto es lo que se deduce de los anales, cuando un cónsul, en 397 (357 a.C.), hizo votar *novo exemplo* una ley *in castris*, un plebiscito defendido bajo la pena capital *ne quis postea populum sevocaret* (Tito Livio, 7, 16). El límite exterior asumido aquí no se indica expresamente en ninguna parte; pero solo puede tratarse del primer hito.

también hay que admitirlo para el *dilectus* (acto de reclutamiento) y para otros. Esto aseguró la aplicación regular de la provocación y la intercesión a estos actos públicos, incluso si, como fue el caso de los Comicios centuriados, asumieron necesariamente una forma militar. Era posible ciertamente que un magistrado, después de haber salido de la ciudad como general, realizara en este territorio un acto oficial que por su naturaleza debería haber sometido a las limitaciones constitucionales de los poderes de los magistrados y que, sin embargo, no estaría asumida allí. Pero, sin embargo, hasta donde sabemos, nunca hubo ningún abuso grave y asumimos que hay cierta discordancia entre la letra y el espíritu de la Constitución, y que la misma no se solucionó por la vía legislativa.

8. División de los magistrados en tres clases

Partiendo de esta división territorial, los magistrados romanos se clasifican en tres categorías: magistrados cuyas funciones se ejercen tanto en territorio civil como en el militar; aquellos cuyas funciones se ejercen únicamente en territorio civil, o, como también podemos llamarlos, los magistrados urbanos; finalmente, las adscritas al territorio extraurbano.

No existen términos técnicos para designar estas categorías de magistrados. Se puede defender la expresión *magistratus urbani*, ya que los dos departamentos pretorianos que conciernen a la administración de justicia en la ciudad de Roma son designados como

---

No es casualidad que la ley de 397 (357 a.C.) no se hiciera con la aprobación de los Comicios centuriados, y que los anales especifiquen –lo que omiten en otros casos– que la votación sobre este asunto se hizo por tribus. Para los Comicios centuriados obviamente era una regla establecida desde hacía mucho tiempo que la gente no podía ser "convocada" a ellos. Pero cabe la duda de que este principio se aplicara a las asambleas que por derecho no estaban adscritas ni al interior de la ciudad, como a las de las curias, ni al espacio situado entre los muros y el primer hito, como a las de las centurias. Esta duda, que afectaba en particular a los *comitia consulares* por tribus, fue resuelta por una nueva ley. La inadmisibilidad de la cuota y los Comicios centuriados reunidos más allá del primer hito es seguramente tan antigua como estos actos mismos, es decir tan antigua como la República. Admitiendo lo contrario, sería ilusoria la distinción entre el derecho de la paz y el derecho de la guerra que es la base de la República.

duae urbanae provinciae[93]; entonces se podría, por ejemplo, designar a los ediles como *magistratus urbani*. Pero, cuando este adjetivo se encuentra en títulos oficiales, no solo implica que las funciones puedan ejercerse en la ciudad; implica también que el magistrado está sujeto a la obligación especial –de la que solo puede ser eximido por una ley–, de no salir de la capital durante el ejercicio de sus funciones por más de determinado tiempo; así, por ejemplo, el *praetor urbanus* no podía ausentarse de Roma más de diez días, y ciertamente existían disposiciones similares para los *quaestores urbani*. Para los tribunos del pueblo y los censores, que estaban sujetos a la misma ley, no se especifica en sus títulos oficiales porque no había necesidad de hacer distinción entre ellos.

9. Magistrados con competencias en dos territorios

La mencionada división tripartita es ciertamente extraña al antiguo Derecho público, como lo es a la propia República; porque, si este Derecho distingue claramente entre territorio civil y territorio militar, todos los magistrados más antiguos, los cónsules, el dictador, los cuestores, tienen jurisdicción sobre ambos. El principio general de la magistratura es que los magistrados del Estado han de administrar no tal o cual caso particular, sino los asuntos del Estado en general. Y la regla de que el magistrado ejerce sus funciones unas veces de modo *domi* y otras de otro *militiae*, se ha mantenido siempre para la magistratura suprema, de modo que, en este sentido, se consideraba absolutamente inadmisible encomendar uno u otro asunto a un magistrado perteneciente al colegio de pretores y cónsules, ya fuese competencia exclusiva de la administración civil[94], o exclusiva de la administración militar.

Las consecuencias de ello habrá que mostrarlas en el estudio de las distintas magistraturas, en particular en la de la Dictadura y la

[93] Tito Livio, 43, 11, 8. 45, 44, 2.

[94] Los *IIviri aedi dedicandae* y los *IIviri perduellionis* son muy mal conocidos, y no pueden ser invocados como argumentos en sentido contrario. Indudablemente deben contarse, los primeros ciertamente y los segundos quizás, entre los magistrados

Pretura. La primera, aunque esencialmente militar en su finalidad, se aplica sin embargo también a la ciudad. La segunda, aunque en su forma primitiva se ocupa principalmente de la administración de justicia en Roma, implica el mando militar; de modo que el pretor urbano, aunque él mismo no pueda salir de la ciudad, pueda ejercer sin embargo este mando por vía de delegación y que este mando se le pueda atribuir por prórroga. El primer caso en que el poder adscrito a las altas magistraturas se restringió legalmente al ámbito de las atribuciones ajenas a la ciudad, fue el del mando militar dado durante la guerra de Aníbal, en el año 543 (211 a.C.), para Hispania, a Publio Escipión. A este general elegido por el pueblo, aunque hubiera sido por designado con la observancia de todas las reglas vigentes para la elección de los magistrados, no se le consideraba exactamente magistrado, sino que se le relegaba a la categoría de promagistrado, de modo que precisamente su elección estaba en desacuerdo con el principio fundamental del Derecho público romano; él fue el primer magistrado superior que no tenía competencias *domi* al inicio de sus funciones.

10. Magistrados urbanos

La segunda categoría de magistraturas, la de las magistraturas puramente urbanas, aparece primero, en cierto sentido, en las magistraturas plebeyas, habiendo obtenido la plebe su reconocimiento legal solo en la circunscripción urbana. Por eso, incluso más tarde, como magistrados del Estado, los magistrados de la plebe continuaron teniendo jurisdicción solo en la ciudad. Ello se extendió entonces o bien a la edilidad patricia, modelada en este sentido sobre la plebeya, o bien a todas las magistraturas subordinadas a las que se atribuían

---

superiores, y el fin para el cual se crean uno y otro pertenece exclusivamente a la competencia *domi*. Pero la consecuencia de que sus poderes estén limitados a este espacio no les afecta tanto a ellos como, por ejemplo, al dictador llamado *clavi figendi causa* o realativo a cualquier otro acto exclusivamente urbano. En este último caso, se reconoce expresamente que la determinación de la finalidad del nombramiento no produce vínculo jurídico alguno.

atribuciones especiales y puramente urbanas[95]. El caso más antiguo de este tipo es la medida tomada en el año 333 de Roma (421 a.C.), que duplicó el número de cuestores y asignó especialmente a dos de ellos a los asuntos de la capital.

11. Magistrados que no tienen competencias sobre la capital

La tercera categoría de magistrados, la de los magistrados que no tienen jurisdicción sobre el territorio de la ciudad y que, por lo tanto, ejercen sus funciones solo fuera de Roma, es significativamente más reciente. Los magistrados ordinarios de esta especie que son los más antiguos son los cuatro cuestores establecidos en el año de Roma 487 (267 a.C.), tras la conquista de Italia, y que son los precursores de los posteriores magistrados provinciales; y, aun entre los magistrados extraordinarios, no se puede establecer con certeza que los hubiera antes del siglo v a.C. Los magistrados especiales para asignaciones de tierras o fundaciones de colonias, que caen en esta categoría, probablemente no sean más antiguos; es de suponer que hasta entonces los magistrados ordinarios superiores habrían procedido a este tipo de misiones.

12. Desaparición durante el Principado de los magistrados competentes en dos territorios

Bajo el Principado aún existen magistrados de las categorías segunda y tercera, magistrados urbanos y magistrados no asignados por sus funciones explícitamente a la ciudad. Pero la primera categoría, la de los magistrados que, según el lugar en que se encontraban, estaban sujetos a las leyes de uno u otro de los territorios, desapareció, o mejor dicho, solo pervivió en el Principado mismo allí donde se reúne el Príncipe de manera permanente y sin distinción de los lugares donde

[95] La censura no está entre ellas. El ejercicio de las funciones de censor está, en efecto, como el de las funciones del pretor urbano, ligado a la ciudad de Roma; pero su jurisdicción no lo está.

se encuentre; en efecto, existe ese poder "magistratural urbano" en forma primero de consulado, luego de tribunado del pueblo, e incluso en la forma de proconsulado, que en esencia no le correspondería.

Hemos explicado cuál es, desde el punto de vista topográfico, la situación del magistrado en el interior, *domi*. Su ubicación en el exterior no requiere ninguna exposición especial; porque sigue siendo el mismo, tanto si está fuera, más allá del primer hito, como si está más allá de los límites que separan geográficamente el territorio romano, es decir, el suelo sujeto a la propiedad del pueblo romano o a la propiedad privada derivada de él, del territorio de los Estados vecinos. La idea de los *fines populi Romani* o del *imperium populi Romani* en sentido topográfico, entra en consideración respecto de los derechos de las magistraturas solo desde un punto de vista: el magistrado superior debe, según las instituciones primitivas, nombrar un representante cuando cruce el límite del territorio. Este principio se ha seguido aplicando siempre a las Ferias Latinas, y eso, aferrándose no al límite real, sino al límite primitivo, es decir, al de la época en que se creó el ceremonial de las *Feriae Latinae*. Por lo demás, esta regla, al igual que la designación del representante, desapareció pronto de las instituciones romanas.

CAPÍTULO II

LOS AUSPICIOS[1]

Los poderes del magistrado consisten en el derecho de realizar, en nombre de la ciudad, los actos que conciernen tanto a los dioses como a los hombres. Los magistrados tienen, se dice, para desarrollar sus poderes en sentido más amplio y más elevado, el *auspicium* y el *imperium* (*auspicium imperiumque*)[2]. Esta división en dos ramas, que sirve de base a toda la organización política de Roma, encuentra su expresión más viva en los dos actos de entrada en funciones que le corresponden: la asunción de los primeros auspicios, que asegura el beneplácito de los dioses, y la ley curiada, que compromete la fe de los ciudadanos. Comenzamos la teoría general de las atribuciones del magistrado con la de sus auspicios. En el siguiente capítulo hablaremos del *imperium.*

[1] *Staatsrecht*, I, 1887 (Dritte Auflage), pp. 76-116 (Das Auspicium).

[2] Esta fórmula se usa, de manera constante, en las inscripciones de generales victoriosos, en las dos referencia aportadas por Livio, (40, 52, 3: *Auspicio imperio felicitate ductuque eius*; 41, 28, 8: *Consulis imperio auspidoque*) y en la de L. Mummius que se ha conservado (CIL, I, 541: *Ductu auspicio imperioque eius*), así como en el pastiche de Plauto, *Amph.* 196: *Ductu imperio auspicio suo.* Las palabras *imperium auspiciumque* se encuentran en Tito Livio, 22, 30, 4. 28, 27, 4. 29, 27, 2 (aquí precedido por *secta*), en Val. Max, 2, 8, 2, y en los escolios de Virgilio. Aunque los pasajes aquí citados, en particular los escritos en lenguaje poético, frecuentemente ponen de manifiesto, junto a la oposición de derecho público entre *auspicium* e *imperium*, el elemento personal del propio mandato, la antigua fórmula que les sirve no se pone de manifiesto muy claramente en los documentos más antiguos. Siguiendo el uso antiguo, decimos *auspicium imperiumque* y *no imperium auspiciumque.* Esto deriva de la preeminencia de una esfera sobre la otra, de la *res divinae* sobre la *res humanae* (Aulo Gelio, 14, 7, 9, etc.). La fórmula se usa solo para magistrados que tienen plenos poderes militares; porque solo para ellos puede usarse la palabra *imperium*; en realidad, se pueden dividir las atribuciones de cada magistrado en *res divinae* y *res humanae*, designando la primera expresión su *auspicium* y la segunda su *imperium* o su *potestas.*

1. Idea y significado

La religión romana está dominada por la idea de que el hombre no puede ni debe saber las cosas por venir y que los dioses no le ayudan a comprenderlas[3], sino que ante cualquier acto que emprende libremente, el muy altísimo y muy buen dios del pueblo romano, el *Pater Iovis*[4], muestra un sentimiento de aprobación o desaprobación, y que lo manifiesta, incluso antes del comienzo del acto, por signos aparentes inteligibles para las personas competentes; lo que significa que podemos, si queremos, estar seguros de antemano del éxito de nuestras acciones, a condición de que renunciemos a aquellas por las cuales el cielo, por señales, ha expresado su desaprobación[5].

Las señales que utiliza Júpiter son múltiples. Pero un predominio exclusivo corresponde a aquellas que, en lugar de ser provocadas por un acto intencionado del hombre, como es por ejemplo el empleo de *sortes*, ocurren espontáneamente, según el curso natural de las cosas, en el espacio situado entre el cielo y la tierra.

2. *Auguria impetrativa, oblativa*

Entre estos últimos, distinguimos los signos que el observador ha solicitado de antemano y que, en consecuencia, son en cierto modo la respuesta a una pregunta planteada a los dioses en una forma

[3] Cf. Rubino, *Unters.*, p. 40, nota 4. Los oráculos propiamente dichos son, como sabemos, ajenos a la fe romana primitiva, y nunca pudieron instalarse bien en Roma.

[4] Es a él a quien vuelven todos los auspicios. Los *augures publici* son llamados por Cicerón intérpretes de *Iovis optimi maximi. De leg.* 2, 8, 20, (cf. 3, 19, 43), y los pollos que comen son *interpretes Iovis* (Cicerón, *De div.* 2, 34, 72. c. 35, 73). Los libros de augures dicen: *Iove tonante fulgurante comitia populi habere nefas.* No había otra divinidad que juegue, además de Júpiter, un papel esencial en la disciplina augural; los pájaros que daban las diferentes señales estaban bien repartidos entre los dioses, pero cualquier señal parece sin embargo enviada por el propio Júpiter.

[5] Cicerón, *De div.* I, 16, 30: *Dirae, sicuti cetera auspicia, ut omina, ut signa, non causas adferunt, cur quid eveniat, sed nuntiant eventura, nisi provideris.* Todo lo que permite esta relación con los dioses es evitar el mal por venir renunciando al acto proyectado; no permite, según una idea que prevalece en otros lugares, por ejemplo en el culto de Apolo y en las ceremonias reguladas por el colegio apolíneo *sacris faciundis*, modificar el curso del destino, hacer cambiar de opinión a los dioses, o conciliar su favor.

determinada (*legum dictio*), los *auguria impetrativa*. Aquellos que son considerados según el ritual como abiertos a la interpretación, ocurren de manera fortuita y se denominan *auguria oblativa*[6].

Los signos cuya observación estaba prescrita durante toda la Antigüedad, a cuya observación e interpretación se había ocupado el Estado desde tiempo inmemorial, fueron divididos por la disciplina augural en cinco categorías[7], que no pueden ser ignoradas, aun aquí donde solo estudiamos esta teoría en su relación con el Derecho público. Son: primero, las cuatro variedades de *auguria impetrativa*, de las cuales las tres primeras, los signos proporcionados por el vuelo de los pájaros, por otros animales y por el cielo, y pertenecen a la competencia urbana, y de las cuales la cuarta, los signos proporcionados por pollos, pertenece a la jurisdicción militar; luego, en quinto lugar, los *auguria oblativa* o *dirae*.

3. Signos proporcionados por los pájaros

Señales proporcionadas por las aves (*signa ex avibus*). La observación del vuelo y los cantos de los pájaros parece haber sido, mientras se tomaban en serio los auspicios, la forma ordinaria a la que se recurría cuando era necesario.

---

[6] Servio, *Ad Aen.* 6, 190: *Auguria aut oblativa sunt, quae non poscuntur, aut impetrativa, quae optata veniunt.* Servio, *Ad Aen.* 12, 259: *Hoc erat in votis, inquit, quod saepe petivit quasi impetrativum hoc augurium vult videri. — Accipio agnoscoque deos modo quasi de oblativo loquitur: nam in oblativis auguriis in potestate videntis est, utrum id ad se pertinere velit an refutet et abominetur.* Cf. *Ad Aen.* 2, 702. 12, 246. En el *impetrare* (o más antiguamente *impetrire*: Cicerón, *De div.* 1, 10, 28. 2, 15, 35; Val, Max. 1, 1, 1; Plinio, *H.N.* 28, 2, 11) del *augurium*, la cuestión está formulada en términos rigurosos. Servio, *Ad Aen.* 3, 89: *Da, pater, augurium tunc peti debet, cum id quod animo agitamus, per augurium a diis volumus impetratum... et est species ista augurii, quae legum dictio appellatur: legum dictio autem est, cum* (es preciso borrar aquí, como glosa, las palabras *condictio ipsius augurii* intercaladas aquí) *certa nuncupatione verborum dicitur, quali condicione augurium peracturus sit.* La naturaleza del signo esperado también es objeto de una enumeración preliminar. Tito Livio, 1, 18, 9: «*Iuppiter pater... uti tu signa nobis certa adclarassis*»... *tum peregit verbis auspicia, quae mitti vellet.* Era por tanto, como el *votum*, un contrato formal con la deidad.

[7] Festo, p. 260 y 261: *Quinque genera signorum observant augures publici: ex caelo, ex avibus, ex tripudiis, ex quadinpedibus, ex diris.*

Así lo indican las expresiones *auspicia* y *augures*, en las que el vuelo de las aves aparece como el, si no exclusivo, al menos principal objeto de observación. La preferencia con que la disciplina augural se volcó en esta orientación, ha dejado numerosas y precisas huellas en las fórmulas y los documentos más antiguos[8]. Pero el argumento decisivo es que la observación de los fenómenos celestes, que más tarde fue el principal instrumento de conectar con los dioses, solo pudo practicarse primitivamente en una proporción mucho menor. Se hizo un uso serio de los auspicios y se verificaron realmente los signos por los cuales se manifestaba la voluntad de los dioses, pero no siempre pudo ser así cuando otra necesidad lo requería, pues estos fenómenos naturales extraordinarios eran escasos. Era más común interpretar la voluntad de los dioses mediante el vuelo de las aves y hechos análogos que se ponen en relación con los *auguria impetrativa*, precedidos de una *legum dictio*. Las señales proporcionadas por las aves, que tenemos siempre a nuestra disposición, se tienen por más débiles que las proporcionadas por la visión de un relámpago. Si alguien presencia un prodigio natural, no tiene necesidad de recurrir a las aves. Los signos celestes son más importantes, pero los mensajes proporcionados por las aves son más habituales y regulares.

En la época de Cicerón, los auspicios proporcionados por las aves habían caído en desuso[9].

---

[8] Basta recordar el *augustum augurium, quo incluta condita Roma est*. Compárese de nuevo con la toma de los auspicios de la salida del Capitolio por parte del general que *parte ubi aves admisissent* (Festo, v. *Praetor*). Cuando el dictador se dispone a emprender una batalla a la vista de la ciudad, solamente da la señal de ataque cuando él mismo ha recibido de la (que va a ser asediada) la señal convenida *ubi aves rite admissent* (Tito Livio, 4, 18). La indicación general *ut nihil belli domique postea nisi auspicato gereretur, concilia populi, exercitus vocati, summa rerum, ubi aves non admisissent, dirimerentur* (Tito Livio, 1, 36). Cabe recordar también el nombramiento del dictador *ave sinistra* en la fórmula dada por Cicerón, *De leg.* 3, 3, 9, y muchas otras pruebas.

[9] Cicerón, *De div.* 2, 32, 71: *Ut sint auspicia, quae nulla sunt, fixes certe quibus utimur; sive tripudio sive de coelo, simulacra sunt auspiciorum, auspicia nullo modo*. Según este texto, solo había entonces dos clases de auspicia *impetrativa* que aún estaban en uso, los *ex caelo* y las *ex tripudio*; por lo tanto, la *signa ex avibus* y *ex quadrupedibus* ya habían desaparecido. El silencio de nuestras fuentes también concuerda bien con este dato. La reproducción del signo de los buitres de Rómulo para los primeros auspicios consulares de Octavio (Suetonio, *Aug.* 95; Apiano, *B.C.* 3, 94; Dion, 46, 46), es obviamente algo especial y no prueba en absoluto que las aves desempeñaran un papel en las relaciones habituales de este tipo. Las aves que aparecen como *dirae*, como los

4. Signos proporcionados por otros animales

Señales dadas por otros animales (*pedestria auspicia, auspicia ex quadrupedibus*)[10]. La observación del caminar y los gritos de cuadrúpedos y reptiles circulando en un espacio determinado es absolutamente paralela a la de las aves. Pero parece haber sido utilizada en una medida mucho menor. En la época de Cicerón, estos auspicios habían desaparecido, como los anteriores.

5. Signos celestes

Signos celestiales (*caelestia auspicia*). Estos son, si no exclusivamente, al menos principalmente truenos y relámpagos[11]. Los romanos consideran el rayo lanzado por Júpiter como el más alto y decisivo de todos los signos enviados por los dioses[12]. Y este signo tiene, sobre todos los demás, la ventaja de que su efecto se extiende siempre a todo el día en que ha sido detectado[13]. En general, el rayo se considera una señal favorable cuando se dirige de izquierda a derecha

---

cuervos en los auspicios (consulares) de Sejanus, en tanto que faltan las aves de buen augurio (Dion, 58, 5), no tienen nada en común con los *signa* (*impetrativa*) *ex avibus*.

[10] Festo, *Ep*. p. 244: *Pedestria auspicia nominabantur, quae dabantur a vulpe lupo serpente equo ceterisque animalibus quadrupedibus*. Plinio. *H.N.*, 8, 22, 84, para el lobo; *inter auguria ad dexteram commeantium praeciso itinere, si pleno id ore fecerit, nullum omnium prastantius.*

[11] Festo, *Ep*. p. 64: *Caelestia auguria dicunt, cum fulminat aut tonat*. Lucano, 6, 428: *Quis fulgura caeli servet*. Sólo se designan expresamente truenos y relámpagos; pero debemos incluir en la misma categoría todos los fenómenos sorprendentes que ocurren en el cielo.

[12] Dion, 38, 13: τῆς γὰρ μαντείας τῆς δημοσίας ἔκ τε τοῦ οὐρανοῦ καὶ ἐξ ἄλλων τινῶν, ὥσπερ εἶπον, ποιουμένης, τὸ μέγιστον κῦρος ἡ ἐκ τοῦ οὐρανοῦ εἶχεν. Cicerón, De div. 2. 35, 73: *Fulmen sinistrum, auspicium optimum quod habemus*; cf. c. 18, 43. Servio, *Ad Aen*. 2, 693; *De coelo lapsa hoc auspicium cum de caelo sit, verbo augurum maximum appellatur*. Este es el comentario de Dionisio a propósito de la toma de auspicios hecha por Rómulo antes de entrar en funciones: προειπὼν ἡμέραν, ἐν ᾗ διαμαντεύσασθαι περὶ τῆς ἀρχῆς ἔμελλεν, ἐπειδὴ καθῆκεν ὁ χρόνος ἀναστὰς περὶ τὸν ὄρθρον ἐκ τῆς σκηνῆς προῆλθεν· στὰς δὲ ὑπαίθριος ἐν καθαρῷ χωρίῳ καὶ προθύσας ἃ νόμος ἦν εὔχετο Διί τε βασιλεῖ καὶ τοῖς ἄλλοις θεοῖς, οὓς ἐποιήσατο τῆς ἀποικίας ἡγεμόνας, εἰ βουλομένοις αὐτοῖς ἐστι βασιλεύεσθαι τὴν πόλιν ὑφ› ἑαυτοῦ, σημεῖα οὐράνια φανῆναι καλά.

[13] Dion, mismo lugar (38, 13), y sigue: οὕτως ὥστε τὰ μὲν ἄλλα οἰωνίσματα πολλὰ καὶ καθ› ἑκάστην πρᾶξιν, ἐκεῖνο δὲ ἐσάπαξ ἐπὶ πάσῃ τῇ ἡμέρᾳ γίγνεσθαι.

y aparece en un cielo despejado[14]. Sin embargo, hay una excepción para los Comicios. No solo la asamblea del pueblo siempre se disuelve cuando se desata una tormenta, sin que haya necesidad de distinguir según la dirección del relámpago, sino que se tiene en consideramos la observación de un relámpago, en cualquier día, como expresión de la oposición de la divinidad a la realización de cualquier acto *cum populo* en ese día[15]. Desde muy temprano se hizo un abuso escandaloso de este signo –el rayo en el cielo o de su caída, el rayo, sobre la tierra– tenido por el más importante. Se aprovechó el hecho de que cualquiera calificado para observar los auspicios podía exigir que se le creyese en su diagnóstico[16], y que tal opinión debía prevalecer contra posibles declaraciones falsarias, voluntarias o no. En tal sentido, el abuso es doble.

En primer lugar, la señal favorable obtenida de la visión de un relámpago, que por su naturaleza entra dentro de los *auguria*

[14] Dionisio, 2,5 *in fine*. Virgilio, *Aen.* 2, 692, 7, 141, 9, 630, y Servio sobre estos versos. Por otro lado, el trueno que se escucha en el momento de asumir el cargo es una señal desfavorable (Tito Livio, 23, 31, 13; Plutarco, *Marc.* 12).

[15] Dion, mismo lugar (38, 13), sigue: τοῦτό τε οὖν ἰδιώτατον ἐν αὐτῷ ἦν, καὶ ὅτι ἐπὶ μὲν τῶν ἄλλων ἁπάντων ἢ ἐπέτρεπε πραχθῆναί τινα, καὶ ἐγίγνετο μηδενὸς ἔτι καθ› ἕκαστον οἰωνίσματος ἐπαγομένου (es decir, el que había obtenido la señal favorable resultante de un relámpago, ya no necesitaba todo el día para tomar auspicios), ἢ ἐκώλυε, καὶ ἀνεχειρίζετό τι, τὰς δὲ δὴ τοῦ δήμου διαψηφίσεις πάντως ἐπῖσχεν, καὶ ἦν πρὸς αὐτὰς ἀεὶ διοσημία (=*vitium*), εἴτε ἐναίσιον (= *sinistrum*) εἴτε ἐξαίσιον (= *dextrum*) ἐγένετο. Cicerón, *De div.* 2, 18, 42, citando los libros augurales: *Iove tonante fulgurante comitia populi habere nefas*. Lo mismo, *In Vatin.* 8, 20; *Phil.* 5, 3, 7. Los ejemplos prácticos son numerosos: Tito Livio, 10, 42, 10: *De caelo quod comitia turbaret intervenit*; y en mismo libro cap. 95, 5. Cicerón, *Phil.* 5, 3, 8. Tácito, *Hist.* 1, 18.

[16] Es un principio establecido que la señal que se ha visto se tiene por no vista si el que la recibe declara que no la ha visto (Plinio, *H.N.* 28, 2, 17: *In augurum disciplina constat neque neque diras neque ulla auspicia pertinere ad eos, qui quamque rem ingredientes observasse ea negaverint, quo munere divinas indulgentiae maius nullum est*; y viceversa (Cicerón, *Phil.* 3, 4, 9: *Collega... quem ipse ementitis auspiciis vitiosum fecerat*; — la elección de Dolabela fue impedida por la oposición del augur Antonio, aunque el signo alegado por el augur fue invención suya. La base de todo esto es la idea de que el fraude del siervo solo le concierne a él y que no le concierne al amo engañado, y que, por tanto, en el caso de falsificación de los *auspicia publica*, no compromete la responsabilidad del Estado, sino exclusiva y personalmente el augur o al magistrado. Tito Livio, 10, 40, 11: *Qui auspicio adest, si quid falsi nuntiant, in semel ipsum religionem recipit; mihi quidem tripudium nuntiatum populo Romano exercituique egregium auspicium est.* El *pullarius* culpable es allí inmediatamente castigado con una jabalina arrojada al azar, y un cuervo grita, como señal de que el dios está satisfecho.

oblativa y que ciertamente solo se usó de esta manera mientras existió seriamente la creencia en los auspicios, fue cambiado su sentido y considerado entre los *impetrativa*: los magistrados que tomaron los auspicios buscaron relámpagos y afirmaron haber visto que les eran favorables[17]. Esto sucedía especialmente cuando los magistrados asumían el cargo: cuando el primer día de sus funciones, el nuevo magistrado, cónsul, pretor o cuestor, imploraba a los dioses una señal favorable, se le informaba regularmente que un destello se dirigía de izquierda a derecha, y que había sido visto en un cielo despejado[18]. Es probable que esta forma de auspicio fuese no solo más enérgica que todas las demás, sino también mucho más fácil de manejar, y que por esa razón suplantara posteriormente en todas partes, para la administración urbana, a los auspicios proporcionados por las aves y otros animales. En tiempos recientes –en época imperial– los *auspicia impetrativa urbana* se confunden con las *auspicia caelestia*[19].

En segundo lugar, la declaración de un magistrado que poseía el derecho de interpretar los auspicios, que había mirado en un día

[17] Estos son *auspicia impetrativa* y no *oblativa*: esto se deduce del significado de *servare*, porque es precisamente la observación y el carácter fortuito lo que distingue las dos categorías, y la confirmación de esto es que el derecho de *de caelo servare* no se atribuye nunca al augur.

[18] Dionisio, 2, 16, continúa diciendo que el auspicio de Rómulo se ha convertido, en su tiempo, en el auspicio *constante* para la entrada en funciones de los magistrados ordinarios: τῶν δὲ παρόντων τινὲς ὀρνιθοσκόπων μισθὸν ἐκ τοῦ δημοσίου φερόμενοι (es decir, los *apparitores*, y no los augures) ἀστραπὴν αὐτοῖς μηνύειν ἐκ τῶν ἀριστερῶν φασιν τὴν οὐ γενομένην. Cicerón, *De div.* 2, 35, 73: *Iam de caelo servare non ipsos censes solitos, qui auspicabantur? nunc imperant pullario: ille renuntiat fulmen sinistrum, auspicium optumum quod habemus ad omnes res praeterquam ad comitia*. Porque así es como el texto debe estar puntuado, corrompido en las ediciones. Varrón, 6, 86, da fe de ello por la entrada en funciones del censor: *Ubi noctu in templum censor auspicaverit atque de caelo nuntium erit.* La inscripción hallada recientemente en *Apisa Maior*, en África (CIL, VIII, 774), que representa un rayo con la inscripción «*Deo loci, ubi auspicium dignitatis tale*», todavía designaba el lugar donde los magistrados locales tomaron este signo al tomar posesión de su cargo.

[19] No encuentro testimonios concretos sobre la forma de los auspicios urbanos, aparte de la entrada en funciones, por ejemplo para la convocatoria de las curias. Pero vemos en Varrón, 6, 53, los *auspicia caelestia*, y en Cicerón, *De leg.* 2, 8, 21, donde solo entran en consideración como auspicios urbanos los *caeli fulgera*. El auspicio obtenido de la observación del rayo es el que prevalece, tanto para la entrada en funciones de los magistrados como para otras cosas. Los auspicios *ex tripudiis* que aún existen junto a aquél para el ámbito *militiae*, no parecen haber penetrado en el círculo de la competencia urbana, al menos cuando los actos deben realizarse dentro del *pomerium*.

determinado el cielo (*de caelo servasse*), y que había observado allí un relámpago[20], constituía, fuese el hecho verdadero o falso, un procedimiento constitucionalmente inatacable, y ello era argumento suficiente para impedir la reunión del pueblo fijada para el mismo día. La observación del relámpago en tal caso era tan evidente que, por regla general, uno se contentaba con indicar la observación sin su resultado[21]. Incluso se seguía este procedimiento para anunciar formalmente con anticipación que la observación se haría en días determinados[22], es decir, dando a entender que los fenómenos celestes serían la consecuencia natural de la voluntad divina[23]. Sin embargo,

---

[20] Siempre se simulaba, en estas observaciones, que se había producido el destello del relámpago, y la declaración del magistrado no se limitaba, como piensa Rubino, *Untersuch.*, pp. 76 y ss., para decir que habría mirado al cielo cuando se producían tales señales. Así lo prueban, además de la analogía del procedimiento, textos especiales, como Cicerón, *Phil.* 2, 38, 99: *Cur ea comitia non habuisti? an quia tribunus plebis sinistrum fulmen nuntiabat?*, y Lucano, 5, 395: *Nec coelum servare licet: tonat augure surdo*. Tampoco tiene sentido lo que dice Cicerón (*De leg.* 1, 8, 21) de la previsión del *vitium* cuando afirma que la declaración del magistrado exige el avistamiento previo de un destello en el cielo. La afección religiosa de los romanos no debe llevarse a tal grado de absurdo que se produzca el mismo efecto tanto si se ha visto un relámpago como si no se ha visto.

[21] Cicerón, *De domo*, 15, 9: *Negant fas esse agi cum populo, cum de caelo servatum sit...* § 40: *auspiciorum patronus subito exstitisti; tu M. Bibulum in contionem, tu augures produxisti; tibi interroganti augures responderunt, cum de caelo servatum sit, cum populo agi non posse; tibi M. Bibulus quaerenti se de caelo servasse respondit*; Del mismo, *In Vatin.* 6, 15: *Quaero... num quando tibi moram attulerit, quo minus concilium advocares legemque ferres, quod eo die scires de caelo esse servatum*. Véase también, del propio Cicerón, *In Vatin.* 7, 17; *De harusp. resp.* 23, 48; *Ad Att.* 2, 16, 2, etc.

[22] Dion, 38, 13: πολλοὶ ἐμποδίζειν ἢ νόμων ἐσφορὰς ἢ ἀρχόντων καταστάσεις ἐς τὸν δῆμον ἐσαγομένας βουλόμενοι προεπήγγελλον ὡς καὶ ἐκ τοῦ οὐρανοῦ τὴν ἡμέραν ἐκείνην μαντευσόμενοι, ὥστε μηδεμίαν ἐν αὐτῇ κύρωσιν τὸν δῆμον σχεῖν. Así es cómo Milón, tribuno del pueblo, anunció (*proscripsit*) en 697 (57 a.C.) mediante pasquines, que así lo haría todos los días comiciales (*se per omnes dies comitiales de caelo servaturum*: Cicerón, *Ad Att.* 4, 3, 3). El cónsul Bibulus, en 695 (59), no fue tan lejos; se contentó con establecer por edicto días festivos todos los días comiciales, como indica Dion (38, 6: ἱερομηνίαν ἐς πάσας ὁμοίως τὰς λοιπὰς τοῦ ἔτους ἡμέρας, ἐν αἷς οὐδ› ἐς ἐκκλησίαν ὁ δῆμος ἐκ τῶν νόμων συνελθεῖν ἐδύνατο, προηγόρευσε), y hacer además, en cada uno de estos días particulares, la *obnuntiatio* de que había visto un relámpago (Cicerón, *De domo* 15, 39. 40; *De harusp. resp.* 23, 48; *Ad Att.*. 2, 16, 2; Suetonio, *Caes.* 20), dos cosas que deben ser claramente distinguidas. Su confusión llevó a los eruditos antiguos a la opinión ahora rechazada de que la *obnuntiatio* y la *indictio feriarum* eran idénticas.

[23] Cicerón, *Phil.* 2, 32, 81. c. 33, 83, reprocha a Antonio haber hecho una declaración, en los meses que precedieron a los *comitia consulares* de Dolabela, en calidad de augur y no de cónsul, y así impedir que se celebraran los Comicios, al menos que antes se diera el dictamen augural, (*comitia auspiciis vel impedire vel vitiare*): *Quisquatnne divinare potest, quid vitii in auspiciis futurum sit, nisiqui de caelo servare constituit?* Es

tal advertencia preliminar no era suficiente por sí sola, y era necesario, en cada día en particular, informar, en tiempo oportuno, al magistrado que presidía los Comicios de que la observación había tenido lugar *realmente*[24].

Dada la importancia política de estas observaciones relativas a los relámpagos así como su arbitrariedad apenas disimulada, es concebible que no solo hayan existido varias ocasiones, en el periodo reciente de la República, intentos de establecer reglas acerca del derecho a consultar los auspicios con una fuerza legalmente vinculante —a esto parecen haberse limitado las leyes que estudiaremos más adelante de Aelius y Fufius, a fines del siglo VI o principios del VII de Roma, y la de Clodius en 690 (64 a.C.)—; incluso más de una vez, órdenes superiores[25] o *senatus consulta*[26] han prohibido a los que tenían el derecho constitucional de observar relámpagos, ejercerlo en días determinados.

decir que el magistrado que, haciendo uso de sus derechos, anuncia que observará el cielo, ciertamente puede prever de antemano que verá un relámpago en el día señalado, pero que esta especie de argucia no le está permitida al augur. Hay una cierta excusa para este sistema. Es que la *nuntiatio* del magistrado descansa sobre los *auspicia impetrativa*, y que bien puede saber de antemano, no que con seguridad aparecerá un relámpago el día señalado, sino que hará observaciones al efecto. Por el contrario, la *nuntiatio* de los augures se basa siempre en los *auspicia oblativa*, y en consecuencia se diferencia de la anterior.

[24] Esto se muestra más claramente en la continuación de la historia de Milón (Cicerón, *Ad Att.* 4, 3, 3). Sus adversarios declaran que no quieren tomar en cuenta su anuncio: *Nisi Milo in campum obnuntiasset, comitia futura*. El tribuno se somete a su reclamo. Y luego asistimos a la carrera continuada durante varios días por el tribuno que quiere *obnuntiare*, persiguiendo a los que quieren celebrar los *comitia*: se trata de hacerles su *obnuntiatio* antes de que termine el procedimiento comicial: *Si quis (de caelo) servavit, non comitiis habitis, sed priusquam habeantur, débet nuntiare* (Cicerón, *Phil.* 2, 33, 81).

[25] Aulo Gelio, 13, 15, 1: *In edicto consulum, quo edicunt, quis dies comitiis centuriatis futurus sit, scriptum ex vetere forma perpetua: «Ne quis magistratus minor de caelo servasse velit»*.

[26] Cicerón, *Ad Att.* 1, 16, 13: *Lurco tr. pl... solutus est et Aelia et Fufia, ut legem de ambitu ferret*. Del mismo, *Pro Sest.* 61, 129: *Decretum in curia... ne quis de caelo servaret, ne quis moram ullam afferret* (se refiere al proyecto de ley presentado por Cicerón sobre la *restitutio in integrum*).

6. Signos (divinos) proporcionados por los pollos

El apetito de los pollos (*auspicia ex tripudiis*). Junto a la observación de pájaros volando por los aires, la costumbre romana conoció otro tipo de auspicio proporcionado por las aves. Se arrojaba comida a las aves, especialmente a los pollos[27], y si uno de ellos dejaba caer algo de su pico mientras comía (*tripudium solistimum*), esto se consideraba como una aprobación dada por los dioses a la realización del acto planeado[28]. Este procedimiento se recomendaba, ya fuera por la claridad y sencillez de la señal, que hacía muy fácil prescindir de la ayuda de los hombres peritos, sino sobre todo por su rapidez y su certeza. Los pollos eran llevados por los magistrados en jaulas especiales[29], pero el éxito dependía en última instancia en el hombre que custodiaba los pollos (*pullarius*)[30].

---

[27] No era necesario. Cicerón, *De div.* 2, 35, 73: *Decretum collegii* (de los augures) *vetus habemus omnem avem tripudium facere posse.* Virgilio, *Aen.* 6, 200, alude a las palomas comiendo mientras vuelan en un favorable *augurium impetrativum.*

[28] Cicerón, *De div.* 1, 15, 27. 28: *Nostri magistratus auspiciis utuntur coactis: necesse est enim offa obiecta cadere frustum ex pulli ore, cum pascitur. Quod autem scriptum habetis avi* (los manuscritos: *aut*) *tripudium fieri, si ex ea* (quizás, *si escae*), *quid in solum* (el manuscrito: *solidum*) *ceciderit, hoc quoque quod dixi coactum tripudium solistimum dicitis.* Según Festo, *Ep.* p. 244, voz *Puls,* basta con que los pollos coman. Pero esta es una interpretación reciente. Cicerón, *De div.* 2, 34, 72, dice expresamente que los pollos deben dejar de comer el alimento, que existe *tripudium* y que no les basta con comer: *Pascantur necne* (*quid refert* parece una glosa) *nihil ad auspicia: sed quia, cum pascuntur, necesse est aliquid ex ore cadere et terram pavire, terripavium primo, post terripudium dictum est: hoc quidem iam tripudium dicitur. Cum igitur offa cecidit ex ore pulli, tum auspicanti tripudium solistimum nuntiatur.* Festo, voz *Tripudium,* p. 363, y voz *Puls,* p. 245, da la misma etimología. El mismo autor, p. 298: *Solistimum Ap. Pulcher in auguratis disciplinae l. I ait esse tripudium, quod avi* (el manuscrito: *aut*) *excidit ex [ore].*

[29] La representación de una jaula de este tipo, que contenía dos pollos comiendo dentro de ella. se ve en una lápida de un *pullarius.* La imagen demuestra que la jaula podía transportarse a mano.

[30] Le daba de comer a los pollos. Cicerón, *De div.* 2, 35, 73: *Hoc auspicium divini quicquam habere potest, quod tam sit coactum et expressum?... tum... esset auspicium, si modo esset ei (avi) liberum se ostendisse... nunc vero inclusa in cavea et fame enecta si in offam pultis invadit et si aliquid ex eius ore cecidit, hoc tu auspicium... putas?* Se les da nuevamente alimento para estar seguros del resultado. Festo, p. 245: *Puls potissimum datur pullis in auspiciis quia ex ea necesse erat aliquid decidere quod tripudium faceret, id est terripuvium.*

En el campamento[31], este procedimiento era el que el general empleaba comúnmente[32]. Por otro lado, para los auspicios públicos de la ciudad de Roma[33], en particular para los relacionados con los Comicios del pueblo romano, prolifera el uso de pollos para buscar la voluntad de los dioses, sistema no admitido en las épocas más antiguas, y es al menos dudoso que lo fuera en tiempos posteriores[34].

7. *Dirae*

Las advertencias (*signa ex diris*) son, en general, todos los fenómenos extraordinarios que, según las disposiciones de la teología romana, se consideran significativos, en particular como indicio de mal augurio.

[31] Los auspicios relacionados con el *exercitus centuriatus* son, según todas las apariencias y todas las analogías, extraños a éste y son parte de los *auspicia urbana*, aunque, que yo sepa, faltan evidencias claras en este sentido.

[32] Festo, voz *Tripudium* (según mi interpretación): *In [c]astris usur[patur]*. Silio, 5, 59, denomina a los pollos *priscum populis de more Latinis auspicium, cum bella parant*. Los escolios de Verona, *Ad Aen.*, 10, 241, citan, de la obra de un tal Sabidio, de quien nada más se sabe, la forma de los auspicios militares. La restitución que aquí se intenta, en parte según H. Keil, ciertamente presenta múltiples dudas: *Ut in exercitu [signum ad pugnam datum erat, is penes que]m imp[erium auspici]umque erat, in tabernaculo in sella [sed]ens auspicabatur coram exercitu. Pullis e cavea lib[e]ratis [immissisque in lo]cum circum sellam suam... nuntiato a... [p]ullum? ... [tripudium sinisterum solisti]mum quisqu[is vestrum viderit,] tripudia[tum nunt]iato* (esta invitación —si es que existe una, pues Keil lee titubeante *iato* o *-ntia*, y Herrmann, citado por Bücheler en el *Jahrbücher* de Jahn, 93, p. 71, *ilati*— parece estar relacionado con los *pullarii*; cf. Tito Livio, 10, 40). *Silentio deinde facto residebat et dicebat: equites et pedites nomenque Lati[num]... les cincti armati paludati... [qui ad]estis, s[i]cuti [tripu] d[i]um sinisterum solistimum quisquis vestrum vider[it, nuntiato. Felici] deinde ill[i augurio] nuntiato diceba[t]*. Viene en seguida la llamada a las armas, acabando por *viros voca, proelium ineant. Deinde exercitu in aciem educto iterum [morabantur ut immolare]tur* (?), cf. Tito Livio, 9, 14, 4. 38, 26, 1); *interim ea mora utebantur, qui testamenta in procinctu facere volebant*. Es la misma fórmula en la que piensan Cicerón, *De div.* 2, 34, 72, y Aulo Gelio, 15, 27, 3. Los ejemplos de tales auspicios *ex tripudiis* en los campamentos son frecuentes: Tito Livio, 9, 14, 4. 10, 40. 22, 42. Cicerón. *De div.* 1, 35, 77; añaden el incidente ocurrido en 505 (249 a.C.) con el cónsul P. Claudius (Valerio Máximo, 1, 4, 3; Servio, *Ad Aen.* 6, 198; Cicerón, *De nat. deor.* 2, 3, 7, y otros). El *pullarius* no falta en ningún campamento (Tito Livio, 8, 30, 2. 41, 18, 14, etc.) e incluso tenemos de la época imperial una inscripción de un liberto del *praefectus castrorum* de la legión XX que sirvió como *pullarius* para su patrón [La citada antes inscripción de Labico, CIL XIV, 2523].

[33] Servio, *Ad Aen.* 3, 375, parece considerar a los *tripudia* como *auspicia minora*.

[34] Es difícil llegar a una noción precisa de la situación reciente de la *auspicia pullaria*. El *pullarius* sirve al magistrado como auxiliar general para los auspicios y es empleado por él en los auspicios donde no consulta a los pollos, sino los signos celestes, o a lo

Por la propia naturaleza de los actos, que no dependen de la acción humana, solo pueden considerarse como *auguria oblativa*. Desempeñan, en la teoría y en la práctica, un papel de extraordinaria importancia: bastará aquí señalar algunos de los principales puntos de vista. Las advertencias pueden ocurrir en correlación directa con los auspicios o de forma independiente. El silencio absoluto (*silentium*) es la primera y más importante de las condiciones del *auspicium*[35]: principalmente, entre las *dirae*, todas las caídas de objetos que se

---

sumo la observación de los pájaros. Por tanto, si un pretor urbano, ante una sesión del Senado, interroga los auspicios con la ayuda de los *pullarii* (Cicerón, *Ad fam.* 19, 12, 3), nada debe concluirse de este procedimiento, dada la naturaleza de estos auspicios. Los auspicios basados en la comida de los pollos se citan para la catástrofe de Ti. Gracchus (Val. Max. 1, 4, 2; Plutarco, *Ti. Gracch.* 17); pero, cuando murió, Ti. Gracchus no solo era tribuno del pueblo, también era *IIIvir agris dandis adsignandis*. El derecho de consultar a los pollos pudo haberle pertenecido en este último como triunviro, ya que no hay rastro en otra parte de la *auspicia impetrativa* de los tribunos del pueblo, y se sabe que los triunviros de la *lex Sempronia agraria* tenían *pullarii* a su servicio (Cicerón, *De lege agr.* 2, 12, 31); en estos casos no se trata de auspicios urbanos. Los pollos le dieron en Lavinium un presagio desfavorable para el cónsul de 617 (137 a.C.), Mancinus (Val. Max. 1, 6, 7; Tito Livio, 55; Obsecuente, 24), y esto ciertamente se relaciona con uno de los actos permanentes que acompañaron la entrada en el cargo de magistrados superiores. Pero el acto no tiene lugar en Roma, y esta puede ser la razón del uso de los auspicios realizados en el campo. Lo mismo ocurre con los auspicios tomados por el emperador Galba el 1 de enero del año en que murió (Suetonio, *Galb.* 18: *Auspicanti pullos avalasse*); el príncipe tiene el *imperium militar* incluso en la ciudad, de modo que nada impide sumar a estos auspicios imperiales a los *pullarii decuriales* de la capital (ver más abajo la parte de los *Apparitores*), utilizados para los actos realizados *domi*; y, si no, tampoco puede afirmarse que fueran absolutamente excluidos, si atendemos a la idea de Servio, *Ad Aen.* 6, 198; *Romani moris erat et in comitiis agendis et in bellis gerendis pullaria captare auguria*, que es, en todo caso, demasiado general. Es aún menos decisivo que Prudencio, *Peristeph.* 10, 146, cuando este dice: *Cum consulatum initis..., farre pullos pascitis*; y Salviano, pregunta, *De gub.* 6, 2, 12: *Numquid non consulibus et pulli adhuc gentilium sacrilegorum more pascuntur et volantis pennae auguria quaeruntur et poene omnia fiunt quse etiam illi quondam pagani veteres frivola atque irridenda duxerunt?*

[35] Ateyo Capitón, en Festo, p. 351, v. *Sinistrum*, distingue entre *auspicium silentio* y *auspicium sinistrum*: el primero significa de manera puramente negativa, que la divinidad no prohíbe el acto (*vacat vitio: igitur silentio surgere cum dicitur, significat non interpellari, quominus rem gerat*); la segunda, de manera positiva, lo aconseja (*hortari auspicia ad agendum, quod animo quis proposuerit*). La voz *Silentio surgere*, p. 348 –voz que ha llegado incompleta–, muestra que el *silentium* iba a durar desde el momento en que auspicante se levantaba de la cama y se sentaba en la silla de observación hasta que, terminado el acto, volvía a la cama: *Hoc enim est [si]lentium omnis vitii in auspiciis vacuitas*. Igual definición da Cicerón, *De div.* 2, 34, 71. Otro teólogo añade que el auspicante puede, en lugar de venir de un lecho real, venir de cualquier lecho (*cubile*) y que no está obligado a volver después al lecho. *Silentium* también se prescribe para los auspicios proporcionados por los pollos. Cicerón, *De div.* 2, 34, 72:

producen en el *templum*[36] y en general todos los ruidos inapropiados que perturban al observador[37]. También hay un aviso divino si el que toma los auspicios tropieza, o si se equivoca al pronunciar la fórmula sacramental, o si ocurre cualquier otro defecto similar en la ceremonia de tomar los auspicios. Para las *dirae* que ocurren ocasionalmente, el caso más conocido es aquel en que un individuo sufre un ataque de epilepsia –*morbus comitialis*– durante la realización de un acto; cuando el ataque se produce en una asamblea del pueblo, tiene como consecuencia necesaria la disolución de la asamblea[38].

También se considera de mal agüero que alguien se encuentre con cuervos volando a su encuentro[39]. Uno llenaría páginas con casos del mismo tipo de desidaimonia pública y privada de los romanos. Sin embargo, estos signos independientes solo conciernen a la disciplina augural en la medida en que están en relación clara y precisa con un acto en curso de realización, como es el caso de los ejemplos que se acaban de citar, y que, en consecuencia, aparecen como la expresión de la hostilidad de la divinidad hacia este acto. Para descubrir el significado exacto de los signos en sí mismos indeterminados, no se recurre a los augures, sino a los pontífices desde la época más antigua, y más tarde con frecuencia a los libros sibilinos o a la ciencia aruspicinal etrusca. Recordemos, además, que, en la concepción romana, la advertencia obligaba al autor del acto solo en cuanto había sido percibida materialmente por él, y que, en consecuencia, no solo era

Illi qui in auspicium adhibetur cum ita imperavit is qui auspicatur "dicito, si silentium esse videbitur", nec suspicit nec circummspicit, statim respondet silentium ese videri.

36 La voz *Silentium*, que acabamos de citar, especifica *ne quid eo tempore deiciat*. Habría, pues, *caduca auspicia*: *caduca auspicia dicunt*, dice Festo, *Ep*. p. 64, *cum aliquid in templo excidit, veluti virga e manu*.

37 Catón (en Festo, v. *Prohibere*, p. 234): *Domi cum auspicamus... sirvi ancillae si quis eorum sub centone crepuit, quod ego non sensi, nullum mihi vitium facit*. Plinio, *H.N.* 8, 57, 223: *Soricum occentu dirimi auspicia annales refertos habemus*. Val. Máx. 1, 1, 5; Plutarco, *Marc*. 5. De ahí *dirae obstrepentes*, Plinio, *H. N*. 28, 2, 11.

38 Festo, p. 234: *Prohibere comitia dicitur vitiare diem morbo, qui vulgo quidem maior, ceterum ob id ipsum comitialis appellatur*. Sereno Sammónico, *De med*. v. 1015 y ss.: *Est subiti species morbi, cui nomen ab illo est, quod fieri nobis suffragia iusta recusat. Saepe etenim membris atro languore caducis concilium populi labes horrenda diremit*. Dion, 46, 33.

39 Valerio Máximo, 1, 4, 2. 4. 5, etc.

inofensiva si una circunstancia fortuita impedía verla u oírla, sino que incluso uno podría protegerse con precauciones bien pensadas[40].

8. Relación de los auspicios con otros avisos divinos

Estas son las cinco variedades: signos proporcionados por pájaros, por otros animales, por el cielo, por pollos y advertencias en general, que constituyen el conjunto de los fenómenos reunidos *a potiori* por la teología romana bajo el nombre de *auspicia*[41].

En realidad, todo lo que nuestra tradición nos proporciona relativo a esta materia puede encuadrarse en las cinco categorías en cuestión[42]. Ciertamente hay otras formas de buscar la voluntad de los dioses: además de interrogar sobre el destino, que no puede ser considerado como una institución pública permanente, y de los oráculos de Apolo, tomados de los griegos, cuya consulta e interpretación estaban encomendadas a los *sacris faciundis*, colegio especialmente designado para este fin, más tarde se buscaba regularmente conocer la voluntad de los dioses relativa a un acto proyectado en el examen de las entrañas de los animales ofrecidos en sacrificio[43]. Pero ese no era el

[40] Esta era ya la interpretación del adversario de Aníbal, M. Marcellus, *optimus augur*: cuando quería dar batalla, se hacía llevar en una litera cerrada, *ne auspiciis impediretur* (Cicerón, *De div.* 2, 35, 77). Durante el sacrificio se toca la flauta, *ne quid aliud exaudiatur* (Plinio, *H. N.* 28, 2, 11).

[41] Cicerón, *De div.* 2, 32, 71 y muchos otros textos muestran que la palabra *auspicia* es usada referentemente por el lenguaje técnico en el sentido general indicado por el texto de Festo, p. 260 y 261: *Quinque genera signorum observant augures publici: ex caelo, ex avibus, ex tripudiis, ex quadinpedibus, ex diris.*

[42] No quiero decir con esto que los antiguos augures no admitieran otras especies. Así, los *auspicia ex acuminibus* (Cicerón, *De div.* 2, 36, 77; *De nat. deor.* 2, 3, 9; Arnobio, 2, 67) parece que no estuvieron en el origen de la *auspicia oblativa*, como indican Dionisio, 5, 46, y Tito Livio, 22, 1, 8. 43, 13, 6; sin embargo, los *auspicia impetrativa*, que fueron tomados antes del inicio del combate al observar las puntas de las lanzas del ejército dispuesto en batalla. Ya M. Marcellus designa estos auspicios como obsoletos, lo que puede deberse al poco uso que se daba a las lanzas en la evolución del armamento. Sabemos que muchos auspicios y augurios desaparecieron pronto (Catón, en Cicerón, *De div.* 1, 15, 28).

[43] Cicerón, *De div.* 1, 26, 28: *Nihil fere quondam maioris rei nisi auspicato ne privatim quidem gerebatur, quod etiam nunc nuptiarum auspices declarant, qui re omissa nomen tantum tenent. Nam ut nunc extis (quamquam id ipsum aliquanto minus quam olim), sic tum avibus magnae res inpetriri solebant.* De donde lo toma Val. Máx. 2, 1, 1.

propósito original de los sacrificios. Si ocurrían incidentes especiales durante el sacrificio, como si por ejemplo el animal se escapara, o sin duda también si se encontrara en sus entrañas alguna singularidad sorprendente, estos eventos inevitablemente regresaban, como *dirae*, al círculo de la disciplina augural[44], y es verdad que, durante toda la Antigüedad, obligaban al que recibía los auspicios –incluidos los auspicios *ex avibus* desfavorables–, a renunciar por el momento al acto por el cual se sacrificaba; solo la observación permanente y la interpretación razonada del estado de las entrañas de los animales sacrificados no entran bajo los auspicios, ni en definitiva en el ritual más antiguo de Roma. Son los arúspices etruscos a los que, como sabemos, se acudía especialmente para este asunto; solo en época imperial estos especialistas en adivinación se constituyeron como sacerdocio del Estado.

9. Auspicios públicos y privados

Tal como los hemos descrito hasta aquí, los auspicios sirven tanto para expresar la voluntad de los dioses de Roma con relación a los diversos ciudadanos como para las demandas que conciernen al Estado. Son, en el primer caso, *auspicia privata*[45], en el segundo,

[44] En este sentido es perfectamente correcto decir que la noción expresada por la palabra *litare*, la de la realización regular del sacrificio, pertenece ya al ritual romano y no supone necesariamente la existencia del arúspice. Por la misma razón, no debe sorprendernos la extensión de "auspicia" a tales hipótesis. (Festo, *Ep.* p. 244: *Piacularia auspicia appellabant, quae sacrificantibus tristia portendebant, cum aut hostia ab ara effugisset aut percussa mugitum dedisset aut in aliam partem corporis quam oporteret cecidisset. Pestifera auspicia esse dicebant, cum cor in extis aut caput in iocinore non fuisset*).

[45] El uso general de *auspicia privata* en la antigüedad está atestiguado por Cicerón (*De div.* 1, 16, 28), y todavía se encuentran a veces después (así, Catón, en Festo, v. *Prohibere*, p. 234); pero realmente tenemos poca información precisa sobre ellos. Entendemos que eran de la misma naturaleza que los auspicios públicos, y es también en este sentido que se compone la historia de Attus Navius en Cicerón, *De div.* 1, 17. También está en la naturaleza de las cosas que, en origen, pertenecían exclusivamente a los patricios, igual que los derechos de *gentilitas*. Con ese tándem de correlación entre *gens* y *auspicia* (*privata*) debemos relacionar las expresiones usadas en Tito Livio, 4, 2, 5. c. 6, 2. 10, 8, 9; además, los *auspicia publica* todavía se atribuyen hasta con cierto grado de "privacidad" a los patricios. La primitiva falta de *auspicia privata* de los plebeyos se manifiesta con particular nitidez en la falta de *conubium*; el

auspicia publica populi Romani[46]. Solo los últimos entran dentro del alcance del presente estudio.

10. *Auspicia (inspectio)* de los magistrados

Cuando se solicita la señal divina en nombre del pueblo, tratándose de un *augurium impetrativum*, surge la pregunta de quién tiene el derecho y el deber de interrogar a la divinidad y recibir su respuesta; a lo que se añade el nuevo derecho de decidir autónomamente, en caso de duda, si se ha obtenido o no la señal solicitada. La respuesta a esta pregunta es evidente. Las relaciones "celestiales" del Estado romano tienen, como sus relaciones terrenas con otros Estados y con los particulares, a los magistrados como intermediarios. En este sentido, es a los magistrados[47], y solamente a ellos, y a todos ellos, aunque en diferente grado, a los que pertenecen los *auspicia publica* en general, o, en cada acto concreto, la *spectio*. Todo magistrado, aun el más inferior, tiene actos que realizar en nombre del Estado, y tiene el derecho y el deber de solicitar para ellos signos aparentes de la benevolencia divina, tanto de manera general, en su toma de posesión, así como de una manera especial antes de cada acto aislado. Estos son los *auspicia publica*. Las palabras *auspicium* e *imperium*,

matrimonio mixto es imposible porque la parte plebeya no tiene los auspicios (Tito Livio, 4, 6, 2).

[46] *Auspicia populi Romani*, Cicerón, *De domo*, 14, 38; *De nat. deor.* 2, 4, 11. *Auspicia publica privataque*, Tito Livio, 4, 2. Sin embargo, estos últimos rara vez se mencionan, sobre todo porque en la época en que escribieron Cicerón y Tito Livio, *los auspicia privata* eran ya una antigualla (Cicerón, *De div.* 2, 30, 76).

[47] Varrón en Nonio, p. 92: *Eo die cis Tiberim redeundum est quod de caelo auspicari ius nemini est* (*sit* en los manuscritos) *praeter magistratum* (*magistrum* en los manuscritos). Pero las palabras de Cicerón, *De leg.* 3, 4, 10, *Omnes magistratus auspicium habento*, probablemente no se relacionen con este tema y sí con el derecho de *obnuntiatio*. Cicerón, *Phil.* 2, 32, 81, dice con respecto a la *spectio*: *Nos* (*augures*) *nuntiationem solum habemus, consules et reliqui magistratus etiam spectionem*. Cf. Varrón, 6, 82. La relación de las dos expresiones consiste en que el término *auspicium* designa el derecho abstracto del magistrado de consultar a los dioses, y *spectio* el mismo derecho en su aplicación concreta; en consecuencia, el término *auspicium* se expresa preferentemente en plural, mientras que prevalece el singular par el segundo (*spectio*, y no *spectiones*). Por supuesto, los dos se confunden con frecuencia en la práctica; pero cuando, en el interregno, el derecho general de reconocer los signos pasa al Senado, no puede llamarse *spectio* sino solamente al *auspicium* o mejor a los *auspicia*.

que designan el derecho de la magistratura a observar los signos y el poder que de ellos resulta, no son, pues, en realidad, más que dos expresiones de una misma idea considerada desde diferentes puntos de vista: el de la relación con el cielo y el de las relaciones terrenales, y con frecuencia se usan indistintamente, incluso en lenguaje técnico[48]. Podríamos plantear la cuestión de saber a quién pertenecen los auspicios y darla como resuelta por esta referencia general al poder público que les es propio. Sin embargo, no estará fuera de lugar, particularmente para asegurar una base más firme para el estudio de los diferentes tipos de auspicios y la teoría de sus conflictos, seguir este principio general en sus diversas aplicaciones.

11. *Auspicia patrum*

Existe la idea de que el poder público pertenece en última instancia a todos los senadores patricios y al *interrex*, y de que consecuentemente sus poderes quedan anulados mientras haya magistrados superiores, si bien vuelven a la actividad si no los hay, tanto en relación con los auspicios como en los asuntos cotidianos. «Todos los auspicios se remontan a esta gran señal por la cual los dioses dieron a Rómulo el poder de fundar la ciudad y crear el pueblo de Roma atribuyéndole el poder de la realeza sobre ella»[49]. Esta protección divina pasa como un encargo, de mano en mano, de reyes a cónsules y a otros magistrados superiores. Pero si por culpa o desgracia de uno de los individuos actualmente en el cargo, las relaciones entre el Estado y los dioses se perturban de tal manera que no parece posible la expiación y la renovación de sus auspicios, su retirada o su muerte (sin que hayan sido designados los herederos de sus derechos y obligaciones, es decir, el interregno), ello tiene como consecuencia el tener que retroceder los auspicios a su fuente no perturbada y necesariamente

[48] Compárese, entre los innumerables ejemplos, en particular Mesala en Aulo Gelio, 13, 15, donde los *auspicia maxima* y *minora* se identifican expresamente con los *magistratus maiores* y *minores*. Se dice: *A populo auspicia acepta habere* (Cicerón, *De div.* 2, 36, 76) y *auspicia ponere* (Cicerón, *De nat. deor.* 2, 3, 19), etc.
[49] Rubino, p. 82.

pura: primero, a los depositarios de la autoridad que están siempre presentes aunque sus poderes estén suspendidos, luego a los miembros del senado patricio[50], y finalmente a la persona a quien la elección o el destino atribuye la dirección del gobierno, en el interregno[51]. En consecuencia, en el interregno se produce una renovación (*renovatio*) de los auspicios[52].

Dado que no solo los patricios poseían los *auspicia publica* en la época más antigua, sino que los plebeyos nunca participaron en esta última fuente de poder público en los asuntos (*res*) divinos y humanos, los *auspicia publica* pueden considerarse después como un derecho reservado exclusivamente a los patricios, y la resistencia de la nobleza contra la admisión de los plebeyos a las magistraturas del Estado encontró su apoyo en la lógica, indiscutible en sí misma, del derecho religioso. Sin embargo, la misma lógica exigía que, mientras que los plebeyos fueran admitidos en las magistraturas y se establecieran las condiciones de admisión, no se hiciera distinción entre los auspicios de los magistrados pertenecientes a una u otra de las clases; y, de hecho, nunca se hizo.

12. *Auspicia maxima*

Todos los que están investidos de la plenitud del poder público, que tienen el *imperium*, poseen los *auspicia maxima*[53]: el rey, el *interrex*,

[50] Así lo expresa Cicerón, *De leg.* 3, 4, 9, con las palabras *auspicia patrum esse*, y el autor de las cartas ciceronianas o pseudociceronianas a Bruto, 1, 5, 4, por *auspicia ad patres redire*, Tito Livio, 1, 32, 1, dice en un sentido análogo: *Res ad patres redierat*, y, en un discurso, 6, 41, 6, asegura que los patricios, en tanto que nombran al *interrex*, *privatim auspicia habent*.

[51] Cicerón, *De domo*, 14, 38: *Auspicia populi Romani... intereant necesseest, cum interrex nullus sit*.

[52] Dondequiera que el interregno se establece, se repite la misma idea, como ocurrió después del incendio de Roma por los galos, Tito Livio, 6, 1.5 (y de nuevo 9, 7, 14), y con particular claridad en el caso citado, 8, 17, 4, donde un dictador renunció en razón de *vitio creatus* y donde después estalla una plaga, *velut omnibus eo vitio contactis auspiciis res ad interregnum redit*. No hay que confundir con esto la simple *repetitio auspiciorum* del mismo magistrado.

[53] Por lo demás, los signos celestes se diferencian –además de *maiora* y *minora*– en otros aspectos que son *a priori* contradictorios; así, por ejemplo, oponer el águila al pájaro carpintero (Servio, *Ad Aen.* 3, 374, y *Ad Ecl.* 9, 13), o comparar los auspicios de

los cónsules, los pretores[54], los dictadores y todos los magistrados que tienen potestad consular o pretoriana, sin que sea necesario distinguir si actúan como magistrados o *pro magistratu*[55], si han tomado el cargo anual de magistrado constitucionalmente o si han sido instituidos *consulari imperio* como tribunos militares o con otro rango[56]. El jefe de caballería tiene también, en la medida en que generalmente le pertenecen los auspicios, los auspicios pretorianos. El puesto de jefe de caballería (*magister equitum*) oscila entre el de oficial y el de magistrado; este punto se desarrollará en el apartado que le concierne; también se mostrará allí que, en cuanto se le tiene por magistrado, está en el mismo plano que el pretor.

13. Auspicios de los censores

Puesto que el dominio de los auspicios coincide con el ámbito de aplicación del poder público, tal autoridad se extiende a algunos magistrados de orden inferior. Los auspicios de los censores se cuentan entre los *auspicia maxima*, pero más bien en cuanto a la forma. Aun

Numa a los de Rómulo (Cicerón, *De re publ.* 2, 14, 26). En este sentido el relámpago se considera *auspicium maximum*.

[54] Mesala, en Aulo Gelio, 13, 15: *Patriciorum (magistratuum) auspicia in duas divisa sunt potestates. Maxima sunt consulum praetorum censorum reliquorum magistratuum minora sunt auspicia: ideo illi minores, hi maiores magistratus appellantur*. Compárese con Festo, v. *Minora auspicia*, p. 157, que parece sacado de Mesala.

[55] El que tiene mando como procónsul o propretor y no se trata de un poder delegado por otro magistrado, tiene necesariamente sus propios auspicios, aunque solo bajo ciertas condiciones puede llegar a ser *imperator* y obtener el triunfo; este es un punto que no necesita ser demostrado. Pero Cicerón niega los auspicios a los procónsules y propretores de su tiempo (Cicerón, *De div.* 2, 36, 76; *De nat. deor.* 2, 3 9).

[56] La idea de que los auspicios de los tribunos consulares eran más débiles que los de los cónsules no encuentra apoyo en las fuentes, y la lógica jurídica está absolutamente en contra. Los auspicios pretorianos, siendo, en relación con el consular, calificados como *eadem aut eiusdem potestatis* (cf. la nota siguiente) no se ve cómo los auspicios de los tribunos consulares podrían haber sido más débiles, especialmente dado que los augures permiten que el tribuno consular nombre dictador (Tito Livio, 4, 31, 4) y que este nombramiento no puede emanar del pretor.

cuando la censura se clasifica entre las magistraturas superiores, la calidad de sus auspicios es inferior a la de los cónsules y pretores[57].

14. *Auspicia minora* y auspicios del Pontífice máximo

Los magistrados menores como los ediles y los cuestores tienen, por simetría, auspicios menores (*auspicia minora*)[58].

Entre los sacerdotes, también debemos mencionar a aquellos que carecen teóricamente de *auspicium* y de *imperium* pero que, como el *pontifex maximus*, al tener que realizar ciertos actos como magistrado, probablemente también pueda tomar para ellos los auspicios[59]. Habría que admitir que estos diversos auspicios también hubieran diferido en cuanto al objeto y el ritual de la observación; pero esta diferencia no es en modo alguno exigida por la lógica jurídica; y el hecho de que el signo de mayor importancia, el relámpago, pueda ser objeto de menores auspicios[60] no lleva a suponerlo así. La única diferencia esencial entre los auspicios superiores e inferiores consiste, al parecer,

[57] Mesala, en Aulo Gelio, 13, 15: *Maxima (auspicia) sunt consulum praetorum censorum, neque tamen eorum omnium inter se eadem aut eiusdem potestatis, ideo quod conlegae non sunt censores consulum aut praetorum... ideo neque consules aut praetores censoribus neque censores consulibus aut proetoribus turbant aut retinent auspicia.*

[58] Mesala continúa, después de hablar de cónsules, pretores y censores, diciendo: *Reliquorum magistratuum minora sunt auspicia: ideo illi minores, hi maiores magistratus appellantur.* Es por esto que a las magistraturas de nueva creación se les atribuyen expresamente los auspicios así como la competencia. Cicerón, *De leg. agr.* 2, 12, 31: *Iubet auspicia coloniarum deducendarum causa decemviros habere. "Pullarios eodem iure", inquit, "quo habuerunt tresviri lege Sempronia".* Además, estos auspicios inferiores rara vez se encuentran. También se puede señalar aquí, aunque tampoco se relaciona estrictamente con los auspicios, que según la ley municipal de la colonia Genetiva, c. 62, el arúspice y el *tibicen* (un músico) se cuentan entre los asistentes de los ediles. No hay que confundir con los *minora auspicia* de los *magistratus minores* los auspicios que el magistrado superior toma para los *comitia* electorales de los inferiores que se celebran bajo su presidencia.

[59] Al *pontifex maximus* que celebra regularmente los *comitia calata* (Aulo Gelio, 15, 27), no se le puede negar la posesión de sus propios auspicios. La indicación alterada del *Epit ome* de Festo, p. 248, *posimerium pontificale pomerium, ubi pontifices auspicabantur*, se relaciona, es cierto, incómodamente con nuestra materia; y el pasaje mutilado de Festo, v. *Saturno*, p. 343, no prueba inequívocamente que el pontífice pueda, como el magistrado, invitar a los augures a observar los auspicios.

[60] Aulo Gelio, 13, 15, 1, indica, como antigua costumbre, que los cónsules prohibían por edicto, para el día en que querían celebrar los *comitia* centuriados, *ne quis magistratus minor* (es decir, *minor consule*) *de caelo servasse velit.*

en que sirven de introducción y condición, uno a los actos de los magistrados superiores, y los otros a los de los magistrados inferiores.

15. *Auspicia aliena*

Los auspicios enumerados hasta ahora son todos los auspicios propios del magistrado que los toma; es decir, son los auspicios del Estado tomados por quien, en cada caso particular, está llamado a representarlo. Pero existe, junto al *imperium* propio, el *imperium* delegado. Están también, junto a los auspicios propios de los magistrados reales del Estado, los auspicios derivados, ejercidos por otros, por los representantes instituidos por estos magistrados. Tienen lugar en el interior de la ciudad, en las raras hipótesis donde una delegación es constitucionalmente posible, o incluso necesaria, en particular para la dirección de un procedimiento capital, ante los Comicios centuriados, por un magistrado que no tiene la capacidad de convocar estas reuniones, por ejemplo por un cuestor[61]. Se encuentran especialmente cuando el régimen militar permite que el general en jefe esté representado, durante su ausencia, por una autoridad superior. Como sabemos, los auspicios no corresponden, en este caso, a la persona que efectivamente ejerce el mando en jefe, sino al general en jefe ausente, *cuius auspiciis res geritur*[62]. No tenemos información sobre la forma correcta en que se realizó este procedimiento. Pero sin duda se consideró que la delegación del *imperium* implicaba, de derecho, la de los auspicios. En consecuencia, el representante debía tomar los auspicios, antes de la batalla y en otros casos como

[61] El *commentarium vetus anquisitionis* (Varrón, *L.L.* 6, 91) comienza así: *Auspicio operam des et in templo auspices* (el manuscrito dice: *auspiciis*). *Dum aut ad praetorem aut ad consulem mittas auspicium petitum, comitiatum praeco populum* (el manuscrito: *commeatum praetores*) *vocet ad te.* De esto se sigue al menos claramente que el cuestor –pues es a él a quien se dirige– puede tomar los auspicios; pero que estos auspicios no valen para los Comicios centuriados en la medida en que se les había concedido de antemano por un magistrado competente. Parece que su concesión implica el derecho a celebrar los *comitia*, es decir, la delegación del *imperium* necesario para este fin, y que el propio cuestor ocupa la presidencia de estos *comitia.*

[62] Cf. *ob res a[ut a me aut per legatos] meos auspiciis meis... gestas* (*Res Gestae Divi Augusti*, 24); *partim ductu partim auspiciis suis* (Suetonio, *Aug.* 21); *ductu Germanici, auspiciis Tiberii* (Tácito, *Ann.* 1, 41).

los hubiera tomado el general si hubiera estado presente; pero, en derecho, la *spectio* no se consideraba propia, excepto cuando la realiza el general ausente.

16. Auspicios conflictivos

Las relaciones de los diferentes titulares de los auspicios entre sí se determinan de la misma manera. Partimos, originariamente, de la unidad del *auspicium*, como partimos de la del *imperium* en el mismo sentido. Mientras hubiera un solo magistrado del Estado al mismo tiempo, él era la única persona responsable de las relaciones con los dioses, y no podía haber conflicto; porque aquellos a quienes el rey delegó los auspicios solo ejercieron los auspicios del que estaba por encima de ellos en rango, y no tenían derecho de incumplir la norma. Más tarde, hubo tantas personas investidas con los auspicios como con los poderes de los magistrados. Pero la organización de la colegialidad y las distintas competencias limitaron los casos de conflicto aunque, sin embargo, sin eliminarlos por completo. Los auspicios del cónsul y del censor, del edil y del cuestor, del pretor judicial y del pretor de Sicilia coexistían, como las funciones a las que se referían, sin ser perturbados en modo alguno[63]. Cuando dos magistrados se encontraban uno al lado del otro con las mismas atribuciones –*conlegae*– cuando, por ejemplo, un dictador y un cónsul, un cónsul y un pretor, o dos cónsules, o dos pretores ejercían el mando en el mismo campo de batalla o cuando dos censores procedían junto al censor, había que ver si la colegialidad era igual o desigual. En el último caso, es decir para el dictador y el cónsul, para el cónsul y el pretor, los dos magistrados tienen efectivamente

[63] Otra cosa es saber si no la observación en sí misma, sino el signo particular observado por uno –especialmente el relámpago- en tanto que es incompatible con la celebración de los Comicios, no puede perturbar al otro. Esto encaja en la teoría de la *obnuntiatio*; pero, sea como fuere, no hay por ello infracción de la regla general antes enunciada.

los auspicios, pero, si estos auspicios se contradicen, prevalecen las señales obtenidas por el magistrado de mayor rango[64].

17. Rotación de los auspicios

En la colegialidad militar existente entre colegas del mismo rango hay cierta rotación diaria del comando supremo, lo que significa que nunca hay más de uno a la vez para tener el máximo poder; el que tiene el ese momento el poder preeminente, lo conserva durante todo el día, así como el *auspicium* más fuerte[65]. Hay que pensar que en tiempos más antiguos aquel que no tomaba el mando supremo en primer lugar, se abstenía de consultar los auspicios; después, como ambos tuvieron los fasces, ambos tomaron los auspicios; pero, naturalmente, en caso de conflicto, los auspicios más fuertes correspondían al que en ese preciso momento ostentaba el mando prevalente[66].

En cuanto a las relaciones de los titulares del *imperium* que, según el derecho, estaban igualados en la administración civil, es posible que los auspicios se alternaran de mes en mes, como los fasces entre los cónsules; pero, si ambos recibieran auspicios y si los auspicios no concordaran, estos auspicios contradictorios deberían, de acuerdo con la forma general en que se regulaban los conflictos del mismo

---

[64] Mesala, en Aulo Gelio, *loc. cit.*, enseña que los auspicios de pretores y cónsules son *eadem aut eiusdem potestatis, ideo quod conlegae... praetores consulum sunt*, y concluye que *praetores consulesque inter se vitiant et obtinent* (*auspicia*). En la batalla de las islas Egadas, el mando lo ejercían el cónsul Catulus y el pretor Falto: este último fingiendo triunfar, se le preguntó: « si hubieseis obtenido auspicios diferentes, ¿a qué auspicios os hubieseis atenido?», (*si diversa auspicia accepissetis, cuius magis auspicio staretur?*), y, como tuvo que contestar afirmativamente, la disputa quedó resuelta contra él (Valerio Máximo 2, 8, 2). Se ve claramente aquí que Mesala no quiere decir que los pretores y los cónsules no puedan tomar los auspicios uno al lado del otro, sino solo que, si a ambos los interrogan sobre la misma pregunta y las respuestas son diferentes, el auspicio más fuerte prevalece sobre el otro: *vitiat et obtinet*, o, como dice un poco antes, *turbat et retinet*.

[65] Después de la batalla de Sena, en la que habían mandado los dos cónsules, se concedió el derecho de triunfar al mando superior reconocido, a M. Livius, *quoniam... eo die, quo pugnatum foret, eius forte auspicium fuisset* (Livio, 28, 9, 10).

[66] Cuando coincidieron en el campo de batalla de los cónsules Paullus y Varro, éste tenía el mando en jefe y ya había dado la orden de marcha, entonces Paullus, *cum ei sua sponte cunctanti pulli quoque auspicio non addixissent, nuntiari iam efferenti porta signa collegae iussit*, y Varro cedió, pero fue solo porque quiso (Livio, 22, 42, 8).

género, neutralizarse recíprocamente[67], y, en consecuencia, como en el caso de la intercesión de un colega, el acto planeado tenía que ser abandonado.

18. Diferentes tipos de *auspicatio*

Hemos visto a quién corresponde tomar, en nombre del pueblo, la expresión de la voluntad de Júpiter relativa a un acto proyectado. Ahora debemos buscar los casos en los que se exige esta práctica religiosa. La respuesta general es que, dado el sentido piadoso y práctico de los primeros organizadores del Estado, estos consideraron tal consulta como deseable y conveniente para todos los asuntos importantes, pero nunca como una formalidad indispensable. En consecuencia, los dioses son consultados regularmente antes de cualquier acto público de carácter civil o militar[68].

Cuando una demora sería peligrosa y cuando el interés del Estado romano no tolera ninguna pérdida de tiempo, naturalmente no hay necesidad de consultar a los dioses; porque ellos también son romanos. Por lo tanto, no es posible ni necesario enumerar todos los actos en los que intervienen los auspicios. Los encontramos mencionados antes de las sesiones del Senado[69], antes de los sorteos[70], antes de la

[67] Probablemente nunca hayamos sopesado tales signos entre sí en términos de su fuerza interior. Los presagios dados por los buitres a Rómulo y Remo pueden compararse más con los auspicios dados, antes de la batalla, por dos generales que se encuentran uno frente al otro, que con los auspicios de colegas como los cónsules.

[68] Cicerón, *De div.* 1, 2, 3 (cf, 1, 16, 28): *Nihil publice sine auspiciis nec domi nec militiae gerebatur.* Tito Livio, 6, 41, 4: *Auspiciis hanc urbem conditam esse, auspiciis bello ac pace, domi militiaeque omnia geri quis est qui ignoret?* Servius, *Ad Aen.* 1, 346. 4, 45. 340.

[69] Varrón, en Aulo Gelio, 14, 7, 9: *Immolare prius auspicarique debere qui senatum habiturus esset.* Cicerón, *Ad fam.* 10, 12, 3: *Oblata religio est Cornuto* (al pretor urbano que convocó al Senado) *pullariorum admonitu non satis diligenter eum auspiciis operam dedisse.* Servio, *Ad Aen.* 1, 446: *Erant templa, in quibus auspicato et publice res administraretur et senatus haberi posset.* Pero, cuando Apiano, *B.C.* 2, 116, aigna relativamente a César la regla: ἔθος δ ‹ἐέτὶ τρχουσιν ἐς τὴν βουλὴν ἐσιοῦσιν οἰωνίζεσθαι, la continuación muestra que es el sacrificio utilizado en casos parecidos, y cuando Plinio, *Paneg.* 87, se refiere al cónsul Trajano acudiendo al Senado, *una erat in limine mora consultare aves revererique numinum monitus*, solamente cabe pensar en una auspicación formal.

[70] Tito Livio, 41, 18, 8; cf. Rubino, p. 92. Los auspicios de entrada en funciones probablemente sirvan para el sorteo ordinario de los magistrados, siempre que los sigan inmediatamente.

convocatoria del ejército[71], antes de la fundación de colonias[72]; luego, en la guerra, antes del paso de todos los ríos[73], y antes del comienzo de las batallas[74]. Pero no podemos distinguir con precisión en qué medida la costumbre prescribía o solo admitía los auspicios en estos casos, ni se puede delimitar con certeza el círculo de actos para los que se usaban los auspicios. Sin embargo, hay tres casos: el nombramiento de un magistrado, la celebración de una asamblea popular y la partida del general para la guerra, donde los auspicios no solo son indispensables salvo los casos más extremos de fuerza mayor, sino que representan una importancia tan grande para la organización política de Roma que obliga a estudiarlos aquí. Lo mismo ocurre con los auspicios tomados a la entrada en funciones de los magistrados; pero de ellos ya se ha dicho lo necesario antes, y tendremos ocasión de volver sobre ello en la parte de la entrada en funciones.

---

[71] Tito Livio, 45, 12, 10: *(Consul) cum legionibus ad conveniendum [diem] dixit, non auspicato templum intravit: vitio diem dictam esse augures... decreverunt.*

[72] Varrón, 5, 143.

[73] Se trata de los *auspicia peremnia.* Festo, p. 245: *Peremne dicitur auspicari, qui amnem aut aquam, quae ex sacro* (quizás *ex agro*) *oritur, auspicato transit.* Del mismo, p. 250: *Petronia amnis est in Tiberim perfluens, quam magistratus auspicato transeunt, cum in Campo quid agere volunt: quod genus auspici peremne vocatur.* Del mismo, p. 157: *Manalis fons appellatur ab auguribus puteus peremnis, neque tamen spiciendus videtur, quia flumen id spiciatur, quod sua sponte in amnem influat.* Los auspicios requeridos cuando se cruzaba el *pomerium* para ir de la ciudad al campo de Marte probablemente no sean otros que los que motivaron el paso de la *amnis Petronia*; porque no se nos dice que la toma de los auspicios sea necesaria para el paso del *pomerium*, y el lenguaje de Festo, que los exige solo para el paso de este puente, más bien implica lo contrario. La necesidad de estos auspicios deriva del principio de la doctrina augural, según la cual los arroyos interrumpen todos los signa *ex avibus*, y es necesario un acto especial para que la señal divina no se interrumpa (*ut perseveret augurium*) si el pájaro pasa volando sobre un arroyo (Servio, *Ad Aen.* 9, 24). El carácter primordialmente militar de estos auspicios lo indica Cicerón, *De nat. deor.* 2, 3, 9 y *De div.* 2, 36, 76, donde cita entre los ejemplos de abandono de los auspicios en las guerras de su tiempo que *nulla peremnia servantur*, o, como dice el segundo pasaje, que los generales *amnes transeunt (non) auspicato.* El origen de la costumbre es comprensible ante la situación de Roma a orillas del Tíber, en la frontera del Lacio y Etruria: cualquier cruce del río constituía un primer acto de guerra.

[74] Tito Livio, 34, 14, 1.

19. Nombramiento de los magistrados

Ningún magistrado, electivo o no, no puede ser válidamente nombrado sin que el magistrado que lo nombra, en virtud de su propia elección o elección popular, haya interrogado previamente a los dioses sobre este asunto. Para los magistrados que son llamados a sus funciones sin la oposición del pueblo, para el *interrex*[75] y para el dictador[76], esta condición se evidencia claramente. Para los demás, nuestra auspicación se funde con la que se requiere para la apertura de la asamblea del pueblo. Se hace una excepción forzosa, cada vez que hay un *interregnum*, para el primer *interrex*, porque no hay quien le pueda investir de sus funciones; además es el único magistrado romano que no ha sido nombrado *auspicato*, y esta es sin duda la razón por la que parecía escabroso que entrara inmediatamente a actuar como rey o cónsul[77].

[75] Tito Livio, 6, 41, 6: *Nobis adeo propria sunt auspicia, ut non solum quos populus creat patricios magistratus, non aliter quam auspicato creet, sed nos quoque ipsi sine suffragio populi auspicato interregem prodamus.*

[76] Cicerón, *De leg.* 3, 3, 9: *Ave sinistra dictus populi magister esto.* El cónsul realiza el nombramiento solemne del dictador, según la expresión técnica, *oriens* (es decir *surgens*, según Velio Longo, *De orthogr.* ed. Putsch, p. 2234), *nocte silentio* (Livio, 8, 23, 15 , donde los manuscritos indican *oriente nocte*); además, lo más frecuente es que encontremos una abreviatura de la fórmula: *oriens* (Velius, *eod. loco*); *nocte silentio* (Livio, 9, 38, 14); *nocte* (Dion, fr. 36, 26; Tito Livio, 23, 22, 11); *silentio* (Livio, 10, 40, 2). No hay necesidad de prueba, y además Tito Livio, 8, 23, 15 dice expresamente que esto significa la toma de los auspicios.

[77] Asconio, *In Milon* p. 43 Orelli: *Non fuit moris ab eo qui primus interrex proditus erat comitia haberi.* En efecto, no hay en los anales, a pesar de la gran frecuencia que ahí se indica el número de orden del *interrex* en los Comicios, ningún ejemplo admisible de que los primeros los tuvieran (Rubino, *Unters.* p. 95). En cuanto al relato de Dionisio, 4, 75. 76. 84, según el cual, después de la expulsión de los reyes, el primer *interrex*, Spurius Larcius, habría nombrado a los primeros cónsules, ciertamente no es que una torpe interpretación de los analistas posteriores (según Schwegler, 2, p. 76). Rubino, p. 93, concluye de las expresiones utilizadas son diametralmente opuestas a nuestra solución, es decir, que se consultan los auspicios hasta para el nombramiento del primer *interrex.* Según el significado textual, ciertamente pueden estar relacionados tanto con la nominación del primer interrex (*patricii produnt interregem*) como con la del siguiente (*interrex patricius prodit interregem*); pero nada nos obliga a admitir aquí la primera hipótesis y, en consecuencia, a plantear un problema insoluble. Porque donde no hay quien haga el nombramiento, es imposible tomar los auspicios antes del nombramiento.

20. Comicios

La reunión de cualquier asamblea del pueblo en su conjunto, convocada para tomar cualquier resolución, tiene como condición previa los auspicios tomados, especialmente para este fin, en la mañana del día señalado[78]. Esto también se aplica a los *Comitia* por curias, a los *Comitia* centuriados[79] y a los *Comitia* por tribus patricio-plebeyos[80]. Por otro lado, parece que no se consultaban los auspicios para las asambleas del pueblo cuando no había resoluciones que tomar[81]. Es probable que estos auspicios difiriesen de aquellos en la forma, según la naturaleza de las asambleas convocadas, y la diferencia no estriba tanto en el hecho de que se solicitaran diferentes señales para hacerle saber a los dioses el carácter de estos Comicios y el propósito especial de su reunión[82].

[78] Tito Livio, 3, 20, 6: *Augures iussos adesse ad Regillum lacum... locumque inaugurari, ubi auspicato cum populo agi posset*; 5, 14, 4: *Comitiis auspicato quae fierent*; 26, 1, 2: *Solemne auspicatorum* (los manuscritos: *auspiciatorum*) *comitiorum*. Varrón, 6, 91. Dionisio, 7, 59, y muchos otros textos.

[79] Tito Livio, 5, 52, 15: *Comitia curiata... comitia centuriata... ubi auspicato, nisi ubi adsolent, fieri possunt?* Del mismo, 9, 38, 16. c. 39, 1. Dionisio, 9, 41. Cicerón., *De nat. deor.* 2, 4, 11, y muchos otros textos.

[80] Dion, 54, 24. οἱ δ' ἀγορανόμοι οἱ κουρούλιοι, ἀπειπόντες τὴν ἀρχὴν ὅτι ἐξαισίων σφίσι τῶν ὀρνίθων (= *auspicia* en general y no *auspicia ex avibus*, que en esta época estaban en desuso) γενομένων ᾕρηντο, y muchos otros textos.

[81] La auspicación de los censores mencionada por Varrón 6, 86, probablemente se relacione con su asunción del cargo; y el hecho de que la *nuntiatio* tenga lugar donde se realiza el censo no prueba en modo alguno que los censores estuvieran obligados a consultar los auspicios todos los días.

[82] A esto parecen remitir los pasajes siguientes: Mesala, en Aulo Gelio, 13, 15: *Censores non eodem rogantur auspicio atque consules et praetores*; Tito Livio, 7, 1, 6: *Praetorem... collegam consulibus atque iisdem auspiciis creatum*; Del mismo, 3, 55, 11. 8, 32, 3; Cicerón, *Ad fam.* 7, 30, 1: *Comitiis quaestoriis institutis.., ille* (el dictador César) *qui comitiis tributis esset auspicatus, centuriata habuit*. Los escolios de Milán, *Ad Catil.* 4, 1, 2, dicen, p. 369 Orelli: *Campus consularibus auspiciis consecratus cum omnes magistratus auspicio crearentur, tum maxime consules certorum auspiciorum ritu designabantur.*

21. Partida para la guerra

El general que sale en campaña debe tomar, especialmente para este fin, los auspicios en el Capitolio[83] en la mañana del día que sale de la ciudad. El requisito previo de estos auspicios es –además de otros actos que constitucionalmente debe realizar el general antes de partir para el campamento–, la recepción del *imperium* en los Comicios centuriados[84]. Dado que estos auspicios solo pueden tomarse en Roma[85], si se vuelven inútiles por cualquier motivo, o si se presentan objeciones contra su validez, el general debe regresar a Roma para su renovación (*repetitio*)[86].

Los auspicios de guerra así tomados en Roma, como la *nuncupatio* de los *vota* hecha en el Capitolio inmediatamente después, así como toda la solemnidad de la partida, adquirieron extraordinaria importancia para el desarrollo de las instituciones romanas. Tuvieron esta jerarquía superior porque fueron el principal obstáculo para el otorgamiento de los mandos militares extraordinarios, distintos de la magistratura constitucional. Si bien dependía exclusivamente de la voluntad de los *comitia* prolongar los *imperia* existentes, solo podían establecerse nuevos que involucraran la plenitud del mando

[83] Festo, p. 241: *Praetor ad porter nunc salutatur is qui in provinciam pro praetore aut pro consule exit*; aquí Cincius se refiere al momento en que el general del ejército romano-latino salió de Roma, *compile nostros en Capitolio a sole oriente auspiciis operam dare solitos: ubi aves addixissent*, y los soldados latinos (frente a la puerta) lo habrían saludado como pretor. Tito Livio, 21, 63, 9: (*C. Flaminium*) *fugisse, ne... auspicato profectus in Capitolium, ad vota nuncupanda paludatus india cum lictoribus in provinciam iret*. Cf. Livio, 22, 1.

[84] En realidad, esto ya resulta del hecho de que la ley *curiata* es una condición previa del derecho a hacer la guerra; y, en consecuencia, es también una condición previa realizar los auspicios partida. Cicerón, *De leg. agr.* 2, 11, 27, lo dice expresamente: *Curiata (comitia) tantum auspiciorum causa remanserunt*, es decir que los comicios por curias, por los que deben entenderse siempre en primer lugar los *de imperio*, sobrevivieron porque, sin ellos, el general no podía tomar sus auspicios.

[85] Tito Livio, 22, 1, 7: *Sine auspiciis profectum in extemo ea solo nova atque integra concipere (non) posse.*

[86] Tito Livio, 8, 30, 1: *In Samnium incertis itum auspiciis est... Papirius dictator a pullario monitus cum ad auspicium repetendum Romam proficisceretur*. Del mismo, 8, 32, 4. 10, 3, 6. 23, 19.2. Aunque el general va a Roma por otros motivos, los auspicios especiales de guerra dejan de existir cuando pasa el *pomerium*, y por consiguiente, si vuelve al campamento, debe renovarlos. Es quizás en esto, a pesar de la inexactitud de la expresión, en lo que está pensando Tácito, *Ann*, 3, 19: *Drusus urbe egressus repetendis auspiciis, mox ovans introiit.*

militar con la toma de los auspicios de partida en el Capitolio, por consiguiente con un acto realizado en la esfera competencial urbana. Por tanto, cualquier *imperium* militar debe comenzar como una magistratura urbana, y al organizarla fuera de la Constitución, se traspasan los límites que se impusieron incluso a los comicios del pueblo soberano[87]. No hubo una barrera constitucional que resistiera tanto tiempo como la garantía que allí se daba, en estos auspicios del general, contra poderes militares extraordinarios; pero esta prescripción terminó siendo descartada, o más bien modificada. Más tarde, se anexó, por una ficción legal, a la ciudad de Roma, como si hubiera estado incluído en el *pomerium* un terreno cualquiera situado fuera de la ciudad[88], cumpliendo así, allí, el auspicio requerido[89].

Esto ocurrió en los casos en los que el general, lejos de Roma, al frente de tropas lejos de Italia, necesitaba, por alguna razón religiosa, renovar sus auspicios. Pero se podría igualmente eludir la prescripción legal. Cuando Escipión tomó, en 543 (211 a.C.), el mando militar supremo en Hispania, sin estar investido de magistratura urbana alguna, probablemente adquirió los auspicios fuera de la ciudad por un acto ficticio de este tipo. Pero hasta la época de Sila esta anomalía, por lo que sabemos, apenas se ha reproducido. Fue solo la Constitución de Sila la que hizo, de una vez por todas, que los auspicios del general en sentido estricto fueran imposibles de aceptar. En efecto, según el ritual, debían ser tomados por el general en el interior de la ciudad en el momento asumir el mando; quedaba prohibido que el magistrado tomara el mando como tal, y solo al expirar su año de oficio, al recibir su provincia, estaba obligado a tomar posesión de este

[87] En la época más antigua, los *patres* habrían negado su *auctoritas* a tal resolución popular.

[88] En la época antigua, este espacio de tierra tenía que estar en Italia; más tarde, se propuso lo mismo para el suelo de ultramar.

[89] Servius, *Ad Aen.* 2, 178: *Hoc (ut reverterentur ad captanda rursus auguria) servatum a ducibus Romanis, donec ab his in Italia pugnatum est.... postquam vero [imp]erium* (manuscritos*: ministerium) longius prolatum est, ne dux ab exercitu diutius abesset, si Romam ad renovanda auspicia de longinquo revertisset, constitutum, ut unus locus de captivo agro Romanus fieret in ea provincia, in qua bellabatur, ad quem, si renovari opus esset auspicia, dux rediret*. La repetición de la *lex curiata*, que se produce en el caso de renovación del *imperium*, es un acto de la misma familia. Esta formalidad fue suprimida en 540 (214 a.C.), y la enmienda relativa a los auspicios muy bien pudo haber sido hecha al mismo tiempo.

mando. En estas condiciones, ya no pudo adquirir los auspicios; y, en consecuencia, Cicerón tiene toda la razón al decir que ya no hay, en su tiempo, auspicios de guerra[90]. La ceremonia de partida todavía podía verse en esta época[91], en la medida de lo posible, al menos en lo referente a los votos hechos en el Capitolio y al traje de guerra tomado a las puertas de la ciudad. No es este el lugar para explicar, en todos sus detalles, el procedimiento de la *spectio.* Sin embargo, no podemos dejar de señalar los puntos esenciales.

22. Tiempo de los auspicios

Desde el punto de vista del tiempo, los auspicios deben tomarse el día en que se pretende realizar el acto al que se refieren[92]. Regularmente, se toman tan pronto como ha comenzado el día en el sentido legal, por lo tanto, inmediatamente después de la medianoche, y terminan antes del amanecer[93]. No se puede decir con precisión si es para re-

[90] Cicerón, *De div.* 2, 36, 76: *Bellicam rem administrari maiores nostri nisi auspicato noluerunt. Quam multi anni sunt, cum bella a proconsulibus et a propraetoribus administrantur, qui auspicia non habent! Itaque nec amnes transeunt auspicato nec tripudio auspicantur... ubi ergo avium divinatio? Quae, quoniam ab iis, qui auspicia nulla habent, bella administrantur, ab urbanis retenta videtur, a bellicis esse sublata.* Del mismo, *De nat. deor.* 2, 3, 9: *Maximae reipublicae partes, in his bella.... nullis auspiciis administrantur, nulla peremnia servantur.... nulli viri vocantur.... tum enim bella gerere nostri duces incipiunt, cum auspicia posuerunt.* Las palabras de Cicerón, aunque perfectamente claras, a menudo se han malinterpretado (p. ej., por Rubino, p. 47).

[91] Esto se muestra más claramente en César, *B.C.* 1, 6, según el cual los promagistrados que parten contra él *paludati votis nuncupatis exeunt.* Ver mi comentario, *Monum. Ancyr.*, p. 21, donde no se critica la ausencia de auspicios, aunque se señalan otras irregularidades constitucionales. Sin duda, esta solemnidad había sido reglamentada legalmente por Sila, y el mismo César había partido de la misma manera para la Galia.

[92] Aulo Gelio, 3, 2, 10: *Magistratus quando uno die eis auspicandum est et id super quo auspicaverunt agendum, post mediam noctem auspicantur et post exortum solem agunt auspicatique esse et egisse eodem die dicuntur.* El pasaje de Macrobio, 1, 3, 7, tomado de Aulo Gelio, nos permite sustituir por *post exortum solem agunt* el texto corrompido que nos ha sido transmitido *post meridiem solem agnum.*

[93] Censorino, 23, 4: *Indicio sunt auspicia magistratuum, quorum si quid post mediam noctem et ante lucem factum est, eo die gestum dicitur qui eam sequitur noctem.* Dionisio, 11, 20, en el nombramiento del dictador, aquellos a los que se refiere aparecen περὶ μέσας νύκτας y realizan el acto πρὶν ἡμέραν γενέσθαι. En Tito Livio, 10, 40, 2, el cónsul se levanta con el mismo fin *tertia vigilia noctis,* en Festo, p. 348, *post mediam noctem,* p. 347, *mane.* — Normalmente se vuelve pronto al lecho. Veranio (en Festo, p. 348) señala expresamente que esto no es necesario.

servar todo el día para los negocios o en virtud de una prescripción del ritual: en todo caso, esta hora de la mañana no puede haber sido impuesta para todos los auspicios; porque no podría haber sido observada por aquellos que están obligados a cruzar cursos de agua[94], ni para otros auspicios militares.

23. Lugar de los auspicios

Con respecto al lugar, se sigue la misma norma. Los auspicios deben tomarse en el lugar donde se ha de realizar el acto a que se refieren[95], es decir, los auspicios para los Comicios por curias, deben hacerse en el interior del *pomerium*; los de los Comicios por centurias, fuera de su recinto, en las inmediaciones de la ciudad; los de las sesiones del Senado, en el lugar donde éste se reúna; los de la partida del general, en la ciudad de Roma; aquellos para un combate, en el campo de batalla. Esto ya implica que el *auspicium*, no más que el *imperium*, no está en sí mismo adscrito a ningún lugar, y que puede, según la necesidad, ejercerse en sitios distintos. Hay una diferencia esencial entre los auspicios tomados en el interior o en las cercanías de la ciudad y los auspicios de los generales propiamente dichos: que para los primeros se requiere el contorno de un campo de observación (un *templum*), y que es no así en la misma medida para los auspicios

[94] Cf. Cicerón, *De nat. deor.* 2, 4, 11,

[95] Tito Livio, 3, 20 y en otros lugares. Según Dion, 41, 43, los pompeyanos consagraron un espacio de tierra en Tesalónica en el año 706 (48 a.C.): καὶ τοὺς ὑπάτους ἔχοντες, καί τι καὶ χωρίον ἐς τὰ οἰωνίσματα, τοῦ δὴ καὶ ἐν νόμῳ δή τινι αὐτὰ δοκεῖν γίγνεσθαι, δημοσιώσαντες, ὥστε καὶ τὸν δῆμον δι› αὐτῶν τήν τε πόλιν ἅπασαν ἐνταῦθα εἶναι νομίζεσθαι. Ciertamente no se puede concluir de Varrón, 6, 86. 87, que el *templum* en el que el censor toma los auspicios es diferente de aquel en el que pronuncia la *contio*, si bien existe la dificultad de saber si la expresión *ubi templum factum est*, de 6, 87, es problemática. El relato de la reunión en vista de la ciudad, para la cual los augures toman los auspicios en la ciudadela y donde el general espera antes de atacar hasta que desde allí se le da la señal acordada (Livio, 4, 18), es singular, o bien porque nunca se ven en otra parte los auspicios tomados *ex avibus* con la ayuda de los augures que intervienen en los auspicios militares, o bien porque el magistrado puede tomar los auspicios por medio de otra persona, pero no en otro lugar. Estas últimas probabilidades carecen de credibilidad.

que tienen lugar en el campamento o en campo de batalla[96]. El hecho de que la voluntad de los dioses se manifieste, en la ciudad y en sus inmediaciones, por el relámpago y el vuelo de los pájaros en el cielo, mientras que en el campo se manifiesta por medio de los pollos domesticados, confirma esta diferencia, o más bien es solo una expresión de esta realidad diversa.

Por regla general se habla, en el primer caso, de *templa* delimitados de una vez por todas: primero para las asambleas que se celebraban en el Capitolio, para lo que se trazó se trazó el *Auguraculum* situado en la colina más allá de la ciudadela, y por encima de ella[97]; luego, para las asambleas celebradas en el *Comitium*, delimitado a partir de los *rostra*[98]; para las del Campo de Marte, se situó un "templo" frente al jardín de Escipión[99]. La disposición de un emplazamiento

[96] Alguien puede decir que seguramente se encuentra el *templum* incluso para los auspicios tomados en el campamento (cf. Tito Livio, 41, 18, 8). Se puede especular hasta qué punto el *templum* se encuentra en todos los auspicios y no solo en la *auspicia urbana*. Pero el carácter de los presagios, añadido a la imposibilidad de establecer templos fijos en el campamento y, finalmente, la extrema rareza de la mención del templo para los auspicios en el campo de batalla, muestran que el establecimiento del *templum* en estos lugares difícilmente podría aceptarse como norma general.

[97] Becker, *Top*. p. 408. Es el *templum* que Rómulo tenía en el momento de la fundación de la ciudad trazado con el *lituus* (Cicerón, *De div*. 1, 17, 30) y para el que se estableció un observatorio, el *Auguraculum*. Festo,, *Ep*. p. 18: *Auguraculum appellabant antiqui quant nos arcem dicemus, quod ibi augures publice auspicarentur*. Varrón, 5, 47: *Per quam (sacrant viam) augures ex arce profecti soient inaugurare*. Adriano hizo restaurar el *Auguratorium* (CIL, VI, 976). Las palabras de Cicerón, *De off*. 3, 16, 66: *Cum in arce augurium augures acturi essent iussissentque Ti. Claudium Centumalum, qui aedes in Caelio monte habebat, demoliri ea, quorum altitudo officeret auspiciis*, indican que la vista desde el Auguraculum se extendía al menos a todo el Foro, ya que el Foro se encuentra entre el Capitolio y el Celio. C. Marius, elevando un templo de *Honos* y *Virtus* probablemente en el Capitolio (Becker, *Top*. p. 405. 539) lo hizo condicionado, *ne, si forte officeret auspiciis publicis, augures eam demoliri cogerent* (Festo, v. *Summissiorem*, p. 344). No nos consta la toma de los auspicios en el *Auguraculum* para las asambleas que se celebraron en el Capitolio, en particular para las de las curias; pero es probable que se usara el *Auguraculum* para estos actos, como para todos los que se realizaron en el Capitolio y que fueron sometidos a una auspicación.

[98] Cicerón, *In Vatin*. 10, 24: *In rostris, in illo inquam augurato temple ac loco*. Tito Livio, 8, 14, 12: *Rostra id templum appellatum*.

[99] Ti. Gracchus, cónsul en 591 (163 a.C.), informó al Senado que había cometido *vitium* en las elecciones consulares que él dirigió, al colocar su tabernáculo en el jardín de Scipio (*vitio sibi tabernaculum captumfuisse hortos Scipionis*), y luego haber cruzado el *Pomerium* para ir a Roma y haber vuelto sin haber tomado los auspicios (Cicerón, *De nat. deor*. 2, 4, 11; cf. *De div*. 1, 17. 33. 2, 35, 74; *Ad Q. fr*. 1, 2, 1; Licinianus, ed. de Bonn, p. 10; Valerio Máximo, 1, 1, 3; Victor, *De vir. ill*. 44; difiere Plutarco, *Marc*. 5). No veo por qué se han levantado dudas contra la lección que nos ha llegado

de este tipo, su *inauguratio* es el paso previo a la realización de estos actos[100]. Las sesiones del Senado tenían lugar en una sala cerrada, en los edificios destinados a ello o simplemente utilizados para este fin, y que, por razón de los auspicios que allí se debían tomar, se convierten en *templa*[101]. Los auspicios que no están convocados por las asambleas del pueblo y por el senado, eran de una naturaleza más libre y, aunque generalmente estaban adscritos a un *templum*, no lo estaban, conforme a Derecho, a ninguno de los *templa* determinados; así, cuando el nombramiento o toma de posesión del dictador se producía fuera de Roma, se podía prescindir de un templo fijo.

24. Procedimiento

La toma de los auspicios en sí misma solo puede esbozarse aquí. La demarcación del *templum* indudablemente la podía hacer solo el magistrado[102]. Pero, en verdad, la disposición y uso del *templum* fijo, que se utiliza constantemente para los auspicios urbanos, no es competencia de los magistrados, sino del colegio sacerdotal destinado

(vid. Müller, *Etrusker*, 2, p. 148, propone *hortus spicionis*, otros, otras correcciones); si, como es probable, el error se relacionaba con el paso del *amnis Petronia*, era necesario indicar el lugar donde se erigió el tabernáculo.

[100] En Tito Livio, 3, 20, los tribunos se quejan de la intención de los cónsules de celebrar los *comitia* centuriados más allá del primer hito (porque este es necesariamente el significado de "*de exercitu proferendo*"): *et augures iussos adesse ad Regillum lacum fama exierat locumque inaugurari, ubi auspicato cum populo agi posset*. Los cónsules de 703 (51 a.C.) permiten la celebración de comicios por centurias en Tesalónica τι καὶ χωρίον ἐς τὰ οἰωνίσματα, τοῦ δὴ καὶ ἐν νόμῳ δή τινι αὐτὰ δοκεῖν γίγνεσθαι, δημοσιώσαντες (Dion, 41,43). Los *horti Scipionis* prueban que no era necesario que el sitio inaugurado fuera propiedad del Estado; pero el suelo debe ser necesariamente romano y Dion no indica nada más.

[101] Varrón, en Aulo Gelio, 14, 7, 7: *Nisi in loco per augures constituto, quod 'templum' appellaretur, senatus-consultum factum esset, iustum id non fuisse. Propterea et in curia Hostilia et in Pompeia et post in Iulia, cum profana ea loca fuissent, templa esse per augures constituta, ut in iis senatusconsulta more maiorum iusta fieri possent. Inter quae id quoque scriptum reliquit non omnes aedes sacras templa esse ac ne aedem quidem Vestae templum esse*. En el mismo sentido, Varrón, *L.L.* 7, 10; Tito Livio, 1, 30, 2; Dion, 53, 3: ἐν τόπῳ νεμομισμένῳ; Servio, *Ad Aen.* 1, 146. 7, 153. 11, 235. 12, 120. Por eso Cicerón, *De domo*, 51, 131 y *Pro Mil.* 33, 90, llama a la curia *templum publici consilii*.

[102] Véase aquí el capítulo dedicado a la dictadura. Los relatos de los nombramientos de dictadores no dejan lugar a la suposición de que el *templum* fue determinado para ellos, en cada ocasión, por el colegio de augures o incluso por un solo augur.

a este cuidado, el colegio de augures[103], cuya actividad se relaciona esencialmente con este objeto y, por lo tanto, generalmente se limita a la ciudad.

En el lugar donde deben tomarse los auspicios, el magistrado que debe observarlos erige, el día anterior, su tienda[104], en el lenguaje augural, el *templum minus*[105], dispuesta de modo que, por su única apertura, se puede ver todo el espacio que se ha asignado a la observación, y se acuesta allí. Pasada la medianoche, se levanta[106], y, después de orar y orientarse para la observación, la realiza desde un asiento en el que está sentado[107]. Para ello se vale sobre todo del

---

[103] Por eso el *lituus*, el bastón que se usa para este fin, es la insignia oficial de los augures; y es también allí donde hay que buscar el origen de la palabra *augur* o *auger* (Prisciano, 1, 6, 36), que está claramente vínculado con *auspex*. Es probable que la etimología, que viene primero a la mente y que ya fue dada por los antiguos (Festo, *Ep.* v. *Augur*, p. 2; Servius, *Ad Aen.* 5, 523), tomada de *gerere*, sea correcta. El augur guía, dirige a los pájaros en cuanto que él determina los límites de su aparición en sus divisiones del cielo. De ahí que la palabra *auspex* pueda usarse tanto para el augur como para el magistrado (Plutarco, *Q.R.* 72, y otros textos), ya que ambos miran los signos, si bien el término *augur* no puede usarse para el magistrado, ya que este no es el el que traza el *templum*. Asimismo, *auspicium* designa por excelencia la observación del signo y augurium la explicación del signo observado (cf. Rubino, p. 45, nota). Las exposiciones hechas hasta ahora de esta teoría presentan todas ellas un defecto: es que la esfera de actividad de los augures (*templum, effari loca*) y la del magistrado que toma los auspicios no están debidamente separadas, aunque de hecho las fuentes hacen la distinción con la mayor claridad.

[104] Eso se denomina *tabernaculum capere*. Cicerón, *De nat. deor.* 2, 4, 11; cf. *De div.* 1, 17. 33. 2, 35, 74; *Ad Q. fr.* 1, 2, 1; Tito Livio, 4, 7, 3; Servio, *Ad Aen.* 2, 178: *In constituendo tabernaculo si primum vitio captum esset, secundum eligebatur; quod si et secundum vitio captum esset, ad primum reverti mos erat. Tabernacula autem eligebantur ad captanda auspicia.* Cf. Festo, v. *Tabernaculum*, p. 356, y *Contubernales*, *Ep.* p. 38.

[105] Festo, p. 157: *Minora templa fiunt ab auguribus cum loca aliqua tabulis aut linteis sepiuntur, ne uno amplius ostio pateant, certis verbis definita. Itaque templum est locus ita effatus aut ita septus, ut ex una parte pateat, angulosque adfixos habeat ad terram.* Servio, *Ad Aen.* 4, 200: *alii templum dicunt non solum quod potest claudi* (es decir, el espacio formado por líneas ideales y no por línea reales), *verum etiam quod palis aut hastis aut aliqua tali re, et lineis aut loris aut simili re saeptum est: quod effatum est. Amplius uno exitu in eo esse non oportet, cum ibi sit cubiturus auspicans.*

[106] Festo, p. 348, v. *Silentio*: *qui post mediam [noctem auspic]andi causa ex lectulo suo si[lens surr]exit, et liberatus* (quizás, *levatus*) *a lecto in solido [solio se posuit se]detque.*

[107] Servius, *Ad Aen.* 9, 4: *Post designatas caeli partes a sedentibus captabantur auguria.* Estacio, *Theb.* 3, 459: *Vacuoque sedet petere omina caelo*, y a continuación: *Postquam rite diu partiti sidera cunctas perlegere... auras.* Plutarco, *Marc.* 5: ἄρχων ἐπ' ὄρνισι καθεζόμενος. Escolios de Verona., *Ad Aen.* 10, 241. El asiento era una *solida sella*, Festo, v. *sella*, p. 347.

testimonio de sus propios sentidos[108], como ya lo prueba la expresión *spectio*; pero también ordena a los ayudantes que presten atención a las señales enviadas por los dioses, y es admisible, incluso conforme a la práctica reciente, que encomiende la observación material a un subalterno o a otro ayudante[109]. No hace falta decir que estos agentes podrían, para auspicios urbanos, incluso ser augures[110]; pero no hay ni rastro de que fuera costumbre establecida invitar augures a asistir a la *spectio*[111]. La aceptación o rechazo de las determinaciones comunicadas por las personas invitadas a la *spectio* depende absolutamente de la arbitrariedad del magistrado que realiza la *spectio*. La observación personal de estos auxiliares religiosos tiene, con respecto al auspicio del magistrado, la misma relación que el *consilium* de los miembros de su consejo con su *decretum*.

25. Auspicia oblativa

Hasta ahora solo se ha hablado aquí de los *auspicia impetrativa*, de las preguntas que se le hacen a Júpiter para empresas específicas y de las respuestas que les da. Pero el Dios también puede, sin ser preguntado, manifestar su oposición a un acto que aún no ha

[108] Cicerón, *De div.* 1, 40, 89: *Apud veteres qui rerum potiebantur iidem auguria tenebant.* Se trata principalmente del rey Rómulo en su calidad de optimus augur (*eod. loco*, 1, 2, 3, que tiene relacion con *De div.* 48, 107) y, en general, con el tema de los *reges augures* (*eod. loco*, 40, 89).

[109] Cicerón, *De div.* 2, 35, 74: *Iam de caelo servare non ipsos censes solitos, qui auspicabantur? nunc imperant pullario.* Esto es tan cierto para el auspicio proporcionado por los pollos como para el atraído por el relámpago, de acuerdo con la descripción detallada dada por Cicerón, *De div.* 2, 34, 72: *Illi qui in auspicium adhibetur cum ita imperavit is qui auspicatur «dicito, si silentium esse videbitur».... respondet «silentium esse videri». Tum ille: «dicito si pascuntur». «Pascuntur».*

[110] Tito Livio, 4, 18, da fe de un incidente de este tipo, si damos crédito a su relato. Los augures nunca aparecen en los auspicios militares (Tito Livio, 8, 23, 16); en Cicerón, *De leg.* 2, 8, 20, *Quique agent rem duelli quique propopularem auspicium [augures] praemonento ollique obtemperanto*, la primera frase se refiere a los auspicios urbanos tomados por el general a su partida, mientras que la segunda, cuyo texto está corrompido, debe apuntar a otros auspicios de los magistrados.

[111] Cicerón, *loc. cit.* dice solamente: «Q. Fabi, te mihi in auspicio ese volo». *Respondet «audivi». Hic apud maiores adhibebatur peritus; nunc quilubet.* La expresión *in auspicio esse* se aplica a todos los que asisten en el acto como consejeros, no solo al augur, sino también, por ejemplo, a los ayudantes del augur (Cicerón, *De leg.* 3, 19, 43).

comenzado o que aún no ha terminado; y debemos someter a un examen especial estos *auspicia oblativa* y la manera absolutamente diferente en que son tratados.

La constatación del hecho de que el Dios se haya opuesto a un acto previamente aprobado por auspicios, implica tanto la demostración de que la señal invocada realmente ocurrió como la interpretación de la voluntad divina que expresa. La demostración del primer punto resulta, o de la observación personal del magistrado o de lo que alega como tal[112], o también de la comunicación que le dirige otra persona sobre la observación hecha por él (*nuntiatio*)[113] y su fe en ella. En cuanto a la interpretación, también, desde el punto de vista jurídico, se deja en última instancia a la conciencia del magistrado.

Sin embargo, la influencia, ya sea de los expertos en el arte augural o de los colegas que apenas se tienen en cuenta en los *auspicia impetrativa*, adquirió en tiempos más recientes una importancia que se extendió a los *auspicia oblativa* y que se vinculó, en mayor o menor medida, a la arbitrariedad del magistrado que ejecutó el acto. En la notificación de una observación, la veracidad del relato de quien la comunica no es, por supuesto, la única que está en juego; la observación hecha por un augur o un colega debe ser tratada de forma muy diferente de la que emana de un simple ciudadano. Lo mismo ocurre con la interpretación. Los hechos materiales que constituyen los *auspicia oblativa* no guardan relación con una persona determinada, tal como ocurre necesariamente en los *impetrativa*. También son más difíciles de entender y explicar, ya que no van precedidos, como los *impetrativa*, de una *legum dictio*. El Dios dirige, así, su declaración a quien quiere y como quiere. Aquí hay mucha más necesidad de echar mano de personas competentes, en particular de los augures profesionales. También el carácter jurídicamente obligatorio de la *nuntiatio* se convirtió muy pronto en objeto de legislación positiva.

Estas leyes, como casi toda la información que tenemos sobre los *auspicia oblativa*, se refieren, por un lado, a los auspicios resultantes del relámpago que, si bien desempeñaba el papel de *auspicia*

[112] Así Pompeyo, cónsul en el 702 (52 a.C.), disuelve los *comitia* pretorianos, con el pretexto de que escuchó un trueno (Plutarco, *Cato min.* 42; *Pomp.* 52).
[113] Cf. la *nuntiatio* de los prodigios en el texto de Aulo Gelio, 2, 28, 2.

impetrativa, no había dejado de funcionar como *auspicia oblativa*, por otro lado se relacionan con las asambleas comiciales. Pero estas limitaciones no residen en la naturaleza de las cosas.

El Dios también puede revelar su voluntad por un signo que no sea el rayo, y hay al menos un caso en el que, mediante la *obnuntiatio* basada en signos desfavorables (*dirae*), se opuso a la partida del magistrado para el ejército[114]. Pero, para la época en que tenemos información sobre la *nuntiatio*, ya está despojada de su significado religioso primitivo, y ha sido desnaturalizada para convertirla en un instrumento político; ahora bien, entre los signos celestes imaginarios, la visión de un rayo o relámpago podía usarse tanto como *auspicium impetrativum* favorable para la toma de posesión de un magistrado como *auspicium oblativum* para impedir la reunión de los Comicios. Admitida la veracidad del hecho, no podía dudarse del significado de la señal. Y gozaba de otra ventaja: que el magistrado estaba perfectamente en su derecho y no merecía reproche el hecho de pedir, en nuevas ocasiones, el *auspicium impetrativum* basado en la observación del rayo, ya que solo estaba implorando la aprobación del Dios en su forma más alta y la menos equívoca, y que era en cierto modo fortuito que el mismo auspicio que le aseguraba el favor de los dioses tuviese, por otro lado, como *auspicium oblativum* en los *comitia* otros magistrados, un carácter prohibitivo. No cabe duda de que el abuso de la *obnuntiatio* se debió precisamente a que, en los casos en que el uso requería *auspicia caelestia impetrativa*, era imposible *agere cum populo* durante ese día[115]. Es por ello que nuestra exposición se limitará a lo que concierne a la observación de relámpagos o rayos.

---

[114] El tribuno C. Ateius hizo, en 699 (55 a.C.), una *obnuntiatio* al cónsul Crassus. Lo que Cicerón (*De div.* 1, 16, 29) indica con la expresión *dirarum obnuntiatio* es lo que otros autores denominan *execratio* (Veleyo, 2, 46) o *devotio diris* (Floro, 1, 45 [3, 11]; Lucano, 3, 126), y que se expresa en términos quivalentes por los autores griegos (Apiano, *B.C.* 2, 18; Plutarco, *Crass.* 16; Dion, 39, 39). Evidentemente esta designación es incorrecta y solo la de Cicerón concuerda con el ritual.

[115] Esto es lo que piensa Catón en su tratado *de re militari* (en Festo, v. *Peremere*, p. 214): *Magistratus nihil audent imperare, ne quid consul auspici peremat* (= *vitiet*). El cuestor, por ejemplo, no se atreve a emprender un acto para el que es necesario *servare de caelo*, porque teme impedir así un acto oficial previsto por el cónsul.

La *nuntiatio* se refiere principalmente –en particular en lo que respecta a su regulación legislativa–, a los Comicios de todo tipo[116]. Sin embargo, cualquier otro acto de los magistrados también puede posponerse por una señal de los dioses. Nos encontramos con tales objeciones dirigidas ya sea contra la salida del general, como en el ejemplo que se acaba de citar, o también contra los actos de los censores. Los actos de los magistrados para los que no se requiere legalmente los *auspicia impetrativa* pueden ser impugnados por los *auspicia oblativa*. Por lo tanto, encontraremos *nuntiationes* dirigidas incluso contra los *concilia plebis* y sus resoluciones.

26. Declaración (*nuntiatio*) de los augures

La nunciación dotada de fuerza jurídicamente vinculante pertenece, en relación con los Comicios, bien a los augures, bien a los magistrados[117]. Cada augur tiene individualmente el derecho de asistir a

[116] La *obnuntiatio* era admisible, incluso en materia de elección. Dion, 38, 13, lo dice expresamente y los ejemplos concretos citados lo prueban. Lange, De *legibus Aelia et Fufia*, Giessen, 1861, p. 37 y ss., argumenta lo contrario. Nunca se ha hecho distinción desde este punto de vista entre los comicios legislativos, electorales y judiciales. Cuando Cicerón asume la defensa de la *obnuntiatio*, la relaciona sumariamente al *concilium aut comitia*, y no se expresa de otro modo cuando juzga conveniente alegar su inadmisibilidad (*Phil.* 2, 32, 81). Lo que parece evidente es que la *obnuntiatio*, cuya admisión dependía absolutamente de la voluntad del magistrado a quien se le dirigía, fue admitida por los tribunos del pueblo en mucha menor medida que por los magistrados patricios.

[117] Además del texto capital ya citado (Cicerón, *De leg.* 3, 4, 10), que expresa clara y nítidamente la distinción entre la *spectio* de los magistrados y la *nuntiatio* de los augures, el siguiente texto de Festo, que es muy difícil por su estado de alteración y que no fue tratado por Rubino, p. 58, y por otros, interesa a nuestro tema, Festo, p. 333: *Spectio in auguralibus ponitur pro aspectione. Y nuntiatio, quia omne ius sacrorum habent, auguribus competit, dumtaxat quod eorum* (el manuscrito: *auguribus spectio dumtaxat quorum*) *consilio rem gererent magistratus, hos* (el manuscrito: *non*) *ut possent impedire nuntiando quaecumque* (que falta en el manuscrito) *vidissent. At his* (el manuscrito: *satis*) *spectio sine nuntiatione data est, ut ipsi auspicio rem gererent, non ut alios impedirent nuntiando*. Madvig, *Verfassung des röm. Staats*, 1, p. 267) restaura el texto en el sentido de que los augures tendrían la *spectio* además de la *nuntiatio*. Pero esto entra en flagrante contradicción con el alegato de Cicerón y solo podría defenderse suponiendo, por ejemplo, que *spectio* no significaría aquí el derecho de observar, sino la simple observación; lo cual está en contradicción con el lenguaje corriente.

la asamblea del pueblo[118] y de hacer la *nuntiatio* estableciendo un aplazamiento (*alio die*)[119] basándose en una señal (en particular, un destello observado en el cielo) que haya observado personalmente o de la que ha sido informado[120]. Es indiscutible que los augures asistieron de este modo incluso a las asambleas exclusivamente plebeyas, aunque la eficacia de su acción fue allí probablemente menos indiscutible[121]. Pero esta *nuntiatio* solo puede emanar de un augur contra los *comitia* a los que asiste; en consecuencia, no puede hacerse ni por un augur ausente, ni contra otro acto de los magistrados por un augur presente. Si hubiera sido de otro modo, todo el curso de

[118] La presencia (*in auspicio esse*) de los augures en los Comicios por curias (Cicerón, *Ad Att.* 2, 7, 2; *Ep.* 12, 1. 4, 18, 2), por centurias (Varrón, 6, 95; Mesala en Aulo Gelio, 13, 15) y en los Comicios por tribus patricio-plebeyas (Varrón, *De re rust.* 3, 2, 2), está bien documentada por las fuentes. No sabemos nada más específico. Probablemente cualquier augur podría asistir de esta manera a cualquier asamblea. Hay que dar crédito a Cicerón, *Ad Att.* 4, 18, 2, cuando dice que en los Comicio por curias, el testimonio de tres augures se tuvo por prueba plena y completa. Desde el punto de vista de la forma, merece señalarse que, durante la elección de los ediles, el augur que asistía al cónsul que dirigía la elección estaba sentado en un banco, en la *villa publica, ut consuli, si quid usus poposcisset, esset praesto* (Varro, *eod. loc.*).

[119] Cicerón, *De leg.* 3, 4, 11: *Qui agent (cum populo patribusque), auspicia servanto: auguri publico parento.* Este procedimiento aparece, de manera más precisa, en la oposición planteada por Antonio, como augur, durante las elecciones consulares de 710 (44 a.C.): *Bonus augur,* dice Cicerón, *Phil.* 2, 32, 81, *eo se sacerdotio praeditum esse dixit, ut comitia auspiciis vel impedire vel vitiare posset* (*impedire*, si el magistrado que presidía la votación pone algún reparo; *vitiare*, si la anula). Finalmente lo hizo inmediatamente antes del cierre de la votación: *Confecto negotio bonus augur "alio die" inquit.* Cicerón, *Phil.* 1, 13, 1, usa, para designar el acto de Antonio, la expresión *auspicia a te ipso augure populi Romani nuntiata.* Del mismo, *De leg.* 2, 12, 31: *Quid maius est si de iure (augurum) quaerimus, quam posse a summis imperiis et summis potestatibus comitiatus et concilia vel instituta dimittere vel habita rescindere? Quid gravius quam rem susceptam dirimi, si unus augur a alio die» dixerit?* Tito Livio, 1, 36, 6: *Sacerdotio... augurum... tantus honos accessit, ut... concilia populi, exercitus vocati, summa rerum ubi aves non admisissent, dirimerentur.*

[120] El augur no tiene tiene el derecho de *caelo servare*, porque cae dentro de los *auspicia impetrativa.* Cicerón, *Phil.* 2, 32, 81, niega este derecho a Antonio, porque no es magistrado, sino solo augur: *Quisquamne divinare potest, quid vitii in auspiciis futurum sit, nisi qui de caelo servare constituit?* Como magistrado, podría haber anunciado que tomarían los *auspicia impetrativa* el día en cuestión y así evitarían los comitia desde el principio; como augur solo podía usar la *obnuntiatio.*

[121] Sorprende que los augures patricios asistan a una asamblea donde no tienen derecho a voto. Pero mientras Cicerón y Tito Livio, en los textos que acabamos de citar, indican expresamente los *concilia* al lado de los *comitia*, pero el primero (Cicerón) añade a continuación del texto: *Quid religiosius quant cum populo, cum plebe agendi ius aut dare aut non dare?* Es imposible negar que el derecho *concilii dimittendi* no está reconocido para los augures.

los asuntos públicos se habría dejado a la voluntad arbitraria de cada uno de los augures.

27. La *obnuntiatio* de los augures

El anuncio (*obnuntiatio*) de los augures se relaciona con la *spectio*. Un magistrado tiene la libertad de considerar como inexistente un destello que un particular afirma haber observado en el cielo, de modo que así no se impide la celebración de los Comicios. Pero difícilmente puede ignorar, en lo que a él concierne, una señal de este tipo que ha sido observada por otro magistrado y que es considerada válida por este último, por ejemplo, y especialmente, un destello observado en el cielo por el otro magistrado y estimado por éste como un *auspicium impetrativum*. Si, por ejemplo, un cuestor, el día de su entrada en funciones, observa el cielo por este motivo, y ve el relámpago que le anuncia el favor de Júpiter, sería al menos desaconsejable que el cónsul reuniera al pueblo en este día en el que la señal resultante del relámpago indica que es mejor suspender la asamblea comicial. En esto se basa la costumbre según la cual el magistrado superior prohíbe al inferior observar el relámpago el día en que tiene la intención de convocar al pueblo[122], y en el que el Senado expide a todos los magistrados instrucciones –basadas en esta norma– relativas a ciertas *rogationes*. Por otra parte, también en esta norma se basa el derecho de *obnuntiatio* de los magistrados[123], es decir el derecho que pertenece a un magistrado de notificar

[122] Aulo Gelio, 13, 15, 1. Entendemos que por no obedecer esta orden, el magistrado inferior se expone a ser castigado. Es probable que el rayo visto por él comprometa a su superior.

[123] Donato, Ad *Terent.* 4, 2, 9: *Qui malam rem nuntiat, obnuntiat, qui bonam, adnuntiat: nam proprie obnuntiare dicuntur augures, qui aliquid mali ominis scaevumque viderint.* Compárese *obrogare*. Además, aparte de este texto, *obnuntiare* no se usa para el augur que apalza una asamblea, sino solo para el magistrado que impide a su colega hacer una *rogatio*. No se puede invocar a Cicerón, *Phil.* 2, 33, 83: *Consul consuli, augur auguri obnuntiasti*; porque Cicerón aquí intencionalmente confunde las dos cosas. No debemos confundir la *obnuntiatio* de que aquí se trata con la hipótesis del conflicto de los auspicios de dos colegas que tienen las mismas atribuciones, pero que son desiguales.

personalmente[124] a otro, antes de la reunión o clausura de la asamblea del pueblo abierto o planeado por este último, que él, el *nuntians*, ha observado el cielo, ha observado un relámpago, y obligarle de esta manera a no celebrar o disolver la asamblea popular. Esta costumbre es, en sus rasgos esenciales, sin duda tan antigua como la propia Constitución republicana. La regulación legislativa de la *obnuntiatio* se hizo mediante dos resoluciones populares de finales del siglo VI o principios del VII de Roma (II a.C.), las leyes Aelia y Fufia, cuyas disposiciones no se conocen con al completo[125]. Un resultado manifiesto de estas leyes es que la *obnuntiatio* parece haberse convertido en un instrumento político. Entre las aplicaciones que se hicieron en este sentido, merece recordarse la practicada por el cónsul Bíbulo, en 695 (59 a.C.); es la más antigua de la que tenemos prueba directa, aunque seguramente no es la primera; sin embargo, las viejas luchas partidistas obviamente utilizaron el arma política de la *intercessio* mezclada con una simulación religiosa, pero que fracasó tan pronto como se utilizó. Ya en el año 696 (58 a.C.), una ley propuesta por

[124] El hecho de que Bíbulo, expulsado por la fuerza del Foro, se contentara con obnuntiare per edicta (Suetonio, *Iul.* 20), no hace más que confirmar la regla.

[125] Cicerón las designa expresamente como dos leyes diferentes (*De har. resp.* 27, 58: *Sustulit duas leges Aeliam et Fufiam*; del mismo, *Pro Sest.* 15, 33; *In Vat.* 2, o. 7, 18. 9, 23; *De cons.* 19, 46); la primera también es citada por separado por Cicerón, *Pro Sest.* 53, 114 y *Ad Att.* 2, 9, 1, y por Asconio, *In Pison.* p. 9; la segunda de estas leyes es citada por Cicerón, *Ad Att.* 4, 16, 5, cuando se trate de una acción penal ejercitada al amparo de esta ley; pero por lo general se citan unidas, citándose como una sola, "lex Aelia y Fufia" (*Cum sen. gr. egit.* 5, 11; *In Vat.* 1, 18; *In Pison.* 5, 10 y el comentario de Asconio). Sobre su fecha, nuestro único dato es que tenían cien años de existencia cuando fueron invocadas por Clodio en el 696 (58 a.C.) (Cicerón, *In Pison.* 5, 10: *Centum prope annos legem Aeliam et Fufiam tenueramus*), y que son anteriores a los Graco (*In Vat.* 9, 23). Probablemente ambas son plebiscitos, al menos la ley Fufia, porque no encontramos un cónsul de este nombre antes de 707 (47 a.C.), y difícilmente podemos pensar en una ley pretoriana aquí. Por su contenido, entre muchas informaciones inseguras, la más precisa se encuentra en Asconius, *In Pis.* p. 9: *Obnuntiatio, qua perniciosis legibus resistebatur, quam Aelia lex confirmaverat, erat sublata*, de donde se deduce que no innovaron en principio. En cuanto a la medida por la que regularon la *obnuntiatio*, y en lo relativo a los puntos que fijaron y los que no fijaron estas leyes, los críticos prudentes sabrán resignarse a la ignorancia. La afirmación de los escolios Bobianos *In Vatin.* 9, p. 319, según el cual estas leyes habrían prohibido la tramitación de una *rogatio* antes de la elección de los magistrados es, en su forma actual, manifiestamente inadmisible; pero, como me señala Hirschfeld, está confirmado por la observación que hace Cicerón, *Ad Att.* 1, 16, 13, referida a la dispensa de estas leyes concedida al autor de una rogatoria para acelerar la votación de su proyecto, y que tuvo como consecuencia el aplazamiento de las elecciones.

el tribuno del pueblo Clodio abolió la *obnuntiatio*[126]. Esta ley fue contestada durante algún tiempo, pero parece que finalmente se mantuvo vigente[127].

Según las disposiciones anteriores, la obnunciación emanaba o del cónsul contra el cónsul[128] o del gran pontífice que celebraba los Comicios curiados[129], o del tribuno del pueblo contra el cónsul[130] o

[126] Cicerón, *Pro Sest.* 15, 33, indica como objeto de la ley Clodia, *ne auspicia valerent, ne quis obnuntiaret, ne guis legi intercederet, ut omnibus fastis diebus legem ferri liceret, ut lex Aelia, lex Fufia ne valerent* (véase en un sentido análogo, *op. cit.* 26, 56; *Cum sen. gr. egit*, 5, 11 ; *De prov. cons.* 19, 46 ; *In Vat.* 1, 18; *In Pison.* 5, 10), Asconius (*In Pison.* p. 9), ne quis per eos dies, quibus cum populo agi liceret, de caelo servaret, y casi en los mismos términos Dion, 38, 13.

[127] En efecto, existen, para el periodo posterior al 696 (58 a.C.), bastantes ejemplos de obnunciaciones, y eso ocurre porque la vigencia de las leyes de Clodio estuvo sujeta a múltiples disputas. Pero si Antonio se opone a los *comitia consulares* de Dolabela en calidad de augur y no de cónsul (Cicerón, *Phil.* 2, 32. 33), no debe explicarse, como Cicerón pretende hacer creer, por su ignorancia; es porque Antonio admite la validez de la ley Clodia de 696 (58 a.C.), y al mismo tiempo el mismo Cicerón reconoce esta validez, [*op. cit.* 81: *quod* — el hecho de *de caelo servare* — *neque licet comitiis per leges*). Antonio también rechazó en otros dos casos, como cónsul, la obnunciación de los tribunos, y, cuando Apiano da como razón, BC 3, 7, que este derecho pertenece a otros (ἔθοθς ὄντος ἐπὶ τοῦτο πέμπεσθαι) lo hace para resaltar una cosa: que Antonio declaró que el derecho de hacer tales objeciones pertenecían exclusivamente a los augures y no a los magistrados. Finalmente, la definición de *spectio* en Festo, p. 333, niega la o bnunciación a los magistrados, lo que solo es cierto si se considera la validez de la ley Clodia. Ciertamente, el hecho de que no se trate de una obnunciación en época imperial, no puede invocarse para probar la validez de esta ley. — La acusación presentada, todavía en el año 700 (54 a.C.), por violación de la ley Fufia (Cicerón, *Ad Att.* 4, 16, 5), es perfectamente conciliable con la existencia jurídica de la ley Clodia que derogaba de buen grado las leyes Aelia y Fufia, pero que no las derogó formalmente; algunas de sus disposiciones sin duda siguen vigentes y pueden servir de base a una actuación.

[128] Como se sabe, así es cómo el cónsul Bíbulo hizo, en el año 693 (61 a.C.), una obnunciación a su colega César todos los días de Comicios (Suetonio, *Iul.* 20, y otros autores; Drumann, 3, p. 204).

[129] Cicerón, *De domo* 15, 39; *De har. resp.* 23, 48; *De prov. cons.* 19, 43; Ad *Att.* 2, 12, 2.

[130] Así los tribunos del pueblo, P. Sestius (Cicerón, *Pro Sest.* 37, 79. 38, 83), y T. Milo (Cicerón, *Ad Att.* 4, 3, 3. 4) hicieron la obnunciación, en 691 (63 a.C.), al cónsul Metelo Nepote, en relación con las elecciones para elegir ediles curules; el tribuno Mucius Scaevola a los cónsules del año 700 (54 a.C.), en las elecciones de sus sucesores (Cicerón, *Ad Att.* 4, 16, 7; *Ad Q. fr.* 3, 3, 2: *Comitiorum quotidie singuli dies tolluntur obnuntiationibus*, Drumann, 3, p. 6); el tribuno Nonius Asprenas al cónsul Dolabela, en 710 (44 a.C.), a causa de la propuesta tendiente a darle la provincia de Siria (Apiano, *B.C.* 3, 7), y uno de sus colegas al cónsul Antonio que había convocado Comicios para la elección de los censores (Cicerón, *Phil.* 2, 38, 99: *Cur ea comitia non habuisti? an quia tribunus plebis sinistrum fulmen nuntiabat?*).

del censor[131]. La *spectio* constituye uno de los derechos de los magistrados del Estado, y la obnunciación, que la tiene por fundamento constitucional, no puede haber pertenecido a los magistrados plebeyos. Pero el sistema de obnunciacion no se limita a signos obtenidos por *spectio*, sino que es un derecho de un magistrado solo en el sentido de que un magistrado no puede ignorar la comunicación de otro magistrado como si este fuese un individuo cualquiera. Es así fácil explicar que los tribunos, si bien no tomaron *auspicia impetrativa*, sin embargo ejercieron, en tiempos más recientes, el derecho de obnunciación. Si tenían este derecho desde que eran considerados magistrados, o tal vez solo bajo las leyes Aelia y Fufia, es un punto que no puede esclarecerse.

En sentido inverso, se señala que la obnunciación es admisible incluso contra las asambleas de la plebe[132]; porque un acto para el cual no se toma ningún auspicio puede, sin embargo, ser interrumpido por las *dirae*. Sin embargo, estamos, por así decirlo, completamente desprovistos de testimonios positivos sobre su aplicación a los *concilia plebis*[133]. Por una consecuencia natural, ya

[131] Cicerón, *Ad Att.* 4, 9, 1, en 699 (55 a.C.): *Velim scire, num censum impediant tribuni diebus vitiandis.* También con esto se relaciona el relato de Dion, 37, 9, según el cual, en 689 (65 a.C.), los tribunos impidieron a los censores realizar la *lectio senatus.* Además, la *nuntiatio* no se dirige aquí como de costumbre contra la asamblea del pueblo, sino contra la realización del censo por parte de los censores.

[132] Cicerón, *In Vat.* 7, 17. 18: *Num quem post urbem conditam scias tribunum, plebis egisse cum plèbe, cum constaret servatun esse de caelo?... cum te tribuno plebis esset etiamium in republica lex Aelia et Fufia, quae leges saepenumero tribunicios furores debilitarunt et represserunt, quas contra praeter te nemo umquam est facere conatus... ecquando dubitaris contra eas leges cum plebe agere et concilium convocare?* Del mismo, *op. cit.* 8, 20. 9, 23. Además, se argumenta, a favor de la validez del plebiscito de Clodio sobre el exilio de Cicerón (en el *De prov. cens.* 19, 45) que *nemo de caelo servarat*, y por otro lado, contra lo del plebiscito de Antonio de 710 (44 a.C.), que se hizo a *Iove tonante* (Phil. 5, 3, 8). Finalmente, la ley de Clodio prohíbe *obnuntiare concilio aut comitiis* (Cicerón, *Cum sen grat. eg.* 5, 11).

[133] Es probable que con esto se relacione la abrogación por un *senatus-consultum*, en 663 (91 a.C.), de los plebiscitos de Livio tal como si estos se hubieran realizado *contra auspicia* (Asconio, *In Cornet.*, p. 68); porque solo podemos entender por esto la transgresión de una *nuntiatio* augural o una *obnuntiatio* por parte de un magistrado. Sin embargo, en esta ocasión se invocaron otras causas de nulidad. En presencia del elocuente elogio dirigido por Cicerón a las *leges Aelia y Fufia, quae in Gracchorum ferocitate e in audacia Saturnini and in colluvione Drusi and in contentione Sulpicii and in cruore Cinnano, etiam inter Sullana arma vixerunt* (*In Vat.* 9, 23), uno solo puede lamentar que durante todo este tiempo hayan quedado tan pocos vestigios

no podemos determinar los magistrados a quienes pertenecía la obnunciación con respecto al tribuno del pueblo; no podemos decir si fue exclusivamente a su colega, o, como parece más bien, además al cónsul y al pretor[134]. Si esta última solución fuera correcta, se deduciría de ello que la obnunciación no podría considerarse como una consecuencia de la *par maiorve potestas*; y la naturaleza misma de las cosas, así como la costumbre de prohibir a los magistrados inferiores observar el cielo en días determinados, parecen indicar que el mismo magistrado menor puede, en tal caso, detener el acto del superior. En relación con esto, parece que cabe atribuir este derecho "a todos los magistrados"[135].

28. Consecuencias de los auspicios contrarios

Cuando la oposición de la divinidad se ha manifestado contra un acto, ya sea en respuesta a una pregunta, antes de que comience el

de su existencia; la cosa se vuelve tanto más sorprendente si comparamos el papel jugado en estas luchas por el derecho de intercesión.

[134] A esto se refiere el discutido texto de Cicerón, *Pro Sestio*, 36, 78: *Si obnuntiasset Fabricio* –al tribuno del pueblo de 697 (57 a.C.), en la rogatoria por la revocatoria de Cicerón– *is praetor, qui se servasse de caelo dixerat, accepisset res publica plagam, sedeam, quam acceptam gemere posset*. La lección que se nos ha transmitido es presumiblemente correcta. El pretor Apio –porque a él se alude– había observado el relámpago, pero no se llegó a ninguna conclusión, porque Fabricio había sido expulsado previamente por la fuerza del lugar de votación. No puede extrañar que el hermano de Publio Clodio observase el cielo, contrariamente a la ley de su hermano, cuando se recuerda que el propio autor de la ley combatió así las leyes de César en la segunda mitad de su tribunado. Por lo tanto, no hay necesidad de cambiar *dixerat* por *diceret*, ni de borrar *praetor*; hay aún menos necesidad de anteponer una negación a *posset*; porque Cicerón, como lo muestra de nuevo la continuación del texto, quiere caracterizar el procedimiento de Apio como constitucional, en consecuencia como muy reprochable, pero que no atenta contra la organización del Estado. Por esto, la obnunciación parece, en sus condiciones generales de admisibilidad, haber pertenecido incluso a los altos magistrados patricios contra los plebeyos.

[135] Cicerón, *De leg.* 3, 4, 10: *Omnes magistratus auspicium... habento*, con el comentario de 12, 27: *Omnibus magistratibus auspicia... dantur, ut multos comitiatus probabiles impedirent morae; saepe enim populi impetum iniustum auspiciis dii immortales represserunt*.

acto, o después, sin pregunta, antes de que haya terminado, el acto no puede cumplirse el día en que se produjo la contrariedad[136].

29. Repetición

Pero nada se opone por regla general a que los dioses sean consultados de nuevo, en relación con el mismo acto, el día siguiente o uno de los días subsiguientes: está permitido *repetere auspicia*[137].

30. *Vitium* y su constatación

Cuando, intencionalmente o no, se ha violado esta prescripción y se ha realizado el acto, ya sea por no tomar los auspicios que debería haber tomado, o en oposición a los que se habían tomado, o desafiando la oposición de los Dioses manifestada más tarde, hay un defecto (*vitium*)[138], cuya constatación, a no ser que se trate de hechos notorios, corresponde al colegio de augures. Este colegio primero debe averiguar cómo sucedieron las cosas[139] y luego emitir

[136] Esto se llama *diem vitiare* (Cicerón, *Ad Att.* 4, 9, 1). Cicerón expresa el mismo pensamiento de una manera ligeramente diferente en *Phil.* 2, 33, 80: *Comitia auspiciis vel impedire vel vitiare.* Es a este último significado al que corresponde la frase: *Collegam auspiciis vitiosum facere* (*Phil.* 3, 4, 9).

[137] Así, una *lex curiata* se aplaza (*dies diffinditur*) si el sorteo designa una primera curia de mal augurio, pero luego se propone de nuevo, *postera die auspiciis repetitis* (Tito Livio, 9, 38, 39). En los casos de partida para la guerra es cuando se cita con mayor frecuencia esta renovación de los auspicios, ya sea defectuosa desde el principio o habiéndose vuelto defectuosa posteriormente. En consecuencia, la simple contrariedad observada en los *auspicia impetrativa* conduce a la repetición de la impetración, del mismo modo que, si en el sacrificio de un primer animal no acaba en *litatio*, se sacrifica un segundo. Sin embargo, la reanudación de los auspicios no puede, por su propia naturaleza, tener lugar regularmente en el mismo día. Si el acto planeado se lleva a cabo desafiando los auspicios contrarios, o si los dioses han intervenido con *auspicia oblativa* desfavorables, como en el caso de Tito Livio, 23, 31, hay un *vitium*.

[138] *Causa* también parece usarse como sinónimo, Servio, *Ad Aen.* 7, 141. 9, 630. En el mismo sentido también se designa a este acto fallido como *inauspicato* (Tito Livio, 21, 63, 7).

[139] Cómo, no lo sabemos. La analogía con los procedimientos de instrucción judicial ordinaria se puede deducir de Tito Livio 8, 23, 15: *Neque ab consule cuiquam publice privatimve de ea re scriptum esse nec quemquam mortalium extare, qui se vidisse aut audisse quid dicat, quod auspicium dirimeret.*

un decreto[140]. El Senado y los distintos magistrados tienen derecho a exigir del colegio tal consulta[141]; pero el mismo colegio tenía, tenemos prueba de ello, el derecho de tomar la iniciativa y de dirigir espontáneamente al Senado una comunicación de este género[142]. Pudiendo resolverse cuestiones de derecho público e incluso incoarse procedimientos de pena capital en virtud de estas consultas, no en vano se atribuye a los augures cierto poder sobre los magistrados[143] o incluso una jurisdicción efectiva[144]. Pero en sentido estricto, es más bien la magistratura la que tiene el deber de tomar las medidas necesarias para la correcta ejecución de la consulta augural.

[140] Tito Livio, 45, 12, 10: *Vitio diem dictam esse augures, cum ad eos relatum est, decreverunt.* Del mismo, 4, 7, 3: *Augurum decreto perinde ac vitio creati honore abiere, quod C. Curtius, qui comitiis eorum praefuerat, parum recte tabernaculum cepisset.* Del mismo, 23, 31, 13: *Cui ineunti consulatum cum tonuisset, vocati augures vitio creatum videin pronuntiaverunt.* Del mismo, 8, 15, 6. Cicerón, *De leg.* 2, 12, 31: *Quid magnificentius quam posse decernere, ut magistratu se abdicent consules?* Cf. *In Vatin.* 8, 20. En casos de aplazamiento o suspensión, no se tiene en cuenta la opiniñon de un solo augur, sino que es el colegio el que decide.

[141] Esto se denomina *referre* o *rem deferre ad collegium*: Tito Livio, 45, 12, 10; Cicerón, *Phil.* 2, 34, 83: *Quae (acta Dolabellae) necesse est aliquando ad nostrum collegium deferantur.*

[142] En el caso mejor conocido es el de las elecciones de los cónsules para el año 592 (162 a.C.), donde el magistrado que dirigía la votación y que además era augur, percibiendo su error después de terminado su consulado, informó al colegio, y éste a su vez comunicó el asunto al Senado (Cicerón, *De nat. deor.* 2, 4; cf. *De div.* 2, 35, 74). En otro caso, los *pullarii* llaman la atención del magistrado que toma los auspicios del vicio cometido, el colegio de augures adopta su dictamen, y se aplaza el asunto (Cicerón, *Ad fam.* 10, 12, 2).

[143] Cicerón, *De leg.* 2, 8, 21: *Quaeque augur iniusta nefasta vitiosa dira deixerit* (manuscrito: *defixerit*), *inrita infestaque sunto, quique non paruetit, capital esto.* Todavía recomienda en varias ocasiones, en su constitución, a los magistrados la obediencia a los augures (*eod. loc.* un poco más arriba y 3, 4, 11; cf. 2, 12, 31. 3, 19, 43). Además, engloba aquí cosas diferentes, en particular la *nuntiatio* de los augures; en consecuencia, probablemente se trate de un solo augur y no de un grupo de augures, o del colegio.

[144] Se dice en la ley de la colonia Genetiva, c. 66: *De auspiciis quaeque ad eas res pertinehunt augurum iuris dictio iudicatio est.*

CAPÍTULO III

EL *IMPERIUM*

EL MANDO MILITAR (*IMPERIUM*)[1]

1. Titulares del *imperium* militar

Imperium, la palabra que, en lenguaje técnico, designa generalmente el poder del más alto magistrado, se emplea por excelencia, de un modo no menos técnico y mucho más frecuente, para expresar el mando militar[2]. Esto se debe a que el comandante en jefe de los ejércitos es el elemento esencial del máximo poder público y es inseparable de él en principio. Su posesión corresponde tanto a los altos magistrados ordinarios, cónsules, pretores, dictadores, jefes de la caballería, así como a los titulares extraordinarios del más alto poder, para cuya situación la calificación *cum imperio* es, por así decirlo, oficial[3]; nunca ha habido un magistrado de primer grado

---

[1] *Staatsrecht*, I, 1887 (Dritte Auflage), pp. 116-136 (Das Commando – *Imperium*)

[2] Cicerón, *Phil.* 5, 12, 45: *Imperium, sine quo res militaris administrari, teneri exercitus, bellum geri non potest.*

[3] Parece oportuno explicar inmediatamente aquí la expresión *cum imperio esse*, que se encuentra en diversas construcciones. Cicerón dice, *Ad Att.* 7, 15, 9: *(C Fannius) cum imperio in Siciliam proemittitur*; Fannius era entonces pretor (pues Wehrmann, *Fasti praetorii*, p. 72, no ha descartado el testimonio decisivo de sus cistóforos fechados), pero, según la organización existente, no ejerció con este rango un mando efectivo, y recibió uno solo cuando fue enviado con carácter extraordinario a Sicilia, tras el estallido de la guerra civil. Poco más adelante (*Ad Att.* 8, 15), Cicerón menciona con derecho de salir de Italia a los que *cum imperio sunt*, como el procónsul de las dos Hispanias, Pompeyo, el procónsul de Siria, Escipión, y Fannio, que acaba de ser nombrado, y otros más, por oposición al censor Apio y a él mismo (*sc.* Cicerón). En otro lugar también dice Cicerón de sí mismo que no tiene *imperium* por el momento (*Ad Att.* 7, 7, 4: *Nec enim senatus decrevit nec populus iussit me imperium habere*) y que una situación *cum imperio* de ninguna manera le conviene (*Ad Att.* 7, 3, 3); residía entonces *ad urbem*, en calidad de ex procónsul de Cilicia, y tenía el *imperium* nominal que solo habría vuelto a hacerse efectivo por decisión del Senado o del pueblo. Cuando Salustio, *Hist.* 1, 48, 22, *cum Q. Catulo pro cos. et ceteris quitus imperium*

que no tuviera derecho a formar y dirigir el ejército. Es un punto cuestionable si la expresión *imperium* está reservada exclusivamente para los magistrados superiores. Quizá también podría aplicarse a los

---

erat, atribuye el *imperium* a los procónsules que se encuentran *ad urbem*, piensa en este *imperium* nominal que podría reactivarse sin dificultad. Asimismo, *cum imperio* se usa con frecuencia para los promagistrados que son gobernadores de provincias, especialmente cuando han llegado anormalmente a su cargo de promagistrados. Este es el significado que tiene en el *senatus consultum* del que nos informa Cicerón, *Ad fam.* 8, 8, 8: *Qui praetores fuerunt neque in provinciam cum imperio fuerunt, quos eorum ex s. contra cum imperio en provincias pro praetore mitti oportet*; igualmente, *Ad fam.* 3, 2, 1: *Ut mihi cum imperio in provinciam, proficisci necesse esset*; también. *Ad fam.* 1, 9, 13: *Cum tu Hispaniam citeriorem cum imperio obtineres*; Suetonio, *Aug.* 29: *Provincias cum imperio petituri*. Además, aquel a quien los *comitia* atribuyen personalmente un mando extraordinario es llamado en lenguaje técnico *cum imperio*, nos lo atestigua Festo. En este sentido decimos *cum imperio mittere* referido al envío de Publio Escipión a Hispania, Tito Livio, 26, 2, 5 (cf. c. 31 *in fine*) y del de Pompeyo a Sicilia y a Hispania, Tito Livio, *Per.* 89. 91. El mismo autor dice en forma análoga, 26, 10, 9: *Placuit omnes qui dictatores consules censoresve fuissent cum imperio esse, donec recessisset a muris hostis*. Finalmente, *cum imperio mitere* (Tito Livio, 23, 32, 20. c. 34, 14. 27, 24, 1. 31, 3, 2; en sentido análogo, 28, 46, 13. 35, 23, 6) o *cum imperio relinquere* (Cicerón, *Ad Att.* 6, 4, 1) se aplica al nombramiento de un representante investido de los poderes de un magistrado. — Como vemos, la calificación *cum*, o, como dicen las leyes del siglo VII de Roma (I a.C.), *pro imperio*, es, en cierta medida, de orden complementario. El que ejerce el mando como cónsul, pretor, etc. es referido por su título oficial; el que también lo ejerce como mandato de magistrado, pero sin título constitucional oficial, es *cum imperio*: así el poder público extraordinario o delegado se denomina preferentemente *cum imperio* y, en cambio, el poder que se ha prolongado según la costumbre seguida con más frecuencia deriva de las funciones de los promagistrados. Además, nada impide, cuando se juntan los mandos militares nombrados y los no nombrados, incluir el primero en la expresión *cum imperio*, aunque técnicamente solo se aplica al segundo. Parece que también debemos vincular a estos hábitos de lenguaje la oposición que se hace a menudo entre *magistratus* e *imperium*. Así, en las leyes del siglo VII de Roma (I a.C.) (*lex Bantina*, líneas 17. 19; *lex repetundarum*, líneas 8. 9, y líneas 72 a 79; quizás también *lex agraria*, línea 10), las atribuciones de los magistrados son a menudo unificadas en la expresión *magistratus imperiumve* (cf. *magistratu imperioque* en la ley municipal de la colonia Genetiva Iulia, c. 128); *imperium* puede designar aquí el *cum imperio esse* en su sentido más amplio, el poder público supremo extendido, delegado o extraordinario. Cuando, por ejemplo, la ley *repetundarum* enumera los magistrados y prohíbe citarlos *dum magistratum aut imperium habebunt*, esto significa que el cónsul, por ejemplo, no debe ser llamado a la justicia, ni siendo cónsul ni procónsul. La ley de investidura de Vespasiano dice de manera similar (línea 10): *Magistratus potestas imperium curatiove cuius rei* (cf. *in magistratu potestate curatione legatione* en la ley *Iulia repetundarum*, *Dig.* 48, 11, 1): los tres últimos términos designan el poder público que no pertenece a la magistratura, aquí con expresa mención de la que no está adscrita a las magistraturas superiores (*potestas*, *curatio*) y que además ciertamente no debe ser excluida en la fórmula *magistratus imperiumve*, pero que allí solo se omite por licencia *a potiori*. Del mismo modo, no es raro que los autores opongan *imperium* a *magistratus* u honor (Cicerón, *De rep.* 1, 31, 47. Salustio, *Iug.* 3, 1. 4, 7. Suetonio, *Caes.* 54 75. *Tib.* 12. *Dig.* 4, 6, 26, 2. 48, 4, 1, 1).

oficiales subalternos, siempre que fueran magistrados y, por tanto, estuvieran igualmente en posesión de un mando independiente[4].

El *imperium* nunca se atribuye a oficiales que no son magistrados[5]. Pero los magistrados que tienen derecho a ejercer el mando no hacen uso de su derecho todos ni durante todo el tiempo. Los magistrados adscritos a la administración por sus funciones, como el prefecto de la ciudad y el pretor urbano en particular, pueden encontrarse en la posición de ejercer su mando militar; pero, por regla general, su *imperium* se limita más bien a la jurisdicción civil, la cual, como tendremos que mostrar en la sección correspondiente, es también inseparable de la suprema magistratura, y en consecuencia también se designa técnicamente, aunque con poca frecuencia y solo en turnos definidos, por la palabra *imperium*. De lo que se trata aquí no es del mando militar que está adscrito, en principio, al poder supremo, sino del mando militar efectivo.

El *imperium* –el conjunto de atribuciones de carácter militar del magistrado superior, que debe distinguirse claramente de las funciones que ejerce *militiae*, cuyo límite es territorial–, consta

---

[4] Esto ocurre en Tito Livio, 9, 30, 3: *Duo imperia eo anno dari coepta per populum utraque pertinentia ad rem militarem, unum ut tribuni militum... a populo crearentur... alterum ut duumviros navales... idem populus iuberet.* Madvig (*Emend. Liv.* p. 181) se basó, es cierto, en lo que el mejor manuscrito da de primera mano (*duosferia*) para poner *ministeria* en lugar de la sorprendente *imperia*. Hemos comparado, en sentido contrario, esta expresión en Livio, 28, 27, 14: Imperium *ablatum a tribunis (militum)... ad homines privatos detulistis*, y Cicerón, *De leg.* 3, 3, 6: *Militiae quibus iussi erunt imperanto eorumque tribuni sunto*; pero estos textos no justifican nuestra forma de hablar, ya que muy bien pueden entenderse como el *imperium* delegado que se puede dar a cualquier oficial. Sin embargo, si se reflexiona, por un lado, que el *imperium* expresa el poder atribuido a la magistratura en la relación militar y, por otro lado, que, de todos los magistrados inferiores, los dos designados por el texto son los únicos que están absoluta y necesariamente en relación con lo militar, y puede defenderse la idea de que el *imperium*, en el sentido de que se refiere a la situación de los oficiales que son magistrados y que por tanto, en consecuencia, el término puede emplearse también para el magistrado superior, si ostenta el mando militar, y para el inferior, si, como magistrado, también se le asigna.

[5] Así, Salustio, *Iug.* 40, 1, opone las *legationes* a los *imperia*.

principalmente de los elementos que desarrollamos en las siguientes páginas[6]: Formación del ejército, nombramiento de oficiales, etc.

2. Formación del ejército

El magistrado investido del *imperium* militar tiene derecho a reclutar un ejército entre los ciudadanos, y también, más tarde, entre los aliados[7], y a prestar juramento, en nombre y por la duración de la magistratura de la que es investido, así como licenciar a los soldados, individual o colectivamente. Seguramente este derecho ha sido limitado por el uso, y no tanto por ley. Pero la ejecución de las levas es uno de los actos ordinarios del magistrado y no requiere el voto del pueblo. Un senado-consulto solía preceder al *dilectus*, al menos para los tiempos para los que tenemos cierta evidencia; pero sin embargo no era constitucionalmente necesario, especialmente cuando solo se trataba de hacer las levas regulares de dos legiones por cónsul, ya que no se pedía a los ciudadanos sacrificios extraordinarios, ni se obligaba a prestar servicio a los que habían sido llamados el año anterior, ni cuando se hacían levas más amplias[8]. El derecho de formar el ejército, no era ejercido ordinariamente por los pretores, incluso cuando éstos asumían el mando. Pero la leva anual hecha por los cónsules solo parece haber caído en desuso hacia el final de la República, con el desarrollo progresivo del servicio militar permanente[9].

---

[6] Nos ocuparemos aquí de las funciones que generalmente corresponden a la alta magistratura, como, por ejemplo, el triunfo.

[7] En el caso de que los tribunos militares procedan al *dilectus* (llamamiento de reclutas para el ejército) éste debe evidentemente reducirse a un mandato, pues son cónsules quienes inician el llamamiento mediante un edicto, y son ellos los que, en caso de controversia, tienen la última palabra.

[8] Según la costumbre, el Senado era consultado en relación con el *dilectus*: muchos pasajes de Tito Livio, en particular las excepciones citadas 28, 45, 13y 42, 10, 12 lo demuestran. Pero de esto no se sigue en modo alguno que la leva no estuviera originalmente dentro de los derechos del magistrado, y que el cónsul en particular no pudiera proceder válidamente, sin consultar al senado, con la leva anual ordinaria de cuatro legiones (Polibio, 6 , 19). Llama la atención que Polibio, al explicar la dependencia de los cónsules del Senado (en 6, 15), no diga nada sobre el *senatus-consultum* relativo al *dilectus*.

[9] Es probable que, cuando el servicio militar se hizo gradualmente permanente y las exacciones más y más irregulares, su dirección pasara de hecho al Senado; sin embargo, no hay razón para admitir que se haya sido privado expresamente a los cónsules

Lo que acaba de decirse se aplica a las levas regulares, adscritas a la capital; además, todo magistrado que tenga *imperium* tiene, según las circunstancias, el derecho de convocar, en caso de emergencia, a personas capaces de empuñar armas, de acuerdo con las prescripciones generales sobre el *tumultus*.

3. Nombramiento de los oficiales

El derecho de nombrar y destituir a oficiales está íntimamente ligado al de formar el ejército; forma parte de él. Sin embargo, pronto se le puso límite. Por un lado, la extensión del voto del pueblo al cuestor, realizada probablemente tras la caída de los decenviros, situó, junto al general, como un segundo magistrado elegido también por los ciudadanos, el que hasta entonces había sido su primer jefe; en cambio, en el 392 (362 a.C.), se produjo la reelección de una parte, luego, entre el 463 (291 a.C.) y el 535 (219 a.C.), se asignó a los Comicios la elección de todos los tribunos de las cuatro legiones regulares anuales, de modo que el cónsul, si no lo era, como a veces sucedía, eximido de la regla legal, podía elegir los tribunos solo para las legiones recién constituidas, excepcionalmente, y en cifra menor de la indicada.

El general también nombra a los centuriones y decuriones[10] y a todos los oficiales de nueva creación, como los *praefecti socium* o los *praefecti fabrum*. Cuando, durante el Imperio, los magistrados superiores, a excepción del emperador, cesaron de mandar las tropas, todavía les quedaba algo de tiempo, como resto de este derecho de

el derecho a hacer levas en tiempos recientes, por ejemplo, por Sila. El hecho de que, desde entonces, el cónsul asuma el mando solo después de la expiración de su año de magistratura, no cambia en sí mismo el derecho a hacer levas.

[10] Tito Livio, 42, 33. Cicerón, *In Pison.* 36, 88. Varrón (en Nonio, voz *Extispicium*): *Ait consulem mihi pilum credere* (en lugar de cederé, como lee Madvig, *Adv.* 2, 654). Tácito, *Ann.* 1, 44. A decir verdad, Polibio, 6, 24, 2. c. 25, 1, atribuye el nombramiento de centuriones y decuriones a los tribunos militares, y el del *optio* del centurión o del decurión es originalmente designada por él mismo (Polibio, *loc cit.*), luego por el tribuno militar (Varrón, *L.L.* 5, 91). Es probable que el derecho de nombramiento perteneciera, hasta la totalidad de los rangos y grados al cónsul, aunque los grados inferiores eran sin duda conferidos generalmente a los oficiales.

proponer candidatos, como el de nombrar a los *praefecti fabrum*, que en efecto habían perdido relativamente pronto su carácter militar.

4. Derecho a iniciar una guerra

El magistrado tiene derecho a dirigir un ejército contra los pueblos con los que Roma está en guerra, o mejor dicho, que no está en situación de tregua o no mantiene una alianza con los romanos, pero no tiene derecho a declarar la guerra a un Estado rompiendo un tratado en vigor. El derecho de declarar la guerra, o, para hablar más exactamente, el derecho de considerar disuelto y roto un pacto debidamente concluido o una tregua que no haya expirado, reside en el pueblo asistido por el consejo de ancianos.

5. Tratados

El general en jefe tiene, como tal, la capacidad para celebrar tratados de tregua, alianza, paz y rendición. Sin embargo, no es aquí, sino en el último apartado de esta parte, donde debe tratarse este derecho; porque no es una peculiaridad del mando militar superior, sino una aplicación pura y simple del derecho general que corresponde al magistrado de representar al Estado en el extranjero. Baste aquí recordar la regla de que el magistrado puede celebrar cualquier clase de tratado por cuenta del Estado, pero que, si lo hace sin mandato judicial, actúa por su cuenta y riesgo, es decir, que puede darse la nulidad del tratado e incluso la extradición de la persona que lo pactó.

6. Administración financiera

Naturalmente, la alta administración militar no puede separarse del alto mando. Se establecieron normas fijas a este respecto para la tenencia de cajas de dinero. Distinguimos los fondos confiados por el Estado sobre sus bienes al general para hacer la guerra, por una parte, y los botines de guerra, por otra. La administración y contabilidad del dinero está desde el año 333 de Roma (421 a.C.) se asigna a un magistrado especial, nombrado también por el pueblo, al cuestor militar. La limitación esencial que esto supone para el general, que no puede disponer de ese dinero, no se aplica al dictador. Por el contrario, el general no estaba obligado a dar el botín al cuestor que estaba adscrito a él; lo manejaba libremente, y encontramos empleados para este propósito, al menos al final de la República, a los *praefecti fabrum*; de modo que hay dos arcas en el ejército, el arca del Estado y la del general.

7. Derecho de acuñar moneda

Una consecuencia de los poderes de administración financiera del general es su derecho de acuñar moneda. Este, que sin duda fue originalmente uno de los derechos generales del magistrado, fue, en la capital, y probablemente desde muy temprano, no solo puesto bajo el control del Senado, sino retirado de las manos de los magistrados superiores. Por el contrario, los generales conservaron durante toda la duración de la República, el derecho de acuñar monedas de todos los valores, incluso los más elevados, con pesos y medidas que se ajustaban a la ley romana, y posteriormente a todos los módulos cuya circulación estaba admitida en el interior de la República. Los magistrados que emitían monedas comenzaron a poner su nombre en ellas[11].

Aparte de la administración, que se relaciona con las necesidades directas del ejército, y que es inseparable del mando, se puede imaginar que los romanos no han llevado la administración en general a una relación estrecha con el mando militar. Por lo que se refiere a Italia en particular, se deja el lugar más amplio posible a la administración

[11] Se dan argumentos más extensos en mi obra *La monnaie romaine*, II, p. 44, y 57 ss. La libertad con la que se ejerció este derecho está atestiguada sobre todo por las monedas de oro acuñadas por Sila y Pompeyo en una época en que el oro circulaba solo en lingotes.

de los propios municipios, y el poder central no está representado por los cónsules en su calidad de generales, sino principalmente por los magistrados en ejercicio en la capital y, junto a ellos, por los cuatro cuestores que residen en Italia. En las provincias, las funciones administrativas de carácter estable están absolutamente vinculadas a las funciones judiciales de la misma naturaleza.

8. Jurisdicción del general

Ciertamente, la jurisdicción penal también puede considerarse como parte integrante del *imperium* militar; porque no solo las penas, sino los agentes de la represión y la noción misma del hecho punible toman, respecto de los soldados, formas esencialmente diferentes. Los agentes de la represión son, para el soldado, los oficiales, que en otros lugares no tienen capacidad para ejercer la jurisdicción penal, en particular los tribunos militares y los *praefecti socium*[12].

En cuanto a los hechos punibles, no solo se catalogó una serie de delitos y faltas que solo pudieran ser cometidos por militares y que están sujetos preferentemente a la justicia de los campamentos, sino que se estableció que determinado acto que en la vida civil no entraña un castigo civil de la jurisdicción del pretor, sería incluido también entre sus competencias, siendo remitido a los tribunales de represión militar por violar la disciplina de los campamentos; tenemos, por ejemplo, la prueba de ello por el robo y por el incumplimiento de la palabra dada. El procedimiento asume, en tal caso, las formas externas del procedimiento civil; pero no es menos cierto que su fundamento jurídico no está en un derecho de jurisdicción *inter privatos*, en la que no tiene competencias el general, sino en el militar. Este procedimiento se aplicaba cuando tanto el culpable como la víctima pertenecían al ejército, quizás también cuando un civil perseguía a un soldado: nada más preciso puede determinarse sobre ello; porque hay poca información sobre estos aspectos de la

[12] Polibio, 6, 37, 8: κύριος δ' ἐστὶ καὶ ζημιῶν ὁ χιλίαρχος καὶ ἐνεχυράζων καὶ μαστιγῶν, τοὺς δὲ συμμάχους οἱ πραίφεκτοι. Tito Livio, 28, 24, 10: *Iura reddere in principiis. Dig.* 49, 16, 12, 2. Ley municipal de la colonia Genitiva Iulia, cap. 103.

jurisdicción *castrensis*, y sin duda quedaba un amplio margen para la arbitrariedad del general.

9. Título de *imperator*

Parece evidente que aquel a quien pertenece el *imperium* tiene derecho a ser llamado *imperator*, en griego, αὐτοκράτωρ[13], y puede haber sido así en principio[14]. Pero más tarde, en primer lugar, la acepción precisa que ya se estableció para la palabra *imperium*, quedó también fijada para el término *imperator* para designar a aquellos que están investidos con un *imperium* distinto al del general y que no son calificados nunca como *imperatores*, pero que, sin embargo, el vocablo sirvió para designar genéricamente al general que está en campaña, en la guerra. Hay que tener presente que para los propios generales se establece la costumbre de no tomar el título de *imperator* al entrar en posesión del mando, sino solo después de haber ganado la primera gran batalla. Legalmente les corresponde a ellos solos decidir cuándo sucedía esto[15].

Sin embargo, la costumbre prescribe dejar la iniciativa a los soldados en el campo de batalla[16], o al senado[17]. Por otra parte, no parece haber existido, en la época republicana, ninguna limitación formal relativa a la naturaleza de los éxitos militares que dan lugar a este título[18]. Siguiendo una costumbre establecida desde el siglo VI de

[13] El término latino se ha conservado en una inscripción de Mesenia (Lebas – Foucart, *Inscriptions du Péloponnèse*, 318a) para Licinius Murena, que triunfa en 673 (81 a.C.).

[14] Así es como lo entiende Salustio, *Cat.* 6: *Annua imperia binosque imperatores sibi fecere*. Es una especulación, y no se basa en la tradición.

[15] César, *B.C.* 3, 31, dice irónicamente: *Scipio detrimentis quibusdam... acceptis imperatorem se appellaverat.*

[16] Tácito, *Ann.* 3, 74: *Tiberius... Blaeso tribuit, ut imperator a legionibus salutaretur, prisco erga duces honore, qui bene gesta re publica gaudio et impetu victoris exercitus conclamabantur.* — Cf. Cicerón, *Ad Att.* 5, 20, 3. Dion, 43, 44. 52, 41. Plinio. *Paneg.* 12, y muchas otras fuentes.

[17] Cicerón, *Phil.* 14, 4. 5, 11. 12. Cf. Dion, 46, 38. Cuando el emperador Marco Aurelio es saludado *imperator* por séptima vez por los soldados en el campo de batalla, el acepta καίπερ δὲ οὐκ εἰωθώς, πρὶν τὴν βουλὴν ψηφίσασθαι, τοιοῦτόν τι προσίεσθαι (Dion, 71, 10). Sobre la aclamación del populus: Apiano, *B.C.* 5, 31.

[18] Apiano, *B.C.* 2, 44: Κουρίων... ὑπὸ τῆς στρατιᾶς ἐν τοῖς ὅπλοις ἔτι οὔσης αὐτοκράτωρ ὑπέστη προσαγορευθῆναι (siguiendo a César *B.C.* 2, 26: *universi*

Roma (el II a.C.)[19], el general es nombrado al principio por el título oficial de sus funciones, cónsul, procónsul, pretor, etc. Solamente obtiene el nombre de general en jefe como un título adjunto a la victoria, por lo que ahora suele dejarse a un lado el título oficial de sus funciones[20].

Cuando, como veremos más adelante, en el año 709 (45 a.C.), se había extendido el derecho al triunfo a los que comandaban un ejército pero bajo órdenes de otro superior, difícilmente se les podía negar el derecho a tomar el título de *imperator* que pasaba por inferior distinción, y que por regla general encaminaba al general victorioso hacia la ceremonia triunfal. Para esta época así está documentado[21]. En estos casos, la atribución del título no debió depender del propio comandante bajo cuyas órdenes estaban, ni de sus tropas, sino del Senado o incluso del propio comandante en jefe.

Hasta la Constitución del Principado en 727 (27 a.C.), el título de *imperator* se otorgaba con frecuencia no solo a los triunfantes[22],

exercitus conclamatione imperator appellatur), ἔστι δὲ τιμὴ τοῖς στρατηγοῖς τόδε τὸ προσαγόρευμα παρὰ τῶν στρατῶν, καθάπερ αὐτοῖς ἐπιμαρτυρούντων ἀξίως σφῶν αὐτοκράτορας εἶναι· καὶ τήνδε τὴν τιμὴν οἱ στρατηγοὶ πάλαι μὲν ἐπὶ πᾶσι τοῖς μεγίστοις ἔργοις προσίεντο, νῦν δ› ὅρον εἶναι τῇδε τῇ εὐφημίᾳ πυνθάνομαι τὸ μυρίους πεσεῖν. Todo lo que puede aludirse aquí son las aclamaciones imperiales de este tipo; bajo la República no había límite fijo, lo dice el mismo Apiano y lo confirma Cicerón, *Phil.* 14, 4. 5, 11. 12. En verdad, Diodoro, declara en sentido contrario que para dar derecho al título de *imperator* es necesaria una batalla en la que hayan caído por lo menos seis mil enemigos, y Dion, 37, 40, culpa a Antonio de que, después de la derrota de Catilina, se hizo con el titulo de *imperator* aunque el número de muertos no fue suficiente.

[19] La mención más antigua corresponde a Escipiónn el Africano (Tito Livio, 27, 49, 4); y los más antiguos testimonios epigráficos: *L. Aimilius L. f. inpeirator* en el bronce de Hasta (CIL II II, 5041) de 565 (189 a.C.) y las inscripciones de L. Mummius, consul en 608 (146 a.C.) (CIL. I, 541: *L. Mummi L. f. cos... imperator dedicat.*

[20] En los títulos, pero allí solamente, se encuentra la fórmula *consul imperator, propraetore imperator*, una junto a la otra (Cicerón, *Phil.* 14, 4, y la inscripción de Mummius mencionada en la nota anterior).

[21] Los ejemplos más seguros son los de Publio Ventidio quien, como legado de Antonio (Tito Livio, *Per.* 127. 128; Florus, 2, 19; Dion, 48, 41. 49, 21), derrotó a los partos en 715 (30 a.C.) y 716 (38 a.C.) y, por esta razón, se llama *imperator* en sus monedas (Cohen, *Méd. consul*, p. 326), y de C. Sosius, el sucesor de Ventidius, que se llama cuestor en algunas de sus monedas e *imperator* en otras (Cohen, *op. cit.*, p. 303).

[22] L. Munatius Plancus, cónsul en 712 (42 a.C.), triunfador en 711 (43 a.C.): *imp.* II (CIL, X, 6087). — T. Statilius Taurus, cónsul en 717 (37 a.C.) y 728 (26 a.C.), triunfador en 720: *imp.* III (CIL II, 3556. X, 409). — Ap. Claudius Pulcher, cónsul en 716

sino también en los casos en que no hubo ceremonia triunfal[23]. Pero, desde que la monarquía se estableció tomando como base este título, la costumbre lo reservó para los que estaban investidos de esta "monarquía"[24]. Sin duda, este resultado se logró exigiendo una vez más la condición de un mando militar independiente[25]; porque, salvo algunas raras hipótesis en las que el procónsul de África dio batalla, obtuvo la victoria y se convirtió en *imperator*[26], ya no había, desde el 27 a.C., otro mando militar independiente que aquel que estaba ligado al proconsular secundario. En consecuencia, el título es llevado a todos los efectos durante el Principado recuperando su

(38 a.C.), triunfador hacia 722 (32 a.C.): *imp.* (CIL, X, 1424). — C. Calvisius Sabinus, cónsul en 715 (39 a.C.), triunfador en 726 (28 a.C.): imp. (CIL, X, 6895).

[23] Q. Laronius, cónsul en 721 (33 a.C.): *imp.* II (CIL, X, 8041, 18). — Sex. Appuleius Sex. f., cónsul en 725 (29 a.C.): *imp.* (CIL. IX, 2637). — M. Nonius Gallus, tras su victoria de 725 (29 a.C.) (Dion, 51, 20): *imp.* (CIL, IX, 2642, compárese con CIL, I, p. 449). — C. Cocceius Balbus, desconocido, pero de esta época: imp. (*Corpus Inscr. Atticarum*, III 571). Parece, no obstante, que algunos de estos personajes no lograron el triunfo pues para este momento la lista triunfal está completa.

[24] Un caso particularmente notable es el de M. Licinius Crassus, cónsul en 724 (30 a.C.), procónsul triunfante en 727 (27 a.C.), porque se sitúa precisamente en el momento del cambio. Una inscripción griega (*Eph. epigr.* I. p. 106) le da el título de *imperator*; pero Dion dice, 51, 26, que por su victoria sobre los tracios en 725 (29 a.C.), se le concedió el triunfo, pero que no el título de *imperator*, a pesar de la opinión de algunos. Está mal que Dittenberger (Eph., loc. cit.), se pronuncie a favor de la inscripción contra Dion; los falsos títulos añadidos por adulación a los monumentos municipales, en particular en Grecia, no son una rareza; así es como, por ejemplo, de manera completamente análoga, Agripa es falsamente transformado en varias ocasiones en imperator (CIL, IX, 262. 2200; C.I.Gr. 1878), y las circunstancias políticas dan claramente la razón a Dion.

[25] No encuentro un solo ejemplo de concesión del título de *imperator* a un legado, ni siquiera para los inicios del Principado. Cuando Tiberio y Druso, en 743 (11 a.C.), fueron aclamados *imperatores* por los soldados, Augusto no les permitió llevar este título (Dion, 54, 33), probablemente porque en ese momento habían peleado batallas solo como legados imperiales, *alienis auspiciis.* En los casos en que el título aparece otorgado por aclamación, después de 727 (27 a.C.), sus titulares están al menos en posesión del poder proconsular secundario.

[26] L. Passienus Rufus, cónsul en 750 (4 a.C.), es llamado, como gobernador de África, *imperator* en la inscripción *Eph. ep.* V, 640, y en una moneda. Debe ser el mismo caso de Cossus Cornelius Lentulus, cónsul en 753 (1 a.C.)) (Veleyo, 2, 116). Tácito, *Ann.* 3, 74, dice de Q. Junius Blaesus, procónsul en África en el año 22: *Tiberius id quoque Blaeso... tribuit, ut imperator a legionibus salutaretur... Concessit quibusdam et Augustus id vocabulum ac tunc Tiberius Blaeso postremum.*

antiguo valor, pero solo por el *Princeps* o por los titulares particulares del poder proconsular secundario.

10. El triunfo

El triunfo, la fiesta de la victoria celebrada al regreso del general y del ejército, entra, como el derecho a tomar el título de *imperator*, entre los derechos del magistrado; es decir, el derecho al triunfo está condicionado a la posesión absolutamente completa[27] del más alto *imperium*, en el momento de la fiesta[28]. En consecuencia, en el rigor de la ley, solo es capaz de triunfar el magistrado de más alto rango, vigente y actuando en la guerra, y que ha sido designado de acuerdo con las normas constitucionales[29]. Esta fórmula excluye (A, B, C, D, E, F, G):

A) Triunfo de un particular

Magistrados que ya no están en el cargo. Nunca el triunfo ha sido celebrado por un particular. Es un acto que se produce siempre sin

---

[27] Porque la ley *curiata de imperio* es una de las condiciones del triunfo (Cicerón, *Ad Att.* 4, 16, 12).

[28] Hasta allí se llevaban los *spolia opima*, que pertenecen solo al general victorioso: *Ea rite*, dice Tito LIvio, 4, 20, *spolia opima habentur quae dux duci detraxit, nec ducem novimus nisi cuius auspicio bellum geritur*. También Livio, 1, 10; Festo, voz *Opima*, p. 186; Plutarco, *Numa*, 8; Servio, *Ad Aen.* 6, 856. 860.

[29] Tito Livio, 28, 38, 4, para el año 548 (206 a.C.): *Magis temptata est* (por P. Escipión) *triumphi spes quam petita pertinaciter, quia neminem ad eam diem triumphasse, qui sine magistratu res gessisset, constabat* (cf. Val. Max. 2, 7, 8; Apiano, *Iber.* 38); 31, 20, 3, para el año 554 (200 a.C.): *Res triumpho dignas esse censebat senatus, sed exemplum a maioribus non accepisse, ut qui neque dictator neque consul neque praetor res gessisset, triumpharet: pro consule illum (L. Lentulum) Hispaniam, non consulem aut praetorem obtinuisse*. Plutarco, *Pomp.* 14: ὑπάτῳ γὰρ ἢ στρατηγῷμόνον, ἄλλῳ δὲ οὐδενὶ (θρίαμβον) δίδωσιν ὁ νόμος.

que se haya resuelto la continuidad en el ejercicio de la magistratura[30], ni siquiera, según el rigor de la ley, en los auspicios militares[31].

B) Triunfo tras la victoria conseguida por alguien que no es comandante en jefe o que no tiene mando en la provincia

El magistrado que no estaba al mando en el momento de la victoria. Si dos magistrados, teniendo *per se* el derecho de triunfar, ejercen simultáneamente el mando, el derecho de triunfar estrictamente pertenece solo al que es en sentido propio el comandante en jefe, es decir, si hay un cónsul y dictador, al dictador[32]; si hay un pretor y un cónsul, al cónsul[33]; si hay dos cónsules, al que, según la nómina, tenía

[30] Cuando el consulado viene a suceder inmediatamente al imperio militar del magistrado, el triunfo y el comienzo del consulado parecen tener lugar generalmente en el mismo día. C. Marius triunfó así, a causa de las victorias obtenidas en su proconsulado en África, como cos. II, el 1 de enero de 650 (104 a.C.), y, siguiendo su ejemplo, los cónsules M. Aemilius Lepidus en 708 (46 a.C.), probablemente el 1 de enero, L. Antonius el 1 de enero de 713 (41 a.C.), C. Marcius Censorinus el 1 de enero de 715 (39 a.C.). El triunfo, en cierto modo irregular, de Quinto Fabio Máximo celebrado el 13 de octubre de 709 (45 a. C.), viola esta ley con mayor fuerza aún por haber comenzado su consulado el 1 de octubre. Todas estas anomalías tenían que ser legalizadas por votos especiales del pueblo.

[31] Aunque el magistrado triunfe durante su magistratura, no cruza el *pomerium* hasta el día en que vuelve vencedor; de modo que, por ejemplo, todos los actos que realizó hasta entonces con el Senado debían tener lugar fuera del *pomerium* (Tito Livio, 3, 63. 28, 9. 33, 22; etc.); porque si lo cruzaba, los auspicios especiales de la guerra se perderían. Podrían, es verdad, renovarse; el joven Druso, en el año 20 d.C. celebró la *ovatio* en virtud de tal renovación (*loc. cit.*); el emperador Vespasiano también salió de Roma, en el año 71, para volver triunfante con su hijo (Josefo, *B. Iud.* 7, 5, 4). Pero, para el período republicano, ni el acontecimiento relatado por Tito Livio, 3, 10, ni ningún otro ejemplo cierto puede ser invocado en este sentido, y los renovados auspicios no parecen haber sido tenidos allí como suficientes para el triunfo. La situación del promagistrado difiere en el sentido de que éste no puede repetir los auspicios; no sabemos cómo se sorteó esta dificultad en el caso de Druso.

[32] Se procedió según esta regla en los años 260 (494 a.C.) y 323 (431 a.C.), cuando había estado en campaña uno de los cónsules, o ambos, con un dictador. En 394 (360 a.C.), ciertamente no fue el dictador, sino el cónsul quien triunfó (Tito Livio, 7, 11); esto solo puede explicarse admitiendo que el relato de Tito Livio es inexacto y que el cónsul ganó, tomando la ventaja decisiva cuando se retiró el dictador.

[33] Este fue el caso de la victoria obtenida en 513 (24 a.C.) por el procónsul C. Lutatius y el propretor Q. Valerius Falto. La pompa triunfal prueba que Falto también triunfó. Y más tarde, partiendo de este precedente, también se concedió el triunfo a M. Aemilius Regillus, propretor en 565 (189 a.C.), y a Cn. Octavius, propretor en 587 (156 a.C.), aunque junto a ellos habían ejercido el mando cónsules.

el día de la batalla el *auspicium* y el *imperium*[34]. Esta es probablemente la razón por la cual un *magister equitum*, que conduce la caballería, nunca ha celebrado un *triumphus*[35]. Por este mismo argumento se explica que se haya llegado a impugnar el derecho al triunfo de un general que obtiene una victoria en un territorio distinto al que está sujeto a su propia jurisdicción. Esta hipótesis que se acaba de citar, se afirma contra el cónsul Nerón que *in provincia M. Livii res gesta esset* (Tito Livio, 28, 9, 10). En 559 (195 a.C.) el gobernador de la Hispania Ulterior, un ex-pretor investido de poderes proconsulares, derrotó, cuando regresaba a Roma con su escolta, al enemigo en la Hispania Ulterior, donde entonces mandaba el cónsul Catón. Se le negó el triunfo *quod alieno auspicio et in aliena provincia pugnasset*, pero se le concedió una *ovatio*[36]. Podría suponerse que tal triunfo sería más bien concedido en virtud del poder consular que en virtud del pretoriano, sin embargo esta distinción no puede seguirse suficientemente en nuestras fuentes. No debemos incluir en este orden de ideas el caso relatado por Tito Livio, 31, 22, 47, donde el pretor obtuvo una victoria inmediatamente antes de la llegada del cónsul a quien se atribuyó la misma jurisdicción territorial; porque el mando que no está vacante nunca lo adquiere el magistrado que viene a tomarlo antes de haber llegado al lugar. Sin embargo, posteriormente no se tuvieron tantos escrúpulos formales. A partir de la Primera Guerra Púnica se concedió triunfo, o al menos ovación, en todos los casos que conocemos.

C) Excepciones

El magistrado que, aunque habiendo sido nombrado magistrado de primer rango, lo haya sido por derogación del rigor del sistema constitucional, y especialmente el tribuno militar *consulari imperio*[37];

[34] Este fue el caso de la victoria de los cónsules M. Livius y C. Nero en Sena en 547 (207 a.C.). Sin embargo, este último obtuvo una ovación (Tito Livio, 28, 9).

[35] Ninguno de los jefes de la caballería de César logró el triunfo. No hay antecedentes sobre si el *magister equitum* está legalmente capacitado para triunfar o no.

[36] Livio, 34, 10. Cf. Tito Livio, 10, 37.

[37] Zonaras, 7, 18: λέγεται δὲ ὅτι οὐδεὶς τῶν χιλιάρχων, καίτοι πολλῶν πολλάκις νικησάντων, ἐπινίκια ἔπεμψεν. Los fastos triunfales lo confirman. Lo mismo debió

lo que significa que fuera del período real, el triunfo requiere la calidad de dictador o miembro del colegio de cónsules y pretores[38].

D) Triunfo tras la expiración de la duración legal de los poderes

El magistrado en ejercicio después de la expiración de la duración legal de sus atribuciones. Incluso cuando continúa ejerciendo el mando, no puede triunfar; porque la celebración del triunfo implica la posesión del *imperium*, y el *imperium* que existe por prórroga carece del derecho de cruzar el *pomerium*. Sin embargo, esta consecuencia rigurosa del principio tal vez nunca se haya llevado a la práctica[39]; una ley especial prolongaba en tales casos el *imperium* del magistrado hasta el final del día en que cruzaba el límite de la ciudad[40].

E) *Deportatio exercitus*

El magistrado o promagistrado que ha renunciado a su cargo. El general que cede el mando a su sucesor sin que las tropas regresen

de ser para los decénviros *legibus scribundis*. No se ha demostrado esta regla para los *tres viri rei publicae constituendae*.

38 Como confirman los textos. Tito Livio, 28, 38, 4; Apiano, *Iber.* 38; Plutarco, *Pomp.* 14.

39 El caso más antiguo de este género es del año 428 de Roma (326 a.C.), según lo *Fasti Triumphales* para ese año: *Q. Publilius Q. f. Q. n. Philo II primus pro cos. de Samnitibus Palaeopolitaneis ann. CDXXVII k. Mai.*). Es éste el también el cso más antiguo de una prórroga acordada por una resolución legal (Tito Livio, 8, 26, 7: *Duo singularia haec ex viro primum contigere, prorogatio imperii non ante in ullo facta et acto honore triumphus*). No conocemos ningún ejemplo de un magistrado al que se le haya negado el triunfo por haber excedido el término de sus funciones. Además, el triunfo celebrado *in magistratu* que Tito Livio anota a veces (10, 46, 2. 31, 49, 2. 33, 23, 4. c. 37, 10. 41, 13, 6) todavía constituía de hecho el uso en el siglo VI de Roma (II a.C.) (Tito Livio, 36, 39, 10).

40 Tito Livio, 26, 21: *Tribuni plebis ex auctoritate senatus ad populum tulerunt, ut M. Marcello, quo die urbem ovans iniret, imperium esset.* 45, 35: *Tribus iis omnibus decretus est ab senaiu triumphus mandatumque Q. Cassio praetori, cum tribunis plebis ageret, ex auctoritate patrum rogationem ad plebem ferrent, ut iis, quo die in urbem triumphantes inveherentur, imperium esset.* Posiblemente después en el Senado se tomaron decisiones similares en todos los casos parecidos. Pero estos privilegios no pretendían dejar sin efecto las normas vigentes sobre la prohibición de cruzar el *pomerium*, sino únicamente de retrasar su efecto hasta el final del día. El día del triunfo es, pues, necesariamente para el promagistrado el último día en que ejerce sus funciones.

con él a Roma, y se las ceda a este sucesor, renuncia así al triunfo. Porque no es por una batalla ganada, sino por una guerra terminada victoriosamente y el regreso de las tropas a Roma que se celebra la fiesta; no se puede concebir una verdadera celebración de la victoria sin el regreso de los vencedores a sus hogares[41]. No es necesario que la paz esté previamente concluida; por ejemplo, durante la guerra de Aníbal, el triunfo se celebró tras la toma de Tarento y la derrota de Asdrúbal, y fue solo por otras objeciones formales que no hubo triunfo en regla tras las decisivas ventajas obtenidas en Sicilia e Hispania. Más tarde, cuando las guerras se extendieron y especialmente las conquistas de ultramar no pudieron mantenerse sin guarniciones permanentes, ya no se exigió la devolución de todo el ejército siempre que la guerra hubiera terminado victoriosamente (*debellatum*)[42]. A partir de entonces, el mando permaneció siempre ligado al general y a su regreso hasta que cruzara el *pomerium*.

F) Triunfo en virtud de un *imperium* ajeno

Es el que representa al general ausente y el que manda a las órdenes del general presente[43]; porque el triunfo no depende del

[41] Tito Livio, 31, 49, 10: *Maiores ideo instituisse, ut legati tribuni centuriones milites denique triumpho adessent, ut [testes] rerum gestarum eius, cui tantus honor haberetur, populus Romanus videret.* Entre las razones por las que, tras la victoria de Sena, se concedió el triunfo a Livio y solo la ovación a Nerón, estaba todavía el hecho de que el *exercitus Livianus deductus Romam venisset, Neronis deduci de provincia non potuisset* (Tito Livio, 28, 9, 10). Cuando Marcelo volvió a Roma después de la conquista de Siracusa, se argumentó contra él (Livio, 26, 21) que no era convenient *quem tradere exercitum successori iussissent (quod nisi manente in provincia bello non decerneretur), eum quasi debellato triumphare, cum exercitus testis meriti atque immeriti triumphi abesset*; en consecuencia, se le negó el triunfo, pero se le concedió la ovación (Tito Livio, 45, 38, 13).

[42] Tito Livio, 39, 29, 4, para el año 569 (185 a.C.): *Ita comparatum more majorum erat, ne quis qui exercitum non deportasset triumpharet, nisi perdomitam pacatamque provinciam tradidisset successori.* El pretor L. Furius triunfó así, en 554 (200 a.C.), *de Gallis*, aunque había entregado todo el ejército en manos de su sucesor (Tito Livio, 31, 49, 2), y se procedió de la misma manera para todos los triunfos logrados en Hispania. Es más, incluso en el 569 (185 a.C.), se ignoraba el rigor de la ley y al menos se hacia una *ovatio* en honor del general.

[43] Dion, 43, 43: τῷ Φαβίῳ τῷ τε Κυΐντῳ, καίτοι ὑποστρατηγήσασιν αὐτῷ καὶ μηδὲν ἰδίᾳ κατορθώσασι, διεορτάσαι ἐπέτρεψε. 48, 41: αὐτὸς (P. Ventidius, legado de Antonio) μὲν οὐδὲν ἐπ› αὐτοῖς παρὰ τῆς βουλῆς, ἅτε οὐκ αὐτοκράτωρ ὢν ἀλλ› ἑτέρῳ ὑποστρατηγῶν, εὕρετο, ὁ δὲ Ἀντώνιος καὶ ἐπαίνους καὶ ἱερομηνίας ἔλαβεν. 48, 42. 49, 21. 51, 21. 24. 25.

hecho del éxito militar, sino del derecho de la magistratura; en consecuencia, pertenece a aquel bajo cuyos auspicios se libra el combate. No es necesario distinguir desde este punto de vista si el oficial que manda *alienis auspiciis* tiene o no, como representante, la calidad de promagistrado. Esta regla, que fue observada sin infracción alguna en toda la República e incluso en los primeros tiempos de la dictadura de César[44], fue desechada por éste poco antes de su muerte[45]. El procedimiento que empleó fue probablemente hacer que el legado en cuestión reconociera, para el día del triunfo, un *imperium* proconsular ficticiamente independiente[46]. El triunfo fue tratado de manera similar en la época de los triunviros[47]. Pero desde la Constitución del Principado solo se volvió conceder a quienes tenían un *imperium* legítimo[48].

G) Triunfo de otros promagistrados

El promagistrado cuyo *imperium* es exclusivamente relativo a los promagistrados, fuera de la ciudad. La exclusión del triunfo incluso

[44] El único triunfo que, aparte de los propios triunfos de César, es de esta época, el primero de M. Aemilius *Lepidus ex Hispania* en 708 (46 a.C.) (Dion, 43, 1) es regular.

[45] Los primeros triunfos celebrados en contra de esta regla son, como indica Dión, los de los lugartenientes de César en España (Dion, 43, 21; *Bell. Hisp.* 2), el de Quinto Fabio Máximo, el 13 de octubre, y el de Quinto Pedio. , 13 de diciembre de 709 (45 a.C.).

[46] Todos los lugartenientes citados en los *Fasti Triumphales*, a excepción de Quinto Máximo, que allí se describe como cónsul, según este documento, han triunfado como procónsules. Esto no puede relacionarse con su posición oficial; porque, como se demostrará en la teoría de los poderes ejercidos por representación, el *legatus* nunca puede tener más que los poderes de propretor; no solo no se encuentra la calificación de *legatus pro consule*, sino que esta, en caso de darse, contendría una *contradictio in adiecto*. Por lo tanto, solo hay una solución posible; es que César, para conceder a sus lugartenientes el derecho al triunfo, les concedió, independientemente de su cargo anterior, un *imperium pro consule* exclusivo para el día del triunfo. Sabemos que, en la pompa, la calificación oficial no se refiere al día de la victoria conquistada, sino al de la fiesta; así, como ya se ha dicho, triunfó, según los *Fasti*, el 13 de octubre de 709 (45 a.C.), uno de los lugartenientes aquí citados, Q. Maximus, cónsul, porque tenía las fasces desde el 1 de octubre.

[47] Así los legados nombrados, P. Ventidius, C. Sosius, Ti. Nero, M. Crassus, han logrado el triunfo; y todavía es probable que otros vencedores de este período tan reciente no fueran más que legados.

[48] La lista de triunfos, que ha llegado completa en su parte final, cita, desde el triunfo en *Actium* hasta el conseguido por Sextus Appuleius *ex Hispania*, celebrado el 26 de enero de 728 (26 a.C.), hay una serie de triunfos que solo pueden atribuirse a un mando ejercido por representación; y es a ellos a quienes se refiere lo que Dion, 54,

para esta categoría de promagistrado fue nuevamente exigida con éxito por el partido conservador, en 548 (206 a.C.) contra P. Scipio y, en 555 (199 a.C.), contra Lucius Manlius Acidinus[49]; pero hubo otros dos casos, en 534 (220 a.C.) y en 558 (198 a.C.), cuando se concedió un triunfo *minor* al menos a los generales en cuestión[50]. Los triunfos completos más recientes que no han sido celebrados bajo una magistratura regular son los de Cn. Pompeius en 674 (80 a.C.) y 683 (71 a.C.)[51]; pero la causa no está en una vuelta al antiguo rigor normativo, sino en la ausencia de este tipo de mandos militares en el pleno desarrollo del régimen aristocrático.

Ni que decir tiene que en este caso el *imperium* todavía tenía que ser concedido por un *privilegium* para el día del triunfo[52].

11. Imperium militar del triunfador

El triunfo es un acto de las funciones de general; este es el único caso en que el magistrado puede actuar en el territorio de la ciudad como

13, comenta en contraste con Agrippa: οἱ μὲν λῃστὰς συλλαμβάνοντες οἱ δὲ πόλεις στασιαζούσας καταλλάσσοντες, καὶ ἐπωρέγοντο τῶν νικητηρίων καὶ ἔπεμπον αὐτά. ὁ γὰρ Αὔγουστος καὶ ταῦτα ἀφθόνως τισὶ τήν γε πρώτην ἐχαρίζετο. Tras Appuleius solamente hay en la lista –junto a los titulares del poder proconsular primario o secundario y dos gobernadores de África, en los años 733 (21 a.C.) y 735 (19 a.C.), es decir, también de titulares de un *imperium* propio–, solo un eneral triunfante que no puede ser reconocido como poseedor de un *imperium* propio: A. Plaucio, bajo Claudio; su ovación podría ser una fantasía barroca de este soberano. El hecho de que Augusto negara a Tiberius Nero el triunfo que le había otorgado el Senado en 742 (12 a.C.), y no aprobara más que la concesion de los ornamentos triunfales (Dion 54, 31, compárese con Suetonio, *Tib.* 9) también puede haber sido motivado por el hecho de que Tiberio no poseyese en ese momento un *imperium* legítimo.

[49] Tito Livio, 32, 7, 4.

[50] A L. Lentulus (Tito Livio, 31, 20) y a Cn. Cornelius Blasio (Tito Livio, 33, 27; CIL, I, p. 568). En el primer caso, los oponentes objetaron, ciertamente con razón, que el triunfo menor era tan contrario a la lógica y la tradición como el grande. Cabe señalar que las cuatro hipótesis citadas aquí se refieren todas a la situación de lo gobernadores en las provincias de Hispania antes del establecimiento de las preturas fundadas posteriormente.

[51] Cicerón, *De imp. Cn. Pomp.* 21, 62: *Quid tam incredibile, quam ut iterum eques Romanus ex senatus consulta triunfoaret?* El segundo triunfo tuvo lugar el último día de diciembre de 683 (71 a.C.). Sabemos que el consulado asumido por él el 1 de enero de 684 (70 a.C.) es la primera magistratura regular ocupada por Pompeyo. Drumann, 4, 337. 383.

[52] Aulo Gelio, 10, 20, 10: *Sallustius quoque proprietatum in verbis retinentissimus consuetudini concessit et privilegium, quod de Cn. Pompei reditu ferebatur, 'legem' appellavit.*

si estuviera en territorio militar[53]. Por ello, es probable que el día del triunfo se suprimiera el derecho a la provocación, así como el uso de los fasces[54], que parecen haber sido utilizados para la ejecución de prisioneros de guerra condenados a muerte[55].

12. Otras condiciones del triunfo

Con respecto a la naturaleza de la guerra y la victoria misma, se requieren las siguientes condiciones para el triunfo (A, B).

A) *Bellum iustum,* la guerra justa

Para que haya una celebración regular de la victoria, debe haber habido una guerra regular. La represión de las insurrecciones civiles

---

Verba ex secunda eius historia haec sunt: «Nam Sullam consulem de reditu eius legem ferentem ex conposito tr. pl. C. Herennius prohibuerat».

[53] No hay indicación de que, para el magistrado que de otro modo no tendría derecho al triunfo, fuese necesaria una resolución popular que autorizara expresamente el triunfo, y no es probable que tampoco hiciese falta; porque entonces, en estas circunstancias, el triunfo nunca podría haber tenido lugar sino en virtud de un *privilegium.* La exención del día del triunfo de las reglas sobre la autoridad ejercida *domi* debe haberse establecido desde el momento de la separación de los dos territorios. Podemos relacionar con esto el hecho de que incluso el magistrado que se encuentra en estas condiciones se abstiene de cruzar el *pomerium* antes del día del triunfo.

[54] No hay, que yo sepa, ninguna alusión al hacha para los *fasces laureati* del triunfador. Pero ésta estaba allí, en todo caso, justo hasta el paso de la puerta, y es improbable que tuviera que ser apartada de los fasces en este momento.

[55] Posteriormente estas ejecuciones ya no se hacían con hacha (Josefo, *Bell. Iud.* 7, 5, 6; Cicerón, *Verr.* 5, 30, 77;); pero tuvieron lugar de esta manera en la antigüedad (Tito Livio, *Per.* 11 y 26. 3, 15); y esto es, incluso cuando se trata de no ciudadanos, una anomalía. Es probable que todas las ejecuciones masivas realizadas con hacha, en la medida en que tienen lugar en Roma (por ejemplo, Tito Livio, 9.24, 15), estén conectadas con este derecho excepcional del general triunfador. Parecía natural que ello implique también la privación del principio de *provocatio* al magistrado que triunfa; porque si había ciudadanos romanos que se habían pasado al enemigo entre los prisioneros de guerra, no había razón para hacer una excepción en su beneficio. Así ocurrió con los *cives Romani Campani* que fueron hechos prisioneros en Rhegion y luego ejecutados en 483 (271 a.C.); hubo, es cierto, protesta de los tribunos justificada sobre la violación del derecho de *provocatio* (Val. Max. 2, 7, 15); estas ejecuciones duraron varios días.

o de las revueltas de esclavos no dan, pues, derecho ni al triunfo ni a la ovación[56].

En cuanto al triunfo, esta regla se ha observado sin excepción, al menos en cuanto a la forma: así, en 708 (46 a.C.), César triunfó sobre Galia, Egipto, Ponto y África; Augusto, en 725 (29 a.C.), sobre Dalmacia y Egipto[57]. Pero la ovación fue admitida bastante pronto en casi todos los casos[58]; se encuentran ovaciones en guerra servil de Sicilia, en 655 (99 a.C.)[59], y en Italia en 683 (71 a.C.)[60]. Más tarde incluso se prescribió una *ovatio* en una guerra civil afortunadamente evitada en 714 (40 a.C.)[61].

B) Hazañas bélicas importantes

La victoria a la que se refiere la fiesta debe haber sido ganada en combate serio y mucho derramamiento de sangre. Este punto fue, en tiempos recientes, aclarado legalmente: era necesario que cinco mil enemigos por lo menos hubieran sucumbido en la guerra, y eso

[56] Val. Max. 2, 8, 7 : *Quamvis quis praeclaras res.... civili bello gessisset, imperator tamen eo nomine appellatus non est neque ullae supplicationes decretae sunt neque aut ovans aut curru triumphavit.* Dion, 42, 18. 43, 42. 51, 19. Floro, 2, 10 [3, 22]. Lucano, 1, 12, con el escolio. Tácito, *Hist.* 4, 4. Es a esto a lo que se refiere la polémica de Cicerón, *Philipp.* 14, 3, 4. — Por esta razón (y no, como dice erróneamente Valerio Máximo, 2, 8, 4, porque el triunfo habría tenido lugar solo *pro aucto imperio* y no *pro reciperatis quae populi Romani fuisent*) , que no hubo triunfo tras la conquista de la ciudad de los semiciudadanos de Capua, en 543 (211 a.C.), y de la colonia latina de Fregellae, en 629 (125); el último ejemplo tiene especialmente gran importancia histórica, porque de él resulta que los latinos fueron, según nuestro informe, puestos en ese momento al mismo nivel que los ciudadanos.

[57] CIL, I, p, 478.

[58] Aulo Gelio, 5, 6, 21: *Ovandi ac non triumphandi causa est, cum aut bella non rite indicta neque cum iusto hoste gesta sunt aut hostium nomen humile et non idoneum est, ut servorum piratarumque, aut deditione repente facta inpulverea, ut dici solet, incruentaque victoria obvenit.*

[59] M. Aquilius: Cicerón, *De orat.* 2, 47, 195; Ateneo, 5, p. 213 B.

[60] M. Crassus: Aulo Gelio, 5, 6, 23, y varios otros textos. Drumann, 4, 82. Tampoco Pompeyo desdeñó poner fin a la larga lista de victorias de los piratas de 693 (61) (*Fasti Triumphales*) con la derrota de los piratas.

[61] La fórmula aparece en dos *tabulae triumphales*: *Quod pacem cum M. Antonio* en una, y en otra *cum imp. Cesare, - fecit.*

en una misma batalla[62]. Un plebiscito, rechazado en el 692 (62 a.C.), trató de impedir las mentiras en los informes militares[63].

13. Autoridades competentes en relación con el triunfo

Frente a estas disposiciones, que eran vacilantes en sí mismas y aún más vacilantes en su aplicación práctica, la cuestión de quién debía decidir sobre esta aplicación era, naturalmente, de la mayor importancia. En Derecho, esta decisión indudablemente pertenecía, en primera línea, al propio general, y, cuando se contentaba con celebrar la victoria fuera de la ciudad, por ejemplo en el Monte Albano, nadie podía, incluso en tiempos recientes, impedirlo[64]. No fue diferente dentro de la ciudad en épocas más antiguas: la prueba es que antes de 523 (231 a.C.), no tuvo lugar ningún triunfo en el Monte Albano. L. Postumius Megellus en 460 (294 a.C.)[65], G. Flaminius, P. Furius Philus, en 531 (223 a.C.)[66], y, en 611 (143 a.C.), y Appius Claudius[67] celebraron el triunfo en el Capitolio conforme a Derecho, a pesar de la oposición de las autoridades de la capital. Pero, ya sea como consecuencia de la supremacía cada vez mayor del Senado, ya como un correctivo necesario a la ambición desmedida de los magistrados, seguramente se pasó cada vez más a la costumbre de celebrar

---

[62] Valerio Máximo, 2, 8, 1: *Ob levia proelia quidam imperatores triumphos sibi decerni desiderabant* (cf. Tito Livio, 40, 38: *Hi omnium primi nullo hello gesto triumpharunt*; Cicerón, *In Pison.* 26, 62; discurso de Catón contra Q. Minucius Thermus, *de falsis pugnis*, combinado con Tito Livio, 37, 46, 1): *quibus ut occurreretur, lege cautum est, ne quis triumpharet, nisi qui quinque milia hostium una acie cecidisset.*

[63] Valerio Máximo, 2, 8, 1: (*Lex*) *quam L. Marcius et M. Cato tribuni plebei tulerunt: poenam enim imperatoribus minatur, qui aut hostium occisorum in proelio aut amissorum ciuium falsum numerum litteris senatui ausi essent referre, iubetque eos, cum primum urbem intrassent, apud quaestores urbanos iurare de utroque numero uere ab iis senatui esse scriptum.*

[64] Estas solemnidades en monte Albano tuvieron lugar *iure consularis imperii* (Tito Livio, 33, 23, 3), *sine publica auctoritate* (Livio, 42, 21, 1). Su validez jurídica está atestiguada por los *Fasti Triumphales*, que las incluyen en la lista de los triunfadores.

[65] Tito Livio, 10, 37; Dionisio, 18, 5 (16, 18).

[66] Zonaras, 2, 20, en términos más precisos que Plutarco, *Marc.* 4.

[67] Orosio, 5, 4; Dion fr. 74; Suetonio, *Tib.* 2.

la victoria solo si el Senado lo autorizaba y aportaba para tal fin los fondos necesarios[68].

Los tribunos del pueblo y los consejos (*concilia*) de la plebe también intervinieron a menudo en estas deliberaciones, a veces para invitar a triunfar a los generales, ya fuera de acuerdo con el senado, o en contra de su opinión[69], y otras veces, en su papel moderno de guardianes de las tradiciones, para arrestar al general, con la ayuda de sus poderes superiores a todos los demás, por vía de prohibición y arresto. De hecho, en el círculo de su competencia, es decir, para la subida triunfal al Capitolio, sus órdenes debían ser obedecidas[70]. Además, los triunfos celebrados durante el curso de la magistratura, se hicieron cada vez más raros en el transcurso del tiempo; incluso llegaron a ser, después de que Sila vinculara el *imperium* militar con el proconsulado y la propretura, jurídicamente imposibles en el orden habitual de las cosas. Ahora bien, para el triunfo de los procónsules y propretores, fue siempre necesario, como arriba hemos dicho, prescindir de la observancia de las leyes. Y, en consecuencia, el triunfo se transformó así en un derecho ordinario del magistrado, como un privilegio particular otorgado a un general determinado por una votación especial del pueblo y luego del Senado.

En la época imperial, el triunfo se trataba como la aclamación al emperador, aunque el primer honor debió parecer suscitar menos

[68] Polibio, 6, 15, 8: τοὺς γὰρ προσαγορευομένους παρ› αὐτοῖς θριάμβους, δι› ὧν ὑπὸ τὴν ὄψιν ἄγεται τοῖς πολίταις ὑπὸ τῶν στρατηγῶν ἡ τῶν κατειργασμένων πραγμάτων ἐνάργεια, τούτους οὐ δύνανται χειρίζειν, ὡς πρέπει, ποτὲ δὲ τὸ παράπαν οὐδὲ συντελεῖν, ἐὰν μὴ τὸ συνέδριον συγκατάθηται καὶ δῷ τὴν εἰς ταῦτα δαπάνην.

[69] Los triunfos *senatus consulta iussuque populi* (Livio, 4, 20, 1; Zonaras, 7, 21) o *consensu patrum plebisque* (Livio, 6, 42, 8) al igual que los basados contra la voluntad del senado en un plebiscito (Livio, 3, 63, 8; del mismo modo, 7, 17, 9, *populi iussu*) deben tomarse todos como basados teóricamente en los poderes del general; los triunfos de Megellus, Philus, y Claudius, no se basan en una ley ni en ningún otro fundamento jurídico salvo los poderes inherentes a la magistratura. El plebiscito solo expresa la aprobación de la celebración de la victoria y confirma la no intervención de la coacción (*coercitio*) tribunicia. Por lo tanto, no sorprende que estos plebiscitos ocurran en momentos en que las propuestas de ley solo podían presentarse a la plebe con el asentimiento del Senado.

[70] Esto resulta precisamente de las excepciones relativas a Megellus (Livio, 3, 63, 8) y Claudius (Suetonio, *Tib.* 2; Cicerón, *Pro Cael.* 14, 34; Val. Max. 5.4,6).

objeciones políticas que el segundo[71]. La restauración de la antigua regla, según la cual el triunfo solo se admite en virtud de posesión de un *imperium* adecuado, y el hecho de que el poder (el *imperium*) esté concentrado en las manos del príncipe, tuvo el efecto natural de convertir el triunfo de hecho en un privilegio del emperador; la excepción, que existió durante algún tiempo para la provincia senatorial de África, debido a su ocupación por una legión, pronto se eliminó.

Seguramente el derecho al triunfo seguía perteneciendo, además del príncipe, a los poseedores del poder proconsular secundario; pero, como Agripa, aunque había estado en las condiciones de hecho y de derecho, había rehusado, en dos ocasiones, el triunfo que le había sido votado dos veces por el Senado, a propuesta de Augusto[72], los poseedores de este poder fueron admitidos a triunfar de modo excepcional, y después del 71 ni siquiera se permitió[73]. Por

[71] Esta es una idea evidente; lo confirma además el hecho de que M. Crassus en el 725 (29 a.C.), y el joven Druso, en el año 20 de la Era cristiana, celebraran un triunfo o una ovación sin haber sido aclamados *imperatores*.

[72] En el 735 (19 a.C.), por la derrota de los cántabros (Dion, 54, 11); en el 740 (14 a.C.), por la sumisión de los *bosporani* (Dion, 54, 24). Es al último de estos casos al que Dion vincula la desaparición del triunfo, que queda exclusivamente para el soberano en persona, y la sustitución de la ceremonia del desfile por la concesión de ornamentos triunfales.

[73] Para el período del Principado, encontramos, a partir del 728 (26 a.C.) tenemos, además de los triunfos del propio emperador y de los dos triunfos de África, ya citados, los de Nero Claudius Drusus, ovación en 744 (10 a.C.) (Dion, 54, 33; Suetonio, *Claud.* l); una segunda solemnidad de este tipo se habían prescrito a su favor cuando murió en 745 (9 a.C.) (Dion, 55, 2). — Ti. Claudius Nero, ovación en 745 (9 a.C.) (Dion, 55, 2; Veleyo, 2, 96; Suetonio, *Tib.* 9). — El mismo triunfa en 747 (7 a.C.), el 1 de enero (Dion, 55, 6. 8; Veleyo, 2, 97). — El mismo triunfó en 765 (11 d.C.), el 16 de enero (Veleyo, 2, 121; Suetonio, *Tib.* 20; CIL, I, p. 384). — Germanicus triunfa el 26 de mayo del año 17 de la Era cristiana (Tácito, *Ann.* 2, 41); la ovación que se le concedió en el 19 d.C (Tácito, *Ann.* 2, 64) fue impedida por su muerte. — Drusus Caesar, ovación en el año 20 d.C. (Tacitus, *Ann.* 2.64. 3, 11. 19). — A. Plautius, ovación en el 47 d.C. (Suetonio, *Claud.* 24; Tácito, *Ann.* 13, 32; Dion, 60, 30; Eutropio, 7, 13). —Titus triunfa con su padre en el 71 d.C. (Josephus, *Bell. Iud.* 7, 5, 3-6; Suetonio, *Tit.* 6, y otros textos). — Procopio habla en estos términos de Belisario, *B. Vand.* 2, 9: χρόνος δὲ ἀμφὶ ἐνιαυτοὺς ἑξακοσίους παρῳχήκει ἤδη ἐξ ὅτου ἐς ταῦτα τὰ γέρα οὐδεὶς ἐληλύθει, ὅτι μὴ Τίτος τε καὶ Τραϊανὸς, καὶ ὅσοι ἄλλοι αὐτοκράτορες στρατηγήσαντες ἐπί τι βαρβαρικὸν ἔθνος ἐνίκησαν. Él triunfa οὐ τῷ παλαιῷ μέντοι τρόπῳ, ἀλλὰ πεζῇ βαδίζων ἐκ τῆς οἰκίας τῆς αὐτοῦ ἄχρι ἐς τὸν ἱππόδρομον.

lo demás, el triunfo fue sustituido por la concesión del traje triunfal (*ornamenta triumphalia*).

14. Condecoraciones y premios militares

Estrictamente hablando no se trata de asignar solo al jefe militar, sino al hecho mismo de la victoria[74], el derecho del *imperator* de distribuir condecoraciones militares a oficiales y soldados[75]. Luego, tras la victoria, quedaba reservado a los magistrados el derecho a repartir premios u honores militares en razón de su capacidad de distribuir los bienes del Estado.

[74] Esto se deduce sobre todo de la noticia de Cicerón, *Verr.* 3, 80, donde también se relata la *praefatio vetus atque imperatoria* (*quandoque tu quid in proelio, in bello, in re militari*...] con que se hacían estos presentes ante el ejército reunido (*in contione*). Cf. de nuevo Suetonio, *Aug.* 25: *Solos triumphales... numquam donis* (se trata de los *dona militaria*) *impertiendos putavit, quod ipsi quoque ius habuissent tribuendi ea quibus vellent.* Según Tácito, *Ann.* 3, 21, Tiberio culpó al procónsul de África porque no había dado, *proconsulis iure*, la *corona civica* a un soldado, sino únicamente el *torquis* y el *hasta.*

[75] Por ejemplo, conceder el anillo de oro ecuestre por parte del general a los oficiales.

CAPÍTULO IV

LA DICTADURA ROMANA[1]

1. Comienzos de la dictadura

Las noticias de los analistas sobre el origen de la dictadura son contradictorias. Indican claramente un primer dictador[2]; pero difieren al dar el nombre y la fecha[3]. Según una versión, el primer dictador fue Marcus Valerius, nieto de Volesus Valerius e hijo del cónsul de 250 (504 a.C.) Marcus Valerius; aquél no había llegado al consulado[4]. Esta dictadura parece presentarse sin fecha[5]. Según otra versión, mejor sustentada externamente, el primer dictador fue Titus Larcius Flavus[6], cónsul en 254 (500 a.C.) y 257 (497 a.C.)[7]; su dictadura se coloca a

---

[1] *Staatsrecht*, II.1, 1887 (Zweite Auflage), pp. 133-164, "Die Dictature".

[2] La lista de dictadores, que goza de cierto crédito histórico, comienza algo más tarde que la de los cónsules, indudablemente porque, al contrario de ésta, no era un cargo anual. Los cinco primeros dictadores de nuestros fastos –que son discutidos en el texto, corresponden a los años 260 (494 a.C.) (secesión); 296 (458 a.C.) (relato relativo al comportamiento heroico de Cincinato); 315 (439 a.C.) (derrota de Sp. Maelius; sin dictadura según la versión más antigua)– están separados por largos intervalos de tiempo y todos adornados de leyendas originalmente sin anclajes temporales e indudablemente apócrifas. Solamente después del año 319 (435 a.C.) los dictadores aparecen en los fastos de una manera frecuente y no sospechosa.

[3] Tito Livio, 2, 18, 4: *Nec quo anno... nec quis prium dictator creates sit, satis constat.*

[4] Festo, v. *Optima Lex*, p. 198; Tito Livio, 2, 18. Cf. CIL I, p. 284.

[5] Si el ingenioso cálculo propuesto por O. Müller (sobre el texto de Festo, p. 389), es exacto, habría que situar la dictadura de Valerius, igual que la de Lucius, en 253 (500 a.C.).

[6] La mayor parte de la fuentes indican que el *cognomen* de este dictador es Flavus, incluidos los fastos de Hidacio y del *Chronicon paschale*; por el contrario, se le llama Rufus en el cronógrafo de 354 y en Eusebio (en la obra de Sincelo, p. 472), es decir, en Julio Africano, que proceden todos ellos de la misma fuente.

[7] Este sistema es seguido por Cicerón (*De rep.* 2, 32, 56); Tito Livio 2, 18, que invoca los *annales* más antiguos (tras Tito Livio, Casiodoro, Chr.; Eutropio, 1, 12; Jerónimo, *Chr.*); Dionisio 5, 71, 73; Anónimo (¿Dion?) en Suidas, v. ἵππαρχος; Zonaras, 7, 14; Eusebio, en Sincelo, p. 472, 477. Varrón menciona al dictador T. Larcius (en Macrobio, *Sat.* 1, 8, 1), sin designarlo explícitamente como el primero. El pasaje de Lydo, *Mag.* 1, 37-38, es muy confuso.

veces durante su primer consulado[8], a veces el año siguiente[9], y otras veces durante su segundo consulado[10], o incluso quizás también el año siguiente[11]. Estas oscilaciones probablemente se mantienen, como señala Livio, a lo que los modernos intérpretes del Derecho público consideraban –por una decidida oposición a la antigua costumbre– a los que eran cónsules o ex cónsules como los únicos capaces de asumir la dictadura, y que el dictador más antiguo y que, en este sentido, faltando el más importante en la lista de cónsules, era sustituido de la manera que hemos visto por un consular.

La segunda dictadura documentada es la del vencedor del lago Regilo, Aulus Postumius, cónsul en 257 (497 a.C.), que la habría ejercido desde el año anterior[12], y quizás la habría prolongado hasta el 255 (499 a.C.).

La tradición analística no pone la implantación de la dictadura en relación directa con los hechos históricos. En los relatos que nombran a Larcio, el motivo del nombramiento como dictador es a veces un peligro militar, otras es una respuesta a la amenaza de un levantamiento de la plebe que hace necesaria una magistratura que se blinde ante la *provocatio*[13].

---

[8] Tito Livio, *loc. cit.* y las fuente que de él dependen: Eutropio, 1, 12 y Juan de Antioquía, fr. 45 ed. Müller.

[9] Cicerón, *loc. cit.*: *Decem fere annis post primos consules*. En realidad, muchas las indicaciones de fechas que aporta Cicerón están redondeadas.

[10] Dionisio, *loc. cit.* Zonaras, 7, 13, sitúa el establecimiento de la dictadura entre 254 (500 a.C.) y 260 (494 a.C.).

[11] Varrón, en Macrobio, *loc. cit.*, atribuye al dictador Larcius la consagración del templo de Saturno, que Livio, 2, 21, y Dionisio, 6, 1, sitúan en el año 257 (497 a.C.).

[12] La primera fecha se encuentra en Tito Livio, 2, 19, la segunda, en el mismo autor, en 2, 21, como opinión distinta a la de otros annalistas aislados, y en Dionisio, 6, 3. La explicación de esta divergencia cronológica surge de los diferentes puntos de vista al establecer el año de inicio de las Eras romanas, tal como aparece en nuestra *Chron.* p. 191, nota, argumento mucho más sencillo que el que nosotros propusimos antes en CIL, I, p. 557.

[13] El motivo está en Tito Livio (y en Eutropio, 2, 5, y Juan de Antioquía, que lo copian): la amenaza de la guerra contra los sabinos y especialmente contra los latinos; en general se trata de un peligro militar grave, en Suidas, v. δικτάτωρ, y en Pomponius, *Dig.* 1, 2, 2, 18. En Dionisio, Zonaras y Eusebio, al contrario, aunque la amenaza principal es la guerra contra los latinos, sin embargo la dictadura se establece contra los plebeyos que rehúsan el servicio de armas. Es muy sorprendente que no relacionasen la dictadura ni con la batalla del lago Regilo ni con la primera secesión de la plebe.

La versión que convierte a Valerio en el primer dictador parece responder a otro motivo[14]. Ninguno de estos relatos tiene verdadera consistencia ni han logrado un reconocimiento unánime; parece que todos tienen origen en la una máxima del Derecho público romano que estudiaremos a continuación, según la cual la dictadura debe intervenir *in asperioribus bellis aut in civili motu difficiliore*.

Todo esto basta para entender que la tradición originaria permanezca muda acerca de la introducción de la dictadura, y este presentimiento se ve aún más reforzado por el silencio que tal tradición guarda sobre la ley por la cual se crea la institución de la dictadura, cuyo autor nunca se conocerá, pues solo se le menciona en términos muy generales y absolutamente inverosímiles[15]. Si hubiera habido alguna información fidedigna sobre la instauración de la dictadura, indudablemente se habría vinculado al nombre y contenido de la ley institucional.

Frente al estado de la tradición que, por un lado, remonta la dictadura a los primeros tiempos de la República y, por otro lado, aceptando que no puede vincular firmemente su origen ni a un hecho ni a una persona concreta, la conclusión más probable es la que, como veremos, viene dictada por el fondo de las cosas, a saber, que la dictadura no se introdujo aisladamente, sino que fue, al igual que el consulado, desde el principio, parte integrante de la Constitución de la República Romana.

2. Denominación

Con la excepción del consulado, que es la magistratura republicana más antigua y que se prolonga como ninguna otra a través de los siglos posteriores, la dictadura es también de las primeras. La expresión

---

[14] Al menos Festo indica una coincidencia entre la primera dictadura y la suspensión de la *provocatio*.

[15] La *Lex de dictatore creando lata* de Tito Livio, 2, 18, es recordada en virtud de un principio absolutamente falso según el cual los consulares serían, desde el principio, los únicos habilitados para alcanzar la dictadura. Este argumento se encuentra luego como falso al ser comparado con la práctica más reciente, como se ve, a modo de ejemplo, en Dionisio, 5, 70.

magister populi, que se opone a la correlativa de *magister equitum*, basta para certificar su antigüedad: es la única utilizada en libros augurales[16] y prevalece en el lenguaje solemne[17].

La denominación de *praetor* es aplicable, en su origen, tanto al dictador como al cónsul o al magistrado que luego asume ese título. Y aunque el nombre *praetor maximus* no le corresponde como título, al menos aparece en Polibio y otros griegos como στρατεγὸς αὐτοκράτωρ[18]. Posteriormente, la designación de este magistrado con el nombre de "jefe de pueblo" (*magister populi*) desapareció y quizás incluso se abolió de forma efectiva dado el carácter indudablemente monárquico del cargo, que se reveló entonces con meridiana claridad, algo que no podía tolerar la reciente República. El nombre que se pone, el de dictador, carece, por el contrario, de transparencia. Al mismo tiempo que el nombre moderno del *magister populi* romano se corresponde con el título moderno y debilitado del rey latino, uno y otro son totalmente diferentes, aun cuando aquél no fue borrado por la introducción del sistema de colegialidad. No estamos en condiciones de reconciliar su significado etimológico con su significado material; porque *dictare* nunca significó *regere* y el significado de «jefe único» aplicado a la palabra dictador no

---

[16] Cic., *De rep.* 1, 40, 63: *In nostris* (es decir, los augures) *libris vides eum, Loeli, magistrum populi appellari*; de ahí que Séneca, *Ep.* 108, 31, añada: *Et testimonium est, quod qui ab illo nominatur magister equitum est.*

[17] Velius Longus, ed. Putsch, p. 2234, indudablemente tomado de los *commentarii consulares*: *Oriri apud antiquos surgere frequenter significabat, ut apparet in eo quod dicitur: consul oriens magistrum populi dicat.* Cicerón, *De leg.* 3, 3, 9. c. 4, 10. *De fin.* 3, 22, 73. Varrón, 5, 82. 6, 61. Festo, v. "Optima lex", p. 198. Esta expresión no se encuentra más que en el estilo solemne y en la lengua erudita; habría desaparecido, en la vida común, en tiempos de Varrón y de Cicerón.

[18] El dictador se denomina στρατηγὸς αὐτοκράτωρ en Polibio, 3, 86, 7. c. 87, 8, al mismo tiempo que en Diodoro, 19, 76 solo αὐτοκράτωρ, y en Polibio 3, 103, 4, y en Diodoro, 12, 64. 14, 93. 117. 19, 72. Dionisio dice, 3, 34, στρατηγοὶ αὐτοκράτορες εἰρήνης τη καὶ πολέμου refiriéndose a los dictadores latinos, y στρατηγὸς αὐτοκράτωρ cuando habla del general albano Mettius Fuffetius, y usa el término αὐτοκράτωρ cuando se refiere al *interrex*. La dictadura es llamada αὐτεξούσιος ἀρχή en la traducción griega de la inscripción conmemorativa de Augusto. Apiano, *B.C.* 1, 97, habla de Sila como ἡγεμών. Después se encuentra habitualmente el nombre latino con el mismo sentido que le habían otorgado Polibio, primero, y luego Diodoro, 12, 80, así como la inscripción ática de César (*Corpus Inscr. Att.* III, 428). En la obra de Juan de Antioquía (pues a él debe corresponder el fragmento de Suidas en la voz ὕπατοι) los στρατηγοὶ αὐτοκράτορες son los cónsules.

puede deducirse de ninguna manera de la única etimología posible[19]. Además, no es improbable, especialmente dado que Catón usa la palabra para el general en jefe[20], que el dictador generalmente designara primero al magistrado superior que no tenía un colega igual a su lado en derechos y que las dos acepciones técnicas antes mencionadas son relativamente nuevas, si bien el relativo al *magister populi* es probablemente el más reciente y habrá sido copiado del título del dictador latino. Sin embargo, ya se encuentra para designar a un magistrado romano en las obras de Nevio[21] y Ennio[22] e incluso en una inscripción del año 337 de Roma (417 a.C.)[23], y,

---

[19] La antigua etimología *dictatur ab eo appellatur quia dicitur* (Cic. *De rep.* 1, 40, 63; Varrón, 6, 61; Peanio, 1, 12; compárense estas fuentes con la explicación posterior de Varrón, 5, 82, y Dionisio, 5, 73; Plut. *Marcel.* 24) es como la mayoría de las de este género: resulta imposible explicarla desde la perspectiva lingüística, pero en el fondo se perciben trazos de lo que es, en esencia, la dictadura. La otra explicación remite a *dicto audiens* (Varrón, 5, 82: *Quoi dicto audientes omnes essent*) o a *dictare* (Priscian. 8, 14, 78) o *edictum*. Dionisio, 5, 73: διὰ τὴν ἐξουσίαν τοῦ κελεύειν, ὅτι θέλοι, καὶ τάττειν τὰ δίκαιά τε καὶ τὰ καλὰ τοῖς ἄλλοις, ὡς ἂν αὐτῷ δοκῇ· τὰ γὰρ ἐπιτάγματα καὶ τὰς διαγραφὰς τῶν δικαίων τε καὶ ἀδίκων ἠδίκτα οἱ Ῥωμαῖοι καλοῦσιν, y delpropio Plutarco, Marcel. 24: τὸ γὰρ λέγειν δίκερε Ῥωμαῖοι καλοῦσιν· ἔνιοι δέ <φασι> τὸν δικτάτορα τῷ μὴ προτιθέναι ψῆφον ἢ χειροτονίαν, ἀλλ› ἀφ› αὐτοῦ τὰ δόξαντα προστάττειν καὶ λέγειν οὕτως ὠνομάσθαι· καὶ γὰρ τὰ διαγράμματα τῶν ἀρχόντων Ἕλληνες <μὲν> διατάγματα, Ῥωμαῖοι δ› ἔδικτα προσαγορεύουσιν. Becker relaciona también con razón el pasaje de Tito Livio, 8, 34, 2: *Dictatoris edictum pro numine Semper observatum.* En esta suma de ideas puede también tenerse en consideración la definición de dictador que hace Juan de Antioquía, fr. 45, ed. Muller (de donde Suidas, s.v.), por εἰσηγετὴς τῶν λυσιτελῶν, y la de Juan Lydo, *Mag.* 1, 36: οὕτω καλοῦσι, τὸν μὴ νόμων γραφαῖς τὰ τῶν ὑπηκόων διατιθέντα προϊστάμενα, οἷα ἐν βραχεῖ τῆς ἀρχῆς παυόμενον, es decir, que por razón de la corta duración de su poder, no propone leyes, sino que emite edictos. Aunque se percibe una aproximación más lingüística más fina en esta segunda etimología, no se puede apreciar tampoco en ella que vaya al fondo de la cuestión, pues, por un lado no se indica por qué el *dictator* podría concretamente el derecho de emitir edictos con tanta frecuencia que el hecho llama la atención y puede ser relacionado con el nombre, y, por otro lado, el *edicens* no puede lingüísticamente ser identificado con el *dictans*. Además, otra explicación basada en la lengua solo puede ser satisfactoria con la condición de que se tenga en cuenta, al mismo tiempo que al dictador romano, al dictador latino que jurídicamente es totalmente distinto.

[20] Para el cartaginés, ed. Jordan, p. 21, así como la inscripción de los *rostra*, CIL I, 195 y p. 39; para el latino, ed. Jordan, p. 12

[21] Varrón, 5, 153, probablemente tomado de la Guerra Púnica de Nevio (edic. Buech., p. 10).

[22] *Vel tu diclator vel equorum equitumque magister esto vel consul.* Festo, *Ep.* p. 369 = Ennius, *Sat.* 18, ed. Vahlen.

[23] CIL I, 1503, p. 556.

hasta donde sabemos, estos autores se sirven profusamente de los *fasti* anuales y de la tradición analística.

3. Elegibilidad

Con respecto a la elegibilidad, parece que las disposiciones que rigen el consulado fueron aplicadas también *de iure* a la dictadura.

4. Patriciado

No se trata de una ley especial que abriera a los plebeyos la posibilidad de acceder a la dictadura: el primer dictador plebeyo, G. Marcius Rutilus, fue nombrado en 398 (356 a.C.), sin que hubiera oposición alguna contra la validez del voto[24], solo, al parecer, en virtud de la ley Licinia de 387 (367 a.C.).

5. Consulado

Los reparos de Livio, en el sentido de que la ley que introdujo la dictadura exigía que solamente eran elegibles los consulares[25], no se armoniza con la libertad con la que los magistrados de los primeros tiempos de la República fueron elegidos por las autoridades competentes, y menos aún con el hecho de que el consulado fuese en la práctica durante mucho tiempo reemplazado por el tribunal consular y que, sin embargo, la dictadura subsistiese. Sobre todo, esta afirmación está en directa contradicción con la lista de magistrados. En cuanto a las dos primeras dictaduras, coexisten, una, relativa a los no consulares y otra a los consulares. Luego, hasta 433 (321 a.C.), el número de dictadores no consulares superó al

[24] Tito Livio, 7, 17; 10, 8, 8. Cf. 8, 23.

[25] Tito Livio 2, 18: *Consulares legere* (perfecto, y no, como quiere Becker, infinitivo): *ita lex iubebat de dictatore creando lata.*

de consulares[26]. A partir de ese momento, la dictadura suele estar cubierta solo por ex cónsules. Sin embargo, posteriormente nos encontramos con algunos dictadores no consulares, que de hecho todos tenían más o menos un carácter de oposición[27]. Por tanto, es probable que a mediados del siglo V de Roma (el III a.C.) se estableciera la costumbre de admitir únicamente a los consulares en la dictadura y que esta práctica se fundamentara incluso en una supuesta ley promulgada en ese sentido desde la instauración de la magistratura. Sin embargo, por el contrario, esta limitación probablemente nunca fue establecida por la ley.

6. Acumulación

La combinación de la dictadura, magistratura extraordinaria, con otra magistratura superior ordinaria, pretorio o consulado, es legalmente posible. Sin duda es por simple casualidad que no encontremos un ejemplo de su combinación con el tribunado consular.

---

[26] Véanse las explicaciones detalladas en CIL I, p. 557. Son solo *consulares* los dictadores de los años 296 (458 a.C.), 315 (439 a.C.), 369 (385 a.C.), 394 (360 a.C.), 396 (358 a.C.), 398 (356 a.C.), 403 (351 a.C.), 409 (345 a.C.), 410 (344 a.C.), 412 (342 a.C.), 415 (339), 419 (335 a.C.), 427 (327 a.C.), 429 (325 a.C.), 432 (322 a.C.); no *consulares*, los de los años 260 (493 a.C.), *317 (437 a.C.) (320 [434 a.C.], 328 [426 a.C.]), 319 (435 a.C.) (336) [418 a.C.], 323 (431 a.C.), 346 (408 a.C.), *358 (396 a.C.) (364 [390 a.C.)], 365 [389 a.C.], 386 [368 a.C.], 387 [367 a.C.), *374 (380 a.C.), *386 (368 a.C.), 391 (363 a.C.), 392 (362 a.C.), 393 (361 a.C.), 401 (353 a.C.) (405) [349 a.C.], 402 (352 a.C.), 404 (350 a.C.), 414 (340 a.C.), 417 (337 a.C.), 420 (334 a.C.), 422 (332 a.C.), 423 (331 a.C.), 433 (321 a.C.), entre los cuales, aquellos que se marcan con asterisco, ciertamente ocuparon antes el tribunado consular.

[27] Estos son C. Poetelius Libo Visolus, en 441 (313 a.C.); Q. Hortensius en 465/468 (289/286 a.C.); M. Claudius Glicia en 505 (249 a.C.); M. Minucius Rufus en 537 (217 a.C.). Cf. CIL, *loc. cit.* y el suplemento publicado en *Bullet. dell' Inst.* 1883, p. 58 ss., donde se establece definitivamente la lista de los *fasti Capitolini* en concordancia con la inscripción dedicatoria. La redacción, ciertamente siempre igual, del *senatus-consultum* en Tito Livio, 26, 10, 9, *qui dictatores consules censoresve fuissent*, demuestra igualmente que un no-consular podía acceder a la dictadura.

7. Autoridad que otorga el nombramiento

El dictador es, en primer lugar, designado por el cónsul. La realización conjunta es tan inconcebible para esta nominación como para las realizadas por medio de los comicios; el derecho a hacerlo se adquiere, por tanto, cuando los dos cónsules están dispuestos y decididos a hacerlo, actuando, según el sistema romano, por acuerdo amistoso o por sorteo.

Una resolución de los augures decidió en 328 (426 a.C.) que el poder de nombrar un dictador también pertenecía a los tribunos consulares, y esto debió suceder con frecuencia[28].

Se considera inconstitucional el nombramiento del dictador hecho por un pretor, como el de César en 705 (49 a.C.)[29]. En todo caso, debe haberse presentado previamente. Porque, no solo los cónsules y los pretores en general están habilitados para nombrar al dictador[30], sino que Q. Fabius Maximus es nombrado dictador, en 537 (217 a.C.), tras la batalla del lago Trasimeno, sin la ayuda de los cónsules. No cabe duda de que entonces se consultó al pueblo precisamente por este motivo; pero, a pesar de todo, era necesario que se reuniesen los comicios, con su presidente, para proclamar al dictador, y esto solo podía hacerlo un pretor[31]. Por tanto, puede ser

---

[28] Tito Livio, 4, 46. 57. 5, 19. 6, 1. 11. 28. 38.

[29] Cic. *Ad Att.* 9, 15, 3, del año 705: *Volet* (hay que escribir, en lugar de *velut*), *consules roget praetor vel dictatorem dicat, quorum neutrum ius est; sed si Sulla potuit efficere ab interrege ut dictator diceretur, cur hic non possit?* Cf. Drumann, 2, 475. 3, 469. La alegación contenida en un discurso de Dionisio, 11, 20: ἵνα δὲ καὶ κατὰ νόμους ἡ τοῦ δικτάτορος ἀνάρρησις γένηται, τὴν μεσοβασίλειον ἀρχὴν ἑλέσθαι, es un simple error, pues es evidente que el autor no quiere decir que los cónsules serían nombrados por el *interrex*, y luego el dictador este.

[30] Plut., *Marc.* 24: ὁ γὰρ δικτάτωρ οὐκ ἔστιν ὑπὸ τοῦ πλήθους οὐδὲ τῆς βουλῆς αἱρετός, ἀλλὰ τῶν ὑπάτων τις ἢ τῶν στρατηγῶν προελθὼν εἰς τὸν δῆμον ὃν αὐτῷ δοκεῖ λέγει δικτάτορα.

[31] Tito Livio, 22, 8: *quia et consul aberat, a quo uno dici posse videbatur, nec per occupatam armis Punicis Italiam facile erat aut nuntium aut litteras mitti [nec dictatorem populus creare poterat], quod nunquam ante eam diem factum erat, dictatorem populus creavit Q. Fabium Maximum et magistrum equitum M. Minucium Rufum.* Sobre la interpretación de este texto, cf. CIL I, p. 288. Polibio, 3, 87, los fastos, el *elogium* de Maximus y los demás documentos apuntan todos en el mismo sentido de llamar a Fabius simplemente *dictator*. Por el contrario, Tito Livio, en un pasaje posterior (22, 31) pone en duda esta categoría y solo lo considera *pro dictatore* en el sentido indicado: *eo decursum esse ut a populo crearetur qui pro dictatore esset; res inde gestas gloriamque*

que, a partir de este momento se estableciese la norma que utilizó César posteriormente, según la cual el derecho a nombrar un dictador correspondía al cónsul sin ningún apoyo y al pretor solo con la ayuda de los comicios.

— Un dictador nunca ha sido nombrado por otro dictador.

— El nombramiento de un dictador por el *interrex* fue, como veremos más adelante, contrario a la naturaleza de la institución. Sila recibió así la dictadura en 672 (81 a.C.), pero en virtud de una ley especial y no por sistema ordinario.

8. Co-dictadores

Siendo la dictadura una solución para los problemas que generaba la colegialidad, estaba en su naturaleza que no se pudieran nombrar varios co-dictadores al mismo tiempo, ni ejercer nuevamente el derecho a nombrar un dictador después del nombramiento de un primer dictador, siempre y cuando el dictador designado permaneciera en el puesto. Sin embargo, esta regla nunca se estableció formalmente e incluso en el último periodo de existencia de la dictadura se pervirtió: primero en 537 (217 a.C.), cuando M. Minucius, *magister equitum* del dictador Q. Fabius, fue puesto en su cargo por una ley equivalente y con los mismos poderes, es decir, que probablemente también fue nombrado dictador en la forma que lo había sido el propio Fabio [32]; luego, en 538 (216 a.C.), cuando M. Junius Pera inicia una campaña

insignem ducis et augentes titulum imaginis posteros, ut qui pro dictatore <creatus erat, dictator> crederetur, facile obtinuisse. Lydo, *Mag.* 1, 38, parece basarse en Livio. Es el mismo caso de su co-dictador posterior M. Minucius; no se puede demostrar que éste adquiriese esta dignidad con el concurso directo de un cónsul (cf. CIL I, p. 557). Ahora bien, los dictadores que no hayan sido nombrados por un cónsul, no significa que hayan sido designados por un pretor; se puede indicar en el este mismo sentido la disposición análoga descrita por Tito Livio, 27, 5, 16.

32 Polibio, 3, 103; Tito Livio, 22, 25; CIL I, p. 556. La inscripción contemporánea demuestra que Polibio otorga con razón a Minucius el título de dictador que le niegan los fastos.

militar como dictador, M. Fabius Buteo comparecía en el Senado igualmente como dictador[33].

9. Exclusión de la *intercessio*

El magistrado a quien corresponde el derecho de nombrar un dictador no puede ser arrestado en el ejercicio de este derecho por ningún otro poder del Estado. La intercesión de colegas y tribunos en sí no se aplica a este acto. No solo no conocemos ningún ejemplo de nombramiento de un dictador impedido por el veto de un cónsul o un tribuno, sino que algunos casos específicos demuestran la inadmisibilidad de tal intercesión[34].

10. Influencia del Senado

Tampoco era necesario el consentimiento del Senado para autorizar al magistrado a nombrar un dictador; de lo contrario, el cónsul no habría podido –como sucedió en algún caso– nombrar un dictador mientras el senado-consulto que le propone fuese despojado de su fuerza por una intercesión[35].

Tampoco, en el rigor de la ley, podía el senado, en sentido contrario, obligar con su decisión al magistrado a instituir un dictador; pues la amenaza de encarcelamiento, dirigida por los tribunos a los magistrados superiores en caso de que desobedecieran tal senado-consulto[36], indica claramente que el Senado no tenía derecho formal

[33] Tito Livio, 22, 22; 23. Si este escritor pone en boca de Fabius la frase: *Neque duos dictatores tempore uno, quod numquam antea factum esset, probare se*; estas palabras implican indudablemente para el analista una crítica hacia los que están relacionados con la co-dictadura del año 537 (217 a.C.). El dictador nombrado cumple, a pesar de la opinión contraria, el rango que se le ha asignado.

[34] El tribuno militar *cos. pot.* de 346 (408 a.C.) L. Servilius Ahala cumple los requisitos para ser nombrado dictador a pesar de la resistencia de sus colegas y de los tribunos del pueblo (Tito Livio, 4, 57). El incidente de 544 (210 a.C.) muestra igualmente que uno de los dos cónsules no podía impedir al otro el hecho de nombrar a un dictador.

[35] Tito Livio, 4, 57.

[36] En Tito Livio, 4, 26, relativo al año 323 (431 a.C.), los tribunos deciden, en su ruego al Senado, *placere consules senatui dicto audientes esse; si aduersus consensum amplissimi ordinis ultra tendant, in vincla se duci eos iussuros*. Cf. 4, 56.

a obedecer tal decisión, y no carece de importancia el hecho de que ello se considere una acatamiento del consulado al tribuno, y no al Senado[37].

Sin embargo, hasta donde se remonta la evidencia histórica confiable, parece que nunca fueron rechazados estos senado-consultos, con el disgusto de los cónsules que habían sido designados por este procedimiento, por ejemplo, Tib. Aemilius en 415 (339 a.C.) y Publius Claudius en 505 (249 a.C.). Cicerón, en su Constitución, indica que el nombramiento del dictador depende directamente del Senado[38].

11. La intervención de los comicios

Por tanto, el Senado decidió desde los primeros tiempos que debía intervenir en la designación del dictador, viendo los pros y los contras. Por el contrario, el derecho imperativo de asamblea popular que, para las magistraturas ordinarias, juega un papel tan importante y es la piedra angular de la Constitución republicana, no se hace extensivo a la dictadura[39]. Solamente en las últimas décadas, las que precedieron a la práctica desaparición de la dictadura, vemos flaquear esta regla: primero, en 337 (417 a.C.), cuando, por falta de magistrados teóricamente facultados para nombrar un dictador, se reunieron los comicios –no sabemos cuáles exactamente– para

---

[37] Tito Livio, 4, 26: *consules ab tribunis quam ab senatu uinci maluerunt, proditum a patribus summi imperii ius datumque sub iugum tribuniciae potestati consulatum memorantes.*

[38] Cic. *De leg.* 3, 3, 9: *Si senatus creverit.*

[39] A decir verdad, hay algunos textos en los que el pueblo aparece como participante en la elección regular del dictador. Pero Becker (1ª ed.) y Schwegler, 2, 124, indican con razón que estos casos están desenfocados o son erróneos o susceptibles de otra interpretación. En Festo, p. 198, las palabras *primus magister a populo creatus est* están evidentemente equivocadas y deben ser corregidas en el sentido de *magister populi*. La trasmisión del texto es muy defectuosa en esta parte. Dionisio, 5, 70 indica: ὃν ἂν ἥ τε βουλὴ προέληται καὶ ὁ δῆμος ἐπιψηφίσῃ, τὴν ἁπάντων ἐξουσίαν παραλαβόντα ἄρχειν, texto que Becker pone en relación con una *lex curiata*. Si también en una serie de textos (5, 46; 6, 6, 8; 22, 14, 11) y su estela Plutarco (*Camill.* 40) consideran que Camilo fue un dictador elegido por el pueblo, lo cual es indudablemente un error. El sistema de Niebuhr (*Römische Gesch.* 1, 593) según el cual el dictador habría sido al principio elegido por las curias, no tiene por qué ser hoy rechazado completamente.

nombrar al dictador que probablemente entonces fue proclamado por un pretor; de modo que la *creatio* ordinaria reemplazó a la *dictio*.

Algunos años después, en 344 (410 a.C.), se dio un paso adelante. Se tuvo la idea de indicar al cónsul M. Laevinus el dictador que debía nombrar, a través de los comicios centuriados o eventualmente impedir que se reuniese esta asamblea, actuando en su lugar la de los plebeyos. Es verdad que Laevinus consideró esta pretensión como una limitación individual de sus poderes; pero su colega, M. Marcellus, fue más dócil y nombró a un dictador designado por la plebe[40]. Sin duda alguna, estos hechos han sido la causa directa de la desaparición de la dictadura; pues su importancia política se fundamentaba precisamente en el hecho de que este magistrado, al contrario de los demás, no era nombrado por el pueblo. La institución se convirtió en algo inútil porque los comicios dictatoriales no podían en adelante enfrentarse a los progresos de la democracia.

12. El derecho de presentación por parte del Senado

Muy frecuentemente ocurría que el Senado indicaba al magistrado encargado de hacer el nombramiento qué persona debía elegir[41], y esto puede verse como la forma ordinaria de proceder, especialmente en los últimos tiempos. Pero estas propuestas no fueron de ninguna manera impuestas al magistrado –si acaso, sugeridas– pues nos encontramos en todo momento casos donde el magistrado que hace el nombramiento elige al dictador en contra de la voluntad del Senado e incluso incurriendo en desacato con respecto a esa voluntad

[40] Tito Livio, 27, 5; Plut. *Marcel.* 24.

[41] Tito Livio, 2, 30; 4, 21: *dictatorem dici Q. Servilium placet: Verginius dum collegam consuleret moratus, permittente eo nocte dictatorem dixit.* Ibid. 4, 23 y 7, 12: *dictatorem dici C. Sulpicium placuit: consul ad id accitus C. Plautius dixi.* Ibid. 8, 26; 8, 17; 9, 19; 10, 11: *M. Valerium consulem omnes [sententiae] centuriae[que] dixere, ut patres ab iubendo dictator deterruerint, quem senatus dictatorem dici iussurus fuerat.* Por lo demás, los autores griegos atribuyen a veces la elección del dictador directamente el Senado; por ejemplo, Dionisio, 5, 70; 7, 56. Plutarco, *Camill.* 39. Zonaras, 7, 20. En un pasaje (11, 20) Dionisio alude al caso de un dictador que fue nombrado en la curia entre la media noche y las primeras horas de la madrugada.

expresada[42]. Por tanto, con razón se dice que el dictador no es elegido ni por el pueblo ni por el Senado, sino que es instituido por decisión y a voluntad del magistrado que lo nombra. Es verdad que –sobre todo cuando la nominación tuvo lugar en Roma– no siempre se pudo evitar fácilmente que el Senado advirtiera, consultando a los augures, el carácter defectuoso del nombramiento, provocando así su casación[43].

13. Forma de nombramiento

El nombramiento se hace mediante declaración verbal del magistrado que instruye el procedimiento; esto se llama, en lenguaje técnico: *dictatorem dicere*, más raramente *facere*[44], *ligere*[45], *nominare*[46], también *creare*[47]. Estas expresiones también se encuentran para el nombramiento del cónsul; pero se utilizan aquí en una relación diferente

[42] En 398 (356 a.C.), el cónsul plebeyo nombra a un plebeyo como dictador, lo solivianta al Senado (Tito Livio, 7, 17). En 415 (339 a.C.), el Senado se pronuncia sobre la dictadura, *finire imperium consulibus cupiens*; pero el cónsul que propuso el nombramiento, T. Aemilius, designa a su colega (Tito Livio, 8, 12). En 444 (310 a.C.), el Senado quiere que L. Papirius Cursor sea nombrado dictador y, el único cónsul que se encuentra cerca, Q. Fabius, siendo enemigo feroz de aquél, envía a este sujeto una embajada especial a Q. Fabius que no obtiene respuesta. A la mañana siguiente, por tanto, se nombra a Papirius y rechaza los agradecimientos (Tito Livio, 9, 38; Dion, fr. 36, 36). En 505 (249 a.C.), el cónsul P. Claudius, para burlarse del Senado, nombra dictador a su *viator*, M. Claudius Glicia (Tito Livio, *Ep.* 19; Suet. *Tib.* 2).

[43] Tal parece haber sido el motivo por el cual el cónsul de 544 (210 a.C.), M. Levinus, no nombró inmediatamente en Roma a M. Messala al que había propuesto elegir como dictador, pero que desagradaba al Senado, y planea nombrarlo en su provincia de Sicilia (Tito Livio, 27, 5), lo cual habría sido una infracción a la regla. Es evidente, y así se deduce del relato de Tito Livio (8, 23), que la casación motivada por un secundario era mucho peor vista que una nominación hecha en el campo de batalla u otra hecha en Roma.

[44] Festo, v. *Optima lex*, p. 198.

[45] Tito Livio, 2, 18.

[46] Tito Livio, 9, 28.

[47] Tito Livio, 2, 18, 30; 4, 26, 6. Festo, v. *Optima lex*, p. 198. Por su parte, Becker indica que se dice *dictator creatur* y no *consul creat dictatorem*, porque *creare*, sobre todo cuando se relaciona con el magistrado que hace la propuesta del nombramiento, designa preferentemente a la elección popular, el *creare per suffragia populi*. La diferencia entre *dictatorem dicere* y *creare* se aprecia con fuerza en Tito Livio, 22, 8: *Quia... consul aberat, a quo uno (dictator) dici posse videbatur... dictatorem populus creavit*; y 22, 31: *Fabium... primum a populo creatum dictatorem... uni consuli... ius fuisse dicendi dictatoris*. Cf. 6, 6, 8.

que es consecuencia de la diferencia material de los modos de nombramiento: *dicere* y las expresiones correspondientes se refieren, en el caso del cónsul, a los ciudadanos que lo eligen y, en el caso del dictador, al magistrado que lo nombra.

La presencia del dictador que será designado en el momento del nombramiento no es más necesaria que la del futuro cónsul en el momento de la elección. El cónsul procede al nombramiento *oriens nocte silentio*, es decir, inmediatamente después de levantarse de la cama, entre la mitad de la noche y el amanecer, después de haber tomado los auspicios en el silencio de la noche.

Como el nombramiento del prefecto de la ciudad, solo podía tener lugar válidamente en el territorio más antiguo de la ciudad (*in agro Romano*) y, como resultado, los cónsules eran llamados frecuentemente a Roma para nombrar un dictador[48]. Posteriormente, el derecho religioso descubrió un expediente consistente en atribuir ficticiamente el carácter de "suelo primitivo" a un terreno situado fuera de este territorio; sin embargo, en la época en que existía la dictadura, esto solo se admitía en suelo itálico y, en consecuencia, nunca ha habido un dictador designado en otro lugar que no sea en Italia[49].

14. Entrada en funciones

Se aplica también al dictador la regla de que el *imperium* no existe plenamente en la ley hasta después de que el nuevo magistrado haya

[48] Así, en 401 (352 a.C.), el cónsul M. Valerius, que estaba situado ante los volscos en la frontera del territorio de Tusculum (Tito Livio, 7, 19); en 538 (216 a.C.), el cónsul Varrón reclama a dos candidatos que estaban en Apulia (Tito Livio, 22, 57; 23, 22).

[49] Tito Livio, 27, 5: *consul in Sicilia se M. Valerium Messallam qui tum classi praeesset dictatorem dicturum esse aiebat, patresextra Romanum agrum – eum autem Italia terminari – negabant dictatorem dici posse.* En Tito Livio, 27, 29, el cónsul de 546 (208 a.C.), Crispinus, que se encuentra herido en Capua, es invitado *si ad comitia ipse venire Romam non posset dictatorem in agro Romano diceret comitiorum causa. Ager Romanus* designa siempre al territorio primitivo o aquél que se le supone ficticiamente, y este significado debe ser mantenido también aquí. En consecuencia, no es preciso borrar *in*. Pero, por el contrario, es característico para la designación de una parcela de tierra excepcionalmente transformada en territorio primitivo de Roma. Es preciso recordar también que hay otros nombramientos de dictadores hechos en el campo de batalla (Tito Livio, 7, 21; 8, 23; 9, 38; 44).

recibido el nombramiento de las curias[50]. Éste no es más que un acto formal; pero revestía una importancia extraordinaria, porque la resolución de las curias tenía que ser instada por el propio dictador y en el interior de la capital; en consecuencia, la entrada en funciones del dictador, como la del cónsul, generalmente se producía en Roma. Sin embargo, aquí se confirma nuevamente que, al menos en la Antigüedad, la ley *curiata* solo estaba en la tradición y que no era legalmente necesaria. El dictador podría, probablemente, empezar ya a ejercer su cargo, por ejemplo, designar al jefe de la caballería (*magister equitum*) inmediatamente después de ser informado de su nombramiento; al menos la tradición, que en verdad difícilmente puede ser histórica, representa a Camilo asumiendo la dictadura en Veyes en 364 (390 a.C.), sin regresar a Roma ni estar habilitado para ejercer el *imperium* allí según la ley *curiata*. Sin embargo, así como el dictador iba a ser nombrado en Italia, la dictadura también tenía que ser ejercida en Italia[51].

15. Insignias

Ya hemos hablado de la insignia del dictador. Basta recordar aquí que tiene, como el cónsul, el asiento curul y la *toga praetexta*, y que, por el contrario no tiene doce *lictores*, como el cónsul y como, según la tradición, el rey mismo, sino veinticuatro *lictores*; sin embargo, los dictadores de la República parecen haber tomado este número de fasces solo en campaña y Sila parece haber sido el primero en tomarlos incluso en Roma. También se sabe que, por razón de la situación jurídica ocupada por el dictador, al menos en el primer

[50] Tito Livio, 9, 38: *Papirius C. Iunium Bubulcum magistrum equitum dixit; atque ei legem curiatam de imperio ferenti triste omen diem diffidit, quod Faucia curia fuit principium.* 9, 39: *dictator postero die auspiciis repetitis pertulit legem.* Cf. 5, 46.

[51] En Dion, 42, 21, se reprocha a César haber revestido la dictadura καίπερ ἔξω τῆς Ἰταλίας ὤν.

periodo de la República debería llevar hachas delante de él a todas partes, incluso en el interior de la ciudad[52].

16. El dictador, colega mayor de los cónsules

Desde el punto de vista de la autoridad, el dictador debe ser considerado, en general, como un colega extraordinario de cónsules y pretores. El mismo nombre oficial de *praetor* se atribuye, en el periodo más antiguo, de manera similar a las tres categorías de magistrados. Las insignias del poder judicial son las mismas; solo difiere el número de *lictores*. El pretor, que solo lleva la mitad de los fasces consulares, se denomina *collega consulum atque iisdem auspiciis creatiis*; por la misma razón se puede llamar también al dictador que puede llevar el doble de fasces. De estos tres poderes, el único que se constituyó directamente a imagen del poder regio, es el poder consular, que también, por esta razón, ha sido asimilado al poder real en cuanto al número de fasces.

El número de fasces es doble para el dictador y reducido a la mitad para el pretor, a fin de expresar materialmente que el pretor tiene un poder de la misma naturaleza que el de los cónsules, pero más débil, y que el dictador tiene un poder de misma naturaleza que la de los cónsules, pero más fuerte (*maius imperium*). En verdad, nuestra tradición no dice expresamente que el dictador sea colega de los cónsules; la diferencia de títulos, que parece remontarse al origen, puede haber contribuido a oscurecer sus significados[53]. Pero es algo más que una simple hipótesis; porque da la clave de la forma en que la magistratura es tratada por los anales y por el derecho público. Este explica por qué los viejos analistas guardan silencio sobre la introducción de la dictadura, así como sobre su apertura a los plebeyos; lo consideraban parte integrante del consulado, que había sido

[52] Tito Livio, 2, 18: *Creato dictatore primum Romae postquam praeferri secures viderunt*. Dionisio, 5, 75, sobre lo mismo: τοῖς ῥαβδούχοις ἐκέλευσεν ἅμα ταῖς δεσμαῖς τῶν ῥάβδων τοὺς πελέκεις διὰ τῆς πόλεως φέρειν. Lydo, *Mag*. 1, 37.

[53] La posibilidad de acumular la dictadura con el consulado y la pretura puede haber contribuido a ello; en cualquier caso, pudo haberse encontrado fácilmente una fórmula para la cooptación que englobase estos casos.

legalmente fundado con él y que estaba asimilado a él desde el punto de vista de la elegibilidad. También aclara la razón por la cual los militares que prestan juramento al dictador han prestado juramento a los cónsules del momento[54]. El juramento que hace el ejército no se presta al cónsul que lo recibe, sino a los dos cónsules. Es una lógica simple: cuando el colegio tiene tres miembros, se le extiende a los tres. Finalmente, esto explica el modo de nombramiento del dictador y las reglas que rigen su retirada. El modo de nombramiento es entonces simplemente una aplicación de cooptación que se presenta absolutamente bajo el mismo aspecto en la magistratura superior plebeya al menos[55], mientras que de otro modo sería necesario admitir para la creación de dictadores un principio absolutamente aislado. Veremos, además, que el término de las funciones de los cónsules actuales se aplica a las del dictador designado por ellos; solo puede explicarse satisfactoriamente por la idea de que se le consideraba miembro del colegio. El día en que deben retirarse los cónsules es también, por necesidad legal, el de la retirada de los pretores. Lo que se llama dictadura, por tanto, se resume propiamente en la facultad otorgada, en el momento de la abolición de la monarquía vitalicia, a los nuevos jefes de Estado anuales de añadir discrecionalmente a un tercer colega, sobre el cual no era necesario consultar de antemano al pueblo, puesto que estaría por encima de éste.

17. Competencias del dictador y de otros magistrados

El dictador tiene, por tanto, una autoridad de la misma naturaleza que la de los cónsules y pretores, pero más enérgica[56]. Por tanto, si un

[54] Tito Livio, 2, 32: *quamquam per dictatorem dilectus habitus esset, tamen quoniam in consulum verba iurassent sacramento teneri militem.*

[55] Se dice también *consuli dictatorem adrogari*. Tito Livio, 7, 25, 11, emplea ciertamente *rogari* en un sentido impropio.

[56] Tito Livio, 30, 24: *cum praetor spreturum eum litteras suas diceret, dictator... pro iure maioris imperii consulem in Italiam revocavit.* Tito Livio, 8, 32, 3: *cum summum imperium dictatoris sit pareantque ei consules, regia potestas, praetores, iisdem auspiciis quibus consules create.* Según Pomponius, *Dig.* 1, 2, 2, 18, el dictador se llama *maioris potestatis magistratus.* Cf. Tito Livio, 5, 9, 7. Esto ocurre porque el dictador está junto al cónsul como *moderator et magister* (Tito Livio, 2, 18).

dictador y un cónsul están en funciones en la misma guerra, el segundo manda bajo las órdenes del primero y lucha bajo sus auspicios[57]. En consecuencia, en tal caso, solo el dictador puede triunfar si se aplica rigurosamente la ley. Asimismo, el cónsul no renuncia a los fasces en el momento de nombrar al dictador, pero no puede exhibirlos ante él. Es también en este sentido en el que decimos del dictador que su poder es igual al de los dos cónsules juntos, fórmula que, además, no es exacta y que sin duda solo quiere aludir al número de *lictores*[58]. Además, los magistrados con un *imperium* más débil no dejan de ejercer sus funciones cuando se activa un *imperium* más fuerte[59].

Los cónsules y pretores[60], por el contrario, permanecieron en el cargo bajo la dictadura, al igual que los pretores con respecto de consulado. Sin embargo, no es improbable que en la Antigüedad los cónsules consideraran que sus poderes estaban suspendidos por la esfera de competencia del dictador y, por lo tanto, generalmente se abstuvieron de hacer la guerra. Esta es al menos la conclusión a la que lleva el hecho de que no parece haber sido costumbre emplear a los cónsules para mandar bajo las órdenes del dictador, y que, por

[57] Tito Livio, 4, 41: *Consul auspicio dictatoris res prospere gesserat*. Cf. 5, 9, 2, 3.

[58] Cic. *De leg*. 3, 3, 9: *Oenus... idem iuris quod duo consules teneto*. Suidas, s.v.: <Δικτάτωρ:> ὁ διπλασίαν τὴν ἀρχὴν ἔχων. ὃς παρὰ Ῥωμαίοις δισύπατος καλεῖται. Esto no es exacto por el simple motivo de que, como dice Becker con razón, no habría entonces diferencia entre el dictador y el *consul sine collega*.

[59] Pero Polibio dice acerca del dictador, 3, 87, 8: οὗ κατασταθέντος παραχρῆμα διαλύεσθαι συμβαίνει πάσας τὰς ἀρχὰς ἐν τῇ Ῥώμῃ πλὴν τῶν δημάρχων, y a propósito indica Apiano, *Hann*. 12: ἀφικόμενος Φάβιος Μάξιμος ὁ δικτάτωρ Σερουίλιον μὲν ἐς Ῥώμην ἔπεμπεν, ὡς οὔτε ὕπατον οὔτε στρατηγὸν ἔτι ὄντα δικτάτορος ᾑρημένου, y por su parte Plutarco, *Anton*. 8: δημαρχία διαμένει, τὰς δ› ἄλλας (ἀρχὰς) καταλύουσι πάσας δικτάτορος αἱρεθέντος. Cf. Plut. *Quaest. Rom*. 81. Es posible que proceda también de la misma fuente que Dionisio donde presenta a los cónsules retirándose tras el nombramiento del primer dictador (5, 70: τοὺς τότε ὑπατεύοντας ἀποθέσθαι τὴν ἐξουσίαν, καὶ εἴ τις ἄλλος ἀρχήν τινα εἶχεν ἢ πραγμάτων τινῶν κοινῶν ἐπιμέλειαν; 5, 72: ὁ Κλοίλιος ἀναγορεύει τ›αὐτόν, ὥσπερ εἰώθεσαν ποιεῖν οἱ μεσοβασιλεῖς, καὶ τὴν ὑπατείαν αὐτὸς ἐξόμνυται. 5, 77: πολλάκις ἀναγκασθείσης τῆς πόλεως καταλῦσαι τὰς νομίμους ἀρχὰς καὶ πάντα ποιῆσαι τὰ πράγματα ὑφ› ἑνί). Cf. Ibid, 11, 20. Pero ningún autor romano comparte esta falsa idea que uno se asombra al encontrarla en Polibio, quien, es cierto, no conoció personalmente la dictadura. La elección del único *magistratus plebis* para 707 (47 a.C.), durante la dictadura de César (Dion, 42, 20. 27), no tiene nada que ver con eso; el motivo fue, por el contrario, que se le otorgó la presidencia de las elecciones del pueblo y que él estaba ausente.

[60] El dictador, al salir de Roma, solamente nombra un prefecto de la ciudad si no queda allí un cónsul o un pretor.

el contrario, se asigne al dictador un comandante de rango inferior a los cónsules: el jefe de la caballería[61].

18. Poder especial del dictador

Una diferencia importante entre el poder dictatorial y el poder consular radica en que la idea de competencia, de limitación a un asunto determinado, que originalmente era ajena al poder consular, en cierto sentido, aún permanece. La restricción a un asunto concreto es la esencia de la dictadura. La prueba de ello la encontramos en la máxima —evidentemente, de corte tradicional—, formulada por Cicerón y el emperador Claudio, según la cual la dictadura interviene "en presencia de graves complicaciones militares o agudos disturbios internos"[62], máxima con la que se ha armonizado el relato de la introducción de la dictadura; a ello se añadió después la costumbre de añadir esta circunstancia en los fastos para mayor gloria del dictador. Así, vemos algunas "adiciones" al título específico de dictador, como *rei gerendae causa*[63], *seditionis sedandae et rei gerendae causa*[64], *clavi figendi causa* [65], *comitiorum habendorum causa*[66].

También nos encontramos con dictadores designados para realizar solemnidades religiosas[67] y excepcionalmente para completar el

[61] Polibio debió haber visto una fórmula de este tipo ante sus ojos.

[62] Cic. *De leg.* 3, 3, 9: *Quando duellum gravius [gravioresve] discordiae civium escunt.* Claudio, en la *tabula* de Lyon (1, 28 ss.): *Dictaturae hoc ipso consulari imperium valentius repertum apud maiores nostros, quo in asperioribus bellis aut in civili motu difficiliore uterentur.*

[63] En griego, αὐτοκράτωρ τοῦ πολέμου, Diodoro, 19, 72, ο κατὰ τὸν πόλεμον, Diodoro, 12, 64. El último *dictator rei gerendae causa* ha sido M. Iunius Pera en 538 (216 a.C.).

[64] Un *dictator seditionis sedandae et r. g. c.* (así, abreviado), se encuentra en los fastos en 386 (368 a.C.); ello se debe verosímilmente a que, cuando los dictadores se crean en otra parte de esta manera a causa de disturbios internos, su título les atribuya la misma doble competencia.

[65] En los años 391 (363 a.C.) (Tito Livio, 7, 3, y los fastos); y 491 (263 a.C.). Las competencias de la misma naturaleza de 423 (331 a.C.) (Tito Livio, 8, 18) y 441 (313) (Tito Livio, 9, 28) son transmitidas de una forma poco fidedigna y seguramente falsa.

[66] Primero, en 403 (351 a.C.) (Tito Livio, 7, 22), luego, con frecuencia. Véase también Tito Livio, 3, 20, 8 y 7, 9.

[67] El dictador *feriarum constituendarum causa* de 408 (346 a.C.) (Tito Livio, 7, 28) y el dictador *comitiorum ludorumque faciendorum causa* de 546 (208 a.C.) (Tito Livio, 27, 33) fueron creador para celebraciones extraordinarias. Por el contrario, en 432 (322

senado[68] mientras que otros destinos son dudosos o erróneos[69]. Sin embargo, estos diferentes destinos no están todos en la misma línea. La autoridad militar sigue siendo la competencia suprema, incluso en cierto sentido la competencia única y esencial del dictador. No solo no nos encontramos hasta 391 (363 a.C.) dictadores distintos a los denominados "*rei gerendae causa*", sino que además se puede establecer que, por un lado, si hubo una desviación de la vieja regla, fue porque temíamos faltar al espíritu de la letra de la costumbre de "meter el clavo", y, por otro lado, el dictador así llamado *clavi figendi causa*, reclamaba el derecho a hacer la guerra[70], sin duda porque este derecho era rigurosamente inherente a la magistratura y no podía ser legalmente anulado por colisión de competencias. Incluso todavía después hay indicios de que la determinación de la competencia vinculaba al dictador más de hecho que de derecho[71].

19. Su exclusión de la jurisdicción civil

Esta restricción de la dictadura con respecto al mando militar no debe entenderse desde un punto de vista territorial, sino desde un punto de vista sustantivo; el dictador ejerce el mando tanto en el territorio *domi*, en caso de asedio y motín, como en el territorio de las *militiae*, al frente de un ejército en campaña. Pero probablemente nunca tuvo la jurisdicción civil como derecho efectivo; a este respecto,

a.C.), el dictador fue nombrado, según unos, *rei gerendae causa*, y según otros, para dar a los juegos romanos la señal de partida a los carros, ya que los cónsules estaban en la guerra y el pretor enfermo (Tito Livio, 8, 40). Los *fasti Capitolini* citan también en 497 (257 a.C.) a un *dictator Latinarum feriarum causa*. Cf. Tito Livio, 9, 34, 12.

[68] M. Fabius Buteo, en 538 (216 a.C.).

[69] Tito Livio, 9, 26 (cf. 30, 24) cita a un dictador de 440 (314 a.C.) *quaestionibus exercendis*; pero los *fasti Capitolini* lo califican de *rei gerendae causa*, y los antiguos anales indican, al contrario, una rebelión de los campanos y el envío de un ejército contra ellos (Diodoro, 19, 76). Quizás la primera designación no debería, como suele hacerse a causa del texto de Livio, 9, 34, 14, relacionarse con la dictadura anterior del mismo personaje de 434 (320 a.C.), sino que debe considerarse como "no técnica".

[70] Tito Livio, 7, 3. Posteriormente fue acusado por el rigor que había mostrado en las conscripciones, o incluso por el propio hecho de haberlas realizado (Tito Livio, 7, 4).

[71] Tito Livio, 9, 34, 12: *Quem clavi figendi aut ludorum causa dictatorem audacter crees?* También forma parte de esta idea que el maestro de caballería sea asignado a cualquier dictador, incluso a uno que no sea nombrado *rei gerendae causa*.

se encontraba en la posición que ocupaba el cónsul más tarde, tras la creación de la pretura. Sin embargo, habiendo quedado la jurisdicción civil en el cónsul luego de haberle sido prácticamente retirado, se le concede en la misma medida al dictador. Por lo tanto, la atribución de una competencia al dictador debe considerarse más bien como un vínculo de facto, de modo que se preserve la indivisibilidad del *imperium* y se pueda, en teoría, atribuir al dictador el máximo poder en todas las funciones propias de los magistrados superiores[72].

20. El dictador como general

Antes, al hablar de la situación del dictador, hemos revelado un importante elemento específico que da la clave de las particularidades de su magistratura y, especialmente, de las diferencias que la separan del consulado. El rey y los cónsules que continúan la realeza no están exclusivamente, ni siquiera en la primera línea, de los generales; son sobre todo jueces y reguladores de los asuntos ciudadanos. Por el contrario, el dictador está en primera línea y, en cierto sentido, es exclusivamente el general en jefe del pueblo en guerra. Esto explica, en primer lugar, que los cónsules son nombrados regularmente y el dictador solo de manera extraordinaria: incluso en la ciudad más belicosa, el estado de paz es la regla y solo excepcionalmente se necesita un líder militar. Esto explica además el propósito de la institución: la cooperación de dos poderes superiores es posible en tiempos de paz, en particular para la administración de justicia; pero la guerra exige unidad de mando.

Por esta razón, no cabe admitir –contrariamente a lo que indica la tradición– que, según el tipo constitucional primitivo, el *imperium* militar más elevado faltaba en los cónsules, y que era necesario nombrar a un dictador para cada guerra; bastaba con que, como dice la antigua definición tradicional, el jefe militar interviniese paralizando así al consulado «en caso de grave peligro militar».

[72] En Tito Livio, 30, 24, un dictador *comitiorum habendorum causa* (como se le llama siempre en los *fasti*) recuerda el cónsul provincial en virtud de su *imperium* más fuerte y actúa luego en Italia abriendo investigaciones criminales.

Más adelante mostraremos que el plazo de seis meses asignado a la dictadura también se explica por el carácter militar específico de nuestra magistratura. Además, esta doctrina está en armonía con la denominación más antigua de este magistrado: la expresión *magister populi*; en particular, la aproximación del término correlativo *magister equitum* no permite traducir más que por maestro del ejército, por jefe del ejército[73]. Pero tenemos que ir aún más lejos. Dos de las prescripciones más originales relativas a la dictadura son, por un lado, que el dictador está obligado a poner inmediatamente a su lado, como comandante a sus órdenes, a *un magister equitum*[74] y, por otro lado, que ningún *magister populi* pueda montar a caballo, a menos que haya sido liberado de esta desventaja por una ley o al menos por un senadoconsulto[75].

Obviamente, ambos *magistri* están en estrecha relación entre sí. El general necesariamente tiene que agregar un capitán de caballería, pues él mismo se sitúa necesariamente junto a la infantería y no puede, por lo tanto, montar a caballo, al menos en los tiempos más antiguos, cuando no se conocían oficiales de infantería montada. Por tanto, el *magister populi* no era solo el general en jefe; era al mismo tiempo y directamente el jefe superior de infantería. Este

[73] De hecho, en sus otros significados, la palabra *populus* en ninguna de sus acepciones adquiere un significado específicamente militar.

[74] Además del dictador *sine mag. eq.* (en los *fasti Capitolini*) de 505 (249 a.C.), M. Claudius Glicia, quien se vio obligado a retirarse inmediatamente antes de que pudiera nombrarse a sí mismo un jefe de caballería, la única excepción segura es M. Fabius Buteo, *dic. sine mag. eq. senatus legendi causa*, en 538 (216 a.C.) que probablemente no nombró a un solo jefe de caballería, porque había al mismo tiempo en la campaña otro dictador acompañado de un jefe de caballería. Livio, 23, 23, también pronuncia las palabras *neque dictatorem se (probare) sine magistro equitum.* Sin embargo, los dos codictadores del 537 (217 a.C.), Fabio y Minucio, no parecen haber designado jefes de la caballería cada uno por su cuenta. Dionisio, 5, 75, habla en términos demasiado generales: οὐθεὶς εἰς τόδε χρόνου δικτάτωρ αἱρεθεὶς χωρὶς ἱππάρχου τὴν ἀρχὴν διετέλεσεν.

[75] Plutarco, *Fab.* 4: ἀποδειχθεὶς δικτάτωρ Φάβιος... πρῶτον μὲν ᾐτήσατο τὴν σύγκλητον ἵππῳ χρῆσθαι παρὰ τὰς στρατείας. οὐ γὰρ ἐξῆν, ἀλλ' ἀπηγόρευτο κατὰ δή τινα νόμον παλαιόν, εἴτε τῆς ἀλκῆς τὸ πλεῖστον ἐν τῷ πεζῷ τιθεμένων καὶ διὰ τοῦτο τὸν στρατηγὸν οἰομένων δεῖν παραμένειν τῇ φάλαγγι καὶ μὴ προλείπειν, εἴθ', ὅτι τυραννικὸν εἰς ἅπαντα τἆλλα καὶ μέγα τὸ τῆς ἀρχῆς κράτος ἐστίν, ἔν γε τούτῳ βουλομένων τὸν δικτάτορα τοῦ δήμου φαίνεσθαι δεόμενον. Tito Livio, 23, 14: *Dictator M. Iunius Fera lato ut solet ad populum, ut equum escendere liceret.* Zonaras, 7, 14: μὴ ἐφ› ἵππον ἀναβῆναι ὁ δικτάτωρ ἠδύνατο, εἰ μὴ ἐκστρατεύεσθαι ἔμελλεν, donde el asunto asi presentado se presta a confusión. Es difícil que Propercio se refiera a ello en 4(3), 4, 8.

papel específicamente militar pertenece, entre todos los magistrados romanos, solo al dictador. Por no hablar de otra evidencia, que muestra lo diferente que es el papel del cónsul y lo poco que se le considera como un oficial: que, incluso en el campamento, tiene a su lado, en lugar del *magister equitum*, al cuestor, que es también un oficial, como él mismo.

21. Término del cargo

El principio de anualidad o más ampliamente del término fijo no era aplicable a una magistratura establecida para la realización de una operación específica. La caducidad del puesto, para dictadores, como para otros magistrados que pueden compararsele para este asunto, por ejemplo los censores y los *duoviri aedi dedicandae*, se debe, en primer lugar y ante todo, por sus competencias especiales. Cumplida la operación, se retiran y naturalmente los magistrados se enorgullecen de haber llevado a término su mandato lo antes posible. Pero además, el dictador está sujeto a dos plazos, uno absoluto: solo puede permanecer en el cargo seis meses como máximo[76]; el otro, relativo: no puede permanecer en el cargo después de la vigencia de los poderes de los magistrados ordinarios que lo nombraron. La dictadura no termina necesariamente, es cierto, con la desaparición del magistrado que nombró al dictador[77], sino con el fin del periodo

[76] Cic. *De leg* 3, 3, 9: *Ne amplius sex menses*. Tito Livio, 3, 29, 7. 9, 34, 12. 23, 22, 11. c. 23, 1. Dionisio, 5, 70. 7, 36. 10, 25. Apiano, *Hann.* 16. B. c. 1, 3. Dion, 36, 34 [17]. 42, 21. Zonar. 7, 13. Dig. 1, 2, 2, 18. Lydo, *Mag.* 1, 36. 37. Se encuentra en los *fasti*, en los años 421, 430, 443, 433, en lugar de parejas homónimas de cónsules, a un dictador y su jefe de caballería con el añadido: *Hoc anno dictator y mag. eq. seno cos. fuerunt*. Pero estas denominadas dictaduras de los anales, sin cónsules junto a ellas, que por el contrario aparecen en los anales de los años precedentes en forma regular, son un puro expediente cronológico destinado a encontrar una expresión compatible con la tabla de magistrados cuatrianuales, cuya lista de magistrados en comparación con la tabla de los puestos anuales era demasiado corta, siendo representados allí por la intercalación de los puestos de magistrados en los que se repiten cuatro nombres. La supuesta dictadura de Camilo en los anales es solamente un malentendido de Plutarco.

[77] Así, en 346 (408 a.C.), el dictador T. Manlius Torquatus aún permanecía en el cargo después de la muerte del cónsul Crispinus que lo había nombrado, mientras que el otro, Marcellus, ya había fallecido anteriormente.

asignado a sus poderes; esto no se dice en ninguna parte, pero es claramente el resultado de los testimonios relativos a las dictaduras de Camilo en 364 (408 a.C.)[78] y de C. Servilius en 332 (422 a.C.)[79]. Nunca ocurrió que se llamara al dictador para evitar el interregno y para dirigir las elecciones después de la jubilación de los magistrados ordinarios[80].

Esta limitación, como ya hemos indicado, es una consecuencia forzada de la colegialidad. El dictador no es otra cosa que un colega de los cónsules elegido por cooptación, y por eso también se le impone el plazo fijado en el colegio. El plazo máximo de seis meses también fijado para la dictadura se explica por el hecho de que el dictador estaba en primera línea como un líder militar y que las campañas duraban en la antigua noción de la guerra todo el verano como máximo. Hay una confirmación adicional de esta regla en el hecho de que se consideró impropio que los dictadores que no

[78] Después de que Camilo hubo terminado la tarea militar por la que había sido nombrado dictador y había triunfado, permaneció en el cargo tras habérselo pedido el Senado, y no se retiró hasta *anno circum acto* (Livio, 6, 1), que, según la observación correcta de Weissenborn, solo puede significar, tras examinar el texto en su conjunto, "al final del actual año judicial 364 (390 a.C.)", por lo que se retiró con los tribunos de ese año. Plutarco, *Cam.* 31, y después de él, los modernos (incluyéndome a mí, *Chronol.*, p. 99) han malinterpretado estas palabras en el sentido de que Camilo habría permanecido como dictador durante un año: ἡ βουλὴ τὸν μὲν Κάμιλλον οὐκ εἴασε βουλόμενον ἀποθέσθαι τὴν ἀρχὴν ἐντὸς ἐνιαυτοῦ, καίπερ ἓξ μῆνας οὐδενὸς ὑπερβαλόντος ἑτέρου δικτάτορος. Entendido correctamente, el texto muestra que el término extintivo establecido para el magistrado que nombra al dictador se aplica al dictador mismo.

[79] Los cónsules están ausentes de Roma y el dictador C. Servilius, designado *comitiorum habendorum causa*, es impedido por la tormenta de celebrar los comicios electorales a su debido tiempo: *Itaque cum pridie idus Mart. veteres magistratus ausente, novi suffecti non essent, res publica sine curulibus magistralibus erat* (Tito Livio, 30, 39, 5). De esto no se deduce, como admite Becker, que la dictadura no fue una magistratura curul, sino que el consulado de los dos cónsules y la dictadura de Servilius expiraron al mismo tiempo el 14 de marzo. Por lo tanto, las elecciones para el 552 (202 a.C.) fueron dirigidas por un *interrex*.

[80] Si Q. Fabius es citado en 537 (218 a.C.) en los fastos como *dictator interregni causa*, el hecho se ciñe a los groseros errores de esta titulatura (*Chronol.* p. 111). No hubo interregno alguno en ese año. La mención de los dictadores *sine consulibus* es igualmente en Derecho Público un sinsentido.

fueron nombrados para el mando militar permanecieran en el cargo durante todo el periodo semestral[81].

La prórroga no parece haberse aplicado nunca a la dictadura. Cuando el dictador no encontró, al expirar su mandato, ningún magistrado adecuado a quien entregarlo, sin duda lo retuvo hasta la llegada de tal magistrado; pero no podemos citar tal caso. Ciertamente nunca hubo para la dictadura una prolongación expresa pronunciada por una ley o más tarde por un senadoconsulto relativo a la prolongación del consulado. Aparte de las objeciones políticas contra una magistratura ya peligrosa en sí misma, podría haber jugado un papel[82] el hecho de que una magistratura no conferida por una ley difícilmente podría ser ampliada por otra ley.

22. Delegación del poder al praefectus urbi

El dictador tiene una mayor libertad de acción y un poder más completo que los cónsules, no solo por la falta de un colega con iguales derechos, sino también por la anulación de las disposiciones restrictivas. Esto se evidencia en primer lugar para la delegación de poder. Mientras que el cónsul, en la administración de la ciudad, si bien puede transmitir su poder al que lo representa cuando está ausente, al *praefectus urbi*, sin embargo no se le pueden entregar las insignias del poder (los fasces) al prefecto de la ciudad que haya sido designado por el dictador. Además, la ley Licinia de 387 (367 a.C.), excepto en lo que respecta a la feria latina, privó al cónsul del derecho a nombrar un prefecto; por el contrario, el dictador conserva

[81] Al menos el dictador M. Fabius Buteo desaprueba que se le haya proclamado dictador por seis meses, si bien lo fue solamente para completar el Senado: *Probare se... nec dictatori nisi rei gerendoe causa creato in sex menses datum imperium* (Tito Livio, 23, 23). L. Manlius, que había sido nombrado en 391 (363 a.C.) dictador *clavi figendi causa*, y que no se retiró inmediatamente después (Tito Livio, 7, 3, 4), fue acusado por este motivo, *quod paucos sibi dies ad diclaturam gerendam addidisset* (Cicerón, *De off.* 3, 31, 112). La fórmula primitiva de la dictadura contenía probablemente las palabras "*in sex menses*" que habrían sido omitidas por los dictadores nombrados en tanto que *rei gerenda causa*, de modo que para estos últimos el retraso se justifica por su destino.

[82] En este sentido, no existe la prodictadura. Ya hemos discutido antes la cuestión de saber si el título de dictador corresponde al dictador nombrado simplemente por un pretor y los comicios o si éste es únicamente *pro dictatore*.

por ley la potestad de nombrar un prefecto de la ciudad en caso de ausencia de Roma de todos los magistrados superiores, aunque, tras el restablecimiento del pretor, él mismo difícilmente podría tener ocasión de utilizar este recurso.

23. Delegación del poder al *magister equitum*

Las diferencias existentes entre el derecho de delegación del cónsul y el del dictador son aún más importantes en lo que respecta al *imperium* militar. El primero puede, cuando está ausente, delegar este *imperium* en toda su extensión, de modo que se transmitan también los fasces. Por el contrario, estando presente el cónsul no puede delegar los fasces y probablemente tampoco pueda delegar su poder colocando oficiales iguales bajo las órdenes de los demás.

El dictador tiene, por otro lado, el importante poder que es al mismo tiempo un deber, de agregar a un hombre libremente elegido por él, en primera línea para el control de la caballería, pero también más ampliamente como segundo en el mando en jefe cuando está presente en el campamento o en el frente de guerra, y como representante suyo cuando está ausente, y cederle los fasces, cuyo número se fija en doce, lo que indica que este personaje está subordinado al dictador.

Previamente hemos restringido estos dos derechos a lo que el dictador conservaba del antiguo poder real para nombrar magistrados; porque el derecho a portar la insignia de magistrado en la ciudad es un privilegio de la magistratura y, si bien no corresponde a ningún delegado de los cónsules, es necesario contar entre los magistrados al prefecto de la ciudad designado por el dictador y ante todo el jefe de la caballería.

24. Independencia de la *provocatio*

La superioridad de la libertad del dictador sobre el cónsul se manifiesta también en el ejercicio de la *coercitio* y la jurisdicción. Según la tradición, desde el principio, el cónsul tuvo que inclinarse ante la provocación en territorio *domi*. El dictador, por el contrario, podía hacerlo, pero no estaba obligado a hacerlo ni siquiera en la ciudad[83]. La aplicación de esta idea se presentó no tanto por la justicia —la condena de los delincuentes que generalmente no caen dentro del destino de esta magistratura— como por el uso de la coacción contra los ciudadanos insubordinados que obstaculizaban al general en el ejercicio de su magistratura. El dictador es, en la concepción primitiva, general en todas partes y su imperio militar es efectivo incluso cuando está en funciones en el territorio urbano.

Los poderes del general se ejercen no solo contra graves peligros militares externos, sino también contra graves movimientos internos[84]. Si el derecho de legítima defensa de los magistrados contra los disturbios se manifiesta menos, o no se manifiesta en absoluto entre los cónsules de los primeros tiempos de la República, es solo porque la institución de la dictadura es el órgano propio y porque ésta está orientada a permitir, cuando algunos ciudadanos pongan en peligro al Estado, a aplicarles legalmente todo el rigor del derecho de la guerra.

La dictadura es, pues, indudablemente un poder excepcional, más o menos lo que son hoy la suspensión de la justicia civil y la proclamación del estado de sitio. Si a esto le sumamos que cualquier Jefe de Estado que considere que no puede dominar los disturbios internos tiene la potestad constitucional de ejercer este poder excepcional

[83] Tito Livio, 2, 18: *Neque provocation erat (a dictatore).* 2, 30: *Dictatorem a quo provocation non est, creemus.* 3, 20: *Sine provocatione dictaturam esse.* Dionsio, 5, 75. 6, 58: καταλελύσθαι μὲν γὰρ ἀφ' οὗ παρῆλθεν· ἡ τοῦ δικτάτορος ἀρχὴ τὸν φύλακα τῆς ἐλευθερίας αὐτοῦ νόμον, ὃς οὔτε ἀποκτείνειν πολίτην ἄκριτον οὐδένα συνεχώρει τοῖς ὑπάτοις... ἔφεσιν δὲ τοῖς βουλομένοις ἐδίδου μεταφέρειν τὰς κρίσεις ἐπὶ τὸν δῆμον. Zonaras, 7, 13: δικάζειν δὲ καὶ ἀποκτείνειν καὶ οἴκοι καὶ ἐν στρατείαις ἠδύνατο, καὶ οὐ τοὺς τοῦ δήμου μόνους, ἀλλὰ καὶ ἐκ τῶν ἱππέων καὶ ἐξ αὐτῆς τῆς βουλῆς. Pomponius, *Dig.* 1, 2, 2, 18: *Dictatores, a quibus nec provocandi ius fuit et quibus etiam capitis animadversio data est.* Lydo, 1, 7.

[84] La importancia política de la dictadura se manifiesta quizá más claramente que en otros aspectos por el hecho de que los actos ilegales cometidos por el cónsul durante la caída de C. Gracchus están presentados como una invasión de los poderes del dictador. Plutarco, *Tib. Gracch.* 13: Οὗτος (el cónsul Opimius en la cuestión mencionada) μέντοι πρῶτος ἐξουσίᾳ δικτάτορος ἐν ὑπατείᾳ χρησάμενος, καὶ κατακτείνας (Ms. κατακοίνας) ἀκρίτους ἐπὶ τρισχιλίοις πολίταις Γάιον Γράγχον καὶ Φούλβιον Φλάκκον.

suspendiéndose a sí mismo y a su colega, es perfectamente comprensible que, tras la caída de la Monarquía, la supresión de la dictadura en Roma fuera el objetivo del partido de la libertad.

De hecho, en busca de su objetivo, sometió a la dictadura a la *provocatio*. Cierta prueba de ello se encuentra en el testimonio de Festo[85], según el cual la adición *ut optima lege*, contenido en la forma más antigua de designación del dictador, ha sido rechazada desde que la *provocatio* de la decisión del dictador fuera admitida a trámite.

Pero nuestras fuentes no dan una respuesta satisfactoria a la pregunta de cuándo y por qué ley sufrió la dictadura esta grave limitación. Las relaciones contenidas en nuestros anales de los años 315 (439 a.C.)[86], 369 (385 a.C.)[87], 391 (363 a.C.)[88], 429 (325 a.C.)[89],

---

[85] Ed. Muller, p. 198: *Optima lex... in magistro populi faciundo, qui vulgo dictator appellatur, quam plenissimum posset ius eius esse significabatur, ut fuit M. Valerii M. f. qui primus magister a populo creatus est. Postquam vero provocatio ab eo magistratu ad populum data est, quae ante non erat, desitum est adici "ut optima lege", ut pote imminuto iure priorum magistrorum.*

[86] Tito Livio, 4, 13: *Consules immerito increpari, qui constricti legibus de provocatione... nequaquam tantum virium in eo magistratu... quantum animi haberent. Opus esse... viro... libero exsolutoque legum vinculis, itaque se dictatorem L. Quinctium dicturum.* Se refiere el texto al procedimiento seguido contra Sp. Maelius, en el cual un dictador solamente ha sido intercalado por la recomposición analística en estudios recientes: *Hermes*, 5, p. 260 = *Römisch. Forsch.* 2, p. 205.

[87] Tito Livio, 6, 16, en el relato del arresto de M. Manlius por el dictador A. Cornelius Cossus (cf. *Hermes*, 5, p. 248 = *Röm. Forsch.* 2, p. 187): *Nec adversiis dictatoriam vim aut tribuni plebis* (intercesión) *aut ipsa plebs* (provocación) *attollere oculos aut hiscere audebant.*

[88] Los golpes con la vara infligidos por el dictador de 391 (363 a.C.) a aquellos que no se presentan inmediatamente al reclutamiento (Tito Livio, 7, 4), indican la exclusión de la provocación; esto mismo había entrado también en vigor en este año, según la opinión generalmente aceptada, para los castigos corporales y para la pena de muerte.

[89] En el procedimiento introducido por el dictador L. Papirius Cursor contra su jefe de caballería Q. Fabius Maximus (Tito Livio, 8, 33-35), el padre de éste dice, cuando el dictador manda arrestar al acusado (c. 33, 8): *Tribunos plebis appello et provoco ad populum eumque tibi... iudicem fera, qui certe unus plus quam tua dictatura potest polletque; videro cessurusne provocationi sis, cui rex Romanus Tullus Hostilius cessit.* El dictador replica (c. 34, 6): *optare, ne potestas tribunicia, inviolata ipsa, violet intercessione sua Romanum imperium neu populus in se potissimunn dictatorem et ius dictaturae extinguat*; y declara finalmente (c. 35, 5) que Q. *Fabius noxae damnatus donatur populo Romano, donatur tribunicise potestati, precarium, non justum auxilium ferenti.* La admisión de la *provocatio* es tratada allí, al igual que en la época de los reyes, como un derecho y no como un deber del magistrado. Este proceso no puede ser mirado como hecho *imperio militiae*, pues se trata de un delito militar, aunque el proceso tuvo lugar en Roma.

440 (314 a.C.)[90], indican, si bien de una manera no muy confiable y en parte solo por forma de amplificación, que un dictador evita la *provocatio*. Si se atribuye alguna autoridad a estos alegatos, la innovación no puede reducirse a las leyes sobre provocación aprobadas en 303, que, además, según su texto, se referían únicamente a los magistrados elegidos por el pueblo y no a los simplemente elegidos por un magistrado[91]. Más bien podría ser la tercera ley Valeria sobre la *provocatio*, de 434 (320 a.C.), donde, se dice, se encontraban "disposiciones más precisas" sobre la apelación[92], lo que habría hecho extensible aplicar al dictador la provocación realizada en el interior de la ciudad.

25. Relaciones con el tribunado del pueblo

Así ocurre con la intercesión de los tribunos del pueblo y con la coerción que se le suma, así como con la provocación de los comicios. Se dice, en términos precisos, que no es válida frente al dictador[93] y

[90] Tito Livio 9, 26 (cf. c. 34, 14) presenta a C. Maenius como dictador nombrado *quaestionibus exercendis*, directamente, por razón de las amenazas de traición en Campania; pero pronto la orden se vuelve en contra de los romanos: *Postulabantur ergo nobiles homines appellantibusque tribunos nemo erat auxilio, quin nomina reciperentur.* No es un caso de *provocatio*. Ciertamente nada hay que impida a los cónsules continuar con la instrucción. No queda más remedio que considerar este episodio como uno más de las situaciones extraordinarias que se dan en la República reciente.

[91] *Magistratum sine provocation creare* (Tito Livio, 3, 55) solamente se aplica, según la lengua técnica, a la creación de los Comicios, y es en este contexto que se refiere ahí en primer lugar a los *decemviri* elegidos en los comicios.

[92] Tito Livio, 10, 9.

[93] Zonaras, 7, 13: οὔτ› ἐγκαλέσαι τις αὐτῷ οὔτ› ἐναντίον τι διαπράξασθαι ἴσχυεν, οὐδὲ οἱ δήμαρχοι, οὔτε δίκη ἐφέσιμος ἐγίνετο ἀπ' αὐτοῦ, y 7, 15, a propósito de los tribunos: ἤμυνόν τε δεομένῳ παντί, καὶ πάντα τὸν ἐπιβοησάμενον σφᾶς ἀφῃροῦντο οὐκ ἐκ μόνων ἰδιωτῶν, ἀλλὰ καὶ ἀπ' αὐτῶν τῶν ἀρχόντων, πλὴν τῶν δικτατώρων. Los tribunos impidieron el procesamiento de Volscius, hasta que fue nombrado un dictador: *ne impedirent*, es decir, *dictatores obstitit metus* (Tito Livio, 3, 29, 6). Los tribunos impidieron también los enrolamientos de soldados, y nombraron a un dictador (Tito Livio, 8, 21). Los relatos del proceso de Manlius y el de Fabius aúnan la exclusión de la *intercessio* (del *non iustum auxilium*) y de la *provocatio*.Cf. Tito Livio, 6, 28, 3. Así se explica que el dictador sea amenazado de una *multa* por plebiscito (Tito Livio, 6, 38, 9). Este procedimiento inusual, así como la calidad de *privilegium* inconstitucional, se fundamenta evidentemente en el hecho de que el tribuno del pueblo carece del derecho de pronunciar amenazas contra el dictador.

que la intercesión, medio de derecho esencialmente urbano, ajeno al derecho de la guerra, como la provocación, no actuó con toda su fuerza contra el dictador en época antigua, como norma general. Pero la dictadura debilitada de los siglos posteriores fue sometida a la intercesión y a la provocación y, en casos particulares, los tribunos del pueblo obligaron a los dictadores mismos a inclinarse ante ellos[94]. Por tanto, era necesario que el tribunado del pueblo se colocara más tarde, aunque poco antes de la desaparición de facto de la dictadura, por encima del *imperium maius* del dictador y del *imperium* consular.

26. Relaciones con el Senado

Finalmente, el dictador tiene mayor independencia que el cónsul frente al senado, al pueblo y los tribunos. "Los cónsules –dice Polibio[95]–, necesitan del Senado en muchas cosas para llevar a cabo sus proyectos; el dictador, por el contrario, es un magistrado superior que depende solo de sí mismo". Es allí también de donde se toma el nombre de αὐτοκράτωρ στρατηγός o simplemente de αὐτοκράτωρ, término con el que Polibio, y otros después, designan así al dictador en griego. Concuerda con esto el hecho de que el cónsul, y no el dictador, debe rendir cuentas de las sumas que ha recibido; al magistrado, que no necesita autorización, tampoco se le puede exigir lógicamente que rinda cuenta. Básicamente, el dictador no está, ciertamente, en mejor

[94] Un caso seguro paralelo de intercesión es protagonizado por los tribunos del pueblo en las elecciones consulares para el año 545 (209 a.C.), presididas por un dictador (Tito Livio, 27, 6, 5). Los testimonios relativos a la época anterior no son verdaderamente dignos de fe, y siembran muchas dudas desde todos los puntos de vista. L. Manlius *dictator clavi figendi causa*, en 391 (363 a.C.), y dispuesto a considerar su dictadura como *rei gerendae causa*, abdicó *in eum tribunis plebis coortis seu vi seu verecundia victus* (Tito Livio, 7, 3); pero las últimas palabras demuestran precisamente que se retiró voluntariamente. Los tribunos del pueblo pueden haber determinado en 401 (353 a.C.), igual que el dictador, que era mejor retrasar muchas veces los Comicios (Tito Livio, 7, 21). Ya hemos indicado que su intercesión en el proceso contra Fabius no era un *iustum auxilium*. Rechazaron también, en 440 (314 a.C.), su ayuda a las personas detenidas por orden del dictador C. Moenius (Tito Livio, 9, 26). Ignoramos si esto se debió a que ellos creían que no tenían el derecho de enfrentarse cara a cara con el dictador, o por cualquier otra razón.

[95] 3, 87, 7: κἀκεῖνοι μὲν ἐν πολλοῖς προσδέονται τῆς συγκλήτου πρὸς τὸ συντελεῖν τὰς ἐπιβολάς, οὗτος δ' ἔστιν αὐτοκράτωρ στρατηγός.

situación que el cónsul en cuanto a competencia financiera. Ambos reciben el dinero que necesitan, al menos si están en campaña, solo en virtud de un senado-consulto[96]. Incluso puede ser que la facultad de poder sacar fondos del tesoro, que pertenecía al cónsul cuando éste se encontraba en Roma, pasara, en su defecto, al dictador[97]. Pero la dispensa de rendir cuentas se deduce del hecho de que ni el dictador ni el cónsul tienen un asistente –el cuestor– responsable de la administración de los fondos.

Incluso para el resto, la posición militar del dictador bien pudo haber sido más independiente que la del cónsul. Probablemente el cónsul no era totalmente libre, al menos según la costumbre, para reclutar más de cuatro legiones sin la orden del Senado; los derechos del dictador pueden haber sido ilimitados bajo este punto de vista. No se rige por las instrucciones del Senado, ni para armarse ni para tomar iniciativas militares, y esto es lo que expresa ante todo su denominación griega[98]; pero esto es un rasgo que tiene en común con el cónsul a quien Polibio también atribuye un "poder más o menos independiente"[99]; por tanto, incluso desde este punto de vista, los poderes del dictador pueden haberse extendido más allá de los de los cónsules, en la medida de lo posible sin destruir el derecho del pueblo a decidir sobre guerras ofensivas. La condición que limita la independencia del cónsul al tener en campaña el apoyo de los legados que le envía el Senado, parece haberse dado raramente y con menos

[96] En Tito Livio, 22,33 (de donde procede Dion, fr. 57, 16), el Senado rehusó reintegrar al dictador Fabius los rescates pagados por él a Aníbal, *quoniam non consuluisset patres*; ello está en armonía con la situación financiera del cónsul que, estando en campaña, no puede disponer de los fondos del *aerarium*.

[97] Zonaras, 7, 13: οὔτε ἐκ τῶν δημοσίων χρημάτων ἀναλῶσαί τι ἐξῆν αὐτῷ, εἰ μὴ ἐψηφίσθη. A decir verdad, resulta chocante que los derechos del dictador sean aquí más fiables que los de los cónsules, y la regla no puede ser más que una abstracción falsa que se deduce de la conducta del Senado con respecto a Fabius.

[98] Cf. especialmente los αὐτοκράτορες πρεσβευταί en Polibio, 25, 5, 9 (y lo mismo en Diodoro, 11, 24, y otros).

[99] Polibio 6, 12, 5: περὶ πολέμου κατασκευῆς καὶ καθόλου τῆς ἐν ὑπαίθροις οἰκονομίας σχεδὸν αὐτοκράτορα τὴν ἐξουσίαν ἔχουσι.

intensidad en el caso del dictador. No en vano Dionisio lo califica como "señor de la guerra y la paz"[100].

27. Relaciones con la realeza

Para abordar finalmente la cuestión de la relación en la que se encuentra la dictadura con la realeza, ésta es, en la forma, esencialmente diferente, y es el consulado más que la dictadura lo que debe ser considerado como el final de la realeza. Porque, en la concepción romana, las insignias de la realeza y el consulado son las mismas y las de la dictadura son diferentes. La dictadura presenta en sus atribuciones, especialmente militares, el mando de la infantería que está adscrita a ella, por el nombramiento del jefe la de caballería y en otros puntos, una serie de características específicas que no tienen antecedentes ni se remontan a la realeza. En la forma, la dictadura se organiza como refuerzo del consulado y es fruto de él. Pero básicamente, siendo el consulado nada más que una realeza debilitada en varios aspectos y particularmente con la ayuda del principio de colegialidad, el refuerzo del consulado remite inevitablemente a la realeza y en este sentido se puede admitir la máxima según la cual el establecimiento de la dictadura es el restablecimiento *temporal* de la realeza[101]. Con excepción del término, los elementos que, en la noción romana, distinguen la magistratura superior del periodo

---

[100] 5, 73: Πολέμου τε καὶ εἰρήνης καὶ παντὸς ἄλλου πράγματος αὐτοκράτωρ.

[101] Cicerón, *De rep.* 2, 32, 56: *Genus imperii... proximum similitudini regiae.* Cf. Tito Livio, 8, 32, 3. Los griegos de época imperial empleaban expresiones todavía más enérgicas. El traductor de la inscripción conmemorativa de Augusto tradujo (en 3, 2) el término *dictatura* por αὐτεξούσιος ἄρχή. Dionisio considera a la dictadura una αὐθαίρετος (5, 70), una αἱρετὴ τυραννίς (5, 73), una ἰσοτύραννος ἀρχή (5, 71). En Apiano (B.C. 1, 99), una τύραννος ἀρχή ὀλιγῳ χρόνῳ ὁριζομένη; Dion (en Zonaras), y 7, 13) habla de la δικτατορία κατὰ γε τὴν ἐξουσίαν τῇ βασιλείᾳ ἰσόῤῥοπος. Por su parte, indica Plutarco (*Fab.* 4), τυραννικὸν καὶ μέγα τῆς ἀρχῆς κράτος, para omitir las fórmulas análogas que se vuelven a encontrar en Eutropio, 1, 12, de donde lo toman Juan de Antioquía, fr. 45, Suidas, v. δικτάτωρ y muchos otros. Estas últimas expresiones adolecen de la influencia de las dictaduras de Sila y de César, que difieren de las dictaduras antiguas, y que también evidencian la extrema antipatía de Augusto por esta institución política. Por tanto, no se puede sacar ninguna conclusión segura relativa a la fijación del momento antiguo en que la dictadura entra a formar parte del cuerpo constitucional.

republicano de la del periodo real, están ausentes en la dictadura. Se suspende la provocación. Se sustituye la elección por el pueblo, siguiendo el ejemplo de lo que probablemente existía bajo la realeza, por el nombramiento por parte del magistrado. También se suspende la intercesión de los colegas, y la subsistencia de los cónsules como colegas inferiores en la ley difícilmente enmascara la suspensión del principio de colegialidad. Incluso la designación del dictador para solventar peligros militares, si, por un lado, traza una línea de demarcación entre él y el rey, por otro lado, hace que la dictadura se destaque con mayor claridad como un poder excepcional que se remonta a la época cuando no existía la libertad del pueblo. En el derecho público, obviamente se han hecho esfuerzos para negar el parentesco entre dictadura y realeza. Pero la sustancia es más poderosa que la forma y es históricamente correcto pensar que, al abolir la realeza, nos reservamos la posibilidad de revivirla con otro nombre y por poco tiempo, constitucionalmente aunque de manera extraordinaria[102]. La tradición también muestra hasta qué punto la dictadura fue considerada como una institución extranjera e incluso hostil a la libre Constitución del Estado. La lucha contra ella no cesó hasta que lograron someterla a la intercesión del colegio de tribunos, a la provocación del pueblo e incluso finalmente a la elección popular; luego, es cierto, perdió su razón de ser y desapareció.

28. Decadencia de la dictadura

Las crisis internas en las que pereció la dictadura se produjeron en la época de la guerra de Aníbal; no la sobrevivió. El último dictador encargado de hacer la guerra fue nombrado en 538 (216 a.C.)[103], el último dictador en 552 (202 a.C.)[104]; los dictadores no jugaron ningún

[102] Lo que dice Estrabón, 6, 1, 2 de los lucanios: τὸν μὲν οὖν ἄλλον χρόνον ἐδημοκρατοῦντο, ἐν δὲ τοῖς πολέμοις ᾑρεῖτο βασιλεὺς ἀπὸ τῶν νεμομένων ἀρχάς se puede aplicar también a los romanos.

[103] *Fasti Capitolini: M. Iunius D. f. D. n. Pera dict. rei gerend. causa.*

[104] *Fasti Capitolini: C. Servilius C. f. P. nepos dict. comit. habend. causa.*

papel en las grandes guerras libradas fuera de Italia[105], y la magistratura no se hizo para tales guerras, aunque solo fuera por un tiempo limitado y corto. Pero aún no fue abolida, y se considera que existe en la ley hasta el fin de la República[106]. Y ello posee un significado práctico; porque es de ahí que se añada al nombre de esta magistratura constitucional, superior a todas las demás, la nueva magistratura ajena a la Constitución mediante la cual Sila reformuló el Estado en el sentido en que lo había hecho la reacción aristocrática. Pero la dictadura de Sila tiene en común con la antigua dictadura solo el nombre y algunos rasgos exteriores; también tiene una base jurídica diferente. Sila y sus imitadores[107] no fueron nombrados dictadores según la antigua ley constitucional, sino bajo leyes especiales y su jurisdicción está regulada de una manera radicalmente diferente.

29. La dictadura latina

La dictadura romana está básicamente relacionada con la realeza; la dictadura latina, bastante diferente de la romana[108], probablemente surgió, incluso en cuanto a la forma, de la realeza latina. Como sabemos, nos encontramos, en las ciudades latinas, junto a la magistratura

---

[105] Dion, 36, 34 [17] presenta a Catulus como una excepción el nombramiento de un dictador para una guerra que se librará fuera de Italia: τοῦτο δεινῶς οἱ πατέρες ἡμῶν ἐφυλάξαντο, καὶ οὐκ ἂν εὑρεθείη δικτάτωρ οὐδεὶς ἄλλοσε πλὴν ἑνὸς ἐς Σικελίαν καὶ ταῦτα μηδὲν πράξαντος, αἱρεθείς. Se trata de A. Atilius Calatinus, quien, en 503 (251 a.C.), *primus dictator extra Italiam exercitum duxit* (Tito Livio, *Periochae* 19). Además, si no es por pura casualidad que la dictadura solo se utilizó una vez para las guerras de ultramar en el corto periodo que va desde su inicio hasta su desaparición, no lo es por las objeciones políticas formuladas por Dion, sino por las objeciones políticas formuladas por Dion, porque el plazo de seis meses y la exclusión, observada al menos de hecho, de la prórroga no se ajustaban a estas guerras.

[106] Los senadoconsultos y las leyes del periodo posterior siempre citan a la dictadura entre las magistraturas legalmente existentes. Varrón también nombra al dictador en la lista de magistrados con derecho a convocar al Senado.

[107] La breve dictadura asumida por César en 705 (49 a.C.) y la propuesta en 702 (52 a.C.) para Pompeyo se ajusta al tipo de dictadura de Sila y no al tipo antiguo.

[108] En el estudio de la dictadura romana, y particularmente la de César, es esencial no perder de vista la dictadura latina analística, institución que en sí misma solo puede ser expuesta aquí brevemente. Para más detalles, remito a la investigación en profundidad de Lorenz, *De dictatoribus*, y el estudio de Henzen en *Bullett. dell'Inst.* 1831, p. 186ss, y 1858, 169; *Annali dell'Inst.* 1839, p. 193ss.

superior análoga al consulado, de la pretura, otro sistema en el que un solo dictador es, en lugar de los dos pretores o duunviros, la autoridad superior ordinaria de la ciudad[109]; y si el primer sistema es propiamente el sistema constante, y especialmente es el único que se practica en todas las ciudades organizadas directamente por Roma, en particular en las colonias latinas[110], el otro se encuentra principalmente en las ciudades que parecen conservan de una forma u otra, con relativa pureza, la forma original de sus instituciones, como son, por ejemplo, *Alba*, *Lanuvium*, *Caere*, *Tusculum*, *Nomentum*. Ciertamente, el término con su significado esencial se aplica todavía en estos sitios. En particular, está demostrado para Alba que el dictador, que ya no aparece, de hecho, excepto en funciones sacerdotales, fue nombrado allí cada año[111]. En cuanto a aquellos dictadores a los que aún les quedaban atribuciones políticas, su primitiva conformación

---

[109] En sí mismo es plausible que, en el Lacio, como en Roma, la idea de poder unitario estuviera ligada a la de dictadura y en esto se basó la oposición, en un caso, con el régimen consular, en el otro, con el régimen pretoriano; los testimonios van en la misma dirección. Toman como referencia la dictadura albana. Esta dictadura, en tiempos históricos, es como el *sacerdotium caeninense* y otras instituciones de Estados desaparecidos, solamente una función sacerdotal romana (CIL VI, 2161), pero la que más puramente ha conservado las formas del antiguo sistema. Lo mismo ocurre en Aricia como vemos en la inscripción CIL XIV 2213 y en Lanuvium (CIL XIV, 2097), en cuyas fechas encontramos a un dictador junto a dos cuestores o dos ediles.

[110] La única excepción es la inscripción atribuida a la colonia latina de Sutrium, CIL XI, 3615: *T. Egnatio T. f. Vol. Rufo q., a[e]d., dict., aed. Etrur.*, donde el orden de las magistraturas impide atribuir la dictadura a Etruria. De todos modos, tal como me comunica verbalmente Bormann, esta inscripción, que se encuentra actualmente en Sutri, fue encontrada en Caere. Y la idea que podría deducirse de la formulación de la misma debe ser descartada, pues va en contra de la regla por la cual el sistema dictatorial.

[111] Plut. *Rom.* 27: τοῦ πάππου Νομήτορος ἐν Ἄλβῃ τελευτήσαντος, αὐτῷ βασιλεύειν προσῆκον, εἰς μέσον ἔθηκε τὴν πολιτείαν δημαγωγῶν, καὶ κατ› ἐνιαυτὸν ἀπεδείκνυεν ἄρχοντα τοῖς Ἀλβανοῖς. Dionisio, 5, 74: Λικίννιος († 688 de Roma) δὲ παρ› Ἀλβανῶν οἴεται τὸν δικτάτορα Ῥωμαίους εἰληφέναι, τού τους λέγων πρώτους μετὰ τὸν Ἀμολίου καὶ Νεμέτορος θάνατον ἐκλιπούσης τῆς βασιλικῆς συγγενείας ἐνιαυσίους ἄρχοντας ἀποδεῖξαι τὴν αὐτὴν ἔχοντας ἐξουσίαν τοῖς βασιλεῦσι, καλεῖν δ› αὐτοὺς δικτάτορας. Tras la caída de Alba, Tullus deja al dictador en su puesto durante tres años (Dionisio, 3, 22, 23: τρίτον ἔτος ἐπὶ τῆς αὐτοκράτορος ἀρχῆς διέμενε Τύλλου κελεύσαντος). Asconius, refiriéndose a la dictadura de Milón en Lanuvium, dice (p. 32): *Ibi tunc dictator*. Lo que demuestra también que la magistratura era temporal.

política también se vio alterada por la introducción, al menos parcial, de la colegialidad[112].

Esta dictadura, por tanto, se diferencia radicalmente de la dictadura romana, primero por el carácter de la magistratura ordinaria, luego por la anualidad, e incluso en parte por la colegialidad; y uno puede invocar en la dirección opuesta la similitud de nombre y que el título de dictador reemplazó al antiguo y propio nombre de la magistratura en Roma y probablemente en el Lacio. La dictadura latina no es, obviamente, otra cosa que una continuación formal de la realeza latina que solo cambió de nombre y pasó de una duración vitalicia a una duración anual. Los romanos admitieron como algo natural el traspaso de las denominaciones de "rey" y "dictador" que la historia legendaria atribuyó a los magistrados de Alba[113].

El origen regio de la dictadura latina se revela aún más claramente por el hecho de que el dictador latino tiene el poder de nombrar sacerdotes, un poder que no estaba vinculado al consulado y a las magistraturas correlativas, incluidas la dictadura romana, y lo que esta tiene de regia. Por tanto, es probable que las ciudades latinas, de constitución dictatorial, no llegaran por los mismos medios que Roma a la abolición de la realeza, y que ésta subsistiera allí, viéndose

---

[112] En cuanto a las dictaduras adscritas a ciudades aún existentes, los testimonios más numerosos no permiten discernir si la magistratura fue o no organizada como colegio. Pero las dos inscripciones de Caere, la primera de las cuales (CIL XI, 3614) designa a los magistrados superiores como un dictador y la otra como *aedilis iure dicundo praefectus aerarii*, y una segunda (CIL XI, 3593) que los llama a ambos *dictatores*, muestran que, por un lado, según la ley, había un solo dictador y, por otro lado, que al agregar otro colega, más o menos igual en derechos, en la magistratura superior, se intenta reforzar la institución con la anómala fórmula de la colegialidad. Esto también explica los dos *dictatores* de la época de Galieno, de Fidenas (CIL XIV, 4058: *Magno et / Invicto Imp(eratori) / Gallieno Pio / Felici Augus/to senatus Fid(enatium) / devoti Numini / maiestatiq(ue) eius / dict(atori) C(aio) Petr(onio) Podalirio / et T(ito) Aelio Octobre cu/rag(ente) T(ito) Ter(---) Octobre*, y que se denominan *duumviri* en la época de la República o de Augusto (CIL I, 1111).

[113] Livio llama *rex* al general albanés C. Cluilius (1, 22, 7. c. 23, 4. 7; Catón, en Festo, v. *Oratores*, p. 182, lo llama pretor); su sucesor Metius Fuffetius, a veces dictador (1, 23, 4) y στρατηγός αὐτοκράτωρ en Dionisio, 3, 7), a veces *rex* (1, 24, 2), y de ninguna manera señala estos dos poderes como desiguales (cf. Estrabón, 5, 3, 4). Si, además, se dice que el dictador César tomó el calzado de los reyes albanos, ciertamente no deberíamos pensar aquí en un uso continuado en el teatro o en la pintura, sino que se trata del *mulleus* del dictador sacerdotal de Alba.

luego obligada, bajo la influencia romana, a cambiar su nombre[114] y someterse a la anualidad e incluso finalmente a la colegialidad.

Por tanto, la idea de que la dictadura latina no era más que una realeza primitiva permaneció firmemente anclada en la conciencia del pueblo. Si el *magister populi* romano fue despojado de su nombre original y llamado dictador por un hábito del lenguaje, definitivamente fijado mucho antes de la guerra de Aníbal, ésta fue probablemente una expresión nueva elegida para calificar a esta magistratura como una realeza temporal; quizás fue, al mismo tiempo, una protesta silenciosa de los plebeyos contra esta magistratura execrada por ellos sobre todas las cosas, por ser en realidad poco compatible con el carácter de las instituciones republicanas. La sombra de la antigua realeza nacional latina iba incluso a resucitar, con la fuerza de los hechos, al final de la República. La dictadura anual de César se constituyó sin duda a imagen de la dictadura albana y el recuerdo de la *gens* albana de los *Iulii* seguramente jugó allí su parte junto a otras consideraciones más importantes.

[114] La conservación del nombre se evidencia en el uso de la expresión *rex sacrorum*, que se encuentra también en los municipios latinos: CIL XIV, 2634; XI, 1610; XIV, 2413; XIV, 2089.

CAPÍTULO V

LOS *FASCES*: INSIGNIAS DEL PODER DE LOS MAGISTRADOS[1]

La autoridad con la que el magistrado está investido en la ciudad encuentra necesariamente su expresión en el aparato simbólico externo con el que aparece. Por un lado, no se presenta en público sin los instrumentos necesarios para el ejercicio de sus funciones, en particular para el ejercicio de su derecho de coacción contra personas rebeldes. El fundamento jurídico debe buscarse siempre en las leyes generales o especiales que establezcan las distintas magistraturas; porque son estas leyes las que han fijado expresamente, para cada caso, los símbolos que corresponde usar a cada uno de los magistrados[2].

La dificultad para el estudio de las insignias de poder es que no solamente pueden describirse reuniendo, e incluso contrastando, las que exhiben los distintas clases de magistrados, pues han tomado, para cada magistratura, una forma distinta y una delimitación de uso en cada caso. Esto se debe a que el círculo de los *magistratus* —es decir, de los funcionarios elegidos por el pueblo—, se fue ampliando e incluso llegó a acoger a los magistrados plebeyos, aunque sin llegar a lograr unanimidad y uniformidad de símbolos para las diversas magistraturas. Aquí estudiaremos, teniendo presente esta dificultad inicial, los fasces, que son instrumento e insignia características del *imperium*.

---

[1] *Staatsrecht*, I, 1887 (Dritte Auflage), pp. 372-408 "Insignien and Ehrenrechte der fungirenden Magistrate. Die Dictatur".

[2] El prototipo de este sistema consiste en el voto del pueblo mediante el cual se nombran los *lictores*: *Ne insignibus quidem regiis Tullus nisi iussu populi est ausus uti* (Cicerón, *De rep.* 2, 17, 31; Dionisio, 3, 62).

I. LOS FASCES

1. Descripción y tipos

El haz (*fascis*) se compone de un hacha (*securis*) y de muchas varas (*virgae*)[3] atadas por una correa[4], formando así la insignia denominada *fasces*[5], que se lleva inmediatamente delante del magistrado.

Según la tradición, estos haces, en la forma en que se acaban de describir, pertenecían originalmente a los más altos magistrados sin distinción entre los que ejercen sus funciones en el interior o el exterior de la ciudad. Pero, según el Derecho público de la República, el hacha se les quita a los magistrados del interior de la ciudad, y allí solo exhiben el manojo de varas. Los magistrados que tienen derecho a que hagan acompañar por los *lictores* y los fasces, tienen, sin excepción, varios, que se llevan en fila uno detrás de otro. Solo en casos excepcionales, por ejemplo para algunos sacerdotes o mujeres, se muestra un solo instrumento de fasces[6]. La persona que lleva el arnés lo sujeta con la mano izquierda por el asa y lo lleva

[3] En la época de Plauto, las *virgae* se sacaban, según indican numerosos textos, de los olmos de Italia; al contrario, en época de Plinio (*N.H.* 16, 18, 75) se dice que procedían de un bosque de abedules que, según este autor, se situaba en Galia. Dionisio (5, 2) distingue, entre los fasces, varios tipos: vergas (ῥαβδοι), bastones (κορύναι), y hachas. Apiano, *B.C.* 1, 15, junta ῥαβδους καὶ ξύλα.

[4] De color rojo, según Lydo, *Mag.* 1, 32: πλῆθος ἀνδρῶν ῥάβδους ἐπιφερομένων, ἐξ ὧν ἱμάντες φοινικῷ χρώματι βεβαμμένοι ἐξῄρτηντο. Los relieves de los monumentos muestran estas características.

[5] Plutarco, *Quaest. rom.* 82: ὧν στρατηγῶν αἱ ῥάβδοι συνδεδεμέναι προσηρτημένων τῶν πελέκεων φέρονται, y muchos otros textos. Por ejemplo, se ven los fasces con el hacha en un denario de C. Norbanus (Cohen, lámina 29, Norb. 2) y en diversas representaciones de los fasces en el diccionario de Rich (*sub voce*). Por otra parte, los fasces de los *lictores* municipales –que no llevan hachas– se distinguen claramente del resto de los fasces romanos. Cicerón, *de lege agraria*, 2, 34, 93 califica a los primeros por oposición a los segundos de *bacilli*. Cuando llega a Brundisium con los *lictores*, no pretende llamar la atención, y ordena que se mezclen con la gente *cum bacillis* (*Ad. Att.* 11, 6, 2), de modo que son tomados por *lictores* municipales.

[6] Cuando Germanicus se muestra en Atenas con un solo *lictor*, el hecho no hace más que confirmar el principio según el cual, en sentido estricto, tener un solo *lictor* no es lo habitual. Aunque en este caso lo cierto es que, aplicando rigurosamente el derecho, no le corresponden *lictores*.

Fasces romanos. Relieve del teatro Marcelo, Roma

en el hombro izquierdo[7]. Solamente en el caso de los funerales los fasces del difunto, al igual que sus armas, se llevan boca abajo detrás del cuerpo[8].

El laurel, que es el signo característico de la victoria, está adherido en primer lugar a los fasces: los *fasces laureati* son, bajo la República, la insignia externa del magistrado superior aclamado *imperator*[9]. En consecuencia, los *fasces laureati* fueron, al mismo tiempo que el título de *imperator*, usados siempre, empezando por César[10], y después por los emperadores. Pronto las dos distinciones quedaron reservadas para estos últimos. Por tal motivo los fasces imperiales se distinguen de los demás por sus laureles[11].

2. Equipamiento de los *lictores*

El portador del haz es el *lictor*[12]. Existe una relación tan íntima entre el *lictor* y el haz que, desde el punto de vista del derecho, no puede haber ni fasces sin *lictores* ni *lictores* sin fasces, y que el

[7] Compárense por ejemplo las monedas de Brutus (Cohen, lámina 23, Jun. 12) y el relieve publicado en la obra de Maffei, M.V., 117,1. Sobre este aspecto, véase, de manera general, Jordan, *Ann. dell'Inst.* 1863, 293. En relación con la frase *fasces atollere* para el magistrado que entra en funciones, cf. Virg. *Aen.* 7, 173.

[8] Tácito, *Ann.* 3, 2. Compárese, Virg. *Aen.* 11, 93, y el comentario de Servio sobre este mismo texto. Además, Estacio, *Theb.* 6, 214. El crecimiento de los *fasti perversi* es un mal presagio (Obsequens, 70).

[9] Cicerón, *Pro Lig.* 3, 7. César, *B.C.* 3, 71, y muchos otros textos.

[10] Dion 44, 4.

[11] Herodiano, 7, 6: αἵ τε ῥάβδοι ἐδαφνηφόρουν, ὅπερ ἐστὶ σύμβολον ἐς τὸ διαγνῶναι τὰς βασιλικὰς ἀπὸ τῶν ἰδιωτικῶν. *Vita Maximi*, 14; y otras fuentes. Es una interpretación forzada del título *imperator*. Conviene recordar aquí que la recepción del sustantivo *imperator* en el momento de alcanzar el poder está incluido en el cálculo de las aclamaciones de *imperator*. Ello se concilia perfectamente con la presencia continua de los laureles alrededor de los fasces imperiales, que después de una victoria *laurus fascibus imperatoriis additur* (Tácito, *Ann.* 13, 9). Se verá más adelante la costumbre reciente que asignaba al cónsul, en el momento de entrar en funciones, la costumbre triunfal, que incluye, por tanto, la colocación de ramas de laurel en los fasces.

[12] En algunas inscripciones griegas se encuentra el término, λείκτωρ (CIL III, 6078). En los escritores aparece frecuentemente ῥαβδοῦχως, así como ῥαβδοφόρος, ῥαβδονόμος, expresión que Polibio (10, 32, 3) emplea ya aplicado a los *lictores* romanos pero también para los servidores de los reyes (5. 26. 10. 15, 29, 13). Por el contrario, Plauto (*Asin.* 594, y cotéjese 565) habla de *octo lictores* en una pieza teatral representada en suelo griego.

lenguaje común frecuentemente emplea las dos expresiones como sinónimos. Su traje se ajusta esencialmente al del magistrado al que están adscritos. Llevan, en el interior de la ciudad, la toga[13], fuera de la ciudad y también para el triunfo, el traje militar, de color rojo[14], en el funeral, el traje de luto, de color negro[15]. Caminan uno a uno ante el magistrado[16]; el que le precede inmediatamente, el *lictor proximus*, también llamado *summus* o *primus*[17], ocupaba, al menos desde la época reciente de la República, este lugar de manera fija[18] y tenía un rango superior al de los otros *lictores* del mismo magistrado[19]. Es el carácter de los *lictores* no ser exigidos para tal o cual acto oficial específico, sino ser inseparable de la aparición en público del

[13] Es cierto que no está expresamente atestiguado, pero tampoco hacen falta pruebas. Se puede llegar a la conclusión de que llevaban la toga remangada, y de ahí, según Tiro, deriva la palabra *licium* en el sentido de *limus*. Plutarco, *Rom*. 26, dice de los *lictores*: ὑπεζωσμένοι δ› ἱμάντας ὥστε συνδεῖν εὐθὺς οὓς προστάξειε. Cf. *Quaest. rom*. 67. Pero los monumentos muestran a los *lictores* urbanos con la toga no subida; y queda confirmado por otros testimonios que son los *servi publici* los que llevan el *limus*; pero el propio Tiro indica claramente que los *lictores* no llevaban el *limus* en su época pero que lo habrían llevado en otro tiempo. No hay nada extraño que un lexicógrafo recurra a las costumbres de los esclavos públicos para combinar los términos *lictor* y *licium*.

[14] El color está atestiguado por Silius (9, 419: *Ut Varronem procul inter proelia vidit et iuxta sagulo cicumvolitare rubenti lictorem*) y, referido al triunfo, por Apiano (*Pun*. 66: ῥαβδοῦχοι φοινικοῦς χιτῶνας ἐνδεδυκότες), y del mismo color era el *paludamentum* del general. Podemos preguntarnos si los *lictores* durante el desfile triunfal llevaban el *sagum* rojo o un vestido ceremonial parecido a la *toga picta*. La expresión χιτῶν empleada por Apiano así lo sugiere.

[15] Horacio, *Epod*. 1, 7, 5: *Dum ficus prima calorque dissignatorem decorat lictoribus atris.*

[16] El testimonio más claro es el muy conocido relato de Tito Livio, 24, 44, donde el procónsul que había sido *praetor undecim fasces equo praevectus*, el *lictor* duodécimo le ayuda a bajar del caballo. A menudo se indica que los *lictores* marchan delante del magistrado, como dice Plinio, *Paneg*. 23: *Silentes quietosque lictores tuos subsequebare*; Tito Livio, 2, 18, 8. Cuando los *lictores* no actúan en un acto oficial, marchan detrás del magistrado.

[17] La expresión *lictor proximus* se encuentra ya en Cicerón (*De div*. 1, 28, 59; *Verr*. 5, 54, 142) y después con cierta frecuencia, también en inscripciones (CIL VI, 1883, 1884); *lictor primus* está en Cicerón, *Ad Quintum* fr. 1, 1, 7, 21, y en las glosas de Esteban, p. 398; *lictor summus* en la mencionadas glosas, p. 131, 398 (cf. p. 207: *summus* ἀρχιραβδοῦχος). También en griego se encuentra en Apiano (*B.C*. 5, 55, τῶν ῥαβδούχων ἡγούμενος), en las glosas citadas, ἀρχιραβδοῦχος (compárese πρωτοραβδοῦχος, *primivirgius*, en Esteban, p. 599).

[18] En época antigua, este puesto parece haber sido móvil, pues según el annalista Quadrigarius (en Aulus Gellius, 2, 2, 13), el *lictor* que se encuentra en este lugar es considerado como aquel *qui apparet*, es decir, como aquel que está eventualmente en servicio.

[19] Ello deriva, aparte de las propias denominaciones, de la forma honorífica "*lictor proximus*" a la que se refieren diversos autores (por ejemplo, Cicerón, Verr. 5, 54, 142; también *Bell. Alex*. 52; Apiano, *B.C*. 5, 55; Tácito, *Hist*. 3, 80) y en las inscripciones.

magistrado[20], como la viva imagen de la ley a la que se debe en todas partes respeto y obediencia. Por la misma razón, se prescribe que el *lictor*, especialmente el *lictor proximus*, camine inmediatamente delante del magistrado al que está vinculado, y que nadie, excepto los hijos impúberes de este magistrado, pueden venir y colocarse entre ellos[21]. Es indudable que a esto se debe el uso que se hace de toda la Antigüedad de la palabra *adparere* para designar las funciones de *lictor*[22]. La función ordinaria del *lictor* era, por tanto, mantener a la multitud alejada del magistrado (*summovere*) y mantener despejado el espacio mediante entre él y el magistrado, una distancia que la autoridad precisa para moverse y realizar sus funciones[23]. En conse-

[20] Cuando el magistrado está en su casa, los *lictores* se sitúan en el vestíbulo (Tito Livio, 39, 12: *Lictores in vestibulo turbamque consularem et ipsum consulem conspexit*). Le siguen hasta los *Rostra* (Tito Livio, 23, 23: *Ubi cum lictoribus in rostra escendit*; cf. 8, 33, 9). Se mantienen en pie después de que él ha tomado asiento en el tribunal para impartir justicia (Dionisio, 3, 62: δικάζοντί τε αὐτῷ παρίσταντο καὶ πορευομένου προηγοῦντο. Cicerón, *Pro Cluent.* 53, 147: *Quid illis cribae, quid lictores, quid celeri, quos apparere huic quaestioni video, volun?*). Cuando éstos preceden a la *vocatio*, ello está acorde (cf. Cicerón, *Verr.* 1, 18, 53) con el tipo de citación de un particular concreto, en tanto que los ausentes son convocados por el *viator*. Pero también cuando el magistrado se dirige a los baños o esta paseando, el *lictor* le acompaña; porque, incluso en estas hipótesis, puede proceder a una *manumissio* que hasta tiempos recientes requería la presencia del *lictor* (*Dig.* 40, 2, 7). También aparece con él en sus visitas (Plinio, *N.H.* 7, 30, 116; Juvenal, 3, 128) y en el teatro (Suet. *Iul.* 80). Cuando algunos sacerdotes, por ejemplo un salio, tiene *lictores*, estos figuran a su lado en las procesiones (Val. Max. 1, 1.9). Cuando el magistrado quiere entrar en una casa, ya sea en la propia o en la de otro, los *lictores* piden la entrada llamando a la puerta con sus varas (Livio, 6, 34, 6: *Forte incidit, ut lictor Sulpici, cum is de foro se domum receret, forem, ut mos est, virga percuteret*, cf. *De viris ill.* 20; Plinio, *N.H* 7, 30, 116: *Pompeius... intraturus Posidonii domum forem percuti de more a lictore vetuit.* Estacio, *Silv.* 1, 2, 48: *Multa pulsantur limina virga.* Marcial, 8, 66: *Bis senos iubet para repetir fasces nato conside nobilique virga... domum sonare*). Contra esta costumbre se da el caso de que cónsul aparezca en público sin *lictores* para sus asuntos privados (Livio 39, 32, 10). Los *lictores* también forman el séquito personal del general en el campamento (Livio 23, 17, 1-27, 8). Hay muchos más testimonios.

[21] Val. Max. 2, 2, 4: *Maxima diligentia maiores hunc morem retinuerunt, ne quis se inter consulem et proximum lictorem interponeret; filio dumtaxat et ei puero ante patrem considem ambudandi ius erat*, y añade un ejemplo del año 462 (291 a.C.).

[22] Ya se ha indicado que, en la lengua antigua, el *lictor proximus* solamente *aparet*. También se dice del cónsul que ordena al *lictor* más cercano que tenga cuidado y evite que un tercero pase entre ellos: *Proximo lictori ut sibi appareret imperavit* (Val. Max. 2, 2, 4).

[23] Tito Livio, 28, 27, 15: *Lictor apparuit* (es decir, que el *lictor* se sitúa inmediatamente delante del magistrado) *summoto incesserunt, fasces cum securibus praelati sunt.* Lo mismo en 45, 29, 2: *Adsuetis regio imperio tamen novam formam terribilem praebuit, tribunal, summoto aditiis, praeco, accensus, insuetaomnia.* Y también en 33, 1, 6: *Ante lictorem turba acta.* 3, 45, 5. c. 48, 3. 6, 38, 8. 8, 33, 5. 45, 7, 4. Horacio, *Carm.* 2, 16,

cuencia, el *lictor* advierte a las personas con las que se encuentra, que tengan cuidado (*animadvertere*), es decir, que hagan espacio y rindan al magistrado los honores que le corresponden[24]. Hay excepciones solo para las esposas de los ciudadanos[25] y especialmente para las vestales[26]; no están obligados a dejar espacio para el magistrado. Cualquier otra persona que cometa un acto de insubordinación al respecto cae bajo la coacción del magistrado, y es nuevamente el *lictor* quien es el instrumento de esta coacción[27].

3. Los fasces, insignias del poder superior

La tradición no nos da ninguna información sobre la introducción de haces y *lictores*[28]. Aparecen constantemente como la insignia tradicional del más alto poder público[29]. No pueden presentarse

9: *Neque consularis summovet lictor miseros tumultus*. Apiano, *B. C.* 1, 78. Plutarco, *Rom.* 26. Séneca, *Ep.* 94, 60. También la fórmula es frecuente en las Actas de los Arvales –*summoto escendere*– para designar al sacerdote que acude al lugar donde preside los juegos.

[24] Suetonio, *Iul.* 80: *Consule theatrum introeunte cum lictor animadverti ex more iussisset.* Séneca, *Ep.* 7, 2, [64], 10: *Si consulem videro aut praetorem, omnia, quibus honor haberi honori solet, faciam: equo desiliam, caput adaperiam, semita cedam.* Pero se dice también, cuando el cónsul ordena al *lictor* cumplir con su deber: *Consul animadvertere proximum lictorem iussit* (Tito Livio, 24, 44). Esto es a lo que se refiere *sollemnis ille lictorem et praenuntius clamor* (Plinio, *Paneg.* 61); el *silens lictor* es un indicio de la presencia humana de un magistrado (Cicerón. *Ad. Quintum fr.* 1, 1, 7, 23; Plinio, *Paneg.* 23), mientras que los *lictores* de Verres son llamados *ad pulsandos verberandosque homines exercitatissimi* (Cicerón, *Verr.* 5, 54, 142).

[25] Festo, p. 154: *Matronae a magistratibus non summovebantur, ne pulsari contrectarive viderentur neve gravidae conciterentur.*

[26] Séneca, *Controv.* 1, 2, 3: *Praecedens hanc lictor summovebit? hinc praetor via cedet? summum imperium consides cedent tibi?* Véase también 6, 8, 1: *tibi magistratus suos fasces summittunt, tibi consules praetoresque via cedunt.*

[27] En particular la *vocatio*, la *prensio* (Tito Livio, 2, 56, 13) y la flagelación (Dionisio, 9, 39; Cicerón, *Verr.* 5, 54, 142) emanan en tal caso del *lictor.*

[28] El uso de *lictores* y fasces por parte de Rómulo unas veces, otras por Tulio, otras por Tarquino Prisco, es históricamente tan insustancial como su supuesta derivación de instituciones etruscas análogas (Müller, *Etrusker*, 1, p. 370; Schwegler, 1, p. 278). Los fasces no se mencionan entre las insignias de los tres reyes latinos (Virgilio, *Eneida* 1, 173, no se relaciona con esto).

[29] Los fasces se denominan *insigne regium* en Tito Livio, 3, 36, y en el texto correspondiente de Dionisio, 10, 59: τὰ παράσημα τῆς βασιλικῆ ἀρχῆς; en el mismo sentido Cicerón, *De rep.* 2, 31, 55, Tito Livio, 2, 7, y otros. Es una violación de la constitución que los individuos que no son magistrados tengan *lictores* (César, *B.C.* 1, 6: *habent in*

en el territorio de una ciudad soberana aliada de los romanos y, si los magistrados de Roma entran en una ciudad de este tipo, deben dejarlos antes de entrar en ella[30]. Asimismo, el magistrado romano está obligado a inclinar sus haces ante la asamblea del pueblo[31], acto en el que la doctrina romana ve justamente el reconocimiento de la soberanía del pueblo y por el que, en consecuencia, queda vinculado el uso de los fasces con el establecimiento de la República.

Incluso en las relaciones de los magistrados entre sí, el abandono y la inclinación de los fasces aparecen como expresiones, una de la suspensión y la otra de la inferioridad del *imperium*. Los fasces asignados a una magistratura nunca se dividen entre colegas; pues, en el sistema romano, cada uno de ellos posee plenamente el poder atribuido a esta magistratura. Cuando los magistrados, teniendo la misma competencia e igual rango, ejercen sus funciones por rotación, el que está en el cargo tiene, como ya hemos visto, solo él los fasces, según el sistema antiguo, o en el modelo que posteriormente fue restituido, tomando como ejemplo la dictadura de César. Asimismo, si se encuentran dos magistrados que tienen derecho a los fasces y

urbe et Capilolio privati contra omnia vetustatis exempla). Los fasces rotos indican tanto la destitución de aquel a quien pertenecen (Dion, 59, 20) como desórdenes (Tito Livio, 2, 55, 9. 3, 49, 4; Asconio, *In Cornel.* p. 58). El vencedor coloca los fasces de los vencidos cerca de su tribunal, junto a los trofeos de la victoria (Livio, 25, 16, 24; Floro 1, 33 [2, 17]; Cf. Cicerón, *De imp. Pom.* 12, 32; Plutarco, *Pomp.* 24).

[30] Tácito, *Ann.* 2, 53: *Ventum Athenas foederique sociae et vetustae urbis datum ut uno lictore uteretur.* Esto se dice de Germánico, que, en virtud de su *imperium* proconsular, tenía doce *lictores*. La misma conducta se le echa en cara a Pisón, como un abuso (*quod... Athenienses... comitate nimia coluisset*: Tácito, 2, 55); y por lo que dice Lucilio sobre la entrada del pretor Albucio en Atenas (Cicerón, *De fin.* 1, 3, 9), entró en la ciudad con *lictores* (comunicación de Dessau). Por esto se relaciona con la etimología de la palabra *territorium* empleada por Pomponius [*Dig.* 50, 16, 239, 8), donde *quod magistratus eius loci intra eos fines terrendi, id est summovendi ius habent*, el término *summovere* designa en lenguaje técnico las funciones del *lictor*.

[31] Cicerón, *De rep.* 2, 31, 53: P. *Valerius fasces primus demitti iussit, cum dicere in contione coepisset*, acto en el cual el optimate reconocía la *insolentia libertatis*. Tito Livio, 2, 7: *Summissis fascibus in contionem escendit: gratum id multitudini spectaculum fuit summissa sibi esse imperii insignia confessionemque factam populi quam consulis maiestatem vimque majorem esse.* Plutarco. *Popl.* 10: τὰς ῥάβδους εἰς ἐκκλησίαν παριὼν ὑφῆκε τῷ δήμῳ καὶ κατέκλινε, μέγαποιῶν τὸ πρόσχημα τῆς δημοκρατίας. Según Plutarco, el uso subsistió, *loc. cit.*, τοῦτο μέχρι νῦν διαφυλάττουσιν οἱ ἄρχοντες. Sorprendentemente, faltan testimonios de épocas históricas.

tienen rango desigual, el inferior está obligado a sacar el hacha de su haz y de inclinarlo delante del superior[32].

4. Los fasces, insignias propias del poder judicial

Se considera que el máximo poder público consiste sobre todo en el derecho a juagar a los ciudadanos. Esta concepción se expresa tanto en la naturaleza del instrumento como en el nombre del usuario. *Lictor* deriva de *licere*, citar, hacer venir[33]; las varas y el hacha aparecen aquí obviamente como los instrumentos mediante los cuales se aplica la pena de muerte y el castigo corporal. Lo que mejor muestra cuán vivamente se percibe esta concordancia entre el derecho a castigar y su instrumento de ejecución varía según las distintas penas dictadas por los magistrados.

---

[32] Cuando Coriolano, *imperator* de los volscos, ve llegar a su madre, ordena, según Dionisio, 8, 44, a sus *apparitores*: τούς τε πελέκεις, οὓς προηγεῖσθαι τῶν στρατηγῶν ἔθος ἦν, ἀποθέσθαι κελεύσας τοῖς ὑπηρέταις, καὶ τὰς ῥάβδους, ὅταν ἐγγὺς τῆς μητρὸς γένηται, καταστεῖλαι. ταῦτα δὲ Ῥωμαίοις ἐστὶ ποιεῖν ἔθος, ὅταν ὑπαντῶσι ταῖς μείζοσιν ἀρχαῖς οἱ τὰς ἐλάττους ἀρχὰς ἔχοντες, ὡς <καὶ> μέχρι τοῦ καθ' ἡμᾶς χρόνου γίνεται. La expresión técnica es *fasces summittere* (Plinio, *N.H.* 7, 30, 112); esta es la razón por la cual se emplea con frecuencia *summitere* como metáfora para designar a la persona que cede el paso a otra de mayor rango (Cicerón, *Brut.* 7, 22; y otras fuentes). Por eso se dice en Tito Livio, 22, 11 (y casi en similares términos en Plutarco, *Fab.* 4): *(Dictator) cum prospexisset... consulem... ad se progredientem, viatore misso, qui consuli nuntiaret, ut sine lictoribus ad dictatorem veniret*, donde la expresión *venire sine lictoribus* no hace sino designar claramente el mismo acto, aunque de modo más impreciso. Dionisio, en el pasaje mencionado, utiliza poco más adelante las palabras πάντα ἀποθέσθαι τὰ τῆς ἰδίας παράσημα ἀρχῆς para decir que se extraen las hachas de los fasces y que se les inclina. Compárese Apiano, *B.C.* 5, 55.

[33] La relación de los términos *inlĭcere*, *allĭcere*, y *lĭcēre* no deja lugar a duda acerca de su etimología. El cambo de longitud vocálica en lîctor no es un problema (Aulo Gelio 12, 14, 3). Los antiguos frecuentemente hacen derivar la palabra *ligare* (Aulo Gelio, *loc. cit.*; Plutarco, *Quaest. rom.* 26; Nonius, p. 51; Festo, *Ep.* p. 115), posiblemente por la influencia de la fórmula *lictor conliga manus* tomada del procedimiento del *perduellio*. Otros piensan en *licium* (Tirón en Aulo Gelio, *loc. cit.*) o incluso en λειτουργός (Plutarco, *loc. cit.*).

5. Diferencia entre el poder judicial ejercido *domi* o *militiae* derivada del uso de los fasces

Cuando el derecho del magistrado a imponer la pena de muerte y el castigo corporal a los ciudadanos existía pleno e ilimitado –es decir, en la época más antigua siempre[34], y luego en el gobierno de la capital, en cuanto a los pocos magistrados que no fueron objeto de provocación[35] y siempre en el territorio de las *militiae*[36]–, el magistrado porta las hachas como emblema del derecho a la justicia ejercido en su forma militar. Cuando, por el contrario, nos encontramos bajo el imperio del sistema que remontamos a la ley *Valeria de provocatione*, el magistrado no ha perdido, estrictamente hablando, la jurisdicción capital, pero no puede, sin embargo, sin hablar aquí de otras restricciones, hacer cumplir la pena de muerte solo con las varas: entonces no lleva las hachas[37].

Los fasces y quienes los portan representan siempre con perfecta exactitud, en las distintas formas en que se producen, *domi* o *militiae*,

[34] Ésta es la concepción a partir de la cual proceden las descripciones de los juicios de Horacio (Cicerón, *Pro Rab.* 4; Tito Livio, 1, 26) y de los hijos de Brutus (Tito Livio, 2, 5, 8). Cf. Dionisio, 2, 29.

[35] Esto se habrá aplicado al dictador, en la medida en que no esté sujeto a la *provocatio*, y probablemente también durante el día del triunfo. Si las hachas vuelven a aparecer, al parecer, en el *processus consularis* del periodo más reciente (Claudiano, *In Prob. et Olybrii cons.* 232), probablemente sea porque esta ceremonia es una copia de la procesión triunfal.

[36] Tito Livio, 8, 32: *Papirius... spoliari magistrum equitum ac virgas et secures expediri iussit. Fabius... lacerantibus vestem lictoribus ad triarios... sese recepit.* 8, 7, 19. 26, 15, 19. c. 16, 3. Cicerón, *Verr.* 3, 67, 156: *Sestio lictori, cum aliquem innocentem securi percusserat.* 5, 45, 118. c. 54, 142, etc.

[37] El hecho de que el magistrado superior ya no exhiba las hachas en su séquito desde la ley Valeria sobre la *provocatio* (Cicerón, *De re publ.* 2, 31, 33: *Publicola lege de provocatione perlata statim secures de fascibus demi iussit* y otros textos; Schwegler, 2, 30) suele estar ligado al hecho de que ya no tiene la jurisdicción de la capital, y en verdad es una idea que se presenta de forma natural. Pero hay hechos que la contradicen. La jurisdicción de la capital continúa siendo, desde el punto de vista formal, parte integrante del más alto poder público; además, el magistrado conserva las varas a pesar de la ley que prohíbe hacer pasar por las varas a un ciudadano romano. Por tanto, parece preferible la explicación dada anteriormente, según la cual la supresión de las hachas no incluye a la jurisdicción relativa a la pena capital en general, sino que hay que excluir la jurisdicción capital militar. Podemos argumentar en este sentido que la pena de muerte designada en la época de Cicerón y posteriormente como el *supplicium more maiorum* se llevó a cabo, con el conocimiento de todos, mediante la flagelación hasta la muerte (Suetonius, *Nero*, 49: *Interrogavit, quale id genus esset poenae* –la tortura

los derechos de coacción y de justicia penal que pertenecen al magistrado superior. Por el contrario, no hay nada en estas insignias mismas que aluda al mando principal de los ejércitos, aunque el principio de indivisibilidad del *imperium* romano se extiende necesariamente a su insignia y que, por seguir al titular del *imperium* y los auspicios, se manifiesta en el campo de batalla por la exhibición de los fasces, del mismo modo que marchan por delante, con el mismo sentido, los laureles de la victoria.

6. Limitación posterior del empleo de los *lictores*

Las transformaciones sufridas a lo largo del tiempo por el proceso penal romano influyeron en el papel de los *lictores*. Mientras subsistiera el procedimiento penal ordinario, es decir, mientras los cuestores y duunviros dictaran por delegación de los cónsules sobre la vida y muerte de los ciudadanos, las sentencias se mantuvieron, siempre que no fueran revocadas en su momento mediante la *provocatio*, probablemente llevada a cabo por los *lictores* de los magistrados superiores. Estos magistrados estaban indudablemente obligados a ceder a los cuestores sus *lictores* para este fin, como iban a cederles los auspicios en las reuniones de las centurias[38].

Pero este procedimiento ordinario desapareció posteriormente y, en la medida en que aún se dictaron sentencias de muerte, éste fue en el procedimiento tribunicio extraordinario al que los *lictores* eran ajenos. Se volvió más tarde al procedimiento ordinario, para casos aislados, al final de la República, luego más ampliamente durante el Imperio. Pero solo se volvió a activar con una modificación: el

more maiorum–; *cum comperisset nudi hominis cervicem inseri furcae, corpus virgis ad necem caedi*. Cicerón, *De leg.* 3, 3, 6; Tácito, *Ann.* 2, 32).

[38] No hay testimonios históricos que atestigüen este procedimiento, y no es de extrañar la desaparición prematura del procedimiento ordinario seguido ante los *quaestores parricidii* y los *duoviri perduellionis* que les son simétricos. Según este esquema, la citación era hecha por el *praeco* (Varrón, 6, 91), luego el acusado era atado y, de ser necesario, ejecutado *mos maiorum* por orden del cuestor o duumvir por el *lictor* (Livio, 1, 26, 8); naturalmente por un *lictor* consular, porque los cuestores urbanos nunca tuvieron *lictores*.

juicio ya no era ejecutado por los *lictores*; fue ejecutado, como para los esclavos, por un esclavo público, por el *carnifex*[39].

7. *Lictores* de diversos magistrados

El derecho de hacerse acompañar de fasces y los *lictores* pertenece exclusivamente a los magistrados de la ciudad. Pero, sin embargo, no se limita a Roma. Tal prerrogativa no solo correspondía a los magistrados de las ciudades federadas de la misma nacionalidad que los romanos, sino que los magistrados de los municipios, Estados soberanos en otro momento, también tienen dentro de su territorio los fasces[40] y *lictores*. Por el contrario, los líderes de la plebe, y en particular los tribunos, no los tuvieron en ningún momento[41]. Es desde un punto de vista general donde mejor se puede hacer el estudio especial del derecho a portar los símbolos del Estado romano (los haces) y ver, en particular, qué número de varas corresponde a cada magistrado.

Pero será oportuno separar los *lictores* de los magistrados y de los que están adscritos a los sacerdotes o asignados a funciones religiosas, para distinguir, según la expresión de las inscripciones de la época del Imperio, los *lictores* que *Caesari et magistratibus aparentes* y los *sacris publicis aparentes*. En nuestra obra no hemos omitido a estos

[39] Cicerón, *Pro Rab.* 4, 5. Suetonio, *Claud.* 34. Precisamente en el juicio de Rabirius, entendemos que Labieno no recurrió a la ejecución realizada por los *lictores* de los cónsules; el antiguo demócrata se vio obligado a desviarse del esquema del asunto de los Horacios, ya que no podía contar con el apoyo de los cónsules. Lo principal era, además, el tipo de castigo, y no la elección del verdugo.

[40] El duumvir de Genetiva tiene dos *lictores*. La ausencia de hachas está justificada pues estos magistrados no tienen autoridad militar; la prueba la proporcionan las frecuentes representaciones figurativas en los monumentos funerarios. Si el *dispensator* de Trimalción adorna su puerta con *fasces cum securibus* (Petronius, *Satyr*, 30), la inusual adición *cum securibus* es suficiente para revelar la ironía.

[41] Plutarco, *Quaest. rom.* 81: Οὐδὲ ῥαβδούχους ἔχουσι. Por eso Cicerón reprocha a Antonio como una violación de la constitución el hecho de tener *lictores* como tribuno del pueblo (*Phil.* 2, 24, 58: *Vehebatur in essedo tribunus plebis: lictores laureati antecedebant*); calla que Antonio era al mismo tiempo *pro praetore* (Cicerón, *Ad Att.* 10, 8a).

últimos porque los fasces son literalmente la insignia del *imperium* y su uso religioso deriva de su uso político.

II. *LICTORES* DE LOS MAGISTRADOS SUPERIORES

1. Del rey, del cónsul y de los que tienen poder consular

El rey tendría, según el testimonio unánime de las fuentes, doce fasces[42]. Sin embargo, el número diez debe considerarse indudablemente como el número original. El *interrex* debe haber sido tratado de la misma manera[43]. El rey posee, a diferencia de los magistrados superiores de la República, el derecho de conceder, si lo desea, los fasces a los auxiliares designados por él y, en consecuencia, hacerlos de este modo, según la concepción moderna, magistrados; se aplicó al *tribunus celerum* que reemplaza al jefe de la caballería de la República y al *praefectus urbi*. No tenemos información sobre el número de fasces de estos agentes del rey.

El mismo número de fasces pertenece, como sabemos, a los cónsules, a los magistrados *consulari imperio*, que toman su lugar, decenviros[44] y tribunos militares[45], y también a los procónsules[46], a estos últimos naturalmente solo fuera de la ciudad. En la época republicana, este es el caso de todos aquellos que son procónsules, ya sean portadores de este título como consecuencia de una continuación de su consulado o en virtud de una concesión extraordinaria. Pero

[42] Cicerón, *De rep.* 2, 17, 31. Tito Livio, 1, 8. Dionisio, 2, 29. 3, 61. 62. Apiano, *Syr.* 15; Eliano, *Hist. anim.* 10, 22. Lydo, *Mag.* 1, 8. Zonaras, 7, 8. Solo Apiano en otro pasaje (*B.C.* 1, 100), entra en contradicción consigo mismo y todas las demás autoridades al atribuir al rey veinticuatro fasces. Está obviamente equivocado por la analogía engañosa, en este caso, entre la realeza y la dictadura.

[43] Tito Livio, 1, 17, 5: *Unus cum insignibus imperii et lictoribus erat.* El número no se indica expresamente.

[44] Tito Livio, 3, 33, 36; Dionisio, 10, 57. Los testimonios coinciden en el número de fasces.

[45] Tito Livio, 4, 7, 2: *Et imperio et insignibus consularibus usos.* El relato de Tito Livio, 6, 34, 6, le atribuye *lictores*; no precisa el número, pero no puede ser inferior. Los decenviros también eran en parte plebeyos y, sin embargo, tenían los fasces consulares.

[46] Plutarco, *Paul.* 4.

Augusto limitó el derecho a llevar los doce fasces a los procónsules que habían recibido su provincia en virtud del consulado, es decir a los procónsules de Asia y África[47], mientras que sí concedió el título de procónsul, pero no la insignia consular, a quienes obtuvieron su provincia con el rango de pretor[48].

2. Del dictador y de los magistrados nombrados por él

El dictador tiene, según todos los testimonios fehacientes, veinticuatro fasces[49]. Sin embargo, se atestigua, por otro lado, que Sila fue el primero en aparecer públicamente como dictador con tal número de *lictores*[50] y tal vez sea necesario conciliar las dos versiones admitiendo que, de acuerdo con la antigua ley, el dictador tenía doce *lictores* en el interior de la ciudad y veinticuatro fuera, mientras que Sila tenía veinticuatro incluso en la ciudad.

Es prerrogativa regia el conceder los fasces simultáneamente al dictador, en quien delega, y al jefe de la caballería y al prefecto de la ciudad designado por el dictador. El *magister equitum* designado por el dictador tiene seis *lictores*[51]; los prefectos de la ciudad nombrados por el dictador César tienen dos[52]. Por el contrario, los prefectos de

[47] Este privilegio parece haber sido abolido por Diocleciano o Constantino; el Digesto niega al menos expresamente para la época de Justiniano que haya procónsules con más de seis fasces.

[48] Dion, 53, 13: ἀνθυπάτους καλεῖσθαι μὴ ὅτι τοὺς δύο τοὺς ὑπατευκότας ἀλλὰ καὶ τοὺς ἄλλους τοὺς ἐκ τῶν ἐστρατηγηκότων ἢ δοκούντων γε ἐστρατηγηκέναι μόνον ὄντας, ῥαβδούχοις τέ σφας ἑκατέρους ὅσοισπερ καὶ ἐν τῷ ἄστει νενόμισται χρῆσθαι. Cipriano, *Ep.* 37: *Eant nunc magistratus et consules sive procónsules annuae dignitatis insignibus et duodecim fascibus glorientur*, donde se hace alusión al procónsul de África.

[49] Polibio, 3, 87: τῶν μὲν γὰρ ὑπάτων ἑκατέρῳ δώδεκα πελέκεις ἀκολουθοῦσι, τούτῳ δ' εἴκοσι καὶ τέτταρες. Dionisio, 10, 24; Plutarco, *Fab.* 4; Apiano, *B.C.*, 1, 100; Dion, 54, 1. Cf. Dion, 43, 12. 19. Lydo, *Mag.* 1, 37, es el único que le da solo doce.

[50] Tito Livio, Ep. 89: *Sulla dictator factus, quod nemo umquam fecerat, cum fascibus XXIIII processit.* No es posible considerar esta acusación como un absoluto error.

[51] Dion 42, 47. 43, 48. Lydo, *Mag.* 1, 37. 2, 19. Si esto se remonta a los inicios del dominio de la caballería, el maestro de caballería es el magistrado más antiguo que tenía seis *lictores*, y de él se tomaron prestados los seis *lictores* del pretor.

[52] Dion, 43, 48: οἱ πολιανόμοι πάντα τὰ ἐν τῷ ἄστει πράγματα μετὰ τοῦ Λεπίδου ἱππαρχοῦντος ἔσχον· καὶ αἰτιαθέντες γε ὅτι καὶ ῥαβδούχοις καὶ τῇ ἐσθῆτι τῷ τε δίφρῳ τοῖς ἀρχικοῖς, ὥσπερ καὶ ὁ ἵππαρχος, ἐκέχρηντο, ἀφείθησαν, νόμον τινὰ

la ciudad nombrados por los cónsules, y particularmente los que entran en funciones durante los días de celebración de las *feriae latinae*, seguramente no tendrían *lictores*[53].

3. Del pretor y de los que tienen poder pretorio

El pretor que actúa en Roma tiene dos *lictores*[54]. El ex edil, que en Roma cumple las funciones de *iudex quaestionis inter sicarios*, también tiene *lictores*[55], y sin duda tiene dos igualmente. Por el contrario, el pretor tiene, como sabemos, seis fasces en la provincia[56]; incluso es

προβαλλόμενοι δι› οὒ πᾶσι τοῖς παρὰ δικτάτορος ἀρχήν τινα λαβοῦσι χρῆσθαι αὐτοῖς ἐδίδοτο. Está confirmado por Suetonio, *Caes.* 76, que los denomina *praefecti pro praetoribus* y por la moneda (Cohen, *Livineia*, lám. 24, nº 5) con la silla curul entre dos fasces y la leyenda *Regulus f. praef. ur.* Esta moneda demuestra al mismo tiempo que estos *praefecti urbis* tenían solamente dos fasces, especialmente porque en otras monedas acuñadas en honor al padre de este prefecto de la ciudad, *Regulus pr(aetor)*, el asiento curul está representado entre seis fasces.

53 Esto se debe al hecho de que los prefectos de la ciudad de César basaron su derecho a *lictores* en su nombramiento por un dictador.

54 Censorino, 24, 3: *M. Plaetorius tribunus plebiscitum tulit, in quo scriptum est praetor urbanus, qui nunc est quique posthac fuat, duo lictores apud se habeto iusque ad supremam-ad solem occasum usque-inter cives discito.* El momento de este plebiscito no se conoce de otra manera; pero no puede ser anterior a principios del siglo VI, ya que la expresión *praetor urbanus* implica la existencia del *praetor peregrinus.* Así eran también en la época de Plauto quien, en el *Epidicus*, 1, 1, 23, se burla de un esclavo que hace de pretor diciendo: *Unum a praetura tua abest... lictores duo, duo viminei fasces virgarum*, y Cicerón que (*De lege agr.* 2, 34, 93) ve, entre otros hechos, un signo del orgullo de los pretores municipales de Capua en que ante ellos *anteibant lictores, non cum bacillis, sed, ut hic praetoribus anteeunt, cum fascibus duobus.* Los *gemini fasces* también se mencionan en Estacio, *Silv.* 1, 4, 80, como me señala Hirschfeld, en la pretura urbana. La conciliación que he intentado anteriormente y según la cual el pretor tendría derecho a tener seis *lictores* y la obligación de tener dos, no es compatible con el vínculo indisoluble que existe entre el *lictor* y el magistrado.

55 Cicerón, *Pro Cluent.* 53, 147.

56 Apiano, *Syr.* 15: καὶ στρατηγοὺς... περιέπεμπον, οὓς αὐτοὶ καλοῦσιν ἑξαπελέκεας, ὅτι τῶν ὑπάτων δυώδεκα πελέκεσι καὶ δυώδεκα ῥάβδοις, ὥσπερ οἱ πάλαι βασιλεῖς, χρωμένων τὸ ἥμισυ τῆς ἀξιώσεως ἔστι τοῖσδε τοῖς στρατηγοῖς καὶ τὰ ἡμίσεα παράσημα. Cicerón, *Verr.* 5, 54, 142. Val. Max. 1, 1, 9. Plutarco, *Paul.* 4, Dion, 53, 13. La designación de pretor como στρατηγός ἑξαπελεκυς se constata en Polibio (2, 23, 5, c. 24, 6, 3, 40, 14. c. 106, 6, 1, 5) y se encuentra también en Apiano, *loc. cit.*, y en otros autores griegos que imitan la terminología de Polibio, como es el caso de Diodoro y de Themistio; pero el nombre técnico del pretor en las inscripciones y en los autores de la época reciente es simplemente στρατηγός. El término πελεκυφόρος es una lectura falsa en Polibio, 2, 23, 5.

posible que el pretor a quien se atribuye una provincia tenga este número de fasces no solo desde su salida de Roma, sino en la propia Ciudad desde el momento en que tomara posesión de su pretura[57]. La misma cantidad de fasces se concede a los propretores, ya sea en el cargo por prórroga o por representación, y también a los magistrados de la época republicana investidos de poder pretorio[58], como a los procónsules del Imperio que recibieron su provincia en virtud de su pretura[59].

Sin embargo, cuando, hacia fines de la República, se comenzó a otorgar de manera general el rango pretoriano a los auxiliares senatoriales de los gobernadores provinciales y de los generales, a los cuestores y a los legados, los seis fasces no les fueron atribuidos en su totalidad a estos *quaestores pro praetore*, a estos *legati propraetore*. La restricción era fundamental, en el caso de que el propio gobernador tuviera solo el poder pretoriano, para no poner a sus auxiliares en el mismo rango que él. La misma medida se tomó para los auxiliares de los gobernadores de rango consular que tenían derecho a doce fasces,

[57] Ésta es la conclusión a la que conduce la afirmación de Valerio Máximo, *loc. cit.*, según el cual M. Furius Bibaculus, que participó como pretor en la procesión de los Salios, fue precedido por seis *lictores*; teniendo el pretor provincial indudablemente el *imperium* antes de salir de la ciudad, –la prueba está en la administración de justicia que él utiliza frecuentemente en el intervalo– y no pudiendo en absoluto ponerse en pie de igualdad con los magistrados, no había objeción de carácter teórico. Tampoco había objeción en dejar, durante el breve y accidental intervalo que mediaba entre el momento de entrar en el cargo saliendo de Roma, más fasces a los pretores provinciales que a los pretores de la capital que los superaban en rango. Si Polibio, 33, 1, 5, y de manera similar Themistio, *Or.* 34, 8, ed. Dindorf, Leipzig, 1832, pág. 483, usan la expresión στρατηγός ἑξαπέλεκυς para designar al pretor urbano; esto prueba, según el acertado comentario de Becker, solo una cosa: que usan esta designación como calificación. Si, en cambio, Dion atribuye a los gobernadores pretorios tantos fasces como a los pretores de Roma, esto implica necesariamente que, bajo el Imperio, en la época en que se reforzaban todas las insignias y títulos oficiales, el pretor tenía, incluso en la ciudad, seis fasces. Esta idea es confirmada, según la observación de Friedländer, por las *seni fasces* que cita Marcial, 11, 98, 15.

[58] Los decémviros de Rullus habrían recibido los *lictores* al mismo tiempo que el poder pretorio (Cicerón, *De lege agr.* 2, 13, 32).

[59] Dion, 53, 13. Ulpiano, *Dig.* 1, 16, 14: *Proconsules non amplius quam sex fascibus utuntur.* Josefo, *Bell. Iud.* 2, 16: (Ἕλληνες) ἓξ Ῥωμαίων ὑπείκουσιν ῥάβδοις, τοσαύταις δὲ καὶ Μακεδόνες. El consular de la provincia de Numidia, que tiene su origen en el legado imperial de la provincia provisto de cinco fasces, lleva en la segunda mitad del siglo IV d.C., probablemente como consecuencia del ascenso de rango, el título *consularis sexfascalis provinciae Numidiae* (CIL VIII, p. XVIII).

al menos antes de la Constitución del Principado[60], quizás incluso en virtud de la *lex Gabinia* del 687 (67 a.C.) que fue la primera en crear tales auxiliares de rango propretorio.

Augusto procedió de la misma manera al no permitir que sus legados a los que concedió el rango de propretorio, es decir, que designó para el gobierno de algunas provincias, llevaran más de cinco fasces[61], que luego se denominaron *quinquefascales*[62]. Según el mismo principio, era necesario que los cuestores *pro praetore* y los legados *pro praetore* de los procónsules, consulares o pretorianos, también tuvieran en las provincias senatoriales[63] menos de seis fasces. Pero no tenemos registros del número exacto de ellos.

[60] Cuando Curio fue a África como de *pro praetore* en 705 (49 a.C.) (César, *B. C.* 1, 30), se presentó ante Cicerón con seis fasces coronados de laureles. *Quid isti*, preguntó este último (*Ad Att.* 10, 4, 9) *sex tui fasces? si ab senatu, cur laureati? si ab ipso, cur sex?* Cicerón le pregunta si está investido personalmente con el poder propretorio o si es el *legatus pro praetore de César*: en el primer caso, no tiene derecho a los laureles, y en el segundo no tiene derecho a los seis fasces. Esto significa claramente —especialmente si comparamos la institución posterior de los quinquefascales— que, antes de Augusto, el *legatus pro praetore* no tenía derecho a todos los haces pretorianos.

[61] Dion, 53, 13: ῥαβδούχοις δὲ δὴ πέντε πάντες ὁμοίως οἱ ἀντιστράτηγοι χρῶνται, καὶ ὅσοι γε οὐκ ἐκ τῶν ὑπατευκότων εἰσί, καὶ ὀνομάζονται ἐπ› αὐτοῦ τοῦ ἀριθμοῦ τούτου, donde, es verdad, la corrupción xilándrica del texto ἕξ por πέντε se mantiene hasta el día de hoy en las diversas ediciones. Cuando se envían *legati* imperiales de forma extraordinaria a las provincias senatoriales, y también a las provincias del emperador, reciben igualmente solamente cinco *lictores*. Dion, 57, 17, texto que puede compararse con Tácito, *Ann.* 2,47; C. I. Gr. 4033 y 4034; inscripción de Cirta (CIL VIII, 7044): *Ordinato in Gallia at quinque fasces.*

[62] El *leg. Aug. pr. pr.* de la Lugdunense se llama *quinquefascalis* en la inscripción de Thorigny de 238 d.C.; el legado de *Noricum* es llamado *[quin]quefasc(alis) reg[ni Norici]* en una inscripción fragmentaria de Roma (CIL VI, 1546). L. Iulius Apronius Maenius Pius Salamallianus (inscripción de *Lambaesis*) es, tras haber ocupado la pretura, *leg(atus) Aug(usti) vice quinque fascium prov(inciae) Belgi(cae)*, es decir representante del *quinquefascalis* de Bélgica, y, por el contrario, es llamado luego en seguida el cargo legítimo de legado de Galatia, y no *quinquefascalis*, sino *pro praetore*. El primer título aparece allí como el menos elevado.

[63] Fasces y hachas están representadas en una inscripción funeraria de uno de estos legados (CIL III, 6072) y los fasces del legado de África son citado en la *Vita Severi*, 2.

4. Del censor

Los censores no tienen *lictores*, según los testimonios[64]. Probablemente sea lo mismo para los ediles curules[65], los cuestores[66] y en general los magistrados inferiores de la capital.

5. De los embajadores y de los senadores

Al final de la República y principios del Imperio, encontramos a los cónsules y al Senado en posesión del derecho de otorgar los fasces a los embajadores nombrados por ellos[67]. Los gobernadores de los últimos días de la República también tenían la facultad de conceder, naturalmente dentro de su circunscripción, los fasces a cualquier senador que allí residiera, así como a sus auxiliares, a su cuestor y a sus legados[68]. Para el periodo anterior, no tenemos evidencia de tal

[64] Zonaras, 7, 19: τῶν μειζόνων ἀρχῶν κόσμῳ πλὴν ῥαβδούχων ἐχρῶντο. Las inscripciones de los *apparitores* de los magistrados superiores van en la misma dirección: no hay mención de los censores en los textos relativos a los *lictores*, mientras que, por el contrario, hay un *praeco ex tribus decuris, qui co(n)s(ulibus) cens(oribus) pr(aetoribus) apparere solent.*

[65] Las inscripciones de los *lictores* solo nombran a los cónsules y emperadores. La indicación general de *magistratibus apparent* deja abierta la cuestión de qué magistrados tienen *lictores*. Tampoco hay testimonio expreso de los autores. La *vocatio* y el *prensio* de que los *lictores* son expresión (Aulo Gelio, 13,12) son atribuidos por Varrón a los magistrados provistos del *imperium*, y los rechaza para los cuestores y sus inferiores, sin aludir a los ediles. El silencio de Cicerón es contrario a la existencia de sus *lictores*; se puede invocar a su favor que la jurisdicción y la silla curul son en todas partes inseparables de los *lictores*; que en 732 (22 a.C.) un edil obligó al censor a cederle el paso (*via sibi decedere*: Suetonio, *Ner.* 4), lo que sin duda podría estar ligado al buen prestigio de los ediles de esa época, unido al hecho cierto de que hay beneficios indiscutibles de algunos magistrados inferiores, como el ser acompañados por *lictores*, que se echan en falta en otros magistrados de mayor rango; finalmente, el atribuir a los ediles municipales el uso de *lirae* y *virgae* (Apuleyo, *Met.* 1, 24).

[66] Varrón, en Aulo Gelio, 13, 12, 6.

[67] En una legación senatorial enviada a Augusto en 735 (19 a.C.), se asignan dos *lictores* a cada uno de los legados (Dion, 54, 10).

[68] Gobernadores respetuosos otorgaron esta distinción a todos los senadores. Así, Cicerón escribe en 711 (43 a.C.): *C. Anicius... negotiorum suorum causa legatus est in Africam legatione libera... a te peto, quod ipse in provincia facere sum solitus non rogatus, ut omnibus senatoribus lictores darem; quod idem acceperam et id cognoveram a summis viris factitatum.* Esta puede ser la razón por la que Cn. Plancius, *quaestor* de Macedonia en 696 (58 a.C.) tiene *lictores* (Cicerón, *Pro Planc.* 41, 98: *statim ad me*

concesión de fasces se hiciera en momento distinto de la toma de posesión de la magistratura[69]. Es probable que esto deba ser visto como una modificación hecha por la oligarquía al antiguo sistema de la República, ya sea por una ley, por ejemplo de Sila, o por un abuso absoluto[70]. En todos estos casos, los *lictores* deben haber sido dos en número.

6. Del emperador

Augusto llevó, al parecer, hasta 725 (29 a.C.), veinticuatro fasces; ello tendría base jurídica en una disposición de la ley Titia sobre el triunvirato *reipublicae constituendae*; pero renunció a ello el 1 de enero de 726 (28 a.C.)[71], junto con los demás derechos resultantes de los poderes asumido para un periodo de excepción. En 735 (19 a.C.) se le permitió llevar en adelante, siempre y en todas partes, los doce *lictores* que había tenido en Roma, desde ese momento hasta el verano de 731 (23 a.C.), en virtud del poder consular, y en el extranjero siempre en virtud del poder proconsular[72].

---

lictoribus dimissis, insignibus abiectis, veste mutata profectus est), aunque el gobernador está presente y por lo tanto no actúa como *pro praetore*. El *quaestorius* Verres, legado del propretor de Cilicia en 674-675 (80-79 a.C.), tiene un *lictor* cerca de él (Cicerón, *Verr*. 1, 26, 67. c. 28, 72), y sobre esto Cicerón escribe al mismo gobernador de África (*Ad fam*.12, 30, 7): *De Venuleio, Latino, Horatio* (probablemente senadores poco considerados), *valde laudo. illud non nimium probo, quod scribis, quo illi animo aequiore ferrent, te tuis etiam legatis lictores ademisse*. Por tanto, tampoco tenían derecho a ello. Estos *lictores* otorgados por favor deben tenerse en cuenta para el caso excepcional de los 120 *lictores* reunidos en Luca (Drumann 3, 264).

[69] El legado de Scipio Pleminius tiene muchos *lictores* (Livio 29, 9); pero ocupa el mando militar por representación.

[70] Consideremos únicamente cómo esta concesión de los fasces puede combinarse con la vieja regla según la cual el dictador y no el cónsul tiene el derecho de transferir los fasces a sus subordinados.

[71] Dion, 53, referido al año 726 (28 a.C.): ὁ Καῖσαρ ἦρξε, καὶ τά τε ἄλλα κατὰ τὸ νομιζόμενον ἀπὸ τοῦ πάνυ ἀρχαίου ἐποίησε, καὶ τοὺς φακέλους τῶν ῥάβδων τῷ Ἀγρίππᾳ συνάρχοντί οἱ κατὰ τὸ ἐπιβάλλον παρέδωκεν, αὐτός τε ταῖς ἑτέραις ἐχρήσατο. Consecuentemente, en 725 (29 a.C.), en el que Augusto era también cónsul, debe haber tenido el doble de fasces que su colega, si no queremos llegar a admitir que este último estaba completamente privado de ellas.

[72] Dion, 54, 10: Ταῖς δώδεκα ῥάβδοις ἀεὶ πανταχοῦ χρῆσθαι. Poco tiempo antes había renunciado a la dictadura y a sus veinticuatro fasces (Dion, 54, 1).

Más tarde se concedieron veinticuatro fasces a Domiciano[73]. Los emperadores posteriores, aunque ciertamente se quedaron con los *lictores*[74], siempre los utilizaron menos, a medida que se fue debilitando la costumbre de ocupar determinadas magistraturas.

7. Nuevas magistraturas del Principado

En el Principado se establecen nuevas funciones, asignadas al orden ecuestre, que no se consideran magistraturas propiamente dichas, y que, en consecuencia, nunca se les otorgó la insignia ordinaria de los magistrados[75]. En cuanto a los magistrados imperiales de rango senatorial, algunos de ellos que están empleados fuera de Italia reciben los poderes de propretura y, en consecuencia, tienen al menos cinco fasces[76]. Los legados del emperador que no habían recibido el poder propretorio, por ejemplo los legados de legiones, probablemente no tenían derecho a los fasces.

En cuanto a los funcionarios de rango senatorial inferior que ejercen en Roma y en Italia, es necesario distinguir el hecho de llevar los haces dentro y fuera de la ciudad. Los *curatores viarum* que actúan fuera de la ciudad recibieron dos *lictores* cada uno en el mismo momento de creación en 734 (20 a.C.)[77]; del mismo modo,

[73] Dion, 67, 4. Cf. Suetonio, *Dom.* 14.

[74] Hay un *fascalis Aug. n.* con los fasces y las hachas en una inscripción de Roma (CIL VI, 1876), probablemente posterior a Diocleciano.

[75] Esto no se dice expresamente, pero en ninguna parte se menciona la insignia de los magistrados del *praefectus praetorio* y otros funcionarios del orden ecuestre. El oráculo según el cual Egipto debía ser libre *cum in eam venissent Romani fasces et praetexta Romanorum* (*Vita XXX tyr.* 22) prueba, con suficiente precisión, que el prefecto de Egipto no los tenía.

[76] El *leg. Aug. pr. pr.* de la Lugdunense se llama *quinquefascalis* en la inscripción de Thorigny del 238, como he demostrado en el *Berichte de Leipzig*, 1852, 226; el legado de Noricum se llama *[quin]quefasc(alis) reg[ni Norici]* en el fragmento de la ciudad de Roma, CIL VI, 1546. L. Iulius Apronius Maenius Pius Salamallianus (en una inscripción de *Lambaesis*) es, después de ocupar el puesto de pretor, *leg(atus) Aug(usti) vice quinque fascium prov(inciae) Belgi[cae]*, es decir, representante de los *quinquefascalis* de Bélgica, y por otro lado, se le llama a continuación como verdadero legado de Galacia, y no *quinquefascalis*, como cabría esperar, sino *pro praetore*. El primer título aparece como el de menor rango.

[77] Dion, 54, 8.

un *senatus-consultum* otorgó a los *curatores aquarum*, en el momento de su creación en 743 (11 a.C.), el derecho a dos *lictores* cada uno, cuando ejercían sus funciones fuera de Roma[78]. El Principado, por el contrario, fue muy tacaño con la concesión de fasces en el interior de Roma. Los *curatores frumenti*, creados por Augusto, no recibieron inmediatamente *lictores*; solo los obtuvieron cuando sus funciones fueron elevadas al rango de consulares[79].

Los *praefecti aerarii militaris* designados por sorteo entre los *praetorii* fueron, desde su creación, en el año 6 de la Era cristiana, provistos cada uno de dos *lictores*[80]. Aparte de estos ejemplos, la existencia de *lictores* solo puede establecerse para los *curatores tabularum publicarum* fundados con carácter extraordinario por Claudio[81]. La primera y tercera de estas magistraturas no tuvieron continuidad, y la segunda perdió posteriormente el derecho a los *lictores*[82]. Es cuando menos dudoso que los fasces fueran otorgados a las demás autoridades de nueva creación en funciones en el interior de la ciudad, en particular al nuevo *praefectus urbi*[83] y a los *praefecti aerarii Saturni* [84]. En consecuencia, puede ser que el derecho a los *lictores* en el interior de la capital haya pertenecido, aparte de los antiguos magistrados superiores de la República, solo al emperador. De todo

[78] Frontino, *de aquis*, 100: *cum eius rei causa extra urbem essent, lictores binos... habere...*; *cum autem in urbe eiusdem rei causa aliquid agerent, ceteris apparitoribus isdem praeterquam lictoribus <uti>.*

[79] Dion, 55, 31.

[80] Dion, 55, 25: ῥαβδούχοις τ› ἀνὰ δύο καὶ τῇ ἄλλῃ ὑπηρεσίᾳ τῇ προσηκούσῃ χρωμένοις.

[81] Dion, 60, 10: καὶ ῥαβδούχους καὶ τὴν ἄλλην ὑπηρεσίαν αὐτοῖς δούς.

[82] Dion, 55, 25: νῦν... χωρὶς ῥαβδούχων περιίασιν.

[83] Casiodoro, *Variae* 1, 42: *Te... ad praefecturae urbanae culmen erigimus tribuentes tibi... fasces*), y Prudencio, *Contra Symmachum*, 1, 564, hablan de fasces quizás solo en sentido metafórico. No hay para esta época testimonios seguros.

[84] Los *praefecti aerarii Saturni*, que se les encuentra en funciones eventuales con Augusto y permanentes desde el año 56 de la Era cristiana, son superiores en rango a los *praefecti aerarii militaris*; pero eso no soluciona nada, porque estos últimos ya no tienen los fasces en los últimos tiempos e incluso muy bien pueden haberlos perdido precisamente con motivo de la creación de los *praefecti aerarii Saturni*.

ello se deduce que, en aquellos casos en que se permita el número de fasces, siempre se hará con el número más bajo posible de los mismos.

III. *LICTORES* DE LOS SACERDOTES Y DE LOS QUE ORGANIZAN Y PATROCINAN JUEGOS

1. *LICTORES CURIATII* DE LOS PONTÍFICES

Los *lictores curiati*[85] fueron asignados a los *sacra populi Romani Quiritium* y se constituyeron en la Urbe como una decuria distinta; las inscripciones así lo establecen[86]. Eran utilizados para convocar los comicios por las curias de pontífices[87]. No se sabe si jugaron en cada curia el papel de *flamines curiales* por encima del simple curial[88]; habría que saber si éstos representaban a las curias en los comicios convocados por los magistrados superiores para recibir su promesa

[85] Esta forma está atestiguada por algunas inscripciones. La forma *curiatus* parece basarse únicamente en los manuscritos de Aulo Gelio y algunas inscripciones que ahora se han perdido o no son decisivas.

[86] *Lictor curia[t(ius) a s]acris publicis p(opuli) R(omani) Quiritium* (CIL VI, 1892); *lictor dec(uriae) curiatiae, quae sacris publicis apparet* (CIL XIV, 296), y muchas más inscripciones.

[87] Lelio Félix en Aulo Gelio, 25, 27: *'calata' comitia esse, quae pro conlegio pontificum habentur aut regis aut flaminum inaugurandorum causa. Eorum autem alia esse 'curiata', alia 'centuriata'; 'curiata' per lictorem curiatum 'calari', id est 'convocari', 'centuriata' per cornicinem.* No se puede determinar si los *lictores* que vemos actuar en determinados sacrificios y en otros rituales (Festo, *Ep.* 82, s.v. "*Exesto*"; Ovidio, *Fasti*, 2, 23) son los mencionados *curiati.*

[88] En cada curia había dos personas ocupadas de cuidar los *sacra* (Varrón, en Dionisio, 2, 21: οἱ τὰ κοινὰ περὶ τῆς πόλεως ἱερὰ συντελοῦντες κατὰ φυλάς τε καὶ φράτρας), de modo que es normal reconocer a los sacerdotes que se sitúan al lado de los curiales en los *flamines curiales curiarum sacerdotes* nombrados solamente por Festo (*Ep.*, p. 64); quizás se les pueda identificar con los *lictores curiatii*; en los tiempos más antiguos el flamen desempeñaba un papel secundario, auxiliar. Con todo, esta combinación es muy insegura.

de fidelidad[89]. En consecuencia, no podemos determinar con certeza si eran treinta o menos[90].

Estando asignados todos los *apparitores* a una autoridad específica, corresponde asignar estos *lictores* al *pontifex maximus*. Una razón basta: como veremos más adelante, es el pontífices máximo quien, en materia religiosa, representa en sí a la magistratura; en consecuencia, es solo a él a quien pueden acompañar los *lictores*. Si la tradición no designa expresamente al *magister* a cuyo servicio están, es debido a la tendencia, perceptible en todo el derecho sagrado, a no subrayar demasiado los poderes de pseudo-magistrado del *pontifex maximus*; pero la relación establecida entre estos *lictores* y los *sacra publica populi Romani*[91], así como el uso que se hace de ellos en primera línea y especialmente en los *comitia calata* habidos *pro collegio pontificum*, bastan para expresar claramente su posición.

2. Del *flamen Dialis*

También el sacerdote de Júpiter, el *flamen Dialis*, goza de ciertos derechos de magistrado: la *toga praetexta*, la silla curul, y el derecho de ocupar un asiento en el Senado[92], así como de hacerse escoltar por un *lictor*[93]. Pero uno solo, y por consiguiente, según el Derecho, no tiene ninguno. Es posible que este *lictor* sea tomado de entre los *lictores curiatii*.

---

[89] Los treinta *lictores* de los comicios donde el magistrado recibe la promesa de obediencia de los ciudadanos (Cicerón, *de lege agraria*, 2, 12, 31) pueden ser también aquellos que acompañan a los magistrados superiores.

[90] Se puede argumentar en este último sentido que formaban solo una decuria y que los *lictores* del rey, de los cuales descendían necesariamente los *curiatii*, no eran más de doce, o quizás incluso tampoco fuesen más de diez.

[91] Esta expresión designa en lenguaje técnico el conjunto de actividades religiosas sometidas a la autoridad religiosa del *pontifex maximus*.

[92] Tito Livio, 1, 20, 3; 27, 8, 8.

[93] Festo, *Ep.* p. 93: *Flaminius lictor est, qui flamini Diali sacrorum causa praesto est.* Plutarco, *Quaest. rom.* 113: ῥαβδούχῳ τε χρῶνται καὶ δίφρον ἡγεμονικὸν... ἔχουσι. Para los *lictores* del *flamen provinciae*, véase la inscripción CIL XII, 6068.

3. De las vestales y de otros sacerdocios femeninos

En el año de Roma 712 (42 a.C.), debido a los tumultos callejeros, las vestales obtuvieron el derecho de aparecer en público precedidas de un *lictor*[94]. Derechos similares fueron concedidos, ya en época imperial, a las esposas de los emperadores divinizados, en su calidad de sacerdotes de los dioses[95]. Al igual que en el caso del *flamen Dialis*, estos *lictores* serían *curiati*.

4. De los que organizan y patrocinan juegos

En los juegos, el que da la fiesta recibe frecuentemente por esta solemnidad el uso de los *lictores*, cuando no posee otro título en virtud el cual ese derecho pudiera ejercerlo de forma natural. Así quedó establecido para los juegos de los *vicomagistri*[96] y para los juegos funerarios dados por particulares[97], así como probablemente también para los de los ediles plebeyos[98]. Pero es probable que todos

[94] Cabe recordar, no obstante, el testimonio concreto de Dion, 47, 19, donde se menciona al *lictor* entre los antiguos privilegios de las vírgenes vestales en Plutarco, *Num.* 10. El empleo del *lictor* para mujeres no puede considerarse una institución primitiva.

[95] Para Livia, según Tácito, *Annales*, 1, 14, dice: *Ne lictorem quidem ei decerni passus est* (Tiberio). Dion, 56, 46: ῥαβδούχῳ χρῆσθαι ἐν ταῖς ἱερουργίαις. Para la segunda Agripina, Tácito, *Annales*, 13, 2: *Decreti a senato duo lictores.* La relación con el sacerdocio del *divus Augustus* y del *divus Claudius* aflora claramente en ambos casos.

[96] Augusto concedió a los *magistri vicorum*, instituidos en 747 (7 a.C.), τινων ἐκ τοῦ δήμου, οὓς καὶ στενωπάρχους καλοῦμεν· καί σφισι καὶ τῇ ἐσθῆτι τῇ ἀρχικῇ καὶ ῥαβδούχοις δύο, ἐν αὐτοῖς τοῖς χωρίοις ὧν ἂν ἄρχωσιν, ἡμέραις τισὶ χρῆσθαι ἐδόθη (Dion 55, 8), lo que debe compararse con los testimonios, exclusivamente relativos a *praetexta*, de Asconio, *In Pisonem*, p. 6: *Solebant autem magistri collegiorum ludos facere, sicut magistri vicorum faciebant, compitalicios praetextati*, y de Tito Livio, 34, 7.

[97] Cicerón, *de legibus*, 2, 24, 61: *Reliqua sunt in more: funus ut indicatur, si quid ludorum; dom<in>usque funeris utatur accenso atque lictoribus*, donde es necesario borrar el *que* en el *dominusque funeris* del texto, pues Cicerón no puede decir que no hay *funus indictivum* a menos que haya juegos funerarios. Festo, p. 237: *Praetexta pulla nulli alii licebat uti quam ei qui funus faciehat, [nam quod] ius magistratus, h[abebat etiam qui domini funens] loco públicos lud[os edebat: hic enim et lictoribus] utitur et scribam ha[bet, sicut magistratus, propter eos] quos facit ludos.*

[98] Dionisio (6, 95) asegura de los juegos latinos o más bien de los juegos plebeyos que la dirección había sido tomada por los sirvientes de los tribunos, οἱ τὴν νῦν ἀγορανομικὴν ἔχοντες ἐξουσίαν, ὥσπερ ἔφην, κοσμηθέντες ὑπὸ τῆς βουλῆς πορφύρᾳ καὶ θρόνῳ ἐλεφαντίνῳ καὶ τοῖς ἄλλοις ἐπισήμοις, οἷς εἶχον οἱ βασιλεῖς.

estos ejemplos sean solo aplicaciones especiales de uso general en épocas más recientes, en la época imperial[99]. Probablemente, el punto de partida de esta práctica fueran los juegos organizados por los magistrados superiores, quienes naturalmente llevan las insignias de su autoridad; cuando están organizados por magistrados inferiores o particulares, hay, en sentido estricto, concesión de uno de los derechos de los magistrados[100] y, por consiguiente, también el derecho a usar sus insignias. Añádase que, durante la fiesta, al *dominus ludorum* no podía privársele de cierta autoridad, de cierto poder de policía, en tanto responsable del acto. El derecho a tener fasces parece que no se hizo extensivo a los juegos organizados por los sacerdotes, y si esto ocurrió fue tardíamente[101]. Sin embargo, debemos distinguir cuidadosamente este uso de *lictores* restringido a tiempos y lugares concretos[102] de aquel derecho a llevar las fasces en cualquier momento y en cualquier lugar. Se creó para los juegos organizados por *vicomagistri* un cuerpo especial de *apparitores,* y también entraba en acción la decuria de los *lictores populares denuntiatores*[103]. No sabemos de dónde procedían los *lictores* de los otros presidentes de juegos; sin embargo, debían ser *lictores* de magistrados

Limitado a la presidencia de los juegos, este testimonio no tiene nada de extraño (compárese Tácito, *Annales*, 1, 15), y, si no se alude aquí expresamente a los *lictores*, sin embargo parecen estar incluidos en la narración. La silla curul, que no corresponde usarla por lo demás a los privados que que ofrecen juegos, produce gran asombro.

[99] También podemos añadir la mención de la presencia de los *lictores* en el teatro que se hace en Plauto (*Poenulus*, prol. 18) que Hübner (en *Ann. dell' Inst.* 1856, p. 55) se resite a relacionarlos con el *praetoris tribunal* del teatro.

[100] Pues una inscripción (CIL II, 1380), menciona a un personaje que es *quattuorvirali potestate muneris edendi causa*. Véase también el comentario de *Eph. Epigr.* VII, 400, nota 1.

[101] Los *lictores* no se mencionan en los Juegos de los Arvales. El que ofrece estos juegos ocupa su plaza *summoto*. Pero esto requiere solamente la intervención de los *apparitores* y no necesariamente *lictores*.

[102] Dion, 55, 8, marca claramente esta diferencia.

[103] La demostración está en las inscripciones romanas: *decurialis decur(iae) lictor(iae) popularis denutiat(orum) X primus* (CIL VI, 1869); *decurialis decuriae lictoriae popularis denuntiatorum* (CIL X, 5917); *socii lictores populares denuntiatores Puteolani* (CIL X, 515). Es posible que el *denuntiator* citado para cada una de la *regiones* en la *basis Capitolina* de los *vicomagistri* del año 136 (CIL VI, 975) sea uno de estos *lictores*; de lo que se decuce que tal "decuria" debía incluir al menos a catorce personas. La *denuntiatiio* debía consistir en el anuncio de los *Juegos (cf. ludicrum denuntiare*, Tito Livio, 45, 32, 8: *ab seriis rebus ludicrum, quod ex multo ante praeparato et in Asiae civitates et ad reges missis, qui denuntiarent, et, cum circumiret ipse Graeciae civitates... fecit*).

en lugar de sirvientes privados contratados por el presidente de los juegos y vestidos como los *lictores*.

Por lo tanto, es probable que en los tiempos antiguos no hubiera en absoluto *lictores* religiosos. Los que constituyen la categoría más importante, los *lictores curiatii*, sin duda se convirtieron en *lictores* religiosos solo cuando desapareció políticamente la organización en curias y sobrevivió solo *ad sacra*[104], y para el *lictor* del *flamen Dialis*, no debemos dejar de señalar que este sacerdote también tiene derecho a sentarse en el Senado y, en consecuencia, goza del derecho efectivo de magistrado; en cuanto a los *lictores* de los que dan juegos, probablemente no sean muy antiguos[105], y seguramente fuesen una imitación de aquellos de los magistrados.

[104] La designación del grupo como *decuria*, y no como *collegium*, es un argumento más en el mismo sentido.

[105] Sobre el tema de la introducción de los Juegos privados en Roma, sabemos que los primeros juegos de gladiadores se celebraron en el año 490 de Roma (264 a.C.).

PARTE III

COMENTARIOS
(Sabino Perea Yébenes)

En esta parte no pretendemos hacer un estudio crítico del texto de Mommsen –lo cual llevaría, en efecto, a escribir un texto casi tan extenso como el del autor, si es que se pretendiese poner de relieve la vigencia, o no vigencia, de sus opiniones o de sus hipótesis generales–, sino que la intención es aclarar brevemente en algunos puntos de cada Capítulo (y en todos sus subcapítulos o parágrafos), al hilo de lo que el lector actual pueda demandar de los mismos en primer acercamiento a la obra de este Mommsen jurista, historiador de la Constitución política romana. No es, insistimos, ni un complemento ni una revisión *profunda* de los textos de Mommsen reunidos en este libro.

Los problemas *de fondo*, planteados por Mommsen o que el lector actual pueda colegir de la lectura, son, o pueden ser, cada uno de ellos, objeto de investigación a la luz de los avances en el estudio del Derecho romano. Es verdad que Mommsen es "la gran referencia" y un punto de apoyo y de partida. Como se ha dicho, el valor intrínseco de su obra jurídica estriba en la estructura general de él estableció para el estudio de las instituciones romanas, y cierto es igualmente que sus opiniones se fundamentan esencialmente en las fuentes literarias (escritas en griego o en latín) de los autores clásicos; por el contario, el discurso mommseniano rara vez se apoya en otros autores contemporáneos a él, y solo en escasa proporción se acude a las fuentes epigráficas, si las comparamos con el acervo literario que maneja.

En tal sentido, una revisión profunda del trabajo de Mommsen debería guiarse –para complementarlo, o para contradecirlo– en la aportación de nuevo material jurídico de tipo epigráfico, esencialmente nuevas leyes (edictos, *mandata*, arbitrajes, etc.). Muchos de ellos son testimonios epigráficos de época imperial que, ciertamente, menos interesan a Mommsen en el *Staatsrecht*. Al tratar de cada una de la instituciones romanas, suele poner el colofón hablando de la época imperial, en realidad para mostrar cómo tales instituciones de raigambre antigua sobreviven durante el Imperio (lo que él denomina "tiempos recientes"). Por el contrario ello no significa que el autor renuncie al manejo de obras literarias escritas en época imperial cuando éstas hablar de tiempos republicanos; de ahí que Mommsen acuda con asiduidad a los autores "anticuarios" como Varrón, Festo o Aulo Gelio, enciclopedistas que han conservado noticias muy valiosas sobre las instituciones políticas romanas de las épocas monárquica y republicana. Y no puede renunciar, obviamente, a la obra histórica de Tito Livio, o de Dionisio de Halicarnaso, o las obras, de variada temática, de Cicerón, que a lo largo de todas las páginas pareen sostener el discurso mommseniano, completado, como es natural, por el Digesto, cuando esta compilación jurídica fundamental alude a las instituciones romanas más pretéritas. En este sentido, la arqueología o el azar han puesto muchos documentos importantísimos a disposición de la investigación de historiadores y de juristas. Una obra como la coordinada por M.H. Crawford (*Roman Statutes*, Londres, 1996, 2 volúmenes), da una idea de los avances producidos en los 130 años mediantes entre la edición del *Staatsrecht* y la actualidad. En efecto, se podría *reenfocar* la obra de Mommsen con nuevas metodologías o concepciones de lo que era el Derecho Público para los romanos, o de cómo debe contemplarse ese gran edificio teórico constitucional con los ojos del presente. De hecho, todas las ediciones críticas sobre las principales leyes romanas transmitidas por documentos epigráficos tienen presentes los estudios de Mommsen, el cual, en muchos casos, hizo la edición crítica primera, por ejemplo, de la *lex Bantina* en 1863

En consecuencia, en esta sección de COMENTARIOS nos limitaremos a aclarar o completar las ideas de Mommsen en el texto o en las notas eruditas, o bien desplegar algunas fuentes mencionadas por el autor, dando completos, en versión bilingüe, los textos que consideremos esenciales. Puntualmente añadiremos referencias nuevas sobre uno u otro aspecto, siempre que las aportaciones nuevas nos parezcan relevantes. La bibliografía que aparece en esta sección es la que se cita en la notas al pie de la misma; en ellas nos hemos apoyado para completar estas páginas.

Al final hemos añadidos dos *excursus*. El primero, recordando y sintetizando el contenido de algunas leyes romanas (unas pocas de entre los cientos de ellas), que son citadas en estas páginas, para ayudar al lector sobre su cronología y su sentido. Un segundo excursus está dedicado a la obra de Juan Lydo –en el apéndice que hemos titulado *Supplementum Lydianum*– con sus textos relativos a las principales magistraturas romanas de las que se habla en este libro. Estos textos ilustran como ningún otro cómo en el gran siglo de las compilaciones de Derecho romano –el siglo de Justiniano– define orgánicamente el esqueleto constitucional romano; en un mundo ya "bizantino", sí, pero basta leer los textos para comprobar que el espíritu romano está presente en toda la obra, como indica propiamente su título, Περὶ Ἀρχῶν τῆς Ῥωμαίων Πολιτείας.

Fuentes jurídicas principales

CIL

Corpus Inscriptionum Latinarum, Berlin, 1865 ss.

(En muchos casos, el *Corpus* ofrece las primeras ediciones críticas de muchas leyes romanas; y, naturalmente, a esta obra remiten las inscripciones citadas aquí como CIL en sus diversos volúmenes regionales).

Digesto

Mommsen, Theodorus (recognovit) - Krueger, Paulus (retractavit): *Corpus Iuris Civilis, vol. I. Iustiniani Digesta*, Berlin: Weidmann.

D'Ors, A. *et al.* (1968, 1972, 1975), *El Digesto de Justiniano*, 3 vols. Pamplona: Aranzadi.

FIRA

Riccobono, Salvatore - Arangio Ruiz, Vicenzo (1940–1943 y 1968): *Fontes iuris Romani anteiustiniani*, Firenze: Edit. Giovanni Baviera

Gayo

Hernández Tejero, Francisco (coordinador) (1990): *Gayo, Instituciones.* Edición bilingüe. Madrid: Civitas.

Estudios

Angioni, Enrica (2018): "La dittatura nel pensiero teorico attuale", en: Garofalo (ed.), II, pp. 767-798.

Balasch Recort, Manuel (1981): *Polibio, Historias V-XIV*, Madrid, Gredos.

Bandel, Fritz (1910): *Die Dictaturen der römischen Republik*, Breslau, Diss. 1910.

Bandy, Athanasius C. (1983): *Ioannes Lydus.* De Magistratibus Populi Romani. *On Powers or the Magistracies of the Roman State*, Philadelphia American Philosophical Society.

Barbati, Stefano (2018): "Dittatura e stato di necessità: il caso di Spurio Melio", en: Garofalo (ed.), II, pp. 233-367.

Beard, Mary (2012): *El triunfo romano. Una historia de Roma a través de la celebración de sus victorias*, Barcelona, Crítica.

Beck, Hans, et al. (2011): *Consuls and res publica : holding high office in the Roman Republic*, Cambridge University Press.

Bekker, Immanuel (1837): *Ioannes Lydus.* Corpus Scriptorum Historiae Byzantinae. Editio emendatior et copiosior, consilio B. G. Niebuhri C. F. Instituta, Auctoritate Academiae Litterarum Regiae Burussicae Continuata, Webe, Bonn 1837.

Bernhardt, Rainer: "Zwei Ehrenstatuen in Kaunos für *L. Licinius Murena* und seinen Sohn *Gaius.*" *Anadolou* 16, 1976, pp. 117-128.

Berthelet, Yann (2019): *Gouverner avec les dieux. Autorité, aspices et pouvoir, sous la République romaine et sous Auguste*, Paris, Le Belles Lettres.

Biscotti, Barbara (2018): "Memoria cívica e rappresentazione del potere. II dittatore e il cavallo", en: Garofalo (ed.), II, pp. 137-231.

Bodel, John (1999): "Death on Display: Looking at Roman Funerals", *Studies in the History of Art* 56, pp. 258-281.

Bouché-Leclercq, Auguste (1882), *Histoire de la divination dans l'Antiquité*, IV; Paris, Leroux.

Bouché-Leclercq, Auguste (1886): *Manuel des Institutions romaines*, Paris : Hachette.

Brennan, T. Corey (2023) : *The Fasces. A History of Ancient Rome's Most Dangerous Political Symbol*, Oxford University Press.

Broughton, T. Robert S. (1951 ss.): *The Magistrates of the Roman Republic*, I (1951), II (1952), suppl. (1960), New York, American Philological Association.

Bruna, Franciscus J. (1972): *Lex Rubria: Caesars Regelung für die richterlichen Kompetenzen der Munizipalmagistrate in Gallia Cisalpina*. Leiden, Brill.

Caimi, James (1984): *Burocrazia e diritto nel* De Magistratibus *di Giovanni Lido*, Milano: A. Giuffrè.

Cavaggioni, Francesca (2017), "Tito Livio e gli esordi della dittatura", en: Garofalo (ed.), I, 2017, pp. 1-40.

Cohen, David J. (1957): "The Origin of Roman Dictatorship", *Mnemosyne* 10, pp. 300-318.

Crawford, Michael H. (ed.): *Roman Statutes, I*, London, Institute of Classical Studies, University of London, 1996.

De Martino, Francesco (1972): *Storia della costituzione romana*[2], I, Napoli.

Del Valle Aramburu Córdoba, Romina (2020): *Historia e instituciones del Derecho Romano*, Buenos Aires: Editorial de la Universidad Nacional de La Plata.

D'Ors, Álvaro (1953): *Epigrafía Jurídica de la España Romana*, Madrid, CSIC.

D'Ors, Álvaro (1991): *Cicerón, La república*, Madrid, Gredos, 1991.

Di Napoli, Marta(2011): *Velii Longi De orthographia. Introduzione, testo critico e traduzione*, Hildesheim - Weidmann, 2011.

Duplá Ansuategui, Antonio (2005): "Imperialismo defensivo y guerra justa: de Theodor Mommsen a M. Walzer", en Martínez Pinna, Jorge (coordinador), *En el centenario de Theodor Mommsen (1817-1903)*, Málaga y Madrid, Universidad de Málaga; Real Academia de la Historia, pp. 219-237.

Ensslin, Wilhelm (1954), "*Praefectus praetorio*", en *RE*, XXII, cols. 2426-2502.

Escobar, Ángel (1999): *Cicerón: Sobre la adivinación. Sobre el destino. Timeo*, Madrid, Gredos.

Escobar, Ángel (1999): *Cicerón: Sobre la naturaleza de los dioses*, Madrid, Gredos.

Falcon, Marco (2018): "La dittatura romana nell'opera di Montesquieu", en: Garofalo (ed.), II, pp. 651-700.

Fenocchio, Marco A. (2017): "Plebità e dittatura: le relazioni nel primo secolo della repubblica romana", en: Garofalo (ed.), I, 2017, pp. 107-134.

Fercia, Riccardo (2017): "Profili giuridici e contenuti politici del rapporto tra *'coercitio'* del *'dictator'* e *'tribunicia intercessio'*", en: Garofalo (ed.), I, 2017, pp. 135-156.

Fezzi, Luca (2018): "La dittatura romana in Benjamin Constant", en: Garofalo (ed.), II, pp. 731-740.

France, Jérôme – Hurlet, Frédéric (2019): *Institutions romaines. Des origines aux Sévères*, Paris : Armand Colin.

Franchini, Lorenzo (2018): "Quinto Fabio Massimo", en: Garofalo (ed.), II, pp. 441-508.

Frederiksen, Martin W. (1964): "The *Lex Rubria*: Reconsiderations." *Journal of Roman Studies* 54, pp. 129-134.

Fusco, Stefania (2017): "Il *'dictator senatus legendi causa'*", en: Garofalo (ed.), I, pp. 343-356.

Gabba, Emilio (1996): *Dionigi e la storia di Roma arcaica*, Bari, 1996

Galeotti, Sara (2018): "'Sullanus senatus': l'assemblea dei *'patres'* nella *constitutio'* di Silla", en: Garofalo (ed.), II, pp. 569-604.

Garofalo, Luigi (ed.) (2017-2018) : *La dittatura romana*, Napoli: Jovene Editore. Vol. I, 2017. Vol. 2, 2018.

Gaudemet, Jean (1972): *Institutions de l'Antiquité*, Paris : Ed. Montchrestien.

Giumetti, Fausto (2017): "Prima che il gallo canti. A proposito della *'dictio'* del *'dictator'* tra diritto, antropologia e storia delle religioni", en: Garofalo (ed.), I, pp. 69-106.

González Fernández, Julián (1996): *Corpus de Inscripciones Latinas de Andalucía (=CILA), Vol. II.3, Sevilla. La campiña, Sevilla*, Junta de Andalucía.

Goupy, Marie - Rivière, Yann (dir.) (2022): *De la dictature à l'état d'exception*, Roma, 2022. Collection de l'École française de Rome – 601.

Guarino, Antonio (1994): "Il dittatore appiedato", *Labeo*, 25, pp. 7-15 (repr. *Pagine di diritto romano*, III, Napoli, 1994, pp. 128-137).

Guida, Giovanni (2018): "Silla e la riforma delle magistrature", en: Garofalo (ed.), II, pp. 605-649.

Guillén, José (1985): *Urbs Roma. Vida y costumbres de los romanos. III. Religión y ejército*, Salamanca, Ed. Sígueme.

Guillén, José (1986): *Urbs Roma. Vida y costumbres de los romanos. II. La vida pública*, Salamanca, Ed. Sígueme.

Guillén, José (1988): *Urbs Roma. Vida y costumbres de los romanos. I. La vida privada*, Salamanca, Ed. Sígueme.

Guillén, José (2009: *Urbs Roma. Vida y costumbres de los romanos. IV. Constitucion y desarrollo de la sociedad,* Salamanca, Ed. Sígueme.

Iso, José Javier (2002): *Cicerón, Sobre el orador*, Madrid, Gredos.

Johnson, Allan Chester - Coleman-Norton, Paul – *Card Bourne*, Frank - Pharr, Clyde (1961): *Ancient Roman statutes : a translation, with introduction, commentary, glossary, and index*, University of Texas Press, Austin.

Koortbojian, Michael (2020): *Crossing the* Pomerium. *The Boundaries of Political, Religious, and Military Institutions from Caesar to Constantine*, Princeton University Press.

Krüger, Pablo (1899), *Historia, fuentes y literatura del Derecho romano*, Madrid, La España Moderna. (Orig. Paul Krüger, G*eschichte der Quellen und Litteratur des römischen Rechts*, Leipzig : Duncker & Humblot, 1888).

Laffi, Umberto (1990): "Di nuovo sulla datazione del fragmentum Atestinum", *Athenaeum* 68, pp. 167-175.

Lintott, Andrew William (1972): "Provocatio. From the Struggle of the Orders to the Principate", *ANRW* I, 2, pp. 226-267.

Lintott, Andrew William (1999): *The Constitution of the Roman Republic.* Oxford: Clarendon Press.

Maas, Michael (1991): *John Lydus and the Roman Past. Antiquarianism and Politics in the Age of Justinian*, Routledge London/New York.

Magdelain, André (1964): "*Auspicia ad patres redeunt*"; *Hommages à Jean Bayet*, Collection Latomus, LXX, 1964, 427-473.

Magdelain, André (1964): "Note sur la loi curiate et les auspices des magistrats", *Revue d'Histoire du Droit*, 42, pp. 198-203.

Magdelain, André (1968): *Recherches sur l'imperium. La loi curiate et les auspices d'investiture*, Paris.

Magdelain, André (1968): "*Praetor maximus* et *Comitiatus maximus*", *Iura*, 20, pp. 257-286.

Magdelain, André (1990, repr. 2015): *Jus Imperium Auctoritas. Études de droit romain*, Roma, École française de Rome.

Maillet, Jean (1967): *Institutions Politiques et sociales de l'Antiquité*, Paris : Libraire Dalloz.

Malavé Osuna, Belén (2005): "Mommsen y la ciencia del Derecho público", en Martínez Pinna, Jorge (coord.), *En el centenario de Theodor Mommsen. Homenaje desde la Universidad española*, Málaga y Madrid, Universidad de Málaga; Real Academia de la Historia, pp. 171-177.

Marco Simón, Francisco (1996): *Flamen Dialis. El sacerdote de Júpiter en la religión romana*, Madrid, Ediciones Clásicas.

Marcos Casquero, Manuel-Antonio / Domínguez García, Avelino (2006): Aulo Gelio, Noches áticas, León, Universidad de León.

Martínez Pinna, Jorge (coordinador) (2005), *En el centenario de Theodor Mommsen. Homenaje desde la Universidad española*, Málaga y Madrid, Universidad de Málaga; Real Academia de la Historia.

Merotto, Maria Federica (2018): "La dittatura romana nel 'Contrat social' di J-J Rousseau", en: Garofalo (ed.), II, pp. 701-729.

Milani, Mattia (2018): "Anomalie nelle dittature tra il V il III secolo a. C.", en: Garofalo (ed.), II, pp. 369-439.

Milazzo, Antonino (2017): "Sul carattere 'straordinario' della magistratura del dittatore: alcune riflessioni su emergenza e periodicità nella sua nomina", en: Garofalo (ed.), I, pp. 231-256.

Miles, Gary B. (1995): *Livy. Reconstructing Early Rome*, Ithaca - London, 1995.

Momigliano, Arnaldo (1970²): s. v., "Lydus, Ioannes Laurentius", *The Oxford Classical Dictionary*, Clarendon Press, Oxford.

Mommsen, Theodor (1899): *Compendio de Derecho Público Romano*, La España Moderna, Madrid, sin fecha [¿1899?].

Mommsen, Theodor (2003): *Historia de Roma*, 5 libros en 4 volúmenes. Orig. 1856. Traducción española de A. García Moreno en 1886. Segunda edición española, revisada por L.A. Romero, Madrid, Editorial Turner, 2003.

Nicolet, Claude (1982): *Roma y la conquista del mundo mediterráneo, 264-27 a. de J.C. – vol. 1. Las estructuras de la Italia romana*, Barcelona, Labor.

Nicosia, Eleonora (2017): "L'espressione *'ut optima lege'* e la dictio-creatio del *dictator*", en: Garofalo (ed.), I, pp. 329-342.

Onida, Petro Paolo (2017): "Dittature e ruolo del popolo nel sistema costituzionale romano", en: Garofalo (ed.), I, pp. 157-182.

Pasquino, Paola (2018): "Il *'dictator*:' un magistrato 'irresponsabile'?", en: Garofalo (ed.), II, pp. 89-136.

Perea Yébenes, Sabino (2003), "El soldado romano, la ley militar y las cárceles *in castris*", en: S. Torallas Tovar - I. Pérez Martín (eds.), *Castigo y reclusión en el mundo antiguo*, Madrid, CSIC, pp. 115-152.

Perea Yébenes, Sabino (2004), "La transformación de la función y del "Rangordnung" del *cornicularius* en tiempos de Valentiniano I", en Y. Le Bohec et C. Wolff (eds.),

L'armée romaine de Dioclétien à Valentinien Ier (Lyon), Paris: De Boccard, pp. 451-472.

Perea Yébenes, Sabino (2005), "Pervivencia de las instituciones militares romanas en una enciclopedia orgánica del siglo VI: el *De Magistratibus* de Ioannes Lydus", en: G. Bravo y R. González Salinero (eds.), *Aportación romana a la formación de Europa: naciones, lenguas y culturas.* Madrid: Signifer, pp. 177-205.

Perea Yébenes, Sabino (2021), *Textos y documentos de la Hispania antigua. De Gerión a Diocleciano*, Madrid, Editorial Dilema.

Pereira-Menaut, Gerardo (2011): *La economía política de los romanos, III, Munera civitatium. La vida de la ciudad romana ideal*, Sevilla, Ediciones de la Universidad.

Pierik, Erin (2019), *Lictors in the Roman World.* (A thesis submitted in partial fulfilment of the requirements for the Master of Arts degree in Classics, The University of Western Ontario). Electronic Thesis and Dissertation Repository. 6128. https://ir.lib.uwo.ca/etd/6128

Procchi, Federico (2017): "Dittatura e *'provocatio ad populum'*", en: Garofalo (ed.), I, pp. 183-230.

Pulitanò, Francesca (2017): "Le funzioni del dittatore: riflessioni sulla prima pentade di Tito Livio", en: Garofalo (ed.), I, pp. 41-67.

Raaflaub, Kurt A. (1996): "Born ro be Wolves? Origins ofRoman Imperialism", en R. Wallace (ed.), *Transitions to Empire. Essays in Graeco-Roman History in Honour to E. Badian*, Oklahoma Univ. Press, pp. 273-314.

Richardson, John S. (1986): *Richardson's Hispaniae: Spain and the Development of Roman Imperialism, 218–82 B.C.* Cambridge University Press. (Traducción española: *Hispania y loso romanos*, Barcelona, Crítica, 1998).

Rivero Gracia, María Pilar (2006): Imperator Populi Romani. *Una aproximación al poder republicano*, Zaragoza: Institución Fernando el Católico.

Rivière, Yann (2022): "Dictature, *iustitium* et sénatus-consulte dit "ultime". Les sources anciennes et l'insaisissable "anomie" des modernes", en Goupy, Marie - Rivière, Yann (dir.) (2022): *De la dictature à l'état d'exception*, Roma, 2022. Collection de l'École française de Rome – 601, pp. 21-36.

Rossetti, Giulietta (2018): "Sulla genesi della dittatura di Silla", en: Garofalo (ed.), II, pp. 537-568.

Rotondi, Giovanni (1962): *Leges Publicae Populi Romani. Elenco cronologico con una introduzione sull'attività legislativa dei comizi romani*, Milano 1912 (repr. Hildesheim, G. Olms, 1962).

Rüpke, Jörg (1990): *Domi militiae. Die religiöse Konstruction des Krieges in Rom*, Stuttgart, Franz Steiner Verlag.

Salomone, Annamaria (2017): "*'Justitium'* e sospensione della 'iurisdictio'" en: Garofalo (ed.), I, pp. 257-288.

Schäfer, Thomas (1989): *Imperii insignia: Sella Curulis und Fasces. Zur Repräsentation römischer Magistrate*, Mainz, Philipp von Zabern.

Schiavon, Alvise (2018): "Hannah Arendt e la dittatura romana", en: Garofalo (ed.), II, pp. 741-766.

Signorini, Roberto (2017): "La *'lex vetusta'* di Liv. 7.3.5 e il dittatore 'clavi figendi causa'", en: Garofalo (ed.), I, 2017, pp. 357-379.

Silla, Francesco Maria (2017): "Violenza, potere e forme giuridiche. I cd. 'senatusconsulta ultima'. Casistica", en: Garofalo (ed.), I, pp. 289-328.

Spina, Alessia (2018): "203-82 a. C.: un secolo senza dittatura", en: Garofalo (ed.), II, pp. 509-535.

Staveley, E. Stuart (1963): "The *Fasces* and *Imperium Maius.*" *Historia: Zeitschrift Für Alte Geschichte* 12 (4), pp. 458-484.

Stein, Ernest (1992): *Untersuchungen über das Officium der Prätorianerpräfektur seit Diocletian.* Viena. Rikola. (Repr. Amsterdam 1962, con prefacio y correcciones de J. R. Palanque).

Sumi, Geoffrey S. (2002): "Impersonating the Dead: Mimes at Roman Funerals." *The American Journal of Philology* 123, pp. 559-585.

Sumner, G. V. (1963): *"Lex Aelia, Lex Fufia", The American Journal of Philology* 84, pp. 337-358.

Torres-González, Víctor A. (2024): "*Legibus suis et suo iure utentes*: las magistraturas epicóricas de los *municipia antiquissima* del Lacio", *Lucentum*, 43, 2024, pp. 257-274.

Triggiano, Annalisa (2017): "L'*abdicatio* del *dictator*", en: Garofalo (ed.), I, pp. 381-425.

Tsirpanlis, C. N. (1974): "John Lydus and the Imperial Administration", *Byzantion* 44, pp. 479-501.

Valditara, Giuseppe (1988): "Perché il 'dictator' non poteva montare a cavallo", *SDHI*, 54, pp. 226-238.

Valditara, Giuseppe (1989): *Studi sul 'magister populi'. Dagli ausiliari militari del 'rex' ai primi magistrati repubblicani*, Milano: Giuffrè, 1989.

Villar Vidal, José Antonio (1990-1995): *Tito Livio: Historia de Roma desde su fundación*, Madrid, Gredos.

Villar Vidal, José Antonio (1995): *Tito Livio: Periocas. Periocas de Oxirrinco. Julio Obsecuente, Libro de los prodigios*, Madrid, Gredos.

Wanscher, Ole (1980): Sella curulis. *The folding stool. An ancient symbol of dignity*, Copenhagen, Rosenkilde and Bagger.

Willems, Pierre (1883): *Droit public romain ou les institutions politiques de Rome depuis l'origine de la Ville jusqu'à Justinien*, Louvain.

Wilson, Mark B. (2021): *Dictator: the evolution of the Roman dictatorship*, Ann Arbor, Michigan: University of Michigan Press.

Zini, Alberto (2018): "Il *'dictator'* e il *'magister populi'*", en: Garofalo (ed.), II, pp. 1-87.

COMENTARIOS AL CAPÍTULO I. MAGISTRATURA Y PODERES DE LOS MAGISTRADOS

I. Magistratura y poderes de los magistrados

[Ad. §1. La percepción del Derecho público en Roma]

Ya en estas primeras páginas del *Staatsrecht* (Leyes del Estado, o Derecho Público), Mommsen expresa su idea de la diarquía (poder de dos) en Roma: lo que denomina genéricamente el Consejo ciudadano (*Stadt*) y la Asamblea popular (*Volk*), instituciones de las que luego trata ampliamente en su obra. Específicamente se trataría, por una parte del Senado, y por otra de los Comicios, idea que siempre permanece en sistema de gobierno romano, al menos claramente equilibrado durante la República y que tiene expresión en el conocido acrónimo SPQR, *Senatus Populusque Romanus*.

[Ad notam 1]: A propósito de la diferencia entre el Derecho Público y el Privado, el texto citado en las primeras líneas, de Ulpiano (*Dig.* 1, 1, 1), dice: "Conviene que el que ha de dedicarse al derecho conozca primeramente de dónde deriva el término *ius* < o derecho>. Es llamado así por derivar de "justicia", pues, como elegantemente define Celso, el derecho es la técnica de lo bueno y de lo justo (*Iuri operam daturum prius nosse oportet, unde nomen iuris descendat. Est autem a iustitia appellatum: nam, ut eleganter celsus definit, ius est ars boni et aequi*). En razón de lo cual se nos puede llamar sacerdotes; en efecto, rendimos culto a la justicia y profesamos el saber de lo bueno y de lo justo, separando lo justo de lo injusto, discerniendo lo lícito de lo ilícito, anhelando hacer buenos a los hombres, no sólo por el temor de los castigos, sino también por el estímulo de los premios,

dedicados, si no yerro, a una verdadera y no simulada filosofía. Dos son las posiciones en este estudio: el público y el privado. Es derecho público el que respecta al estado de la república, privado el que respecta a la utilidad de los particulares, pues hay cosas de utilidad pública y otras de utilidad privada. El derecho público consiste en el ordenamiento religioso, de los sacerdotes y de los magistrados. El derecho privado es tripartito, pues está compuesto por los preceptos naturales, de gentes y civiles (*Huius studii duae sunt positiones, publicum et privatum. Publicum ius est quod ad statum rei romanae spectat, privatum quod ad singulorum utilitatem: sunt enim quaedam publice utilia, quaedam privatim. Publicum ius in sacris, in sacerdotibus, in magistratibus constitit. Privatum ius tripertitum est: collectum etenim est ex naturalibus praeceptis aut gentium aut civilibus*)".

[Ad. §2. Los poderes generales de los magistrados y las diferentes magistraturas]

Habla aquí del equilibrio de poderes entre las decisiones de los magistrados y el poder conferido por el Pueblo (*populus*). A todas luces es excesiva, a ojos actuales, la frase lapidaria de Mommsen: "*populus* ist der Staat" (*Römisches Staatsrecht*, III^{3}.1, 1887, p. 3), lo que se contradice con los conceptos, contrapuestos, pero complementarios, de pueblo, senado y magistrados, desarrollados por el propio Mommsen. Por otra parte, los conceptos "Estado" y "Pueblo" no pueden equipararse a nuestra época, como tampoco el término magistrado. El sistema de elección de la delegación de las representación políticas diferente a los romanos. En ONIDA, 2017, pp. 164-169, que puede condensarse en estas ideas (ibídem, p. 164, que traducimos): "La afirmación de Mommsen relativa al tribunado puede hacerse extensiva también a la dictadura, en el sentido de que la gran reconstrucción "estatalista" llevada a cabo por el ilustre estudioso condujo a la "liquidación" también de esta última magistratura. La anulación del papel de las asambleas populares, junto con la consideración de los magistrados como representantes del Estado en sentido abstracto, terminó precisamente por allanar también las características específicas y democráticas de la dictadura, llevando a descuidar la articulación de los procesos de voluntad en las relaciones entre el pueblo romano y sus magistrados o alterar la dinámica de estas relaciones. Especular con la reducción del papel ejercido por el magistrado a representante del pueblo es otro gran concepto a desmontar: el de la importancia del papel de las ciudades y las asambleas populares dentro del Imperio Romano. Ciertamente Mommsen tuvo una feliz intuición cuando, en el *Römisches Staatsrecht*, define el Imperio Romano como una "red de ciudades", pero esa misma intuición está, por así decirlo, anestesiada por su reconciliación con la lógica "estatalista" y no con la idea opuesta de una organización política asociativo-federal". Sobre la dialéctica *populus vs* Estado, cf. Onida, 2017, 178-182, con bibliografía importante previa.

[Ad. §3. Materias]

En estas primeras páginas del *Staatsrecht*, Mommsen anuncia el plan de la primera parte (tomo primero) de su obra, que en el presente libro no damos al completo. El tratado general sobre las magistraturas, el autor trata, a continuación de los capítulos dedicados a los *auspicia* y al *imperium*, otros temas, en sucesivos largos capítulos, que él mismo anuncia aquí (*Staatsrecht*, I, p. 61): "el derecho de coacción, de la jurisdicción penal, administrativa y civil, al derecho de actuar con el pueblo y de actuar con el Senado, al derecho de nombrar sucesores, colegas y auxiliares, al derecho general de representar al pueblo en términos políticos y económicos; luego, desde el punto de vista negativo, al derecho de prohibir o anular el acto realizado por otro magistrado en virtud de sus facultades. Luego vendrán los emolumentos asignados a la magistratura, el consejo de magistrados, su séquito y sus insignias, los honores concedidos a los que han sido magistrados o que ficticiamente se tiene por haberlo sido. Iremos más allá al estudio de las condiciones de capacidad requeridas para ser magistrado, el inicio de las funciones y su término. Y terminaremos esta parte general con la teoría de la responsabilidad de los magistrados y la de su representación".

II. MAGISTRADOS. PRO MAGISTRADOS. *IMPERIUM*. *POTESTAS*

[Ad. §.1 Definición de la magistratura: elección popular]

Mommsen define aquí en las primeras líneas lo que, para él es, esencialmente un magistrado. "El término *magistratus* –indica– es, en sentido propio, sólo la expresión abstracta correspondiente a la palabra concreta *magister*, y se confunde originariamente con ella" (magistratus, *eigentlich das Abstractum zu dem concreten* magister, *damit ursprünglich zusammenfällt*). Y *magister* es el individuo que, entre los miembros de una ciudad o de una corporación originariamente iguales entre sí en derecho, ha llegado a ser más alto y más poderoso (magister, *das ist derjenige, der unter den von Haus aus gleichberechtigten Genossen einer Burger oder Körperschaft der höhere und mächtigere geworden ist*)[1]. Y su poder consiste, como dice el propio Mommsen al principio de su capítulo dedicado a los auspicios, "en el derecho de realizar, en nombre de la ciudad, los actos que conciernen tanto a los dioses como a los hombres" (*Die Gewalt des Beamten ist die Befugniss als Vertreter der Gemiende deren Geschäfte sowohl gegeüber den Göttern wie gegenüber den Menschen zu vollziehen*)[2], es decir, las *res humanae* y las *res divinae*.

Este poder le viene dado al magistrado por elección popular, directa o indirectamente. Lo recuerda Cicerón en su libro *De republica*, que es una guía extraordinaria para conocer aspectos de la Constitución romana.

> *et talis est quaeque res publica, qualis eius aut natura aut voluntas qui illam regit; Itaque nulla alia in civitate, nisi in qua populi potestas summa est, ullum domicilium libertas habet ... Ferunt enim suffragia, mandant inperia magistratus, ambiuntur, rogantur, sed ea dant [magis] quae etiamsi nolint danda sint...*

[1] *Staatsrecht*, I, 1887 (Dritte Auflage), p. 8.
[2] *Staatsrecht*, I, 1887 (Dritte Auflage), p. 76.

cada república (cada Estado) es según la naturaleza o la voluntad del que la gobierna; así, no encuentra acogida la libertad en ninguna otra forma de ciudad que no sea aquella en la que la potestad suprema es del pueblo, y, ciertamente, ninguna más agradable que ella puede haber, pues, si no es justa, tampoco hay libertad... En ellas los ciudadanos votan, nombran a los magistrados con mando supremo, participan en las elecciones y en la votación de las leyes... (Cic. *De rep.* 1, 47, traducción de A., D'Ors)

Pero como indica el propio Cicerón, *De rep.*, II, 57, los magistrados son solo una parte del "equilibrio basado en el Derecho" que ha de tener el Estado ideal, "de deber y poder, de suerte que los magistrados tengan la suficiente potestad, el senado tenga la suficiente autoridad, y el pueblo tenga la suficiente libertad" (*nisi aequabilis haec in civitate conpensatio sit et iuris et officii et muneris, ut et potestatis satis in magistratibus et auctoritatis in principum consilio et libertatis in populo sit, non posse hunc incommutabilem rei publicae conservari statum*).

Los magistrados son elegidos, mediante votación y siguiendo la normativa constitucional, para un periodo determinado, de un año (excepto los censores, los encargados del censo cívico, que lo son por un lustro). Si han pasado los auspicios en el momento de su nombramiento, y no hay defecto (*vitium*) en el procedimiento, no pueden ser destituidos hasta que expire su mandato. Su mandato no está retribuido, salvo por premio que es el honor de ejercerlo. Son responsables ante el pueblo y ante los *patres* del senado.

[Ad. §. 2. Magistraturas que datan de la época de los reyes]

De la época regia se considera magistrado al propio *rex*, y al *interrex*, y Mommsen incluye al dictador (*Darum werden als Magistrate sowohl der König selbst betrachtet wie der Zwischenkönig un der Dictator, das heisst der auf Zeit bestellte König*), aun cuando el primer dictador se documenta en el 501 a.C. Interesa ahora precisar algo con respecto al *interrex*. Salvo que un rey fuese asesinado, el imperio del rey es vitalicio. Lo más probable es que, en vida, designase a un sucesor, que no necesariamente debía ser un familiar –no es una monarquía hereditaria–, pero si esta designación no se hizo, por cualquier razón, el sucesor debía ser elegido por el pueblo y el consejo de ancianos. Para tal misión transitoria, que debía durar no más de cinco días, como norma general, se nombraba a un *interrex*, un magistrado que ostenta el poder "entre un rey y otro", como su denominación indica. Era éste el encargado de consultar a los *patres* y a las curias populares. Lo habitual es que el senado propusiera a un candidato, que debía ser corroborado por votación popular en las asambleas (*comitia*): Liv. 1, 16, 5 - 1, 18, 10; Cic. *De rep.* 2, 25: "*Patribus auctoribus*" (a propósito de la elección de Tulo Hostilio). Tras la elección se procede a los auspicios; si son favorables (*inauguratio regis*) se comunica al senado y a las asambleas (Dionisio, 2, 60; Livio, 6, 42). Este rey *in pectore* aún no posee el *imperium*, hasta que, por medio de una *lex rogata de imperio suo* (Cic. *De leg.* 2, 13 y 17-21) que debía ser ratificada por votación del senado y de los comicios populares.

Desparecidos los reyes, en época republicana no se eliminó de la constitución la figura del *interrex*, que conservó este nombre arcaico; se utilizaba para solucionar los problemas de sucesión de los cónsules cuando alguno de ellos moría en la guerra o existía un *vitium* en el procedimiento de designación. Era, igual que en época regia, una magistratura, o pseudo-magistratura, transitoria, coyuntural[3]. Los motivos por los que en época republicana puede nombrarse a un *interrex* los expone Cicerón, *Pro domo*, 38; *De leg. agr.* 3, 5.

[Ad. §3. Definición de la promagistratura: poderes ejercidos por representación]

El hombre que aparece en las fuentes designado como *pro magistratu* está investido, sin ser un magistrado propiamente dicho, de la potestad de un magistrado. Esa *potestas* no puede ejercerla nunca *domi*, dentro del *pomerium*, sino *militiae*, es decir, fuera del pomerio, y en la guerra. Vienen a suplir la falta de un magistrado titular *cum imperio* (cónsul, pretor o cuestor) por causa extraordinaria, como

[3] Sobre el tema, GUILLÉN, II, 1986, pp. 21, 38.

puede ser la muerte de uno de ellos. Su elección por vía de urgencia se hace mediante un decreto del senado, un *senatus consultum*[4]. Los tres tipos de pro magistrados, que hacen las veces de magistrados, son los procónsules, los propretores y los procuestores.

[Ad. §4. Promagistratura en sentido amplio: funciones ejercidas fuera de la ciudad]

Las causas de las suplencias y el mecanismo de transmisión de poder a un no magistrado pueden ser varias y complejas. Entre las posibilidades más comunes: la suplencia por fallecimiento del magistrado que, estando en campaña, debe ser reemplazado. Una segunda, consiste en extender los poderes propios de una magistratura mayor a alguien que ostenta una magistratura menor; o, en fin, una tercera posibilidad, que consiste en dar un particular que no ha ejercido magistratura alguna previa, y por razones de prestigio personal, un rango de pro magistrado para que actúe con potestad consular, pretoria o cuestoria, esto es, *cum imperio*, y por tanto con la posibilidad de conducir ejércitos en misiones militares específicas, incluidas las provincias.

Estas circunstancias se modificaron con la reforma constitucional de Sila, y más tarde, la *lex Pompeia de provinciis*, del año 52 a.C. (citada por Dion 40, 56; Cicerón, *Ad Att.* VIII, 3, 3; comentario: Rotondi, 1962, p. 411), prohibía la prórroga del periodo de mando de las promagistraturas (Dion 40, 40 y 56), y también estableció que tales cargos no se concedieran sino a aquellos ex magistrados que hubiesen dejado su último periodo de mandato cinco años antes. Sobre la *lex de provinciis praetoriis,* Crawford (ed.), 1996, pp. 293-300.

[*Ad notam* 32] En esta importante nota, Mommsen advierte la irregularidad de la partida para la guerra de Escipión con el defecto de forma de no haber tomado en el momento adecuado los auspicios en Roma. Para los auspicios, y para la entrada en funciones de

[4] *El senatus consultum ultimum* es un recurso legal de urgencia para solucionar problemas inesperados que requieren ser atendidos, especialmente los relacionados con la guerra. Sobre el tema, véase ahora: Rivière, 2022.

cualquier otra institución o magistratura romana, es esencial el PROCEDIMIENTO, cuyo desarrollo fuera de las normas del *ius*, convierten ilegítimo el nombramiento, o la sucesión en el puesto. Respetar el procedimiento es la regla de oro de todo Estado constitucional que respeta sus instituciones, pues el procedimiento es garantía, en el Derecho Público, de protección jurídica tanto a los magistrados, con respecto a su autoridad y legitimidad como representantes del pueblo, como al pueblo mismo. Así lo asegura en dicha nota Mommsen (orig. *Staatsrecht*, I (3 ed.), p. 15, n. 1: "Natürlich konnten Comitien beschliessen, dass Scipio, ohne Magistrat zu sein, die Auspicien auf dem Capitol einholen oder such ohne Auspicien zum Heer abgehen soll; eben wie sie auch die Auspicien granz hätten abschaffen können. *Aber dass sie von diesen Recht Gebrauch machten, war das Ende der Republik; wie denn immer die Demokratie sicht dadurch vernichtet hat, dass sie die Consequenzen ihres Princips durchfürhrt*".

[Ad §5. Combinación de la magistratura y de la promagistratura]

El propio carácter "oportunista" del nombramiento de los promagistrados, para circunstancias de relevo especial, o de refuerzo, permite que, en determinadas circunstancias, puedan coincidir magistrados y promagistrados. Así, en el transcurso de la Segunda Guerra Púnica, se sobrepasaron algunas reglas elementales de la Constitución con respecto al nombramiento de magistrados y promagistrados. Así, en 217 a.C. se otorgó al *magister equitum* M. Minucio Rufo un poder igual al del dictador (Polibio, 3, 106, 106; Livio, 22, 25; Plutarco, *Fab.* 9), lo que le convirtió en una especie de pro-dictador. En el año 215 a.C. se prorrogaron los poderes pretorios de M. Marcelo, pero con la forma de *imperium* proconsular (Livio, 23, 30), y luego este fue nombrado procónsul mediante una *lex curiata*, por tanto sin investidura (Festo, p. 352). En 211 a.C. es enviado a Hispania, con poderes proconsulares, el joven P. Escipión, que era un simple particular (Livio 26, 18 y 28, 43).

[Ad §6. La desaparición de la promagistratura durante el Principado]

En época imperial perviven los nombres de las magistraturas y de las pro magistraturas republicanas, pero pierden el sentido que tenían, pues el sentido que tenían (es decir, el régimen de prórrogas de los periodos legales aplicados a los magistrados regulares) decayó con la citada ley del 52 a.C.

A partir de Augusto, el *princeps*, y los emperadores, tomaron para sí el *imperium* proconsular y el emperador asigna a sus legados, del *ordo senatorius*, el título de propretores *–leg. Augusti propraetore–* que son los gobernadores de las provincias administradas por el emperador. En época imperial, los procónsules gobiernan las provincias senatoriales que son, paradójicamente, las menos conflictivas y sin guarnición militar –inermes– de modo que el procónsul republicano (hasta Sila) y el procónsul de época imperial tienen funciones opuestas en una u otra época. El procónsul de época imperial hace las veces de un cónsul de época post-silana, es decir, un funcionario de la administración civil.

[Ad §7. Magistratus populi y magistratus plebis*]*

Festo (*Epit.*, p. 126) recuerda la etimología de *magister* y de *magistratus*, que derivan de *magis* ("grande", "mayor que"): *Magistri... dicuntur quia omnes hi magis ceteris possunt; unde et magistratus, qui per imperia potentiores sunt quam privati.* Por tanto los funcionarios de la plebe no son magistrados aunque así se les denomine con sentido impropio. Así, el tribunado de la plebe no era, originariamente, una magistratura, sino una función especial ejercida por los plebeyos y creada por una *lex sacrata* del año 494 a.C. y el plebiscito del año 492 a.C., que establecieron las competencias de los tribunos de la plebe y las características "sacras" inherentes a su persona, aunque se presentaban como un seguro de auxilio a la plebe frente a los abusos del patriciado. La más llamativa de estas prerrogativas de los *tribuni plebis* (en griego, δήμαρχοι) es la inviolabilidad de su persona, una singular *sacrosancta potestas* exclusiva y garantizada.

En Derecho romano, los términos *plebs* (plebe) y *populus* (pueblo) no son sinónimos. Lo indica el jurista Gayo, Inst. 1, 2: *Plebs autem a populo eo distat, quod populi appellatione universi cives significantur connumeratis etiam patriciis; plebis autem appellatione sine patriciis ceteri cives significantur* ("La diferencia entre pueblo y plebe estriba en que con la denominación pueblo quedan expresados todos los ciudadanos con lo que quedan también incluidos los patricios, mientras que con la denominación plebe se alude a los ciudadanos con exclusión de los patricios").

[Ad §8. Magistrados municipales]

Diversas fuentes latinas se han referido, intentando definirlos, a los *municipes*, los que viven en los municipio (Varrón, *L.L.* 5, 179; Aulo Gelio, 16, 13,6; Ulpiano en *Dig.* 50, 1, 1 pr.1.), o, como indica Festo, siguiendo a Elio Galo, *municeps est qui in municipio liber natus est.* Pero pero el texto más explícito es el texto de Paulo Festo, que alude a la condición jurídica de los *municipes* y el *municipium.*

> Se usa el término *municipium* para indicar aquella categoría de individuos que, si se trasladaban a Roma, no siendo ciudadanos romanos, participaban, sin embargo, junto con los ciudadanos romanos, en todas las funciones pertinentes al ejercicio de los *munera*, excepción hecha del derecho a voto y del ejercicio de las magistraturas (...) En una tercera acepción (se usa el término *municipium*) para definir aquella categoría de individuos que han entrado en la ciudadanía romana de tal manera que toda ciudad o colonia ha tenido su municipio.
> (Festo, p. 155L. Tomado de Pereira Menaut, 2011, p. 103)

La colonias y municipios romanos eran gobernados por varios magistrados locales, dunviros (*duoviri*) o cuatorviros, dos edites, y un cuestor encargado de los asuntos económicos. En algunas ocasiones se añadía a la gestión un prefecto *iure dicundo*, para asuntos jurídicos, y en casos especiales se encuentra un *curator civitatis.*

El funcionamiento de las magistraturas, en Italia y en las provincias, se debe a una *Lex Iulia Municipalis*, de los últimos años de Julio César, conocida en parte por la *Tabula Heracleensis*[5]. Sirvan como ejemplo de legislación municipal –documentada por la epigrafía– varios parágrafos (20-22) de la citada *tabula* con algunas cuestiones legales concernientes a los magistrados y senadores en las comunidades itálicas:

> 20. No es intención de esta ley impedir que los escribanos y copistas que asisten a los magistrados utilicen las áreas públicas para efectos de dicha asistencia, dondequiera que el magistrado ordene sus servicios.
>
> 21. Si los censores asignan ciertas áreas a esclavos públicos para vivienda o para uso, no es la intención de esta ley impedir tal uso de estas áreas.
>
> 22. Las personas que ejerzan cargos en municipios, colonias, prefecturas, mercados o lugares de reunión de ciudadanos romanos, ya sean duunviros, cuatorviros o aquellos que bajo cualquier otro título ostenten facultades magisteriales por el voto de los ciudadanos de dichas comunidades, no podrán nombrar, sustituir, cooptar o hacer nombrar decuriones o conscriptos en el Senado a cualquiera de tales comunidades, excepto en lugar de un senador fallecido o condenado, o que admita que no está habilitado por esta ley para serlo, un decurión o un conscripto en esa comunidad.
>
> (Tomado de JOHNSON, COLEMAN-NORTON, *et alii*, 1961, pp. 93-97, n.º 113)

[Ad §9. Magistratus patricii, plebeii*]*

La reflexión de Mommsen en este punto indica la convergencia –en sentido general- de patricios y plebeyos en el sentido de hombres de ambos estamentos pueden ser llamados *magistraus*, aun cuando algunas magistraturas están reservadas a los plebeyos, como el tribunado de la plebe, y cuando las fuentes indudablemente hablan

[5] Texto latino crítico: CIL I², 593 ILS 6085 = FIRA I² nº 13. CRAWFORD (ed.), 1996, Law 24 (pp. 355-391).

de *patricii magistratus* o *plebeii magistratus*, en un claro intento de diferenciarlos, en las citadas fuentes, Livio, 3, 39, 9 ; 4, 8, 5; 6, 8, 37; 6, 41, 5; 8, 33, 3 ; etc.

[Ad §10. Magistrados curules]

La "insignia" o símbolo de magistrado curul es la llamada *sella curulis* en la que el magistrado *cum imperio* tomaba asiento. Se trata de una silla baja, modesta, en absoluto ostentosa, pero que posee gran simbología por lo que representa con respecto al poder, al igual que lo es el hacerse acompañar por *lictores* y fasces (SCHEFFER, 1989, *passim*; WILSON, 2021, pp. 184-188). Este tipo de asiento choca inevitablemente con la idea del trono regio que tiene de los tronos reales en el Oriente (por ejemplo en la Persia antigua) o en tiempos medievales.

La silla era plegable, de modo que podía ser fácilmente transportada por los magistrados, o sus auxiliares (*apparitores*), de un sitio a otro: Tito Livio, 1, 8: *Me haud paenitet illis auctoribus assentiri, quibus et apparitores hoc genus ab Etruscis finitimis, unde sella curulis, unde toga praetexta sumpta est...* Su uso procede de época de los reyes latino-etruscos que rigieron Roma durante siglos[6], de modo que este humilde asiento era el "trono regio" cuando el *rex* actuaba como magistrado del pueblo, y es símbolo de dignidad (WANSCHER, 1980, *The folding stool. An ancient symbol of dignity*). Y del mismo modo esta es la silla donde se sientan los emperadores romanos en los actos oficiales donde actúan como *magistratus*.

[6] Los símbolos de la realeza son de origen etrusco: la *sella curulis*, la toga *picta* (tintada de color púrpura o blanca con un ribete púrpura), la túnica *palmata*, con un bordado con forma de palma (Dionisio, 3, 61), y el *mulleus* (Dion, 43, 43). Este último símbolo consiste en el tipo de calzado: un tipo de bota de color rojo o violeta.

Dupondio de época imperial. Magistrado sentado en la silla curul.
Leyenda: CONSENSV. SENAT. ET EQ. ORDIN P. Q. R.
"Con la aprobación del Senado, del Orden Ecuestre y del Pueblo Romano"

[Ad §11. Magistrados mayores y menores]

Para aclarar las competencias de los magistrados, sus poderes, sistema de elección, etc., creemos conveniente proporcionar al lector el siguiente esquema general sobre las magistraturas romanas[7].

De éstas son magistraturas regulares: consulado, pretura, ediles, cuestura, tribunado militar, decenvirato *stilibus iudicandis*. En esta lista se omite la magistratura "coyuntural" del *interrex*, ni las magistraturas extraordinarias como los *IIIvir agris dandis adsignandis*, o el triunvirato *especial rei publicae constituenda* del año 43.

Todas las fechas citadas son a.C.

---

[7] Adaptado de NICOLET, 1982, pp. 358-361, con leves modificaciones y varios añadidos.

Magistratura: DICTADURA

Origen: Aparecida en 501. Véase cuadro cronológico de dictadores. La de Sila en 82 es constituyente.

Duración: Ordinaria: la más común, *belli gerendi* (o *gerundae*) *causa* para seis meses como máximo. Para casos especiales, como "fijar el clavo en el Capitolio", solamente de unos días. La constituyente de Sila, duró dos años, hasta que éste abdicó. La de César: anual para los años 46 y 45; perpetua en el 44, hasta el momento de su muerte ese mismo año.

Poderes y ornamento: Auspicios mayores: *imperium domi* y *militiae*. 24 fasces. Poderes superiores a los de cualquier otra magistratura. Característica o privilegio especial: no se puede ejercer la *provocatio ad populum* contra el dictador.

Competencias: 1) Generales: guerra o rebelión. 2) Especiales: religiosas (clavo en el Capitolio); electoral (presidencia de los Comicios); para completar el Senado (en 216); 3) Constituyente (excepcional, el caso de Sila).

Designación: Nombrado por un cónsul (por orden del Senado). En el 217, por elección (Livio 22, 8 y 31). En el 82, Sila designado por una ley votada a propuesta de un *interrex* (Apiano, *B.C.* I, 459). En el 49, César nombrado por un pretor y luego por los cónsules.

Condiciones o cualificaciones: Consular.

Edad mínima requerid: No se exige.

Número: Unipersonal, ayudado por el magister *equitum* (jefe de la caballería), excepto en 217.

Investidura: Lex de imperio, propuesta por él mismo, votada por los Comicios curiados.

Personal auxiliar: 24 *lictores.*

Magistratura: MAGISTER EQUITUM

Origen: Desde el 501, junto con la dictadura.

Duración: Vinculada al tiempo de la dictadura asociada.

Poderes u ornamento: -

Competencias: Militares: auxiliar al dictador en la guerra o para sofocar una rebelión.

Designación: Propuesto por el dictador.

Condiciones o cualificaciones: Experiencia militar, caballería.

Edad mínima requerida: No se exige.

Número: Uno

Investidura: -

Personal auxiliar: 6 lictores.

Magistratura: CONSULADO

Origen: ¿509? De origen patricio, abierto a los plebeyos y organizado en 366 como fecha más probable.

Duración: Un año. Hacia/desde el año 225 los cónsules entran en funciones el 1 de marzo. A partir del 154, entrada en funciones el 1 de enero.

Poderes u ornamento: Auspicios mayores *domi* y *militiae* hasta el año 80. Lleva 12 fasces. Derecho de actuar con el pueblo, de informar al Senado. Los cónsules están sometidos a la *provocatio.*

Competencias: Generales y superiores. Militares (hasta el 80), y políticas. Jurisdiccionales (*militiae*). Suspensión de derecho de *provocatio* contra él gracias a un senadoconsulto *ultimum* desde el año 121.

Designación: Elegidos por los Comicios centuriados presididos por el cónsul o por un dictador, pero no por un pretor (cf. Aulo Gelio, XIII, 15; Cic. *Ad Att.* 9, 9, 9).

Condiciones o cualificaciones: Pretorianos (desde el 197 con seguridad, según Asconio, 25). Uno de los dos cónsules debe ser patricio, hasta el año 172.

Edad mínima requerida: 42 años como mínimo, desde el 180.

Número: 2. Excepcionalmente uno (en el 52, Pompeyo, *consul sine collega*). Mensualmente, alternancia de los fasces: el primero elegido los tenía el 1 de enero.

Investidura: Lex de imperio curiata, propuesta por él mismo.

Personal auxiliar: 12 *lictores* + pregoneros o heraldos (*praecones*) y *viatores.*

Magistratura: CENSURA

Origen: Creada en 443. Interrumpida desde el 86 al 70. Prohibición de la repetición poco después del 265 (Val. Max. 4, 1, 3).

Duración: Quinquenal. Duración de los poderes: 18 meses desde el 312.

Poderes u ornamento: Auspicios mayores, pero sin relación con los cónsules y los pretores. Tiene *potestas*, pero sin *imperium*. Jurisdicción sobre algunas cuestiones financieras. Derecho de imponer multas. No tiene derecho a apoyarse en las asambleas populares, ni obligación de informar al Senado.

Competencias: 1) *Census*: censo, elaboración de las listas de los ciudadanos, con la evaluación de sus fortunas. 2) *Lectio* del Senado, examen de las fortunas del orden ecuestre para su posible promoción. 3) *Cura morum,* examen de las costumbres; puede imponer sanciones eventualmente. 4) Gestión del patrimonio del Estado: mantenimiento de infraestructuras y construcciones; adjudicación (*locatio*) de los aprovisionamientos y los ingresos públicos.

Designación: Elección popular por los Comicios centuriados presididos por un cónsul.

Condiciones o cualificaciones: Consulares (salvo en el 51). En general, uno de los dos es patricio.

Edad mínima requerida: 44 años como mínimo, y preferiblemente más.

Número: 2.

Investidura: *Lex de imperio* centuriada, propuesta por los cónsules.

Personal auxiliar: Sin *lictores*. Sí *praecones*, *scribae* y *iuratores*.

Magistratura: PRETURA

Origen: 1 pretor urbano en el 366; 1 pretor peregrino en el 242. Hacia el 230: 2 pretores para Cerdeña y Sicilia. En 197: pretor para Hispania. En 180: un sexto pretor. En 123: 1 pretor *repetundarum*. En el 80: 8 pretores. En tiempo de César: 10, luego 14, luego 16.

Duración: 1 año.

Poderes u ornamento: Auspicios mayores *imperium militiae* (hasta el 80), y *domi*. Tiene 6 (o 2) fasces. Jurisdicción civil (y, después del 49, presidencia de los jurados criminales). Derecho de promulgar un edicto. Derecho de actuar con el pueblo, de informar al Senado.

Competencias: Hasta Sila, competencia judicial y política en Roma, mando de los ejércitos, gobierno de las provincias en el mismo año. Después de Sila: competencia exclusivamente judicial en Roma durante el año en el que se desempeña el cargo. Al año siguiente, ejerce como propretor en una provincia. A partir del 80, cada pretor preside un jurado especializado (asignación por sorteo).

Designación: Elegidos por los comicios centuriados presididos por un cónsul.

Condiciones o cualificaciones: Haber desempeñado la cuestura (al menos desde la *lex Cornelia* del 80).

Edad mínima requerida: 39 años (desde el 180).

Número: 2, 4, 6, finalmente 8 (desde el 80).

Investidura: Lex de imperio, curiada, propuesta por el mismo.

Personal auxiliar: 2 *lictores* en Roma; 6 en provincias. *Praecones*, *viatores*, prefectos delegados (para la justicia); jurados (para constituir los tribunales); escribas.

Magistratura: EDILES

Origen: 2 ediles plebeyos en 496. 2 ediles curules en 366. 2 ediles *ceriales* (para las distribuciones) en 46.

Duración: 1 año.

Poderes u ornamento: Curules: *silla curul*; *ius imaginum*, etc. Plebeyos, potestas. Jurisdicción civil en los procesos referentes a las ventas. Derecho de publicar un edicto. Derecho de imponer multas.

Competencias: Vigilancia de los mercados, de las vías de comunicación y su reparación; aprovisionamiento de Roma; conservación de los archivos referentes a la plebe (hasta el año 200, aproximadamente); responsabilidad en los Juegos romanos, en los Juegos plebeyos, en los *Cerialia*, etc. Pueden presidir determinados jurados (desde el año 80).

Designación: Elegidos por los *Comitia tributa*, presididos por un cónsul (para la elección de los ediles curules) y por un tribuno (para los ediles de la plebe).

Condiciones o cualificaciones: Haber sido cuestor, al menos desde el año 80.

Edad mínima requerida: 36 años.

Número: 4, luego 6 en tiempos de César.

Investidura: Lex de imperio, curiada, ¿propuesta por los cónsules?

Personal auxiliar: Sin *lictores*. Sí tiene escribas.

Magistratura: CUESTURA

Origen: Posiblemente desde el período monárquico. Son 4 a principio de la República + 2 (¿urbanos, o para la moneda? en el 267 + 2 en 227 (Sicilia y Cerdeña) en 197: 10 en total. En el 80: 20 por la *lex Cornelia*. En tiempos de César, 40, según Dion 43, 47[8].

Duración: 1 año. Entran en funciones el 5 de diciembre.

Poderes u ornamento: Potestas. Uso de la *sella* (no curul). Jurisdicción: *anquisitio*, investigación. Competencias financieras: contables del Tesoro. A partir de Sila, acceso al Senado.

Competencias: 2 cuestores urbanos: gestión del Tesoro (dinero y títulos). 4 cuestores consulares (archivos). 2 cuestores "itálicos" (cuidado de las vías de trashumancia y de los acueductos). Cuesturas provinciales y militares (2 en Sicilia): contabilidad financiera. Presidencia de determinados jurados.

Designación: Elegidos por los *Comitia tributa,* bajo la presidencia de un cónsul.

Condiciones o cualificaciones: 10 años de servicio militar (hacia el 150, como caballero). Tribunado militar casi siempre durante el siglo II. Estar inscrito, admitido, en el censo ecuestre.

Edad mínima requerida: 30 años (desde el año 80).

---

[8] "Los demás cargos públicos fueron designados nominalmente por la plebe y por el pueblo según las costumbres ancestrales (pues César no aceptó designarlos él mismo), pero de hecho fueron nombrados por él y fueron enviados a provincias sin sorteo. En cuanto al número, todos fueron los mismos de antes, excepto que fueron nombrados catorce pretores y cuarenta cuestores.

Número: 10 desde el año 197. 20 desde el año 80 al 45. 40 hacia el año 45.

Investidura: Lex de imperio curiada, propuesta por los cónsules.

Personal auxiliar: Escribas, en particular para las funciones relacionadas con el Tesoro.

Magistratura: TRIBUNADO DE LA PLEBE (exclusivamente plebeya)

Origen: Creados en el 496 como magistrados, representantes de la plebe. Integrados hacia el 366. Pueden llegar a ser senadores, sin desempeñar otros cargos, desde la *lex Atinia* (hacia 149-123). Hay 10 tribunos desde el 366.

Duración: 1 año. Entran en funciones el 10 de diciembre.

Poderes u ornamento: Potestas: sacrosanctitas. Derecho a sentarse en el banco, *subsellium*. Derecho de *auxilium*, de veto y de *intercessio* (incluso se cree que contra el dictador en Roma). Derecho de acusación (*anquisitio*). Derecho a poner multas, dictar pena de muerte, de actuar con la plebe, de informar al Senado.

Competencias: Competencias generales. Puede oponerse a cualquier acción de un magistrado, a cualquier senadoconsulto (pero no puede oponerse a la sentencia de un juez). Especial iniciativa en fomentar plebiscitos.

Designación: Elegidos por los *Comitia tributa,* bajo la presidencia de un tribuno.

Condiciones o cualificaciones: Ser plebeyo. Se ignoran las condiciones censuales que se le exigen. En general se prefiere que haya sido cuestor.

Edad mínima requerida: En algunos casos se indica la edad de 27 años, en otros la de 32.

Número: 10.

Investidura: -

Personal auxiliar: No tienen derecho a *lictores*. Sí *praecones*, *scribae*, *viatores*.

Magistratura: TRIBUNADO MILITAR

Origen: Considerados magistrados al menos desde el 123.

Duración: 1 año.

Poderes u ornamento: Cierta jurisdicción disciplinaria y penal sobre los soldados.

Competencias: Mando de una cohorte.

Designación: Elegidos por los *Comitia tributa* desde el año 217 (*vid.* Livio, 27, 36, 14)[9].

Condiciones o cualificaciones: En el siglo II: 5 o 10 años de servicio. En el siglo I, solamente 1.

Edad mínima requerida: 22 o 27 años.

Número: 24.

Investidura: -

Personal auxiliar: -

Magistratura: TRIUNVIRATO CAPITAL

Origen: Creado en 289 (Livio, *Per.* 11).

Duración: 1 año.

Poderes u ornamento: Colaboran con los magistrados superiores en sus funciones judiciales.

Competencias: Ejecuciones capitales, recaudaciones de multas, policía, etc.

Designación: Por elección, desde el siglo III (según Festo, p. 468 L).

Condiciones o cualificaciones: -

Edad mínima requerida: -

Número: 4 en tiempos de César.

Investidura: -

Personal auxiliar: -

Magistratura: TRIUNVIRATO MONETARIO

Origen: Creado posiblemente en 289.

Duración: 1 año.

Poderes u ornamento: -

Competencias: Acuñación de moneda.

---

[9] "Los tribunos para las cuatro primeras legiones los eligió el pueblo, para las demás los enviaron los cónsules". Cada cónsul disponía inicialmente de 2 legiones.

Designación: Elegidos por los *Comitia tributa*, presididos por un pretor urbano.
Condiciones o cualificaciones:
Edad mínima requerida:
Número: 4 en el 43.
Investidura:
Personal auxiliar:

Magistratura: DECENVIRATO *STILIBUS IUDICANDIS*
Origen: Creado, probablemente, en el siglo IV.
Duración: 1 año.
Poderes u ornamento: -
Competencias: Jueces de los procesos de libertad.
Designación: -
Condiciones o cualificaciones: -
Edad mínima requerida: -
Número: -
Investidura: -
Personal auxiliar: -

[Ad §12. Carácter ordinario y extraordinario de la magistratura]

Mommsen se resiste a declarar que las magistraturas sean "extraordinarias" en tanto que prorrogan sus competencias sobrepasando el periodo limitado para el que fueron designados los magistrados, puesto que eso quedaba regulado por ley. En realidad "lo extraordinario" se resumiría en el hecho de nombrar magistrados para funciones nuevas o específicas, sin tiempo limitado a priori, ni con permanencia ilimitada, por ejemplo los decenviros *legibus scribundis* (cuya misión es redactar leyes que permitan solventar situaciones de conflicto), o, en otras áreas y competencias, los triunviros *agris dandis, assignandis, coloniae deducendae* (es decir, los encargados de asignar tierras públicas a colonos o exmilitares), cualquiera que sea la fórmula con que se los nombre (*cum imperio, cum potestate esse*), la más adecuada a la finalidad perseguida.

[Ad §13. Imperium y potestas*]*

Sobre estos dos conceptos se basa buena parte de la explicación de Mommsen. Ambos concepto indican "poder legal ejecutivo". Ni uno ni otro son exclusivos de determinada magistratura. La *potestas* es una facultad, que conlleva derechos importantes, como el poder tomar auspicios dentro del *pomerium*, así como *ius edicendi* (el redactar edictos); también la capacidad de reunir al pueblo para dirigirles un discurso (*agere cum populo*) de contenido político o de interés público, y lo mismo, pero al más alto nivel político: la posibilidad de convocar al Senado (*senatum vocare*) y presidirlo en esa sesión en la que el magistrado propone un tema a discusión (*referre ad senatum*) y pide a los senadores su voto favorable (*cum patribus agere*).

Por su parte, al *imperium* (*potestas* e *imperium* no son incompatibles en una misma magistratura, en una sola persona) se le añaden otras facultades del ejercicio del poder: el derecho de pedir auspicios fuera del límite sagrado de la ciudad, y lo más importante, el derecho a reunir un ejército, sr su jefe supremo y marchar a la guerra. En el campo judicial: tienen jurisdicción en Roma; y funciones añadidas en el campo del Derecho: el poder coercitivo de ordenar el arresto de ciudadanos y hacerlos comparecer ante la autoridad. Con respecto al *populus*, el *magistratus cum imperio* puede convocar los *Comitia centuriata* "fuera de la ciudad", fuera del pomerio. El *imperium* se asigna a los magistrados mayores: cónsules, dictadores y pretores.

El *imperium* y la *potestas* decaen cuando acaba el periodo de magistratura. Son pues, facultades institucionales limitadas al tiempo. Este concepto, irrenunciable durante la República –salvo en el caso excepcional de Sila, que, de todos modos, abdicó de sus privilegios como magistrado, *dictator*– cambia con César, al introducir este los conceptos de "perpetuidad" en magistraturas limitadas en el tiempo, como la dictadura, según la tradición romana secular. Y del mismo modo, introdujo el concepto de *imperator perpetuus* que vendrían a asumir luego los emperadores romanos del siglo siguiente.

En efecto, en el 46 a.C. César recibió el título de *imperator perpetuus* que se adecuaba mal a la constitución romana. Como puntualmente indica Mommsen, el título y "el nombre de *imperator* se acomodaba a la índole de la magistratura, y como sucediera otras veces en la Ley Gabinia, aunque con menos claridad, la democracia había determinado la definición de los poderes confiados a su jefe, y formulaba a través de una expresión enérgica y completa la concentración actual del supremo mando, el *imperium*, en las manos de un regente popular, independiente en lo sucesivo del Senado. De ahí que en las monedas de César, en las de los últimos tiempos especialmente, no aparezca el título de *dictator* sino como un aditamento al de *imperator*"[10].

El propio historiador alemán aclara estos conceptos a veces equívocos cuando se proyecta la idea de *imperator* e *imperium* aplicado a los emperadores de los siglos III d.C. [11]:

> Nada más erróneo que la opinión, muy general por cierto, de que el imperio era en su esencia el poder militar o el generalato supremo de por vida: no es este el sentido de la palabra, ni lo entendieron así nuestros autores antiguos. El *imperium* es el mando; el emperador es el hombre investido del mando. En estas dos expresiones, como en las dos palabras griegas correspondientes, κράτος, αυτοκράτωρ, se buscaría inútilmente la acepción especial y única del generalato; mientras que la magistratura en Roma, en su noción pura y completa, abrazaba el derecho de la guerra y el de la justicia, el poder militar y el poder civil en su competencia indivisible. Dion, pues, declara seriamente (55, 17: cf. 43, 44, 52, 41) que, al tomar los Césares el título de emperadores, entendían afirmar "su omnipotencia de autócratas en oposición a las antiguas denominaciones de rey, de dictador (πρὸς δήλωσιν τῆς αὐτοτελοῦς σφων ἐξουσίας, ἀντὶ τῆς τοῦ βασιλέως τοῦ τε δικτάτορος ἐπικλήσεως)[12] –los antiguos títulos han desaparecido, y añade–: "Pero la esencia de aquellos poderes quedan en el nuevo título de emperador (τὸ δὲ δὴ ἔργον αὐτῶν τῇ τοῦ αὐτοκράτορος προσηγορίᾳ βεβαιοῦνται): el emperador tiene el derecho, por ejemplo, de reclutar soldados, señalar los impuestos, declarar la guerra y hacer la paz; tiene el poder supremo, dentro y fuera de la

[10] *Historia de Roma*, libro V, pp. 487-488 de la edición española de 2003.
[11] *Historia de Roma*, libro V, p. 652 de la edición española de 2003.
[12] Dion, 53, 17.

ciudad, sobre todos, sean o no ciudadanos; ejerce en todas partes su justicia soberana, e impone la pena capital o cualquier otra; se arroga, en fin, todas las atribuciones que en los antiguos tiempos de Roma pertenecían al poder supremo".

III.
El poder en la organización política y la organización militar

[Ad §1. Definición de la autoridad ejercida domi *y* militiae*]*

Rüpke abordó en su libro de 1990, el tema de la guerra *domi militiaque*, en el sentido que lo hizo Mommsen, aunque brevemente, en diversos aspectos: la guerra y el tema de la topografía de Roma (*Kriegs ald Thema dr Sakraltopographie*), analizando la cuestión del *pomerium*, y la percepción del espacio de los augures, o del "espacio augural", *Die augurale Sicht des Raumes*, luego el tema del *imperium* y el *auspicium* presentado como un problema de "derecho y geografía", *Rechtsgeographische*, y la cuestión de la guerra "dentro y fuera", Die militärische Einbeziehung der nichmilitärischen zone (p. 55 ss.). El resto de esta obra es una sucesión de capítulos sobre religiosidad y milicia a lo largo de la historia de Roma, que nada tienen que ver con el concepto jurídico *domi militiaque*.

[Ad §2. Delimitación y separación de los territorios]

El trazado, impreciso, que marca el límite de la ciudad primitiva regia, es decir el pomerio (*pomerium* o *pomoerium*), marca una línea real, pero también abstracta, política y religiosa que determina qué sucede/está dentro del recinto sagrado-político, y qué está fuera. Este perímetro, y la dialéctica dentro-fuera importa también en el momento de consultar los auspicios (Cicerón, *De divin.* 1, 33: *qui cum tabernaculum vitio cepisset inprudens, quod inauspicato pomerium transgressus esset, comitia consulibus rogandis habuit*; Mesala, *De auspiciis*, en Gelio, 13, 14: *omnes, qui pomerium protulerunt, montem istum excluserunt, quasi avibus obscenis ominosum*) y, en general, para precisar la sacralidad y la validez de los actos jurídicos y públicos de los reyes, primero, y luego., en época republicana, de los magistrados *populi Romani*. Según Varrón, *L.L.* 5, § 143, el pomerio es el "espacio abierto dejado libre de edificios dentro y fuera de los muros de una ciudad, señalado por piedras (*cippi* o *termini*) que limitan el espacio de los auspicios de la ciudad" (*qui quod erat post murum, postmoerium dictum, †eiusque auspicia urbana finiuntur. cippi pomeri stant et circum Ariciam et circ[o]um Romam. quare et oppida quae prius erant circumducta aratro ab orbe et urvo urb[s]es[t]*).

[Ad §3. Límites de la Ciudad]

Los magistrados no ejercen la potestas del mismo modo dentro o fuera del pomerio, *intra pomerium, extra pomerium*. Este límite marca también el ejercicio de la autoridad en Roma, *domi*, y fuera de ella, por ejemplo en municipios y provincias, y marca también dos formas de ejercer el *imperium*, que será *domi* o *militiae* en uno u otro lado del perímetro. Los tribunos del pueblo –que no tienen poderes militares– no pueden ejercer el derecho de *intercessio* fuera del límite pomerial (Liv. 8, 34).

[*Ad notam* 26] Sobre el dictator y la *lex repetundarum*, relación a la que se alude en esta nota, *vid.* Pasquino, 2018, pp. 130-133. Sobre la ley en geneal, Crawford (ed.), 1996, pp. 65-112.

[*Ad §4. Dualidad de las atribuciones de los magistrados de la República*]

La idea esencial de Mommsen en este parágrafo es la expresada aquí de que "las restricciones fundamentales que la Constitución impone al poder de los magistrados no se aplican en todas partes sin distinción: se limitan topográficamente al territorio interior; para el territorio de guerra no se aplican, o se aplican solo en mucha menor medida, concretándose en la autoridad de los magistrados sujetos al periodo anual, la colegialidad de los jueces y el derecho de *provocatio* ejercido por el pueblo, tramitado a través de las asambleas.

[Ad §5. Competencias domi *durante la República]*

Tras haber consultado los auspicios, solamente fuera del perímetro, en el *ager*, el general viste el traje de guerra, el *paludamentum*, y es escoltado por los *lictores* provistos de los fasces. El protocolo –que tiene carácter religioso– debe ser estricto para no adolecer de defecto, *vitium*. En alguna ocasión esta partida para la guerra del general fue "errónea", obligando al general a retroceder e iniciar el procedimiento, como recuerda Tito Livio, 41, 10 para el año 177 a.C.

[Ad §6. Su límite es el primer hito miliario]

Los textos hablan de "*mille passum*" a contar a partir del perímetro pomerial, fuera, por tanto, del territorio *domi*. Se ilustra con los textos de Apiano, *B.C.* 2, 31 y Dionisio, 8, 87, y Dion 51, 19.

[Ad §7. División política tripartita del territorio]

Insistencia en la importancia de los límites de la ciudad, su *ager* y el primer hito miliario a propósito de iniciar procesos de *provocatio* y de *intercessio*. En el espacio "previo" o dentro de la primera milla se realizaba el *dilectus* o acto de registro de los nuevos soldados (*tirones*, reclutas) que se incorporan al ejército, puesto que el ejército armado no podía marchar en formación o armado dentro del pomerio. Cf. César, *B.C.* 1, 14: *Cn. Pompeius pridie eius diei ex urbe profectus iter ad legiones habebat, quas a Caesare acceptas in Apulia hibernorum causa disposuerat... dilectus circa urbem intermittuntur.*

[Ad §8. División de los magistrados en tres clases]

Mommsen realiza una división tripartita basada en la duración de la magistratura (magistrados anuales, magistrados ordinarios no permanentes y magistrados extraordinarios) y el territorio donde ejercen el *imperium* y/o la *potestas* (magistrados con funciones *domi et militae*; magistrados civiles o urbanos, y los extraurbanos, cuyas funciones se ejercen tanto en territorio civil como en el militar; aquellos cuyas funciones se ejercen únicamente en territorio civil, como son los magistrados urbanos; y finalmente las funciones adscritas al territorio extraurbano).

[Ad §9. Magistrados con competencias en dos territorios]

El autor insiste aquí en la diferencia de los territorios funcional y jurídicamente opuestos: *domi* y *militiae* (la conjunción "y" aquí no es inclusiva) Solamente los magistrados más antiguos, los cónsules, el dictador y el cuestor (*der Dictator, die Quästoren für beide Gebeite competenz sin*), tienen jurisdicción y doble competencia (*Doppelfunction*) en ambos, *domi militiaque* (aquí la enclítica sí es inclusiva).

[Ad §10. Magistrados urbanos]

La más importante de estas magistraturas es la cuestura. Los *quaestores urbani* auxilian a los cónsules y los representan en asuntos judiciales relativos al derecho común en casos criminales especiales, como el parricidio. Entre sus funciones en todo tiempo son las financieras como la administración del tesoro público, en Roma –los *quaestores aerarii*, en época republicana e imperial, como indican Tácito (*Ann.* 1, 75 y 13, 29) o Suetonio (*Aug.* 36)–, o en las provincias cuando los *quaestores* acompañan a los procónsules o propretores en tareas de gobierno. En el mando provincial, el cuestor es el segundo en rango, y suple al pretor en el gobierno provincial en caso de ausencia del pretor (Cicerón, *Pro Sest.* 8-12; *Ad Fam.* 5, 6).

[Ad §11. Magistrados que no tienen competencias sobre la capital]

Se refiere a magistraturas coyunturales, como el ejemplo citado por Mommsen de los *IIIvir agris dandis adsignandis*, que ordenaban el territorio agrícola colonial asignado a los ciudadanos, civiles o veteranos del ejército, en Italia o en las provincias conquistadas donde los romanos llevaron sus leyes y sus formas cívicas de vida. La magistratura nace (o es consecuencia de) una lex agraria de época de los Graco.

[Ad §12. Desaparición durante el Principado de los magistrados competentes en dos territorios]

En este punto se plantea la cuestión de cuántas magistraturas republicanas son asumidas por el príncipe, por los emperadores. A la sazón, MALAVÉ OSUNA, 2005, p. 176, resume la opinión de Mommsen en la síntesis del Compendio, posterior al *Staatsrecht*: "Cuando Mommsen redacta la parte relativa a las magistraturas particulares (Monarquía; consulado y tribunado consular; dictadura; pretura; tribunado de la plebe; censura; edilidad; cuestura; demás magistrados ordinarios de la República y magistrados extraordinarios), consigna y analiza el Principado, pero existe un obstáculo conceptual grave para calificar al *Princeps* como magistrado. Dado que Mommsen era consciente de ello, parece que su argumentación de desdobla en dos líneas distintas:

> ... la otra cuestión... la de saber si el principado merece la consideración de verdadera magistratura en el sentido que a éstas se dio durante la República, debe ser resuelta negativamente, según lo dicho, siempre que se entienda, de conformidad con la originaria concepción romana, que el fundamento y base de la magistratura suprema lo constituyen los principios de la anualidad y la colegialidad: el principado es en tal concepto la abolición de la República. Pero si, de conformidad con el punto de adoptado en los tiempos posteriores, se concibe la magistratura corno emanación y órgano de soberanía del pueblo, en tal caso, el principado de Augusto cae también dentro de este concepto, pues de las tres maneras corno en general puede concebirse la Monarquía, a saber, la concepción del monarca corno el más alto representante de la comunidad política soberana, la concepción del mismo corno un dios terrestre, y la concepción del monarca como señor y propietario de las personas

y de las cosas de sus súbditos, la primera, por lo menos, conviene esencialmente al principado de Augusto[13].

Las aludidas líneas se sustancian en dos concepciones antitéticas de magistratura: como órgano de la soberanía popular, en cuyo caso, el Principado alcanzaría –siempre según Mommsen– la consideración de magistratura, y como institución típicamente colegiada y anual, en cuyo caso, el Principado se hallaría fuera del concepto. Pues bien, desde aquél punto de vista, el príncipe ejercitaba una suerte de representación de lo cual derivaba, también, su sometimiento a las leyes. Y es que la idea de soberanía popular dejó una profunda huella en la mentalidad iuspublicista[14] de Mommsen, como en buena parte de la ciencia alemana de su tiempo".

[13] Mommsen, *Compendio*, pp. 322-323 de la edición española.
[14] Entiéndase el neologismo como mentalidad relativa al Derecho público.

COMENTARIOS AL CAPÍTULO II

LOS AUSPICIOS

[Ad §1. Idea y significado]

Augurium y *auspicium*, muchas veces sinónimos, son términos relativos al rito augural. El primero indica el presagio producido y observado, considerado un aviso de los dioses en el sentido amplio, especialmente expresado por el vuelo de las aves, su canto o su chillido. El *auspicium* sería el ritual o dictamen derivado de su interpretación, por mano de los sacerdotes especializados, los augures. Aunque todos los autores no están de acuerdo, ni los antiguos ni los modernos. Para Servio, *Ad Aen.* 1, 398, el augurio se busca o se manifiesta en ciertas aves, y el auspicio (se busca) en cualquier otro signo, o se recibe sin buscarlo, sin haberlo solicitado (*hoc encima inertes inter augurio et auspicium, quod augurio et petitera et Curtis avibus ostenditur, auspicium qualibet avi demonstratur et non petitur: quod ipsum tamen species augurii est*).

El reciente trabajo de Berthelet (2019, pp. 183-185) ha revisado el tema de la diferencia entre *auguria* y *auspicia*. Recuerda la definición de *auguraculum* que hace Festo (p. 17 L): "Los antiguos –dice este autor antiguo– llamaban así a lo que nosotros denominamos "*arx*" (*auguraculum appellabant antiqui, quam nos arcem dicimus*), porque los augures tomaban allí los auspicios públicamente". El *auspicium* va unido "indisolublemente" a la *potestas*. Añade este autor que "du point de vue rituel, l'*augurium* consistait donc en une consultation auspiciale effectuée par l'augure, il n'était point assimilable, au regard du droit public, à *l'auspicium* du magistrat : alors que ce dernier consistait en une simple demande à Jupiter d'accorder son *auctoritas* a un acte publie de *potestas*, ponctuellement –pour un seul jour, en général –ou temporairement– pour la durée de la magistrature dans le cas des auspices d'investiture, l'*augurium* de l'augure transformait profondément et durablement un lieu, une personne ou une cérémonie en lui conférant le plein d'*auctoritas* jovienne" (ibídem, p. 185).

[Ad §2. Auguria impetrativa, oblativa*]*

En resumen, los *auspicia* oblativa son las señales no solicitadas, donde hay una acción humana que las provoque. Dependiendo de las circunstancias y del interés del observador –si es que tal interés e interpretacion tiene una función social o política– tales signos pueden someterse a interpretación, pero también pueden ser rechazados o no tenido en cuenta sin más, como si no se hubieran producido, o ser rechazados (*refutare, repudiare*) por considerar *prima facie* que carecen de importancia. Los *impetrativa* –por el contrario– son los obtenidos tras una acción humana que busca una respuesta divina. La consulta es ritual y la hace un sacerdote especializado, ateniéndose a una reglas que él conoce y debe observar (Plinio, *H.N.* 28, 17, dice: *in augurum certe disciplina constat neque diras neque ulla auspicia pertinere ad eos qui quamque rem ingredientes observanda se ea negaverint*). Un ejemplo lo tenemos en las llamadas *tabulae iguvinae*, escritas en lengua antiquísima osco umbra, que describen numersos rituales primitivos, ofrece un ejemplo de consulta augural impetrativa. Así, en la tabla VI, se lee el ritual donde se pone sobre aviso al auspiciante: "tú observes al gavilán y a la corneja a la derecha, y al pico y a la urraca a la izquierda, siendo favorables los pájaros volantes a la izquierda y los pájaros cantores a la izquierda" (en latín: *parra cornice prospera pico modesto pica modesta qui angulis asservatum est ibit sic tremo sedens affertori iubeto stipulari asservet: Parram prosperam cornicem prosperam picum modestum picam modestam modestas aves modestas angulis sacrificalis*), Y el auspiciante agrega: "Yo observo al gavilán y a la corneja a la derecha, al pico y a la urraca a la izquierda, siendo favorables para mí los pájaros volantes a la izquierda y los pájaros cantores a la izquierda, en el "los ángulos" del templo sacrificial" (traducción latina: *Parram prosperam cornicem prosperam picum modestum picam modestam modestas aves modestas angulis sacrificalis*).

El espacio destinado a la *auspicatio* es un *templum* (no necesariamente un edificio, sino un espacio consagrado, por ejemplo un altar), un objeto/espacio que resume el espacio celeste. Este altar/templo debe ser/estar libre y exento. Cf. Cicerón, *De off.* 3, 16, 66.

[Ad §3. Signos proporcionados por los pájaros]

Se ha visto en las notas previas ejemplos de *divinatio* auspicial con aves, que son mensajeros de Júpiter, significativamente los cuervos. En el ritual todo detalle es importante, especialmente la dirección: la izquierda y la derecha (al observar la aparición de las aves en vuelo y su evolución en el cielo); el sonido que emiten las aves, la limpieza del cielo y del aire (ausencia de ruidos), o la aparición de otros hechos fortuitos que interrumpen la sacralidad y pureza del ritual de la observación.

[Ad §4. Signos proporcionados por otros animales]

En principio, las conductas animales extrañas o extraordinarias podían ser sometidas a *auspicium*. Pero su frecuencia y su fiabilidad no se pueden comparar ni cualitativamente ni cuantitativamente con la costumbre de la observancia de las aves (en el cielo, principalmente), o a ras de tierra.

[*Ad notam 10*] el texto de Festo, citado, *Ep.* p. 244, dice: "Se denominaba con el nombre de augurios a pie de tierra a aquellos que proporcionaban el zorro, el lobo, la serpiente, el caballo y otros animales de cuatro patas". Y el de Plinio, *N.H.* 8, 22, 83, referido al lobo: "de entre los augurios (favorables) que siguen una ruta precisa por la derecha, (cuando el lobo) lo hace con la boca llena, este signo es el mejor de todos".

[Ad §5. Signos celestes]

El hecho de que se produzcan en el cielo tienen una importancia capital, pues estos signos (*caelestia auspicia*) son enviados por Júpiter; son un lenguaje "encriptado" jupiterino. El relámpago y el subsiguiente trueno son las señales, así como el rayo enviado por Júpiter "es el más alto y decisivo de todos los signos", como indica el propio

Mommsen en este texto, muy bien explicado, con numerosas fuentes relativas. Sobre el tema, BERTHELET, 2019, pp. 20-21, y 94-101.

[*Ad notam* 18]. La mencionada inscripción africana, CIL, VIII, 774 está actualmente en el Museo del Bardo, en Túnez, y dice literalmente: *Deo loci ubi / auspicium dignita/tis tale municipes Api/[senses maiores]*, confirmando la opinión de Mommsen.

[Ad §6. Signos (divinos) proporcionados por los pollos]

Algunas leyes trataron de desautorizar este sistema adivinatorio (*lex Elia* del 184 a.C.; *lex Fufia* del 154 a.C.), y Cicerón (*De divin.* 2, 73-74) denunció este tipo de adivinación entendiendo que estaba manipulada por los criadores de pollos, que los tendrían amaestrados, o cuidando de que puntualmente los animales tuvieran hambre (o no) a la hora de hacer la consulta. El auspicio era favorable si el alimento caía del pico de los pollos; infausto si no se cae, y muy negativo si el pollo se negaba a comer, como explica el propio Cicerón, *De div.* 2, 72, Servio, *Ad Aen.* 1, 398.

[*Ad notam* 29]

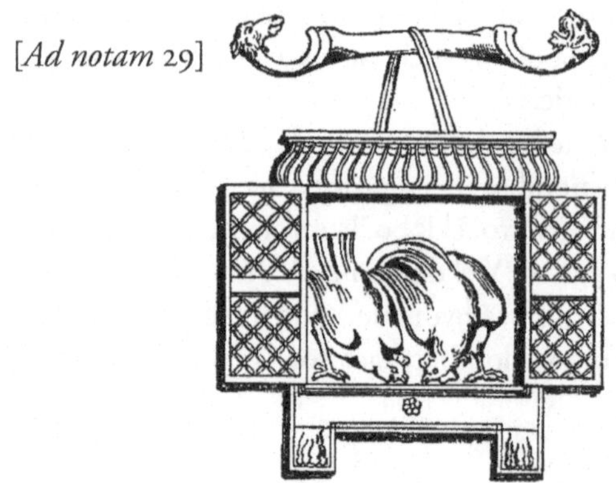

El dibujo aquí mostrado es un detalle de la una inscripción militar con representación de estandartes y la jaula con los pollos. Se trata del relieve funerario de Marco Pompeyo Aspro. Procede de Labico, CIL XIV, 2523, y se conserva actualmente en Roma, Mattei-Massimo-Albani-Del Drago. El texto dice: *M(arco) Pompeio M(arci) f(ilio)*

Ani(ensi) Aspro / |(centurioni) leg(ionis) XV Apollinar(is) |(centurioni) coh(ortis) III pr(aetoriae) / primo p(ilo) leg(ionis) III Cyren(aicae) praef(ecto) castr(orum) / leg(ionis) XX Victr(icis) / Atimetus lib(ertus) pullarius / fecit et sibi et / M(arco) Pompeio M(arci) f(ilio) / Col(lina) Aspro / filio suo et // et Cinciae / Saturninae / uxori suae // M(arco) Pompeio M(arci) f(ilio) Col(lina) / Aspro filio minori]. El texto menciona a un liberto, que es *pullarius* del centurión al que se honra en este epitafio. El interés reside en que este "cuidador de pollos" debe relacionarse con la adivinación inducida con estos animales (*tripudia*) en el ámbito militar. En tal sentido remitimos aquí a la nota 32 de Mommsen en este mismo capítulo sobre los auspicios.

*[Ad §7.*Dirae*]*

En el lenguaje augural, el término significa, en relación con el *fatum* o Destino, una señal ominosa negativa, "nefasta", como indica Cicerón, *De leg.* 2,8: *Quae augur iniusta, nefasta vitiosa dira defixerit, irria infectaque sunto.* Cf. del mismo, Cic. *De div.* 1, 16: *tristissima exta sine capite fuerunt, quibus nihil videtur esse dirius.* En general, cosas de mal agüero, presagios o signos desafortunados, *dirarum obnuntiatio.* Plin. *N.H.* 28, 2, 4, § 17; 28, 2, 5, § 26; Tac. *Ann.* 6, 24 al.; Hor. *Epod.* 5, 89.

Los prodigios "*ex diriis*" son augurios negativos expresados por la divinidad de forma "violenta" o contra natura, así como el hecho de "llover sangre" (Livio 39, 46, 5 (año 183 a.C.), *sanguine per biduum pluvisset in area Vulcani*; Liv. 43.13 (año 169 a.C.), *sanguine interdiu pluvisse*), nacimientos monstruosos, o que una mula pariera (Livio, 26, 23, 4-8; Cicerón, *De div.* 1, 36; 2, 49; 61); o una suma de hechos prodigiosos: "escudos que habían sudado sangre, varios soldados habían sido alcanzados por el rayo, y el disco del sol parecía encogerse", *scuta duo sanguine sudasse, et milites quosdam ictos fulminibus et solis orbem minui visum* (Livio, 22, 1, 8. 4-9). Otros prodigios *dirae*: la lluvia de carne, la lluvia de piedras, lluvia de tierra, de leche o de arcilla blanca.

El citado término "desidaimonia" (p. 129) indica, en el ámbito de las supersticiones, un exceso de temor o incluso "terror" religioso en relación con la observación de actos irracionales o fortuitos que ocurren en lugares sagrados, por ejemplo, los templos.

[*Ad. notam* 42] Los mencionados *auspicia ex acuminibus* se refieren a un presagio militar de victoria visible, cuando las lanzas clavadas en la tierra de repente comienzan a arder o brillar en las puntas. Cicerón, *De div.* 2, 77: *Nam ex acuminibus quidem, quod totum auspicium militare est, iam M. Marcellus ille quinquiens consul totum omisit, idem imperator, idem augur optumus.*

Y Cicerón indica:

> *Sed neglegentia nobilitatis augurii disciplina omissa veritas auspiciorum spreta est, species tantum retenta; itaque maximae rei publicae partes, in is bella quibus rei publicae salus continetur, nullis auspiciis administrantur, nulla peremnia servantur, nulla ex acuminibus, nulli viri vocantur ex quo in procinctu testamenta perierunt; tum enim bella gerere nostri duces incipiunt, cum auspicia posuerunt*
>
> Sin embargo, una vez abandonada la enseñanza augural a causa del desdén de la nobleza, se desprecia el verdadero sentido de los auspicios y tan sólo se mantiene su apariencia. Así es como las atribuciones más importantes del Estado, entre ellas las guerras, sobre las que se basa su propia salvación, se administran sin recurrir a auspicio alguno; no se conserva ningún augurio de cruce, ninguno de aquellos que se obtienen de las puntas de lanza, no se procede al llamamiento de ningún soldado, por lo que los testamentos de urgencia han desaparecido... Y es que nuestros jefes tan sólo se disponen ya a emprender las guerras cuando han abandonado los auspicios.
>
> (Cicerón, *Nat. deor.* 2, 9. Traducción de A. Escobar)

[Ad §8. Relación de los auspicios con otros avisos divinos]

Los portentos o *signa* divinos son múltiples, y obviamente no todos eran interpretados por los augures. En casos complicados, los augures podían ser auxiliados (a petición del senado) por los *viri sacris faciundis*, los sacerdotes de Apolo –de tradición griega, por tanto– encargados de custodiar los Libros Sibilinos en Roma, e igualmente expertos en adivinación, echando mano de la casuística de los *Libri* o de su sola experiencia[15]. Tras la intervención de los *viri sacris faciundis*, y tras su dictamen, se prescribían ceremonias de apaciguamiento de la ira divina (*placamina*), y otro rituales. En otros casos, para completar la interpretación de un *prodigium* que se consideraba importante a priori, se acudía a la ciencia de la disciplina etrusca de los arúspices. Cuando se solicitaba la intervención de varios colegios sacerdotales expertos en adivinación o intérpretes de prodigios, no coincidían en el acto todos estos sacerdotes; primero unos, y en caso de duda, se llamaba a consulta a los otros que el senado o los magistrados considerasen, para ratificar, modificar, o rechazar el primer diagnóstico.

[Ad §9. Auspicios públicos y privados]

Casi todas las noticias que nos proporcionan las fuentes antiguas sobre *auspicia* hablan de auspicios públicos que, consecuentemente, se rigen por el Derecho público romano. En efecto, como indica Mommsen, los privados son escasos, aunque están documentados por Cicerón, y parece que estaban en los tiempos más antiguos asignados al patriciado, a los derechos (religiosos) de las *gentilitates*, es decir, de los clanes familiares de la nobleza, de los *patres*. A finales del siglo I a.C., estos *auspicia* privados estaban en desuso o simplemente habían desaparecido. Tampoco se conocen demasiados casos. A tal respecto leemos en Cicerón, *De div.* 1, 16:

> Antaño, casi ningún asunto importante se emprendía sin contar con los auspicios, ni aunque fuera de carácter privado (*quondam maioris rei nisi auspicato ne privatim quidem gerebatur*), como incluso hoy reflejan los augures en las bodas, quienes, una vez perdida ya su función, se limitan a conservar su nombre. Pues, así como hoy suele impetrarse por los asuntos importantes mediante las entrañas (aunque también esto bastante menos que en otros

[15] En relación con los dictadores, WILSON, 2021, pp. 285-287; 323, 397.

tiempos), así solía hacerse por entonces a través de las aves. Y, de esta manera, al no buscar aquello que nos es favorable, vamos incurriendo en lo malo e infausto (*Itaque, sinistra dum non exquirimus, in dira et in vitiosa incurrimus*).

Véase también Cicerón, *De div.* I, 2: *Nec unum genus est divinationis publice privatimque celebratum...* y I, 40: *Omnino apud veteres, qui rerum potiebantur, iidem auguria tenebant; ut enim sapere sic divinare regale ducebant: [ut] testis est nostra civitas, in qua et reges augures et postea privati eodem sacerdotio praediti rem publicam religionum auctoritate rexerunt* ("Generalmente, los mismos que ostentaban el poder entre los antiguos ejercían los augurios, pues, del mismo modo que consideraban la sabiduría como algo propio de reyes, así también el poder de adivinar. Da testimonio de ello nuestra ciudad, en la que los reyes fueron augures, y en la que, después, particulares revestidos de esa misma función sacerdotal dirigieron el Estado, gracias a la autoridad que les confería la religión").

[Ad §10-11. Auspicia *(*inspectio*) de los magistrados y los* Auspicia patrum*]*

En Derecho público romano se rigen por el *ius auspicandi*. Como indica, sintetizando la cuestión, Berthelet, 2019, pp. 145, (traducimos): "El binomio "*potestas/auctoritas*", que no coincidía con el binomio "político/religioso", constituía de hecho la estructura fundamental de las instituciones romanas. Dentro de este binomio, el *ius auspicandi* "a título público" se insertaba del lado de la *potestas*, inseparable de ella (*cum* o *sine imperio*) de los magistrados del pueblo. Porque el monopolio de los *auspicia*, en virtud del cual los patricios reclamaban el monopolio de las magistraturas del pueblo, quedó ligado únicamente a estas magistraturas que los romanos continuaron llamando "patricias" después de su apertura a los plebeyos. El pueblo romano, por su parte, aunque dotado de la potestas para votar las leyes, elegir sus magistrados y pronunciarse durante los *iudicia populi*, nunca tuvo el *ius auspicandi* ni siquiera la facultad de transmitirlo a sus magistrados: sólo estos últimos, herederos del monopolio patricio de los *auspicia*, lo poseían y podían utilizarlo en nombre del pueblo romano. La forma desarrollada del binomio "*potestas/auctoritas*" quedaría así: "*potestas* del pueblo y sus magistrados (estos últimos ejerciendo el *ius auspicandi* en nombre del pueblo Romano) y *auctoritas senatus*, en primer lugar de los senadores patricios (*auctoritas patrum*), y luego la *auctoritas* de los sacerdotes, en particular los augures, que eran los únicos capaces de conferir plenamente la auctoritas jovianas a través de los ritos de "inauguración".

Las competencias de los augures son: 1) hacen la *inauguratio* de los lugares destinados bien a los *auspicia* bien a los reuniones que exigen una *auspicatio*. 2) En los espacios destinados a la *auspicatio*, eligen el espacio celeste que hay que observar y queda circunscrita. 3) Asistir al magistrado que consulta los auspicia. 4) Todo augur posee el *ius nuntiationis* en las asambleas populares (*comitia*). 5) Se consulta al colegio *augurum* acerca de los *vitia* rituales, por supuesto los *auspicia vitiata*, que se someten a deliberación en el senado. 6) Ayudan al *pontifex maximus* en el nombramiento, también llamada *inauguratio*, de algunos sacerdotes como el *flamen Dialis* y los pontífices (Festo, "Saturno", p. 343; Macrobio, *Saturn.* 2, 9; Cicerón, *De leg.* 2, 8, 21).

[Ad §12. Auspicia maxima*]*

Corresponde a los magistrados mayores. Así lo indica Mesala (en Aulo Gelio 13, 15, 4):

> *Patriciorum auspicia in duas sunt divisa potestates. Maxima sunt consulum, praetorum, censorum. Neque tamen eorum omnium inter se eadem aut eiusdem potestatis, ideo quod conlegae non sunt censores consulum aut praetorum, praetores consulum sunt. Ideo neque consules aut praetores censoribus neque censores consulibus aut praetoribus turbant aut retient auspicia; at censores inter se, rursus praetores consulesque inter se et vitiant et obtinent. Praetor, etsi conlega consulis est, neque praetorem neque consulem iure rogare potest, ut quidem nos a superioribus accepimus aut ante haec tempora servatum est et ut in commentario tertio decimo C. Tuditani patet, quia imperium minus praetor, maius habet consul, et a minore imperio maius aut a maior*

<a minoro conlega rogari iure non potest. Nos his temporibus praetore praetores creante veterum auctoritatem sumus secuti neque his comitiis in auspicio fuimus. Censores aeque non eodem rogantur auspicio atque consules et praetores. Reliquorum magistratuum minora sunt auspicia. Ideo illi minores, hi maiores magistratus appellantur. Minoribus creatis magistratibus, tributis comitiis magistratus sed iustus curiata datur lege. Maiores centuriatis comitiis fiunt.

Los auspicios de los patricios están divididos en dos categorías. Los mayores corresponden a cónsules, pretores y censores. Empero, los de todos ellos tampoco son iguales entre sí, ni de la misma categoría, precisamente porque los censores no son colegas de los cónsules ni de los pretores, mientras que los pretores sí lo son de los cónsules. Por esta razón, ni cónsules ni pretores interfieren ni dejan en suspenso los auspicios de los censores, ni los censores los de los cónsules o pretores. En cambio, los censores entre sí y, a su vez, los pretores y cónsules entre sí, pueden oponerse y dejar en suspenso los auspicios. Aunque es colega del cónsul, el pretor no puede, según la ley, solicitar la elección de un pretor o de un cónsul, al menos hasta donde alcanza nuestro conocimiento de la tradición de los antepasados o según la práctica observada hasta hoy y tal como pone de manifiesto C. [Sempronio] Tuditano en el libro XIII de sus Comentarios', el pretor tiene una autoridad menor, el cónsul ostenta una mayor y, según la ley, una autoridad mayor no puede ser mediatizada por una menor, ni un colega mayor por uno menor. En los tiempos actuales, cuando un pretor designa otros pretores, estamos ateniéndonos a la antigua tradición, y en tales comicios no intervenimos en la toma de los auspicios. No puede solicitarse la elección de los censores con los mismos auspicios que para los cónsules y los pretores. Los auspicios de los restantes magistrados son auspicios menores. Por eso, aquéllos se denominan magistrados menores y éstos mayores. Una vez que los magistrados menores han sido elegidos por los comicios tributos, son ya magistrados, pero su plena legalidad les será conferida por una ley curiada; los magistrados mayores son elegidos por los comicios centuriados.

(Traducción de M.A. Marcos Casquero – A. Domínguez García)

Sobre el tema, Berthelet, 2019, pp. 147-151, con los textos relativos y bibliografía actualizada.

[Ad §13. Auspicios de los censores]

Los censores quedan exceptuados con respecto al *auspicium* propio de los magistrados mayores, que son elegidos mediante una *lex curiata*, en tanto que los censores lo son por una lex *centuriata*, como indica Cicerón, *De lege agr.* 2, 25: "Hay una ley centuriada para los censores (*centuriata lex censoribus*) et una ley curiata para los demás magistrados patricios (*curiata ceteris patriciis magistratibus*). Se contradice con lo expresado por Mesala en el texto de Gelio dado en la nota precedente. Para la discusión sobre estos aspectos, Berthelet, 2019, pp. 106-108). La *lex curiata* era más una *lex de potestate* (*cum* o *sine imperio*) que una *lex de imperio*, como indica Berthelet (loc. cit., p. 106), citando a Magdelain, *Recherches*, 1968, p. 17.

[Ad §14. Auspicia minora *y auspicios del Pontífice máximo]*

Corresponden –como indica Mommsen— simétricamente a los magistrados menores, a ediles y cuestores. Aunque el texto de Mesala en Aulo Gelio, 13, 15, 1, indica: "En un edicto de los cónsules que especifica qué día han de celebrarse los comicios centuriados está escrito lo siguiente según una antigua fórmula conservada sin alteración: "Que ningún magistrado menor tome augurios observando el cielo"... Y más adelante: "Una vez que los magistrados menores han sido elegidos por los comicios tributos, son ya magistrados".

El derecho del Pontífice Máximo, en tanto magistrado, para realizar *auspicia minora*, deriva de su nombramiento por los comicios (cf. Aulo Gelio, 15, 27). Sus competencias, muy numerosas e importantes en la vida pública de Roma, son esencialmente religiosas[16], entre muchas otras, redactaba una crónica, o anales en que se registraban todos los prodigios y sucesos que tuvieran carácter religioso, los *annales maximi* (Cicerón, *De orat.* 2, 52). En la Regia, sita en el foro,

[16] Guillén, III, 1985, pp. 307-308.

los pontífices conservaban los documentos religiosos y jurídicos, los *libri pontificum*, las *leges regiae*, los *commentarii pontificum* y otros escritos de derecho sagrado.

[Ad §15. Auspicia aliena*]*

Son los ejercidos, no por un magistrado, sino por un representante suyo, por ejemplo, los legados en las provincias. En efecto, a ellos se refiere Augusto en su testamento político epigráfico, las *Res Gestae*, 34: *ob res a[ut a me aut per legatos] meos auspiciis meis... gestas*. Son escasos los *auspicia* ejercidos por delegación, y se documentan en época imperial.

[Ad §16. Auspicios conflictivos]

El conflicto se da, ocasionalmente, por la presencia o ausencia de los magistrados y la competencias inherentes a su cargo con respecto a los auspicios, que pueden darse, por ejemplo en las magistraturas colegiadas, siendo la más representativa la de los cónsules.

[Ad §17. Rotación de los auspicios]

Lo mismo puede decirse de la rotación en el derecho a pedir auspicios, que depende de la disponibilidad *in actu* –y en tiempo preciso, concreto, en que el *auspicium* es requerido y tiene lugar– de uno de los magistrados que poseen el *ius auspicandi.*

[Ad §18. Diferentes tipos de auspicatio*]*

La *auspicatio* o técnica de los auspicios es diversa, y ya se han citado en el texto de Mommsen, y algunas de ellas en estas notas. A modo de resumen, son:

-*Auspicium ex acuminibus*: interpretación de los signos/hechos "prodigiosos" que se producen en las puntas de las lanzas de los soldados.

- *Auspicium ex avibus*: interpretación del vuelo de las aves en el cielo abierto) (*auspicia caelestia*).

-*Auspicium ex caelo*: interpretación de signos que ahora llamaríamos "eléctricos" en el cielo: relámpagos, truenos, así como los rayos.

-*Iuges auspicium*: fenómenos que afectan al yugo de los bueyes.

-*Auspicium liquidum*: movimientos o transformaciones inesperadas de elementos líquidos (estancados, generalmente).

- *Auspicia peremnia:* Los tomados al cruzar un arroyo o un riachuelo (*amnis*), dice Cicerón *Nat. deor.* 2, 9. Son rituales de "tránsito". Sobre la *providentia* divina que habla a través de la naturaleza: Cicerón, *Nat. deor.* 2, 77.

-*Auspicium ex tripudiis*: Observación de los movimientos de los pollos durante la comida que se les proporciona al efecto.

[Ad §19. Nombramiento de los magistrados]

En época de los reyes, antes de la constitución de Servio Tulio, los comicios curiados –a través de las *leges curiatae* surgidas de esta asamblea– otorgaban el *imperium* al rey.

Se concedía al rey el privilegio de nominar al sucesor, pero no era suficiente ni directo el traspaso de poder: tenía la obligación de ratificar al sucesor con la aprobación del pueblo reunido en asamblea.

Los cónsules proponían a sus sucesores por cooptación; y los nombres propuestos debían ser ratificados por los comicios. Los cónsules proponían también a los pretores.

En general, todos los magistrados romanos lo eran por votación de los comicios, también el reclutamiento de los miembros del senado.

[*Ad notam 10*] Sobre la obra de Velio Longo, citado por Mommsen en esta época, véase ahora la nueva versión de su obra *De Orthographia*: Di Napoli, 2011.

[Ad §20. Comicios]

Las asambleas populares (*comitia*) están omnipresentes en la vida política de la República romana. Véase la siguiente relación sobre el nombre y competencias de las asambleas (políticas) populares romanas[17].

Asamblea por curias (*Comitia curiata*)

Unidad de voto: 30 curias, de por cada una de las tres tribus primitivas.

Ciudadanos que asisten: a finales de la República cada curia está representada por un *lictor*.

Magistrado que preside: cónsul, pretor (o *pontifex maximus*) con auspicios.

Elecciones: -

Rogationes legislativas: votan la *lex curiata* que confirma el *imperium* de los magistrados. Ratifican las adopciones y algunos testamentos (bajo la presidencia del *pontifex maximus*).

Rogationes judiciales: -

Lugar de reunión: *Comitium* (en el Capitolio).

Asambleas por centurias (*Comitia centuriata*)

Unidad de voto: 193 centurias: 18 de *equites*; 170 de *pedites* (clasificadas en el siglo II a.C.; en cada una de ellas 35 tribus: 2 grupos de edades y clases censitarias); 5 centurias sin armas.

Ciudadanos que asisten: abiertas a todos los ciudadanos.

Magistrado que preside: cónsul o pretor o, antes del 201 a.C., dictador. In ausencia de los cónsules, al inicio del año, un *interrex* (con auspicios).

Elecciones: cónsules, pretores, censores.

Rogationes legislativas: es originalmente el principal órgano legislativo del Estado. Rara vez utilizado tras el 218 a.C. Se utiliza para las declaraciones de guerra y para confirmar el poder de los censores.

Rogationes judiciales: Acusaciones de pena capital. En el siglo I a.C. están limitados a las acusaciones de *perduellio* (alta traición).

Lugar de reunión: fuera del *pomerium*, casi siempre en el Campo de Marte.

---

[17] Adaptada de NICOLET, 1982, pp. 268-269.

Asambleas por tribus (*Comitia tributa*)

Unidad de voto: 35 tribus: 4 urbanas y 31 rústicas.

Ciudadanos que asisten: abiertas a todos los ciudadanos.

Magistrado que preside: cónsul o pretor, en algunos casos (para la administración de justicia): edil curul (con auspicios).

Elecciones: ediles curules, cuestores, tribunos militares, magistrados especiales.

Rogationes legislativas: Legislación de todos los tipos.

Rogationes judiciales: Para los crímenes de Estado susceptibles de enmienda. Juicios frecuentes ante los tribunos, sobre todo antes de la institución de los tribunales permanentes.

Lugar de reunión: Para las elecciones a finales de la República, en el Campo de Marte. Para la legislación y la administración de justicia, en el Foro o en el Capitolio.

Asamblea general plebeya (*Concilium plebis*)

Unidad de voto: 35 tribus: 4 urbanas y 31 rústicas.

Ciudadanos que asisten: abierta a todos los plebeyos.

Magistrado que preside: tribuno de la plebe; edil de la plebe (sin auspicios).

Elecciones: tribunos y ediles de la plebe y algunos magistrados especiales.

Rogationes legislativas: Legislación de todos los tipos. Mayoría de las leyes propuestas por los tribunos de la plebe. Los plebiscitos tienen valor de ley a partir del 287 a.C.

Rogationes judiciales: Para los crímenes de Estado susceptibles de enmienda

Lugar de reunión: Para las elecciones a finales de la República, en el Campo de Marte. Para la legislación y la administración de justicia, en el Foro o en el Capitolio.

[Ad §21. Partida para la guerra]

El análisis detallado de los auspicia y la ceremonia de partida del general, en Berthelet, 2019, pp. 123-127. Para la cuestión de los mismos hechos (y derechos) de los promagistrados "por prorrogación", ibídem, pp. 159-168.

Ilustramos con algunos textos lo dicho por Mommsen.

1) Texto de Livio (21, 63, 6-9) sobre la controvertida toma de posesión del consulado por Gayo Flaminio en 217 a.C.:

> *non cum senatu modo sed iam cum dis immortalibus C. Flaminium bellum gerere. Consulem ante inauspicato factum revocantibus ex ipsa acie dis atque hominibus non paruisse; nunc conscientia spretorum et Capitolium et sollemnem votorum nuncupationem fugisse, ne die initi magistratus Iovis optimi maximi templum adiret, ne senatum invisus ipse et sibi uni invisum videret consuleretque, ne Latinas indiceret Iovique Latiari sollemne sacrum in monte faceret, ne auspicato profectus in Capitolium ad vota nuncupanda, paludatus inde cum lictoribus in provinciam iret. Lixae modo sine insignibus, sine lictoribus profectum clam, furtim, haud aliter quam si exsilii causa solum vertisset.*

> Gayo Flaminio ya no le hacia la guerra solo al senado, sino a los dioses inmortales; primero, nombrado cónsul con irregularidades en la toma de los auspicios, cuando dioses y hombres le decían que volviese del frente mismo de batalla, no había hecho caso; ahora, consciente de haberlos menospreciado, evitaba el Capitolio y el ofrecimiento solemne de los votos, para no acudir al templo de Júpiter Óptimo Máximo el día de la toma de posesión de su magistratura, para no ver y consultar al senado que le era hostil y al que solo el odiaba, para no anunciar la fecha de las ferias latinas ni ofrecer en su nombre a Júpiter Laciar el sacrificio solemne, para evitar el dirigirse al Capitolio, después de tomar los auspicios, a ofrecer sus votos y de allí marchar a su provincia vestido con el capote militar acompañado por los *lictores*; como un siervo, sin distintivos, sin *lictores*, se había marchado en secreto, a escondidas, lo mismo que si hubiese abandónalo do el suelo patrio para ir al destierro.
>
> (Traducción de J. A. Villar Vidal)

2) Menos conocido es el texto de Cincio, en Festo, voz "*Praetor*", p. 241L:

Cincius in libro de consulum potestate talem: ... itaque quo anno Romanos imperatores ad exercitum mittere oporteret iussu nominis Latini, conplures nostros in Capitolio a sole oriente auspicis operam dare solitos. Ubi aves addixissent, militem illum, qui a communi Latio missus esset, illum quem aves addixerant, praetorem salutare solitum, qui eam provinciam optineret praetoris nomine.

Cincio, en su libro sobre la *potestas* de los cónsules, dice: ... que [...] por eso, en el año en que convenía enviar generales romanos al ejército por orden de la Liga Latina, muchos de nuestros conciudadanos se aplicaban a tomar los auspicios en el Capitolio de amanecer. Cuando los pájaros habían dado las señales, la tropa que había sido enviada por todo el Lacio, solía saludar con el título de pretor al hombre que los pájaros habían designado, el cual obtuvo esta competencia con el título de pretor.

(Traducción adaptada de la de Berthelet, 2019, p. 124)

[Ad §22. *Tiempo de los auspicios*]

Cuando habla Mommsen del tiempo en el que se produce el nombramiento del dictator, menciona la importancia de que debe hacerse "antes del canto del gallo" (*vid.* también su nota 93), pero omite el vocablo técnico *gallicinum*[18]. Efectivamente, el "canto del gallo" es hecho importante en el procedimiento de la *dictio* (investidura) del *dictator*, que soporta aspectos religiosos, o supersticiones en algunos casos, como el hecho de guardar silencio durante la ceremonia (*de nocte silentio*), o esperar el amanecer que anuncia el

[18] Sobre el tema *vid* Giumetti, 2017, pp. 70, 75-105.

canto del animal, para que no haya defecto de forma (*vitium*)[19]. El texto fundamental es Tito Livio:

> *Consulti augures vitiosum videri dictatorem pronuntiaverunt. Eam rem tribuni suspectam infamemque criminando fecerunt: nam neque facile faisse id vitium nosci, cum consul oriens de nocte silentio diceret dictatorem, neque ab consule cuiquam publice privatimue de ea re scriptum esse nec quemquam mortalium exstare qui se vidisse aut audisse quid dicat quod auspicium dirimeret, neque augures divinare Romae sedentes potuisse quid in castris consuli vitii obuenisset; cui non apparere, quod plebeius dictator sit, id vitium auguribus visum?*
>
> Consultados los augures, declararon que les parecía irregular el nombramiento de dictador. Los tribunos con sus acusaciones hicieron recaer las sospechas y el descrédito sobre esta respuesta, pues ni había podido resultar fácil detectar dicha irregularidad, dado que el cónsul, levantándose de noche nombraba al dictador en silencio, ni el cónsul había escrito a nadie sobre el particular de forma oficial o privada, ni existía persona alguna que dijese haber visto u oído algo que invalidase el auspicio, ni los augures, sentados en Roma, habían podido adivinar en qué irregularidad había incurrido el cónsul en el campamento; ¿a quién no le resultaba evidente que lo que a los augures les había parecido una irregularidad era el hecho de que el dictador fuese un plebeyo?
>
> (Livio, 8, 23, 15. Traducción de J.A., Villar Vidal)

La observancia del canto del gallo está en Censorino, *De die natali*, 2, 24, 1-6 (citado por Mommsen, nota 93), aunque debe completarse: *vespera, crepusculum, luminibus accensis, concubium, intempesta nox, ad mediam noctem, media nox, de media nocte, gallicinium, conticinium, ante lucem e diluculum*. También en Macrobio, *Saturnales*, 1, 3, 12-15.

---

[19] Estos aspectos y el *vitium* derivado de su inobservancia durante la *dictio*, están comentados por GIUMETTI, 2017, pp. 103-105.

[Ad §23. Lugar de los auspicios]

Como acertadamente resume Berthelet, "La dicotomía espacio-jurídica entre la forma '*domi*' y '*militiae*' del *imperium* coincidía perfectamente con la de los auspicios de entrada en funciones y los auspicios de salida. Evitaremos acercarlo al binomio "*auspicia urbana/auspicia militaria*", que remitía a la dicotomía "zona intra-/extra-pomerial": el *pomerium* constituía efectivamente un límite para el único *imperium militiae* que era para preservar la zona intrapomerial del *furor belli*, pero no tuvo impacto en el *imperium domi*; vigente hasta el límite de la primera milla, el *imperium domi* no caducaba hasta el final de la magistratura. *El imperium militiae*, por el contrario, que podía ser prolongado por el Senado para conservarse en plena legitimidad más allá del término de la magistratura, cesaba al cruzar el pomerium, al regreso del general. Tal indisociabilidad de la *potestas* y del *ius auspicandi* de los magistrados y promagistrados del pueblo manifestaba la "imperfección" intrínseca a toda *potestas*, concebida como ilegítima mientras no fuera actualizada y aumentada por la *auctoritas* de Júpiter. Sin embargo, el dios soberano otorgaba su *auctoritas* a los poseedores de *potestas* sólo de manera provisional, de ahí la obligación de tomar auspicios antes de cada acción pública importante, *domi* o *militiae*"[20].

Dicho esto, los auspicios debían tomarse en un *templum*, entendiendo este término en sentido religioso romano, expresado por Varrón (*L.L.* 7,8): *in terris dictum templum locus augurii aut auspicii causa quibusdam conceptis verbis finitus*, es decir, "sobre la tierra, un templo se define por determinadas fórmulas propias del *augurium* o del *auspicium*"). Estos *templa augurales* podían situarse en las tribunas del Foro romano, de los *Saepta*, del *Comitium* o de la Curia. Son lugares de gran importancia política y religiosa para los magistrados que ostentan la *potestas publica* (y la Curia en el caso de los senadores), y que poseen una gran carga simbólica de

[20] Berthelet, 2019, p. 281.

representación, siendo los actos más relevantes los actos auspiciales realizados por los magistrados, pues estos poseen el *ius auspicandi*.

[Ad §24. Procedimiento]

La ceremonia auspicial –augural[21]– está bien determinada por la costumbre religiosa (vid. *supra* Ad §22. *Tiempo de los auspicios*], y *[Ad §23. Lugar de los auspicios]*). Una vez establecido el lugar, el *templum* (o *tabernaculum*)[22] debe ser consagrado por los augures, es decir, proceder a su *inauguratio* expresa para ese ritual, que cada vez que se realiza rememora el episodio de la *inauguratio* de Numa con la consagración del *Arx* y el establecimiento del *auguraculum* prístino, del que habla Dionisio (2, 60, 3 y 4, 75, 2), como lugar donde el *rex* obtiene el poder legítimo y las insignias de la realeza. Además, Livio, 1, 18, 6-19.

En los casos de *auguratio* (e *inauguratio*) los augures, como en el caso de otros sacerdotes en otras ceremonias romanas, actúan como un *consilium* de expertos, consultados por los magistrados *ex auctoritate*, para saber si el auspicio es correcto o si es defectuoso o desfavorable: *consulti augures vitiosum videri dictatorem pronuntiauerunt*, leemos en Livio 8, 23, 14. *Vid.* textos relacionados: Cicerón, *De leg.* 2, 31; *De div.* 1, 89; *De nat. deor.* 2, 12; D*e harups. resp*. 28.

[Ad §25. Auspicia oblativa*]*

Véase *supra* la nota *[Ad §2. Auguria impetrativa, oblativa]*

Para Mommsen, los *auspicia impetrativa* corresponden "a las preguntas que se le hacen a Júpiter para empresas específicas y de las respuestas que les da·, y, en sentido opuesto, los *oblativa* son "manifestaciones del dios sin que se le haya preguntado", por ejemplo, para manifestar su oposición a algún acto que se va a emprender o que aún no ha terminado. *Cf.* En sentido contrario, Servio, *Ad Aen.* 6, 190: *auguria aut oblativa sunt, quae non poscuntur, aut inpetrativa,*

---

[21] En general, sobre el ritual augural, Bouché-Leclercq, 1882, pp. 184-208.

[22] Sobre el *templum* augural y la *inauguratio*, Bouché-Leclercq, 1882, pp. 187-199.

quae optata veniunt ("Los augurios son, bien oblativos, los que se solicitan, bien impetrativos, los que llegan").

*[Ad §26. Declaración (*nuntiatio*) de los augures]*

La *nuntiatio* es el acto por el cual los augures, tras haber trazado el *templum*, anuncia los signos aparecidos. La *nuntiatio* se diferencia de la *spectio*, un derecho reservado exclusivamente a los magistrados. *Nos enim nuntiationem solum habemus, consules et reliqui magistratus etiam spectionem*, dice Cicerón, *Phil.* 2, 81. Cf. Varrón, *L.L.* 6, 82: *spectare dictum ab antiquo... et in auspiciis distributum est qui habent spectionem, qui non habeant, et quod in auguriis etiam nunc augures dicunt avem specere.* Y Festo, voz "*Spectio*", p. 133L: *Spectio in auguralibus ponitur pro aspectione et nuntiatio, quia omne ius sacrorum habent au[x]guribus. Spectio dumtaxat quorum consilio rem gererent magistratus, non ut possent impedire nuntiando quae, cum vidissent; at is spectio sine nuntiatione data est, ut ipsi auspicio rem gererent, non ut alios impedirent nuntiando.*

[Ad §27. La obnuntiatio *de los augures]*

La *obnuntiatio* indica la presencia de signos desfavorables enviados por los dioses, y advertidos por los augures. Tras la *spectio* del magistrado, puede otro magistrado hacer una declaración de *obnuntiatio*. Esto podía ser un arma política. Sobre la *nuntiatio* augural y especialmente sobre la *obnuntiatio* de los magistrados, que presenta numerosos problemas, Berthelet, 2019, 92-99 y 259-279, con toda la problemática y la discusión de la investigación reciente.

[Ad §28. Consecuencias de los auspicios contrarios]

Cuando los auspicios eran desfavorables, o no se habían realizado, o no se habían ejecutado correctamente, era una temeridad seguir el curso de los acontecimientos, de la vida, como si nada hubiera ocurrido. Llevada esta idea a los magistrados y a su papel como generales, en la guerra, resulta que el actuar con auspicios negativos era señal de mal agüero, y mucho más, un presagio de derrota en el combate. Si los dioses no dan su *placet*, la derrota es segura y quizás la muerte del general temerario. Ello también tiene una lectura política, en tanto que, en definitiva, los auspicios están de algún modo están dirigidos por el Senado –como lo está la guerra misma a través de sus magistrados–, y cabría preguntarse hasta qué punto el Senado tenía interés en que los auspicios realizados, en el momento de partir para la guerra, fueran favorables o desfavorables. Algo de esto dejan transmitir los textos que, en cualquier caso, son la crónica de una forma de actuar de los magistrados y sacerdotes antes una *auspicatio* negativa, y de sus resultados.

En tal sentido, basta recordar los textos relativos a la guerra en Italia y Sicilia entre romanos y cartagineses, durante la Segunda Guerra Púnica. El primero de ellos se refiere a la batalla de Drépano[23], donde mandaba las tropas romanas el cónsul del año 249 a.C. Publio Claudio Pulcro, con final fatal. Su colega en el consulado de ese año, Lucio Junio Pulo tampoco tomó en serio unos auspicios, y acabó suicidándose. Los otros dos textos ilustran la terrible derrota romana en Trasimeno[24], el 21 de junio del 217 a.C., en la guerra contra Aníbal, con la trágica muerte del general, actuando contra los auspicios.

> *Claudius Pulcher cos. contra auspicia profectus – iussit mergi pullos, qui cibari nolebant – infeliciter adversus Carthaginienses classe pugnavit, et revocatus a senatu iussusque dictatorem dicere Claudium Gliciam dixit, sortis ultimae hominem, qui coactus abdicare se magistratu postea ludos praetextatus spectavit.*

El cónsul Claudio Pulcro, que partió teniendo en contra los auspicios -mandó tirar al agua los pollos, que se negaban a comer-,

---

[23] Polibio, 1 14-15 (I 49-51; I 52, 1-3); Livio, *Per.* 19, 2; Livio, *Fr.* 19, 11, 11; Diodoro, 24, 1, 5-6; Valerio Máximo, 1, 4, 3; Diodoro, 24, 1-5; Frontino. *Str.* 2, 13, 9; Floro 1, 18 (II 2, 29); Orosio, IV 10, 3.

[24] Que narran muchos historiados clásicos: Polibio, 3, 21-23; Livio, 21, 63, 15; 22, 63, 15; 22, 1-6; 22, 7, 1-2; 24, 30, 13; Livio, *Per.* 22, 2; Val. Max. 1, 6, 6; 9, 12, 2; Nepote, 23, 4, 3; Frontino, *Str.* 2, 5, 24; 2, 6, 4; 4, 7, 25; Silio Itálico, *Púnica* 5, 1-678; Apiano, *Aníbal*, 9-10; Floro, I 22 (II 6, 13-14); Orosio, 4 15, 2-6.

sufrió una derrota combatiendo con la flota contra los cartagineses; el senado le mandó volver y tras recibir instrucciones de nombrar un dictador nombró a Claudio Glicia, un hombre de la más baja condición que se vio forzado a dimitir del cargo y después asistió al espectáculo de los juegos vestido con la toga pretexta.
(Tito Livio, *Per.* 19, 2. Traducción de J.A. Villar Vidal)

C. Flaminius cos., homo temerarius, contra auspicia profectus signis militaribus effossis, quae tolli non poterant, et ab equo, quem conscenderat, per caput devolutus, insidiis ab Hannibale circumventus ad Thrasymennum lacum cum exercitu caesus est.

El cónsul Gayo Flaminio, hombre temerario, emprendió la marcha teniendo los auspicios en contra después de desclavar las enseñas militares que no se podían arrancar; tras salir despedido por encima de la cabeza del caballo en el que había montado, fue atrapado por Aníbal en una emboscada a orillas del lago Trasimeno y aniquilado junto con su ejército.
(Tito Livio, *Per.* 22, 4. Traducción de J. A. Villar Vidal)

3) *Quid? bello Punico secundo nonne C. Flaminius consul iterum neglexit signa rerum futurarum magna cum clade rei publicae? Qui exercitu lustrato cum Arretium versus castra movisset et contra Hannibalem legiones duceret, et ipse et equus eius ante signum Iovis Statoris sine causa repente concidit nec eam rem habuit religioni obiecto signo, ut peritis videbatur, ne committeret proelium. Idem cum tripudio auspicaretur, pullarius diem proelii committendi differebat. Tum Flaminius ex eo quaesivit, si ne postea quidem pulli pascerentur, quid faciendum censeret. Cum ille quiescendum respondisset, Flaminius: 'Praeclara vero auspicia, si esurientibus pullis res geri poterit, saturis nihil geretur!' itaque signa convelli et se sequi iussit. Quo tempore cum Signifer primi hastati signum non posset movere loco nec quicquam proficeretur, plures cum accederent, Flaminius re nuntiata suo more neglexit. Itaque tribus iis horis concisus exercitus atque ipse interfectus est.*

> Y bien, durante la segunda guerra púnica, ¿no hizo caso omiso de los signos proféticos Gayo Flaminio, cónsul por segunda vez, con gran pe juicio para el Estado? Una vez purificado, y cuando había levantado el campamento con dirección a Arretio y conducía a sus legiones contra Aníbal, él mismo y su caballo se desplomaron de repente, sin motivo alguno, ante la imagen de Júpiter Protector; él no dio trascendencia religiosa a esta circunstancia, pese a que -según parecía a los entendidos- se le advertía, mediante el signo ofrecido, que no entrase en combate. Cuando este mismo consultó los auspicios mediante el tripudio, el encargado de los pollos no dejaba de diferir el día de la entrada en combate. Entonces, Flaminio le preguntó qué estimaba que había de hacerse, en el caso de que los pollos tampoco tomaran alimento más tarde. Al responderle aquél que habría que mantener la calma, repuso Flaminio: «¡Pues brillantes auspicios, si puede darse batalla cuando están hambrientos unos pollos, y no se puede en modo alguno cuando están ahítos!" Así que ordenó desenclavar los estandartes y que se le siguiera. Resultó, en ese momento, que los portaestandartes del primer manípulo de lanceros no era capaz de mover del sitio su estandarte, y que no se conseguía hacerlo en modo alguno, pese a la ayuda de más personas. Flaminio, según su costumbre, hizo caso omiso del hecho cuando se le anunció. Así es como, en el transcurso de aquellas tres horas, el ejército fue abatido y el propio Flaminio aniquilado.
>
> (Cicerón, *De div.* 1, 77. Traducción de A. Escobar)

[Ad §29. Repetición]

Lo habitual, y sensato, es que si la *auspicatio* adolece de defecto de forma, o incluso si es negativa, se pueda repetir la consulta, que es como "volver a escuchar otra vez a loso dioses". Lo mismo ocurre con los sacrificios defectuosos o nefastos. Hay bastantes casos documentados de repetición, especialmente los relacionados con la guerra[25].

[25] Cf. Berthelet, 2019, pp. 125, 165, 166, 231-233.

La mencionada *litatio* es el término con se indicaba que el acto religioso, o consultivo, o adivinatorio, había sido afortunado, correcto, que agradaba a los dioses. "*Per dies aliquot hostiae maiores sine litatione caesae diuque non impetrata pax deum. In capita consulum re publica incolumi exitiabilis prodigiorum*", dice Livio, 27, 22.

[Ad §30. Vitium *y su constatación]*

El término *vitium* indica un defecto de forma cometido en la consulta de los auspicios, que puede entrañar la nulidad del voto en las diversas asambleas (*comitia*), o la anulación del mismo acto auspicial donde quiera que se realice.

He aquí algunos ejemplos de *vitia auspiciales* irregulares en Tito Livio y Cicerón.

> 1) *eam rem tribuni suspectam infamemque criminando fecerunt: nam neque facile fuisse id vitium nosci, cum consul oriens de nocte silentio diceret dictatorem, neque ab consule cuiquam publice privatimve de ea re scriptum esse nec quemquam mortalium exstare qui se vidisse aut audisse quid dicat quod auspicium dirimeret, neque augures divinare Romae sedentes potuisse quid in castris consuli vitii obvenisset; cui non apparere, quod plebeius dictator sit, id vitium auguribus visum?*

> Los tribunos con sus acusaciones hicieron recaer las sospechas y el descrédito sobre esta respuesta, pues ni había podido resultar fácil detectar dicha irregularidad, dado que el cónsul, levantándose de noche nombraba al dictador en silencio, ni el cónsul había escrito a nadie sobre el particular de forma oficial o privada, ni existía persona alguna que dijese haber visto u oído algo que invalidase el auspicio, ni los augures, sentados en Roma, habían podido adivinar en qué irregularidad había incurrido el cónsul en el campamento; ¿a quién no le resultaba evidente que lo que a los augures les había parecido una irregularidad era el hecho de que el dictador fuese un plebeyo?
>
> (Livio, 8, 23, 15-16. Traducción de J. A. Villar Vidal)

2) *in Samnium incertis itum auspiciis est; cuius rei vitium non in belli eventum, quod prospere gestum est, sed in rabiem atque iras imperatorum vertit.*

Se emprendió la marcha hacia el Samnio con unos auspicios poco claros; sus defectos no repercutieron en el resultado de la guerra, que se llevó a cabo con éxito, pero sí suscitaron la rabia y el resentimiento de los generales.
(Livio 8, 30, 1. Traducción de J. A. Villar Vidal)

3) *Ad quinque milia Ligurum occisa; ex Romano exercitu duo et quinquaginta ceciderunt. Super tam evidentem tristis ominis eventum etiam ex pullario auditum est vitium in auspicio fuisse, nec id consulem ignorasse.*

Fueron muertos en torno a los cinco mil ligures; en el ejército romano fueron cincuenta y dos los caídos. Aparte de ser lo ocurrido el resultado más que previsible de un presagio funesto, también se oyó decir al *pullarius* que se había producido una irregularidad en la toma de los auspicios y que el cónsul no lo ignoraba.
(Livio, 41, 18, 14. Traducción de J. A. Villar Vidal)

4) *Itaque comitiorum solum vitium est fulmen, quod idem omnibus rebus optumum auspicium habemus, si sinistrum fuit.*

Y así, el rayo es un inconveniente tan sólo en el caso de los comicios..., ¡precisamente aquello que consideramos como el mejor auspicio para todos los asuntos, si se produjo por la izquierda!
(Cicerón, *De div.* 2, 43. Traducción de A. Escobar)

COMENTARIOS AL CAPÍTULO III

EL *IMPERIUM*

EL MANDO MILITAR (*IMPERIUM*)

[Ad §1. Titulares del imperium *militar]*

El *imperium* se asigna siempre a magistrados, ya sean ordinarios, o extraordinarios (como es el caso del dictador). Como indica el propio Mommsen, más específicamente indica el mando militar, el derecho (el del *imperium*) del que, si se carece, no se puede poner al mando de las tropas, de hacer una guerra legítima. Lo expresa claramente Cicerón, *Phil.* 5, 12, 45: *Imperium, sine quo res militaris administrari, teneri exercitus, bellum geri non potest.* Entre los magistrados mayores de la República:

Dictador: *imperium domi* y *militiae.*
Cónsul: *imperium domi* y *militiae.*
Censores: carecen de *imperium.*
Pretores: *imperium domi* y *militiae* (hasta el 80 a.C.)

[Ad notam 1] Sobre el dictator y la *lex repetundarum*, PASQUINO, 2018, pp. 130-133.

[Ad. notam 3] Se citan aquí varias leyes importantes que han sido bien estudiadas: la *lex repetundarum* (Sobre la misma CRAWFORD (ed.), 1996, pp. 65-112), la *lex Bantina* (CRAWFORD (ed.), 1996, pp. 193-208), *lex coloniae Genetivae, sive lex Ursonensis* (CRAWFORD (ed.), 1996, pp. 393-454). Sobre el *dictator* y la *lex repetundarum*, PASQUINO, 2018, pp. 130-133.

[Ad. notas 3, 17, 44, 47, 85] En estas notas Mommsen menciona la "*optima lex*", en relación con la dictadura, sobre la que cabe añadir algo más.

Desde sus orígenes la dictadura está sometida a su aceptación o rechazo por medio de las asambleas populares mediante el procedimiento de la *provocatio*, que algunos autores relacionan, para su origen, con la *lex Valeria* del año 449 a.C.[26]. PROCCHI recuerda[27] el texto de Festo, voz "*Optima lex*" (Edit. Lindsay, p. 216) que sería el único que indica que el dictador, mediante la *provocatio ad populum* (de la que habla, entre otros, Cicerón, *De rep.* 1, 63), perdería sus poderes ilimitados:

> ... *in magistro populi faciundo, qui vulgo dictator appellatur, quam plenissimum posset ius eius esse significabatur, ut fuit Mani Valerii M f [Volusuinae gentis], qui primus magister a populo creatus est. Postquam vero provocatio ab eo magistratu ad populum data est, quae ante non erat, desitum est adici "ut optima lege" ut pote imminuto iure priorum magistrorum.*

> ... ejerciendo las funciones de "jefe del pueblo" aquel a quien comúnmente se llama dictador, se pretendía que su derecho fuera lo más completo posible, como lo fue Manio Valerio, de la familia Volusuina, el primer jefe nombrado por el pueblo. Pero después de que se produjera para tal magistrado una "apelación al pueblo", que antes nunca se había producido, se dejó de añadir la frase "como óptima ley" para que, así, fuese reducido, conforme a derecho, el poder de los magistrados superiores. (Traducción nuestra).

Eleonora Nicosia ha estudiado, desde la perspectiva jurídica, la citada expresión "*ut optima lege*", en relación con el nombramiento (*dictio-creatio*) de los dictadores[28].

---

[26] cf. PROCCHI, 2018, pp. 183-230, espec. 199-205.
[27] PROCCHI, 2018, p. 193.
[28] NICOSIA, 2017, pp. 329-342.

[Ad §2. Formación del ejército]

Es uno de los privilegios y funciones principales del magistrado *cum imperio* el reclutar un ejército legionario llamando a los ciudadanos a filas –mediante levas por conscripción, así como ordenar puntualmente el reclutamiento de aliados, cuya soldada debía pagar el Senado, cuando hablamos de mercenarios no itálicos. Este ejército, al que el magistrado pide juramento de fidelidad, y al que puede premiar, castigar o licenciar a su voluntad, es su "ejército" desde el primer día al último en que su *imperium* –asociado a su magistratura– está vigente. Un decreto del Senado autorizaba la conscripción de soldados en un lugar concreto (Dionisio, 8, 87; Livio, 3, 41 ; 7, 19; 10, 21; 22, 11; 22, 23-24; 28, 45; 42, 10). Transcurridos 30 días del edicto, se procedía al registro de reclutas. Los cónsules o sus ayudantes –los tribunos, según indica Polibio– se trasladaban –el cónsul provisto de su silla curul, hasta el Campo de Marte. Otras veces tenía lugar en el Capitolio (Macrobio, *Saturnales*, 1, 16, 15). Aunque no siempre los *dilectus* se hacían en Roma; en caso de necesidad, en tiempos de guerra, se hacía en otras ciudades. Se sometía a los candidatos a un examen físico, se comprobaba su condición de ciudadano libre, o se daba conocimiento de otras circunstancias especiales. Había algunas causas para quedar exentos del servicio de armas, la llamada *vacatio militiae* –circunstancia de la que debía informar el recluta en el momento del *dilectus*–, por ejemplo ser sacerdote (Cicerón, *Acad. prior.* 2, 38, §121), formar parte del cuerpo de *apparitores* de los magistrados (incluidos los coloniales, como se indica en la *Lex coloniae Genetivae*, cap. 62), o gozar de un privilegio personal especial (cf. Cicerón, *De nat. deor.* 2, 2, §6; *Phil.* 5, 19, §53). El *dilectus* se hacía por distritos (por tribus locales), dirigido por *los tribuni militum.* Por sorteo se decidía por qué *tribus* se comenzaba el llamamiento a los jóvenes y varones en edad de combatir, hasta completar el número previsto de inscripciones; luego se sorteaba la segunda *tribus*, y así sucesivamente hasta completar los 4200 hombres que en la República formaban la infantería (Polibio, 6, 19-20). Luego 300 jinetes completaban el cuerpo operativo legionario. Luego, en la República media, el número de *pedites* alcanzó los 5000 hombres (Livio, 26, 28;

31, 38); y en el siglo I a.C., con Mario, el número de infantes era de 6000. En la República primitiva, el *dilectus* se hacía en el Capitolio, más tarde en el Campo de Marte. En presencia del magistrado, los nuevos reclutas prestaban juramento.

Los esclavos y libertos estaban excluidos del *dilectus* para las legiones. Los *libertini* se limitaban a servir en la flota de guerra como remeros, o como marineros que podían empuñar las armas en ciertas circunstancias. Tras la guerra social, los libertos fueron admitidos a combatir como tropa de infantería en tropas de *cohortes sociorum* (Macrobio, *Saturnales*, I, II, 32), nunca en legiones.

Sobre el procedimiento de registro y de asignación de soldados en el primer reparto, interesa este texto de Polibio:

> [19] Primero, designan a los cónsules y, después, nombran a los tribunos militares, catorce, extraídos de los hombres que han cumplido un mínimo de cinco años de servicio militar, y diez más, de los que han cumplido diez años en él. Este último es el tiempo que debe servir un soldado de caballería; el de infantería, dieciséis años; en ambos casos, forzosamente antes de cumplir los cuarenta y seis de edad, con la excepción de los que tienen un censo inferior a cuatrocientos dracmas; éstos se alistan todos en la marina. En casos de emergencia, los soldados de infantería han de servir veinte años. Nadie puede ser investido de cualquier magistratura, si no ha cumplido diez años íntegros de servicio. Cuando los magistrados que ostentan el poder consular se aprestan a realizar una leva de soldados, anuncian al pueblo reunido en asamblea el día en que deberán presentarse todos los romanos en edad militar. Esto se hace anualmente. Llegado el día prescrito, todos aquellos que legalmente el ejército puede alistar se dirigen a Roma y se concentran en el Capitolio. Los tribunos militares más jóvenes se reparten, según el orden en que han sido elegidos por el pueblo o por los cónsules, en cuatro grupos, porque entre los romanos la división primera y principal de sus efectivos militares es en cuatro legiones[29]. Los cuatro tribunos más antiguos vienen asignados a

[29] Dos legiones asignadas a cada uno de los dos cónsules.

la legión llamada la primera, los tres siguientes a la segunda, los cuatro siguientes a la tercera y los tres últimos a la cuarta. De los tribunos más antiguos, los dos primeros son asignados a la primera legión, los tres siguientes se sitúan en la segunda, los dos siguientes en la tercera y los tres últimos en la cuarta.

20 Concluida la elección y la asignación de tribunos, de manera que cada legión tenga el mismo número de oficiales, éstos se reúnen en seguida, separadamente y agrupados según las legiones, para echar suertes sobre las tribus y las llaman según el orden que ha arrojado el sorteo. De cada tribu escogen cuatro jóvenes soldados que tengan, más o menos, físico y edad similares. Les mandan aproximarse y, primero, escogen los oficiales de la legión primera, después, los de la segunda, a continuación, los de la tercera y, finalmente, los de la cuarta. Presentados cuatro jóvenes más, ahora son los oficiales de la segunda legión los primeros en seleccionar, y así sucesivamente; los últimos en elegir san los oficiales de la primera legión. Se adelantan otros cuatro soldados, y ahora eligen, los primeros, los oficiales de la tercera legión y, en último lugar, los de la segunda. Hecho de esta forma cíclica el encuadramiento de los soldados, cada legión recibe un conjunto de hombres muy similar. Cuando se llega al número decretado (que es casi siempre cuatro mil doscientos soldados de infantería por legión, pero alguna vez cinco mil, esto si el riesgo que se corre es excepcional), antiguamente se seleccionaba la caballería después de la elección de los cuatro mil doscientos soldados, pero ahora se empieza por aquí: la elección la hace el censor según las fortunas personales; a cada legión le vienen asignados trescientos jinetes.

(Polibio, 6, 19 y 20. Traducción de M. Balasch Recort).

Sobre el juramento, conservamos esta fórmula antigua:

qui ducturus erat exercitum, ibat ad Capitolium et exinde proferens duo vexilla, unum roseum, quod pedites evocabat, et unum caeruleum, quod erat equitum (nam caeruleus color est maris, a cuius deo equum constat inventum) dicebat: qui rem publicam vult salvam esse me sequatur. Et qui convenissent simul iurabant. (Serv. *Ad Aen.* 8, 1)

El que iba a conducir el ejército, iba al Capitolio, y desde allí, tendiendo dos estandartes, uno rosa, que llamaba a la infantería, y otro azul oscuro, que era para la caballería (porque el azul es el color del mar, a cuyo dios[30] se atribuyen los caballos), decía: "El que quiera que el Estado esté a salvo, que me siga". Y los que se habían reunido, juraban juntos.

(Traducción nuestra)

[Ad §3. Nombramiento de los oficiales]

Del mismo modo que el magistrado ordena el reclutamiento, goza del derecho a designar a sus oficiales superiores de las cuatro legiones regulares –dos para cada cónsul—, a los tribunos, centuriones y comandantes de las tropas de aliados (es decir, a los *praefecti sociorum*), o a los prefectos *fabrum*. Los textos citados por Mommsen, nos ilustran sobre este particular: Livio, 42, 43; Cicerón, *In Pison.* 36, 88; Tácito, *Annales*, 1, 44.

[Ad §4. Derecho a iniciar una guerra]

En época Republicana es el Senado, en connivencia con los magistrados, y con la aprobación del pueblo reunido en asamblea quien tiene el derecho de declarar la guerra y de iniciarla. Si se trata de una guerra defensiva, se por sí se considera justa.

En el análisis que hace Duplá Ansuátegui (2005) del concepto mommseniano de guerra e imperialismo, este autor considera que ambos conceptos son, en la obra de Mommsen, prácticamente inseparables, dada su admiración por Roma, que critica este investigador con cierta saña: "la lectura tan idealizada y patriótica de la historia romana, llevará en no pocas ocasiones a Mommsen a una

[30] En la mitología, Neptuno, dios del mar, se representa conduciendo un carro que avanza sobre las aguas del mar, tirado por caballos blancos.

reconstrucción distorsionada de la realidad histórica. Por ejemplo, respecto a la propia sociedad romana y a su supuesta igualdad interna en época arcaica, dibuja una auténtica sociedad sin clases, alterada tan sólo con la expansión mediterránea y el contacto con el mundo griego. Mommsen es también, cual Catón redivivo, un nostálgico de las virtudes romanas tradicionales, alteradas presuntamente por la influencia anti romana y revolucionaria del elemento griego, por ejemplo en el teatro y la educación. En realidad, esta visión deriva de su preocupación ante la presunta disolución de la conciencia nacional estrictamente romana. Un problema similar se encuentra en el análisis del desarrollo constitucional romano, premisa básica de la hegemonía de Roma. En este caso, los elementos básicos son el *imperium* y la magistratura, como encarnación del poder popular y como eje de una evolución a través de diferentes épocas históricas"[31]. Según este analista la obra de Mommsen, tanto la *Historia de Roma* como su concepto estructurado de las instituciones política desplegado en el *Staatsrecht* se encuentra "lastrada por el peso de sus concepciones políticas y la situación contemporánea sea el de su análisis de la expansión romana", pensando en la situación política alemana y en su unificación, y asegura que "Si bien es cierto que Mommsen rechaza un Estado mundial y parece inclinarse más bien hacia una comunidad de Estados nacionales ("heilige Allianz der Völker"), de alguna manera la culminación de la unificación nacional se interpreta como un auténtico "fin de la historia"[32]. En Mommsen, afirma, "justificación de la expansión y el imperialismo en época republicana es plena", acudiendo a argumentos "vidriosos y discutibles". Seguramente los conceptos "nacionalismo", e "imperialismo" de la segunda mitad del siglo XIX no pueden juzgar – ¿o sí?– con los ojos del siglo XXI, sin que chirríen los goznes de las puertas que abren o cierran periodos e ideologías. Cuando apareció en Estados Unidos el libro de Harris, muchos críticos e historiadores vieron en él una crítica al imperialismo militar estadounidense; y Harris se ratificó en sus tesis: los generales romanos actuaban movidos por la codicia, la mentira y

[31] Duplá Ansuátegui, 2005, p. 228.
[32] Duplá Ansuátegui, 2005, p. 229.

la pura sed de sangre; así, los campesinos (¡pobres campesinos!) eran movilizados regularmente por los generales romanos, usándolos como instrumentos para su particular competición de gloria, de poder, y de algo de botín para sus soldados. Guerra, imperialismo romano[33], agresión cultural, por un lado; por otro, sometimiento del "buen bárbaro", desaparición de la cultura material étnica y espiritual de los pueblos más primitivos. Estamos en una época de reivindicación del buen salvaje, que, a su vez –se arguye– es acometido por el ataque de lobos[34].

Decíamos en la introducción de este libro que el concepto imperialismo está hoy totalmente denostado. Vivimos solazmente en fronteras seguras, y miramos las guerras ajenas con distancia geográfica (las actuales) y temporal (las de ayer). Mommsen y su obra es fruto de su tiempo, y de la política de su tiempo. Tenía una idea de Estado romano, y una idea de Estado alemán. Hoy el Estado, los Estados-nación, su noción política, se diluye en ideologías "líquidas", y el historiador del mundo antiguo –hablamos en general– no ha adquirido aún compromisos responsables con su presente histórico. ¿Quién escribe hoy historia antigua pensando en la situación política y social de su propio país, por ejemplo, de España?

[Ad §5. Tratados]

En efecto, el derecho constitucional del magistrado que está en guerra fuera de Italia contra un enemigo externo de hacer tratados con tales pueblos, es un aspecto que en general no se le ha dado la importancia que merece. Puede, en nombre del Senado romano,

[33] HARRIS, 1989, en un libro clásico, académico, sobre el imperialismo romano, consideraba que el afán conquistador de Roma, de su incontenible expansión mediante las armas, venía a estar en su ADN, y que pudo expresarse desde el primer momento en que "planificó" su expansión por la península italiana, hasta hacerla toda romana. Si Harris hablaba en general del imperialismo romano republicano, RICHARDSON (1989), aplicó el modelo a la *Hispania romana*, desde la primera presencia de los romanos en la Península en 218, hasta el inicio de la guerra sertoriana.

[34] Oportunamente, y en beneficio de su crítica antiimperialista (al parecer omnipresente en la obra de Mommsen, y la columna vertebral de su pensamiento historiográfico), DUPLÁ ANSUÁTEGUI, 2005, p. 233, menciona un artículo de un prestigioso historiador, aún activo, Raaflaub, que éste tituló entonces, en 1996: "Born to be Wolves?". Los lobos son, obviamente, para él, los romanos.

firmar tratados de paz (Polibio, 6, 14, 15), o una alianza (Salustio, *Iug.* 39, 3; Livio, 42, 33), determinar treguas, contratar mercenarios, tomar posesión en nombre de Roma de los territorios conquistados, proceder a la división de tierras, o a su reparto, fundar ciudades (colonias), organizando los poderes públicos en las mismas, o conceder la ciudadanía romana, a modo de premio, o como agradecimiento por los servicios prestados, a personas, o modificar el estatuto jurídico de las ciudades indígenas que pasan a la tutela de la administración romana.

[Ad §6. Administración financiera]

El magistrado *cum imperio* que lo está ejerciendo en provincias, en guerra no puede desarrollar su acción bélica sin dinero. Es el Senado, en Roma, el que provee de lo necesario al general –tropas y dinero del *aerarium*–, y un magistrado menor (el *quaestor aerarii*, que actuaba como quaestor del magistrado, del general) que controla los gastos en razón del dinero público aportado al inicio al general. Ese dinero era el adjudicado al magistrado *cum imperio* al comienzo de su periodo de mando, y que podía "gastar" en las provincias, para asuntos bélicos en razón de los *Senatusconsulta de provinciis* y de los *Senatusconsulta de exercitibus*: "*De republica, de administratione belli, de provinciis exercitibusque*" (Livio, 26, 1).

En una guerra, los gastos son impredecibles, pues dependen de la eficacia o éxito de las acciones militares, y de los botines arrebatados al enemigo. El botín era una forma de auto-abastecerse de numerario lejos de Roma[35]. De ahí que la ocupación de minas –y de su explotación de urgencia por parte del propio ejército– fuesen objetivos preferentes. Así ocurrió con las minas próximas a *Carthago Nova*,

[35] Lo mismo hacían otros ejércitos de ocupación, como los cartagineses en la misma Iberia (Diodoro, 25, 25)

durante los episodios de la Segunda Guerra Púnica que tuvieron como escenario a Iberia (Diodoro, 5, 35).

Ejemplo de botín de guerra fabuloso es el obtenido por Escipión en el 209 a.C. tras la caída de la capital púnica, Quart Hadasht, que pasó a ser la *Carthago Nova* romana. Así lo cuenta Livio:

> *captus et apparatus ingens belli; catapultae maximae formae centum viginti, minores ducentae octoginta una; ballistae maiores viginti tres, minores quinquaginta duae; scorpionum maiorum minorumque et armorum telorumque ingens numerus; signa militaria septuaginta quattuor. Et auri argenti relata ad imperatorem magna vis: paterae aureae fuerunt ducentae septuaginta sex, librales ferme omnes pondo; argenti infecti signatique decem et octo milia et trecenta pondo, vasorum argenteorum magnus numerus; haec omnia C. Flaminio quaestori appensa adnumerataque sunt; tritici quadringenta milia modium, hordei ducenta septuaginta.*

> Se aprehendió también una enorme cantidad de material bélico: ciento veinte catapultas de las de mayor tamaño, doscientas ochenta y una más pequeñas; ballestas grandes, veintitrés; pequeñas, cincuenta y dos; una enorme cantidad de escorpiones grandes y pequeños, y de armas defensivas y ofensivas; setenta y cuatro enseñas militares. También se le llevo al general gran cantidad de oro y plata: doscientas setenta y seis páteras de oro, casi todas de una libra de peso; dieciocho mil trescientas libras de plata, acuñada y en bruto, y un gran número de vasos de plata. Todo esto fue pesado y contado por el cuestor Gayo Flaminio. Y cuatrocientos mil modios de trigo y doscientos setenta mil de cebada.
>
> (Livio, 26, 47. Traducción J.A. Villar Vidal)

Cubiertas las necesidades financieras en la provincia, y acabada la campaña militar, el general victorioso podía exhibir sus tesoros arrebatados al enemigo, así como la plata acuñada, como símbolos ostentosos del poder del conquistador. Así se ve claramente, a modo de ejemplo, en los expolios de los primeros gobernadores romanos de Hispania, en 197 a.C. Uno de ellos, Cornelio Blasio, recibió una *ovatio*[36] (es decir un triunfo menor) a su regreso a Roma:

> *isdem diebus Cn. Cornelius Blasio, qui ante C. Sempronium Tuditanum citeriorem Hispaniam obtinuerat, ovans ex senatus consulto urbem est ingressus. Tulit prae se auri mille et quingenta quindecim pondo, argenti uiginti milia, signati denarium triginta quattuor milia et quingentos. L. Stertinius ex ulteriore Hispania, ne temptata quidem triumphi spe, quinquaginta milia pondo argenti in aerarium intulit, et de manubiis duos fornices in foro bouario ante Fortunae aedem et matris Matutae, unum in maximo circo fecit et his fornicibus signa aurata imposuit. Haec per hiemem ferme acta.*

En las mismas fechas, Gneo Cornelio Blasión, que había tenido a su cargo la Hispania citerior antes que Gayo Sempronio Tuditano, entró en Roma recibiendo la ovación por decreto del Senado. Desfiló llevando delante mil quinientas quince libras de oro, veinte mil de plata, y treinta y cuatro mil quinientos denarios de plata acuñada. Lucio Estertinio, que venía de la Hispania Ulterior, ni siquiera tanteo la posibilidad del triunfo y aportó al erario público cincuenta mil libras de plata, y con el producto de la venta del botín construyó dos arcos en el Foro Boario, delante de los templos de la Fortuna y de Mater Matuta, y otro en el Circo Máximo, y sobre estos arcos colocó estatuas doradas. Esto fue, a grandes rasgos, lo que se hizo durante el invierno.
(Livio, 33, 27. Traducción de J.A. Villar Vidal)

[Ad §7. Derecho de acuñar moneda]

Derivado de lo anterior, y para optimizar esfuerzos y recursos bélicos, es natural que la plata extraída en las provincias, fuera acuñada

[36] Las exigencias para que el Senado concediera el honor de la *ovatio* (y no la del triunfo), eran menores. A saber: el desfile por Roma, hasta el Capitolio, se hacía a pie, y no en cuadriga y carro. Al este general se le habría exigido una victoria sobre un pueblo extranjero, aunque de no gran entidad; y bastaba con haberles causado una cifra de bajas por debajo de 5000 enemigos abatidos, o bien hechos prisioneros (por tanto, "sin sangre").

allí, previendo la inmediata puesta en circulación del numerario, bien para pagar a los soldados, contratar a varones autóctonos que combatiesen junto a los romanos como *socii* (aliados), o para pagar voluntades y fidelidades de los *reguli*. Los tipos monetarios se adaptaban, poco más o menos, a los tipos itálicos en cuanto a módulos y calidad de las aleaciones, y estas acuñaciones tenían validez también en Italia. El magistrado en guerra en las provincias, en la mayoría de los casos cónsules o procónsules, al batir moneda fuera de Italia no hacen otra cosa que ejercer una de sus prerrogativas *domi* en territorio externo, *militiae*.

[Ad §8. Jurisdicción del general]

Un aspecto no tocado por Mommsen es el del *iustitium* (o *edictum iustitium*) del dictador, que se refiere a "ferias, como equivalente a la suspensión de las causas en el Foro, pero también como luto público"[37]. Relacionado con el funeral: Fulgentius, *De prisco sermone* 35: *Iustitium dicitur luctus publicus*[38]. Del pasaje de Livio 7, 7-8, Mommsen viene a suponer que el *iustitium* (con sentido de luto público) se dio tras la derrota romana ante los samnitas y la humillación de las Horcas Caudinas. *Iustitium* como día feriado en el que se suspenden los *negotia*, habla Cicerón en el *Pro Planco*, 16, 33: *edicto iustitio id est praedicto in re publica tempore quo nihil ageretur civilium negotiorum*; compárese Macrobio, *Saturnalia*, 1,16, 5-6. En todo caso, parece tener connotaciones religiosas, en tanto que afecta al calendario y a los funerales. Por tanto, la aplicación del *iustitium* supone la suspensión temporal de la *iurisdictio* de los magistrados, también del dictador.

[Ad §9. Título de imperator*]*

Existe posiblemente la *communis opinio* de que el término latino *imperator* designa solo, por antonomasia, a los emperadores romanos,

---

[37] Salomone, 2017, p. 261.
[38] Citado por Salomone, 2017, p. 261

a partir de Augusto. Pero resulta evidente que podemos referirnos con toda propiedad a *imperatores* romanos de época republicana, pues el término deriva de *imperium*, del *imperium* militar de los magistrados. Como precisa el propio Mommsen, "el vocablo sirvió para designar genéricamente al general que está en campaña, en la guerra", si bien, "para los propios generales se establece la costumbre de no tomar el título de *imperator* al entrar en posesión del mando, sino sólo después de haber ganado la primera gran batalla". En consecuencia la historia de la Roma republicana está sembrada de *imperatores* victoriosos[39]. El término *imperator* se corresponde con el griego στρατηγός (*estrategós*). Una definición, descriptiva de sus funciones, la proporciona Cicerón:

> *Nam si forte quaereretur quae esset ars imperatoris, constituendum putarem principio, quis esset imperator; qui cum esset constitutus administrator quidam belli gerendi, tum adiungeremus de exercitu, de castris, de agminibus, de signorum conlationibus, de oppidorum oppugnationibus, de commeatu, de insidiis faciendis atque vitandis, de reliquis rebus, quae essent propriae belli administrandi; quarum qui essent animo et scientia compotes, eos esse imperatores dicerem, utererque exemplis Africanorum et Maximorum, Epaminondam atque Hannibalem atque eius generis homines nominarem.*

> Pues si por ventura se indagase en qué consiste el arte de ser general (*ars imperatoris*), sería de la opinión que habría que establecer antes quién es un general. Y una vez que se hubiese definido como un ejecutivo de la guerra en sus distintos aspectos, entonces añadiríamos precisiones sobre el ejército, el campamento, los tipos de formación, las tácticas de ataque, el asalto a las plazas fuertes, la logística, el trazar y evitar encerronas y de los demás aspectos que son propios de la gestión de la guerra. Y a quienes por carácter y por saber los dominaran, a ésos los consideraría generales y

[39] Con este sentido: *his rebus gestis Curio se in castra ad Bagradam recepit, atque universi exercitus conclamatione Imperator appellatur* (César, *B.C.* 2, 26, 1); cf.: *Pompeius eo proelio Imperator est appellatus* (César, *B.C.* 3, 71, 3; Cicerón, *Phil.* 14, 4, 11; 14, 5, 12; César, *B. C.* 3, 31, 1; Liv. 27, 19, 4)

utilizaría el modelo de los Africanos y los Máximos y nombraría a Epaminondas, a Aníbal y a varones semejantes.
(Cicerón, *De orat.* 1, 48, 210. Traducción de J.J. Iso)

[Ad notam 13]: Sobre la inscripción citada del mármol de Kaunos, *vid*: Bernhardt, 1976, pp. 117-128, n.º 2.

[Ad §10. El triunfo]

El *triumphus* (griego, θρίαμβος) es el honor y ceremonia de mayor rango que puede obtener un general romano. Hará el paseo en carro tirado por cuatro caballos blancos. Es una exhibición militar y política de poder, mediante la cual el Estado quiere recompensar sus esfuerzos, y reconocer y premiar su valor en el campo de batalla, el éxito militar. Pero es también, sin duda, una fiesta religiosa, en la que se honra a Júpiter Óptimo Máximo, a través de una persona, el general victorioso, que es "un doble del propio Júpiter" o un "Júpiter eventual" al que en su día se le otorgaron *auspicios* e *imperium*, y ahora, una vez derrotados los enemigos, regresa a la patria para dar acción de gracias y devolver los *auspicia* y el *imperium*. Por eso, durante las horas o los días en que se celebra el desfile triunfal la Ciudad, el Estado mismo, está sometido al poder indelegable y a la majestad del triunfador que sube al Capitolio para entregar al tesoro del templo los *spolia opima*. El significado político, religioso y simbólico es, por tanto, impresionante.

A modo de ejemplo de estos fastos, recordemos la celebración de Pompeyo Magno de un triple triunfo en Roma, a finales de septiembre, los días los días 28 y 29 del 61 a.C. Nunca se había visto en Roma un espectáculo tan admirable. Y tuvo para Pompeyo una gran rentabilidad política. Pompeyo se autoproclamó –y así fue reconocido por el Senado– como general victorioso en los tres continentes del mundo habitado (Europa, Asia y África). Y era cierto; siendo, además, un hombre joven, pues en este año en que celebró los triunfos contaba 45 años. Desde luego, la modestia no era una de las virtudes del gran Pompeyo; y las fechas de la celebración tampoco fueron elegidas al azar, pues las hizo coincidir con su cumpleaños, y se quiso presentar como un nuevo Alejandro Magno. De hecho algunos biógrafos posteriores, como Plutarco (Plutarco, *Pomp.* 46, 1) se hacen eco de un intento de manipulación de los *fasti triumphales*, donde su edad fue rebajada hasta los 35 años para equipararse así al rey macedonio. De hecho el mismo Pompeyo se ocupó de dar "un barniz helenístico" a su desfile. La motivaciones oficiales del Senado para autorizar el triunfo fueron: liberar las costas de piratas y haber devuelto la soberanía del mar al pueblo romano; por sus triunfos en Asia, en el Ponto, Armenia, Paflagonia, Capadocia, Cilicia, Siria; haber combatido victoriosamente contra los escitas, los judíos, los albanos, los iberos (del Cáucaso), los cretenses, los bastarnos y haber doblegado al rey Mitrídates y a Tigranes. En el triunfo estuvieron representados gentes de muchos pueblos procedentes de las regiones conquistadas: Ponto, Armenia, Capadocia, Cilicia, de toda Siria, además de albanos, heníocos, aqueos de Escitia e iberos orientales. Veamos el texto de Plutarco:

> A la grandeza de su triunfo, aunque se repartió en dos días, no le bastó este tiempo, sino que muchos de los objetos que estaban preparados para su exhibición quedaron fuera del espectáculo, pudiendo ser materia y ornato de otra pompa igual. En carteles que se llevaban delante, iban escritas las naciones de quienes triunfaba, siendo éstas: el Ponto, la Armenia, la Paflagonia, la Capadocia, la Media, la Cólquida, los iberos, los albanos, la Siria, la Cilicia, la Mesopotamia, los pueblos de Fenicia y Palestina, la Judea, la Arabia, los piratas destruidos doquiera por la tierra y por el mar, y además los fuertes tomados, que no bajaban de mil; las ciudades, que eran muy pocas menos de novecientas; las naves de los piratas, ochocientas, y las ciudades repobladas, que eran treinta y nueve. Daba sobre todo esto razón por los carteles, de que las rentas de la república eran cincuenta millones de dracmas, y las de los países que había conquistado montaban a ochenta y cinco millones; y en moneda acuñada y en alhajas de oro y plata entraban en el erario público veinte mil talentos, sin incluir lo que se había dado a los soldados, de los cuales el que menos había recibido mil y quinientas dracmas. Los cautivos conducidos en la pompa, además de los jefes y caudillos de los piratas, fueron: el hijo de Tigranes, rey de

Armenia, con su mujer y su hija; la mujer del mismo Tigranes, Zósima; el rey de los judíos, Aristóbulo; una hermana de Mitrídates, con cinco hijos suyos y algunas mujeres escitas; los rehenes de los albanos e iberos y del rey de la Comagene; y finalmente muchos trofeos, tantos en número como habían sido las batallas que había ganado, ya por sí mismo y ya por sus lugartenientes. Lo más grande para su gloria, y de lo que ningún romano había disfrutado antes que él, fue haber obtenido este tercer triunfo de la tercera parte del mundo; porque otros habían alcanzado antes tercer triunfo, pero él, habiendo conseguido el primero en África, el segundo en Europa y este tercero del Asia, parecía en cierta manera que en sus tres triunfos había abarcado toda la tierra. (Plutarco, *Pomp*. 45).

[Ad A) Triunfo de un particular] Según la ley, esto no puede producirse. Cuando un magistrado cesa en su función, pasa a ser un *privatus*.

[Ad B) Triunfo tras la victoria conseguida por alguien que no es comandante en jefe o que no tiene mando en la provincia] El triunfo hay que atribuirlo al magistrado de mayor rango que está presente en el momento de la batalla y que en ese día exacto posee el *imperium* y la *potestas*. En caso de que estuvieran presente los dos cónsules, solo corresponde el honor a aquel de los dos que se día corresponden *imperium* y *potestas*.

[Ad C) Excepciones] Infrecuentemente podía celebrar un triunfo menor el *tribunus cum consulari imperio*.

[D) Triunfo tras la expiración de la duración legal de los poderes] Los textos demuestran que, excepcionalmente, y en contra de la norma general que impedía la celebración del triunfo a un magistrado con el *imperium* caducado no ha mucho tiempo, se le concedía una prórroga especial para recibir el honor del triunfo a su regreso de la guerra.

[Ad E) Deportatio exercitus*] La vuelta a casa (domi) del ejército victorioso es condición para que el general victorioso llegue al límite del pomerium con el "derecho" al triunfo.*

[F) Triunfo en virtud de un imperium *ajeno]* Solamente puede triunfar el magistrado investido con un imperium legítimo, que es personal e intrasmisible.

[Ad G) Triunfo de otros promagistrados] Triumphus minores se podían conceder a algunos promagistrados fuera de la ciudad, considerando que la promagistratura no es "magistratura regular". Fueron poco frecuentes.

[Ad §11. Imperium *militar del triunfador]*

El derecho triunfal establece requisitos para que el general victorioso pueda recibir el honor de la celebración de un *triumphus.* Debe ser el jefe máximo en el transcurso de la batalla. Es posible que en el campo de batalla coincidan varios magistrados *cum imperio*, el cónsul, el dictador, el procónsul y el pretor. Entonces hay un orden de prelación: Si coinciden un cónsul y un dictador o un pretor y un cónsul, el derecho del triunfo pertenece al que se supone jefe, el dictador en el primer caso y el cónsul en el segundo. Y en el caso de que tengan el mismo rango, por ejemplo en la magistratura colegiada que es el consulado, el triunfo se otorga al cónsul que tuviese el *auspicium* y el *imperium* en ese día concreto[40].

[Ad §12. Otras condiciones del triunfo]

Al existir en la práctica tantas condiciones *sine qua non*, tantas restricciones y condiciones para solicitar el honor de desfilar triunfalmente en Roma, se ha llegado a hablar –mirado en conjunto esas normas– de un "Derecho triunfal"; y no carece de sentido la expresión, pues estas condiciones venían exigidas por algunas leyes, que no siempre conocemos con exactitud.

Para el *triumphus* se exigían dos requisitos previos imprescindibles (teóricamente): que el enemigo derrotado tuviera un rango equivalente al romano, es decir un Estado, cualquiera fuera su régimen político;

[40] Sobre los auspicios y el *imperium*: Magdelain, 1968; también, 1969, 1964 (bis) (1990 = 2015), pp. 313-339; 341-383; 307-311, respectivamente; Auliard, 2001, pp. 112-114. Un panorama más amplio y menos riguroso sobre el triunfo, con especial atención a la época imperial, Beard, 2012.

y que hubiese un número de enemigos muertos considerable, por encima de 5.000 caídos. Y otros requisitos concretos para el triunfo:

- Se requiere el peritaje y aprobación por parte del Senado (como refrendo legal).
- Nunca se concede a un particular o privado; sino que debe ser un magistrado, en su año de ejercicio y con el *imperium* activo en el momento de la batalla, o dentro del periodo de vigencia de su *imperium*.
- Magistrados excepcionales: solamente el dictador, ya que el origen de esta magistratura es preponderantemente militar, *optimo iure, belli gerundae causa*.
- Que fuese el jefe máximo en el momento de la batalla.
- Lo debe recibir el general en persona; no puede delegarlo en un jefe militar subalterno.
- Que sea una guerra legalmente declarada.
- Que sea una guerra de anexión de territorios, y no una guerra de recuperación de territorios.
- Que no sea una guerra civil.
- Que la guerra haya acabado.

También se tiene noticia de rechazo de la petición de celebración de triunfo, por parte del Senado, hacia los magistrados que la pidieron creyéndose merecedores de tal honor. Así ocurrió con P. Servilio Prisco (¿en 495 a.C.?) quizás porque, aun venciendo, cayeron demasiados soldados romanos en la batalla. En 476, posiblemente por el voto negativo de asambleas populares, se les negó el triunfo a A. Verginio Tricusto y Sp. Servilio Estructo. En 339 el Senado rechaza la petición para Ti. Emilio Mamercino, porque el ejército romano no regreso a la ciudad, y porque quizás la declaración de victoria fue falsa. En 291 a.C. se le negó el honor de procesionar a L. Postumio Magelo por el voto en contra de todos los comicios por tribus y la hostilidad del Senado. En 212 a.C. el Senado no concede el triunfo a Q. Fulvio Flaco por haber hecho una masacre injustificada contra los jefes de los campanos. En 199 a.C. se le negó una *ovatio* (ovación) a L. Mancio Acidino. En 197 a.C. se le negó el triunfo a Q. Minucio

Rufo por la oposición de un tribuno de la plebe. En 193 a.C., dos tribunos de la plebe rechazaron el triunfo de L. Cornelio Merula. En 190 a.C., por razón desconocida, se rechazó el triunfo para Q. Minucio Themo, y en 125 a.C. lo mismo para Lucio Opimio, posiblemente por la destrucción de *Fregellae.*

[Ad §13. Autoridades competentes en relación con el triunfo]

En relación con la ceremonia triunfal, Mommsen ha relegado el papel de los *lictores* en el desfile. No cabe dudar de que los magistrados que iban delante de la procesión fueran acompañados por los *lictores.* A César, en tanto *dictator*, se le permitió desfilar acompañado de algunos *lictores* (Dion, 43, 14 y 43, 19), y el triunfador mismo, como norma general, también iba precedido por *lictores* portando fasces laureados con hachas, una vista inusual dentro del *pomerium.*

[Ad §14. Condecoraciones y premios militares]

Indudablemente, la primera recompensa que recibía un soldado en la guerra era conservar la vida, luego, en la escena de la batalla, conseguir el botín. No se rapiñaba. Lo acumulado, arrebatado a los enemigos, muertos o vivos, se reunía todo y el magistrado lo repartía a oficiales y a soldados, según su espontáneo criterio de equidad, teniendo presente –hay que suponerlo así– la actuación colectiva o individual en el combate.

Tras la victoria, correspondía al mismo magistrado distribuir, a su criterio, honores más elevados. Como indica Mommsen, el más preciado posiblemente era la concesión de un anillo a los oficiales o soldados de mérito, que habían sido alistados como ciudadanos romanos. Este anillo no era un mero adorno personal, o una vistosa insignia al valor; significa su ascenso social al orden social de los caballeros romanos. *Anulum invenit, eques factus est* (cf. Horacio, *Sat.* 2, 7, 53; Cicerón, *Verr.* 2, 3 7). Indudablemente no eran muchos los que recibían este honor, pues se otorgaba a título individual, no a determinada unidad o cuerpo de ejército. Poseer el *anulus equestris*, de oro (Suetonio, *Caes.* 33) era una *dignitas.*

COMENTARIOS AL CAPÍTULO IV

LA DICTADURA ROMANA

Para Mommsen, y para todos los que han estudiado la dictadura romana[41], Tito Livio es la fuente principal; la mejor junto con Dionisio[42], para la historia romana de los siglos V-III a.C., en los que se esta magistratura estuvo vigente con recurrencia[43]. La tabla que hemos presentado, basada en las fuentes, ponen de manifiesto la ausencia de dictatores durante todo el siglo II a.C.[44], hasta la de Sila, que reviste caraterísticas singulares[45], e incluso la dictadura en sí misma, desde tiempos antiguos soporta diversas etiquetas, todas imprecisas, empezando por la idea de que es una "pretendida anomalía del sistema constitucional romano"[46]. Otros autores hablan de "magistratura extraordinaria" en el sentido de excepcional, singular o insólito[47], o incluso "irresponsable", ἀναπεύθυνος[48], o que tiene una "natura emergenziale"[49], y que se utiliza en caso de necesidad urgente[50].

Luego de Mommsen, han dedicado estudios a esta institución juristas señeros, como Di Martino[51], criticando en parte el rígido sistema mommseniano, pero recibiendo él mismo (Di Martino) no meros severas críticas por los eruditos más recientes[52].

---

[41] Recientemente, MILES, 1995; CAVAGNONI, 2017; PULITANÒ, 2017; WILSON, 2021.

[42] GABBA, 1996.

[43] En especial para los dictadores del siglo V, *vid.* FENOCCHIO, 2017, esp. pp. 114-134. Para ciertos aspectos jurídicos "anómalos" en las dictaduras de estos siglos V-III a.C., *vid.* MILANI, 2018, pp. 369-439.

[44] SPINA, 2018, pp. 509-535.

[45] ROSSETTI, 2018; GALEOTTI, 2018; GUIDA, 2018.

[46] cf. DE MARTINO, *Storia,* I, p. 238; ONIDA, 2017, pp. 170.

[47] MILAZZO, 2017, pp. 231 y 254.

[48] PASQUINO, 2018, pp. 89-90.

[49] MILAZZO, 2017, p. 236.

[50] BARBATI, 2018, pp. 233-367, que estudia el caso específico de Espurio Melio.

[51] Que Di Martino aborda en distintas partes del tomo III de *Constituzione*, esp. Pp. 82-97 sobre la dictadura silana.

[52] ONIDA, 2017, pp. 160-163.

Lo cierto es que la institución romana de la dictadura fue objeto de reflexión histórica, histórico-filosófica, o social, por pensadores paragmáticos: Se encuentra en Maquiavelo, en su *Discurso sobre la primera década de Tito Livio*, pero se acrecienta en los siglos XVIII y XIX, con Montesquieu, en sus *Essais*, y con Rousseau, en *El contrato social*, principalmente[53]. En el siglo XX otros intelectuales abordaron el asunto, como Benjamin Constant[54] o Hannah Arendt[55]. Un estudio reciente analiza el concepto de dictura en el pensamiento teórico actual[56]. El presente estudio de Mommsen sobre la dictadura es el primero orgánico desde la perspectiva del Derecho romano. Pocos años después de la muerte de Mommsen se leyó en Breslau la tesis de Frint Bandel titulada *Die Dictaturen der römischen Republik*, obra casi imposible de consultar hoy. Desde entonces muchos han sido los estudios parciales, hasta la reciente monografía de Mark B. Wilson, publicada en Michigan en 2021, con (casi) toda la bibliografía anterior (al menos en lengua inglesa).

En las páginas siguientes pueden verse diversas tablas-resumen de *dictatores* romanos; unas excluyen los dudosos, otras no. Una lista reciente, con fuentes principales comentadas, puede verse en el gran trabajo de WILSON[57], 2022, pp. 341-379, fundamental en este aspecto[58]. Este autor ha incluido en su libro un apéndice titulado "Mommsen's Dictatorship" (2021, pp. 409-421)" "La dictadura de Mommsen" (entiéndase, en la obra de Mommsen). ¿Qué necesidad había de recordar a Mommsen más de 130 años después? Posiblemente para honrar aquel trabajo pionero[59] que presenta el marco institucional inicial, se esté de acuerdo con él, o no, o se presenten a

[53] ONIDA, 2017, pp. 172-178. El caso de Rousseau y su idea de la dictadura ha sido estudiado con detalle por MEROTTO, 2018, pp. 701-729; el de Montesquieu por FALCON, 2018, 651-700.

[54] FEZZI, 2018, pp. 731-740.

[55] SCHIAVON, 2018, pp. 741-766.

[56] ANCIONI, 2018, pp. 767-798,

[57] Adjunct Assistant Professor in the Department of History at Lehman College, New York.

[58] Pues hace un elenco complementario de las fuentes epigráficas, incluidos los *Fasti Capitolini*, WILSON, 2021, pp. 383-385.

[59] Que en realidad no fue un libro monográfico del autor alemán, sino un solo capítulo del volumen segundo del *Staatsrecht*.

aquella obra matices, notas ampliadas o correcciones conceptuales[60], principalmente por autores anglófonos, aunque el *Staatsrecht* de Mommsen nunca fue traducido al inglés.

Los comentarios de Wilson sobre el capítulo de Mommsen (¡en realidad de menos de 20 páginas en su versión definitiva de la tercera edicion alemana, de 1885!) sobre la dictadura merece la pena resumirlos en sus puntos esenciales. Ya se dijo, y en eso está de acuerdo el investigador norteamericano, que el corto capítulo de Mommsen es solamente uno más del gran esfuerzo comprehensivo que el alemán hizo para presentar un panorama sistemático de la constitución romana Republicana, y que le dio un enfoque jurídico, como ya se ha insistido. La verdad es que Mommsen tuvo que desenredar las contradicciones legislativas y lidiar con los numerosos problemas que presenta la legislación romana antigua o lo que de ella ha quedado a través de las fuentes literarias. La base argumental de Mommsen con respecto a la dictadura es que es "the idea that the consulship was a direct continuation of the monarchy, as deliberately weakened by annual office, collegiality, and *provocatio*. It is not surprising, therefore, that Mommsen's treatment of the dictatorship was governed by the office's relation to the consulship and the monarchy, and the relevance of the three restrictions imposed on the consulship"[61]. El silencio de la literatura analística no contribuye a aclarar las cosas, por ejemplo, al defender las ideas de Mommsen sobre la cooptación (senado-dictador) –Wilson propone la elección como norma general y solo cooptación en el siglo I, es decir, los casos de Sila y de César– o sobre las competencias del dictador durante su mandato. Pero nadie puede dudar de que, como pensaba Mommsen, las militares eran las funciones principales de este alto magistrado, como dijo: "Indess stehen diese verschiedenen Zweckbestimmungen nicht mit einander auf gleicher Linie, sondern die feldherrliche Befugniss ist durchaus die vorwiegende, ja in gewissem Sinn die einzige und wesentliche Competenz des Dictators"[62], es decir, que el poder conferido al general "es absolutamente la competencia predominante, de hecho,

[60] Wilson, 2021, p. 409 y nota 1.
[61] Wilson, 2021, p. 411.
[62] Mommsen, *Staatsrecht*, II, pp. 140-141

en cierto sentido, la única y esencial competencia del dictador", y distinguible del *imperium* consular. La idea de Mommsen segrega estos tipos de *imperium*, por la expresión antiquísima *domi militiae*. Así pues, el cónsul tenía imperio militar solo en el campo, pero el dictador necesariamente tenía imperio militar en todas partes, lo que hacía que la dictadura romana no fuera diferente a la ley marcial moderna[63]. Wilson discute la teoría de Mommsen sobre la duración máxima de seis meses concedida "por norma" al dictador, pues "la limitación del plazo de seis meses no era sólida ni siquiera para Mommsen; de hecho, la dictadura no caducó automáticamente ni obligó al dictador a retirarse y regresar a casa después de seis meses, ya que se vio obligado a señalar que el dictador probablemente permanecería al mando si no llegaba a tiempo la solución adecuada. Más concretamente, como volvió a enfatizar Mommsen, la dictadura terminó de manera consecuente, es decir, que renunció al término de su tarea, no después de un período de tiempo determinado"[64].

Mommsen habla de "renuncia" del dictador, aunque habría que hablar con mayor propiedad de "*abdicatio*" como hace la nueva investigación. En efecto, el *dictator* tenía la posibilidad de cesar voluntariamente en su cargo, es decir, abdicar[65]. Véase al respecto el estudio de Triggiano, 2017, 381-425. Algunas abdicaciones son voluntarias o inducidas, otras, obligatorias, por adolecer de *vitium* interpuesto por la *intercessio* de los tribunos, y/o tras un *plebiscitum* negativo que paraliza el *imperium* del dictador. En esos casos podría hablarse de una *dictio* fallida, y por tanto de una magistratura "ilegal" o "improcedente". Sobre el tema, vid. Wilson, 2021, 236-242.

Más adelante Wilson critica[66] la interpretación que Mommsen hizo de algunos textos de Dioniso (5, 73, 1), en particular la expresión del clásico, referida al dictador, como "señor de la guerra y de la

[63] Wilson, 2021, p. 415.

[64] Traducimos de Wilson, 2021, p. 416.

[65] Liv. 9, 26, 20: *Abdicat inde se dictatura et post eum confestim Folius magisterio equitum; primique apud consules - iis enim ab senatu mandata res est - rei facti adversus nobilium testimonia egregie absolvuntur* ("A continuación dimite de dictador y tras él, de inmediato, Folio de jefe de la caballería. Citados los primeros como acusados ante los cónsules –pues el Senado les había encargado a éstos del proceso–, a pesar de las declaraciones de los nobles son absueltos de forma brillante».

[66] Wilson, 2021, p. 417-418.

paz" (*Herrn über Krieg und Frieden*). Pero entonces, ¿Cómo traducir la frase Οὗτος πρῶτος ἐν Ῥώμῃ μόναρχος ἀπεδείχθη πολέμου τε καὶ εἰρήνης καὶ παντὸς ἄλλου πράγματος αὐτοκράτωρ? (Dionisio, 5, 73, 1)

Este autor critica otros pasajes o ideas generales de Mommsen, para finalmente, desautorizarlo, con un juicio severísimo, invitando a dejarlo en un segundo plano, y empezar por estudiar las fuentes clásicas[67]. Mommsen, citado 132 veces en la obra de Wilson, no merece ser leído, según el autor norteamericano. Es decir, un ejemplo más de la teoría freudiana de "matar al padre". Equilibemos un poco la balanza, señalando la aversión de los historiadores norteamericanos a citar bibliografía distinta de la escrita en inglés, que lleva a Wilson a ignorar los dos volúmenes dirigidos por Luigi Garofalo, *La dictatura romana*, Napoli, 2017-2018, en total más de 1.300 páginas, esenciales.

❦

[67] Wilson, 2021, p. 421: "The comprehensive unhelpfulness of Mommsen's analysis of the dictatorship is a welcome reminder that the scholar seeking insight into the institutions of the ancient world is best served by starting, not with the giants of the secondary literature, but with careful and methodical examination of the classical evidence".

La tabla de *dictatores* romanos que aquí se propone, meramente informativa y como *addendum*, está basada en la obra de Broughton, y él, a su vez, en la obra Livio, principalmente.

ab Urbe condita	año a.C.	*Dictator*	Fuentes literarias principales [68]
253	501	T. Larcius *Dictator rei gerendae causa*	Liv. 2.18.3 y 2.21.1; Dionisio, 5.70.4 y 73.1 (lo asigna al año 498); Varrón in Macrob. *Saturn.*, 1.8.2; Cicerón, *Rep.* 2.56 MRR I, 9-10 y 12
256 o 258	499 o 496	A. Postumius Albus Regillensis *Dictator*	Liv. 2.19.3- 20.3 (año 499) Liv. 2.21.3-4 (año 496, coincidiendo con el consulado); Dionisio 6.2.4 – 22.3 y 33); etc. MRR I, 10-11
260	494	M. Valerius Maximus *Dictator*	Cic. *Brut.* 54: Liv. 2.30.4 – 31-11; Dionisio, 6.38 MRR I, 14
291	463	C. Aemilius Mamercus *Dictator* (¿Interrex?)	Lydo, *Mag.* 1.38 MRR I, 35
296	458	L. Quinctius Cincinnatus *Dictator*	Liv. 3.26.6 - 29.7; Dionisio, 10.23.4 – 25.3 y 27.1 MRR I, 39
315	439	L. Quinctius Cincinnatus *Dictator*	Cicerón, Sen. 56; Liv. 4.13.12 - 16.1; Dionisio, 12.1-4; Zonaras, 7.20 MRR I, 56
317	437	Mam. Aemilius Mamercinus *Dictator*	Liv. 4.17.8 - 20.4, y 32.3; Eutr., 1.19; Lydo, *Mag.* 1.36 MRR I, 58-59

[68] Tablas basadas en la oba de Broughton, *The Magistrates of the Roman Republic* (= *MRR*).

319	435	Q. Servilius Priscus Fidenas *Dictator*	Liv. 4.21.9 - 22.6; Frontino, *Str.* 2.8.8 MRR I, 60
320	434	Mam. Aemilius Mamercinus *Dictator*	Liv. 4.23.5 -24.9; 9.33.9, y 34.6-9 MRR I, 62
323	431	A. Postumius Tubertus *Dictator*	Liv. 4.26 - 29, cf. 41.11; Ov., *Fast.* 6.723.; Val. Max. 2.7.6 MRR I, 63
328	426	Mam. Aemilius Mamercinus *Dictator*	Liv. 4.31-34; Diod. 12.80.6-8; Val. Max. 3.2.4; Frontin. *Str.* 2.4.19; Floro, 1.6.7; Oros. 2.13.10; Lydo, *Mag.* 1.38 MRR I, 67
336	418	Q. Servilius Priscus Fidenas *Dictator*	Liv. 4.46.10; 4.46.10-47.7; Frontin. *Str.* 2.8.8; cf. Diod. 13.6.7 MRR I, 72
346	408	P. Cornelius Rutilus Cossus *Dictator*	Liv. 4.57.6; 4.56.4 - 57.8; Lydo, *Mag.* 1.38 MRR I, 78
358	396	M. Furius Camillus *Dictator*	Liv. 5.19.2 MRR I, 87-88
364	390	M. Furius Camillus *Dictator*	Liv. 5.43-55; Dionisio, 13.6-9; Plut. *Cam.* 23-32; Flor. 1.7.17-19 Liv. 5. 49.9; 6.1.4-6; Plut. *Cam.* 28.2; 31.3; cf. Polib. 2.22.4-5; Flor. 1.7.15 MRR I, 95
365	389	M. Furius Camillus *Dictator*	Liv. 6.2.5; Liv. 6.2.8-4.3; Frontin. *Str.* 2.4.15; Plut. *Cam.* 33.1, 34-36; Eutrop. 2.1; Oros. 3.3.4; Zon. 7.24 MRR I, 97
369	385	A. Cornelius Cossus *Dictator*	Liv. 6.11-14 y 16.5 MRR I, 101

374	380	T. Quinctius Cincinnatus Capitolinus *Dictator*	Liv. 6.28.3; 6.28-29; Diod. 15.47.8; Dionisio, 14.5; Eutrop. 2.2; Oros. 3.3.5; Lydo, *Mag.* 1.38 MRR I, 105
386	368	M. Furius Camillus *Dictator IIII rei gerendae causa*	Liv. 6.38.4; Plut. *Cam.* 39.2 MRR I, 112
386	368	P. Manlius Capitolinus *Dictator*	Liv. 6.39.1; Liv. 6.39.3-4; Plut. *Cam.* 39.5
387	367	M. Furius Camillus *Dictator V rei gerendae causa*	Liv. 6.42.4 MRR I, 113
391	363	L. Manlius Capitolinus Imperiosus *Dictator clavi figendi causa*	Liv. 7.3.4; 7.3.9 MRR I, 117
392	362	Ap. Claudius Crassus Inregillensis *Dictator*	Liv. 7.6.12 MRR I, 117
393	361	T. Quinctius Poenus Capitolinus Crispinus, *Dictator rei gerendae causa*	Liv. 7.9.3 MRR I, 119
394	360	Q. Servilius Ahala *Dictator rei gerendae causa*	Liv. 7.11.4 MRR I, 120
396	358	C. Sulpicius Peticus *Dictator*	Liv. 7.12.9 – 15.8; Frontin. *Str.* 2.4.5; Eutrop. 2.5.2; Oros. 3.6.2 MRR I, 121
398	356	C. Marcius Rutilus *Dictator*	Liv. 7.17.6-9, cf. 10.8.8, y 37.10; Eutrop. 2.5; Oros. 3.6.3 MRR I, 123
401	353	T. Manlius Imperiosus Torquatus *Dictator*	Liv. 7.19.6-20.9; cf. Strab. 5.2.3; Gell. 16.13.7 MRR I, 125
402	352	C. Iulius (o Iullus) *Dictator*	Liv. 7.21.9 - 22.1 MRR I, 125

403	351	M. Fabius Ambustus *Dictator*	Liv. 7.22.10-11 MRR I, 127
404	350	L. Furius Camillus *Dictator*	Liv. 7.24.11, y 25.1 MRR I, 128
405	349	T. Manlius Imperiosus Torquatus *Dictator*	Liv. 7.26.11-12 MRR I, 129
409	345	L. Furius Camillus *Dictator*	Liv. 7.28.2-6 MRR I, 131
410	344	P. Valerius Poplicola *Dictator*	Liv. 7.28.7-8 MRR I, 132
412	342	M. Valerius Corvus *Dictator*	Liv. 7.39-41; 7.42.3-7 MRR I, 133-134
414	340	L. Papirius Crassus *Dictator*	Liv. 8.12.2-3; Cic. *Fam.* 9.21.2 MRR I, 136
415	339	Q. Publilius Philo *Dictator*	Liv. 8.12.12-17 MRR I, 137
417	337	C. Claudius Crassus Inregillensis *Dictator*	Liv. 8.15.5-6 MRR I, 139
419	335	L. Aemilius Mamercinus (Privernas), *Dictator*	Liv. 8.16.12 MRR I, 140
420-421	334-333	P. Cornelius Rufinus *Dictator*	Liv. 8.17.3-4 MRR I, 140
422	332	M. Papirius Crassus *Dictator*	Liv. 8.17.6-7 MRR I, 141
423	331	Cn. Quinctius Capitolinus *Dictator clavi figendi causa*	Liv. 8.18.12-13 MRR I, 143

427	327	M. Claudius Marcellus *Dictator*	Liv. 8.23.13-17 MRR I, 145
429-430	325-324	L. Papirius Cursor *Dictator rei gerendae causa*	Liv. 8.29.9; 8.30-37.2, cf. 9.38.10-14, y 10.3.8; Val. Max. 2.7.8; 3.2.9; Frontin. *Str.* 4.1.39; Zonaras, 7.26; Eutrop. 2.8 MRR I, 147
432	322	A. Cornelius Cossus Arvina *Dictator*	Liv. 8.38-40; cf. Zon. 7.26 MRR I, 150
433	321	Q. Fabius Ambustus *Dictator*	Liv. 9.7.13 MRR I, 151
433	321	M. Aemilius Papus *Dictator*	Liv. 9.7.14 MRR I, 151
434	320	C. Maenius *Dictator*	Liv. 9.34.14 MRR I, 152
434	320	L. Cornelius Lentulus *Dictator*	Liv. 9.15.9-10 MRR I, 152
434	320	T. Manlius Imperiosus Torquatus *Dictator*	*Fasti Capitolini*, *Torquati* III MRR I, 153
438	316	L. Aemilius Mamercinus Privernas *Dictator rei gerendae causa*	Liv. 9.21.2; cf. Diod. 19.65.7 MRR I, 156
439	315	Q. Fabius Maximus Rullianus *Dictator rei gerendae causa*	Liv. 9.22.1.Cf. Liv. 9.22-23; Diod. 19.72.3-9; Frontin. *Str.* 1.11.21 MRR I, 156
440	314	C. Maenius *Dictator*	Liv. 9.26.7; Diod. 19.76.3-5 MRR I, 157

441	313	C. Poetilius Libo Visolus *Dictator rei gerendae causa*	Liv. 9.28.2; Varrón, *LL* 7.105 *clavi figeruli causa* (Liv. 9.28.2-6) MRR I, 158
442	312	C. Sulpicius Longus *Dictator*	Liv. 9.29.3 MRR I, 159
442	312	C. Iunius Bubulcus Brutus *¿Dictator? ¿Magister equitum?*	Liv. 9.29.3 MRR I, 159
444	310	L. Papirius Cursor *Dictator*	Liv. 9.38.14-40; Dio fr. 36.26; Liv. 9.40.15 and 20; Auct. *Vir.Ill.* 31.4 MRR I, 162
445	309	L. Papirius Cursor *Dictator*	*Fasti Capitolini* MRR I, 163
448	306	P. Cornelius Scipio Barbatus *Dictator*	Liv. 9.44.1-2 MRR I, 166
452	302	C. Iunius Bubulcus Brutus *Dictator*	Liv. 10.1.8-9; Val. Max. 8.14.6 MRR I, 169
452-453	302-301	M. Valerius Corvus *Dictator*	Liv.10.3-5, esp.5.13 MRR I, 169-170
467	287	Q. Hortensius *Dictator*	Liv. *Per.* 11; Plin. *NH* 16.37; Lael. Felix in Gell. 15.27.4; Gaius 1.3; Pomp. *Dig.* 1.2.2.8; Augustin. *CD* 3.17; Iustin. *Inst.* 1.2.4; cf. Cic. *Leg.* 3.9; Sall. *Hist.* 3.48.15; Diod. 21.18.2; Tac. *Ann.* 2.37; Dio fr. 37, and Zon. 8.2 MRR I, 185
469-470	285-284	M. Aemilius Barbula Ap. Claudius Caecus P. Cornelius Rufinus *Dictatores*	- *Inscr. Ital.* 13.3.68 - *Inscr. Ital.* 13.3.79 - Dion. Hal. 20.13; Val. Max. 2.9.4; Gell. 4.8.7; 17.21.39 MRR I, 187

474	280	Cn. Domitius Calvinus Maximus *Dictator*	*Fasti Capitolini.* MRR I, 191
491	263	Cn. Fulvius Maximus Centumalus *Dictator clavi figendi causa*	*Fasti Capitolini.* MRR I, 204
497	257	Q. Ogulnius Gallus *Dictator*	*Fasti Capitolini.* MRR I, 207
505	249	M. Claudius Glicia *Dictator*	Liv. *Per.* 19; Suet. *Tib.* 2. MRR I, 215
505	249	A. Atilius Calatinus *Dictator*	Liv. *Per.* 19; Zon. 8.15; cf. Dio 36.34.3; Flor. 1.18.12 MRR I, 215
508	246	Ti. Coruncanius *Dictator*	*Fasti Capitolini.* MRR I, 216
523	231	C. Duilius *Dictator*	*Fasti Capitolini.* MRR I, 226
530	224	L. Cecilius Metellus *Dictator*	*Fasti Capitolini.* Cf. Plin. *NH* 7.139 MRR I, 231
533	221	Q. Fabius Maximus Verrucosus *Dictator*	Liv. 22.9.7; Val. Max. 1.1.5; cf. Plut. *Marc.* 5.5 MRR I, 234
537	217	Q. Fabius Maximus Verrucosus *Dictator*	Polib. 3.87-88; Liv. 22.8-9, y 10.10, y 31.8-11; 23.30.13; Plut. *Fab.* 4-5; Sil. It. 6.611 ss.; App. *Hann.* 11; Dio fr. 57.8; Zon. 8.25 MRR I, 243
537	217	M. Minucius Rufus Co-*dictator*	Polib. 3.103.1-5; Nep. *Hann.* 5.3; Liv. 22.25-26; Val. Max. 5.2.4; Plut. *Fab.* 7-9; App. *Hann.* 12; Dio fr. 57.15-16; Auct. *Vir. Ill.*43.3; Lydo, *Mag.* 1.38; Zon. 8.26 MRR I, 243 + III suppl. 41

537	217	L. Veturius Philo *Dictator*	Liv. 22.33.11-12 MRR I, 244
538	216	M. Iunius Pera *Dictator*	Liv. 22.57.9-11; 23.14.2-4; Val. Max. 7.6.1; Oros. 4.16.7-9; Frontin. *Str.* 2.5.25; Polyaen. 6.38.6; Zon. 9.3) MRR I, 248
538	216	M. Fabius Buteo *Dictator*	Liv. 23.22.10-23.8; Plut. *Fab.* 9; Lydo, *Mag.* 1.37 MRR I, 248
541	213	C. Claudius Centho *Dictator*	Liv. 25.2.3-5 MRR I, 263
544	210	Q. Fulvius Flaccus *Dictator*	Liv. 27.5.14-19, y 6.1-12 MRR I, 278
546	208	T. Manlius Torquatus *Dictator*	Liv. 27.33.6-8, y 35.1; 30.2.8, y 27.11 MRR I, 290
547	207	M. Livius Salinator	Liv. 28.10.1-5; cf. Suet. *Tib.* 3.1 MRR I, 295
549	205	Q. Cecilius Metellus *Dictator*	Liv. 29.10.2-3, y 11.9-11; 30.23.3; 35.8.4 MRR I, 301
551	203	P. Sulpicius Galba Maximus *Dictator*	*Fasti Capitolini*; cf. Liv. 30.26.12 MRR I, 311
552	202	C. Servilius (Geminus) *Dictator*	Liv. 30.39.4-5 y 30.40.4 MRR I, 316 + III suppl. 58-59
672-675	82- 79	L. Cornelius Sulla Felix *Dictator legibus faciendis et rei publicaeconstituendae causa* (en 81)	Cic. *Att.* 9.15.2; Plut. *Sull.* 33.1; App. *BC* 1.3, y 98-99. MRR II, 66-67
705-710	49- 44	C. Iulius Caesar *Dictator rei gerendae causa*	Caes. *BC* 2.21.5; Lucan 5.383; App. *BC* 2.48; Dio 41.36.1-2; 43.1.1; cf. Plut. *Caes.* 37; Eutrop. 6.20.1; Zonar. 10.8 MRR II, 256-257

710	44	C. Iulius Caesar *Dictator perpetuus* (15 feb. 44)	Josefo, *AJ* 14.211; Dio 43; Cic. *Phil.* 2.87, antes de las Lupercalia; Liv. *Per.* 116; Josefo, *AJ* 14.211; App. *BC* 2.106; Dio 44.8.4; Zonar. 10.11 MRR II, 317-318 + III suppl. 30-31

[Ad §1. Comienzos de la dictadura]

El nacimiento de la magistratura de la dictadura (vía *magister populi*, ya documentado en época de los reyes[69]) está asociada indisolublemente a los albores de la República romana[70], y a la relación de Roma con la Liga Latina[71].

[Ad §2. Denominación]

Un análisis etimológico y lingüístico de la expresión *magister populi*, véase en Zini, 2018, pp. 43-52.

La relación entre dictator y *magister populi*, donde la primera institución tiene origen, es consustancial al nacimiento de la primera magistratura suprema[72], como ya indicara Varrón, *L.L.*, 5, 82. Las fuentes son numerosas[73] y también los estudios (jurídicos esencialmente) que estudian los orígenes de la dictatura. Fundamental en este sentido es el pasaje de Cicerón, *De rep.* 1, 40, 63:

> *Gravioribus vera bellis etiam sine collega omne imperium nostri penes singulos esse voluerunt, quorum ipsum nomen vim suae potestatis indicat. Nam dictator quidem ab eo appellatur quia dicitur, sed in nostris libris vides eum, Laeli, magistrum populi appellari: (Laelius) 'Video' inquit. Et Scipio: 'Sapienter igitur illi vete<res>.*

[69] Zini, 2018, pp. 28-41.

[70] Zini, 2018, pp. 16-18 (cf. *Ibid.* pp. 18-28, para la crítica historiográfica discordante), y pp. 52-68.

[71] Sobre el *magister populi*: Valditara, 1989; Zini, 2018, pp. 1-87, y del mismo autor, sobe la relación entre *magister Populi* y *dictator*, Valditara, 1989, p. 307 ss.; *postea*, Zini, 2018, pp. 76-87.

[72] El extenso y reciente estudio de Alberto Zini, 2018, pp. 1-87, viene a completar lo dicho por Valditara en su monografía de 1989.

[73] Zini, 2018, pp. 1-4 y notas 1-5.

Y en las guerras más graves, quisieron nuestros antepasados que todo nuestro imperio estuviese en manos de magistrados únicos, sin colega, cuyo nombre demuestra ya el poder que tenían, pues se le llama dictador porque es impuesto, aunque en nuestros archivos ves tú, Lelio, que se le llamaba jefe del pueblo". (Lelio.) – "Así es". (Escipión): "Sabiamente, pues, (actuaron) aquellos nuestros ancestros...

Y el mencionado pasaje de Varrón, *L.L.* 5, 82, dice:

Dictator, quod a consule dicebatur, cui dicto audientes omnes essent. Magister equitum, quod summa potestas huius in equites et accensos, ut est summa populi dictator, a quo is quoque magister populi appellatus, reliqui, quod minores quam hi magistri, dicti magistratus.

El dictador (*dictator*) posee tal título porque era designado por el cónsul para que todos acataran sus órdenes. El jefe de la caballería (*magister equitum*) recibe este nombre porque está investido de la máxima autoridad[74] sobre los jinetes y las tropas de reserva. Al igual que el dictador, tiene la autoridad máxima sobre el pueblo, por lo que también se le llama *magister populi*. Todos los demás cargos son inferiores a estos *magistri*, de ahí que se les denomine *magistratus*.

El texto introduce la figura del *magister equitum* (el jefe de la caballería) junto al dictator, su lugarteniente, su mano derecha.

Otro pasaje relevante, complementando los anteriores, lo aporta Séneca, *Epist.* 108, 31:

Praeterea notat eum quem nos dictatorem dicimus et in historiis ita nominari legimus apud antiquos magistrum populi vocatum. Hodieque id extat in auguralibus libris, et testimonium est quod qui ab illo nominatur 'magister equitum' esto.

---

[74] Sobre la *maior potestas* de los dictadores, Cavagnoni, 2017, pp. 18-19.

Además, hace notar que el magistrado al que nosotros llamamos "dictador" y que en las obras históricas vemos que así es designado, fue llamado por los antiguos "jefe del pueblo". Hoy día tal aparece en los libros de los augures[75] y está corroborado por cuanto el ayudante nombrado por él es el "jefe de la caballería".

[Ad §3. Elegibilidad]

Mommsen equipara el sistema de elegibilidad para cónsules y dictadores, aunque ambas magistraturas quedan bien diferencias, como indica expresamente Polibio (3, 87, 7). Un caso en Dionisio, 6, 22, 3, a propósito de la renuncia del dictador Postumio, el cual, "... antes de terminar la duración de su magistratura única, renunció a la dictadura y fijó fecha para las elecciones, luego con su colega consular restauró las magistraturas ancestrales (...καὶ πρὶν ἐκπληρῶσαι τὸν ἔσχατον τῆς αὐτοκράτορος ἀρχῆς χρόνον, τήν τε δικτατορίαν ἐξωμόσατο καὶ προθεὶς ἀρχαιρεσιῶν ἡμέραν μετὰ τοῦ συνυπάτου τὰς πατρίους κατέστησεν ἀρχάς)". Véase también, Wilson, 2021, pp. 54, 67-68, 88.

[Ad §4. Patriciado]

En 356 a.C. el acceso a la dictadura dejó de ser un privilegio exclusivo de los patricios. El primero "plebeyo" es C. Marcio Rutilio Censorino, dictador en ese año. Ningún senador patricio se opuso, con su voto, a la designación, como indica Tito Livio en 7, 17 y 10, 8, 8. Rutilio había sido cónsul en 357, y, tras la dictadura, fue censor en 351, y de nuevo cónsul en 344 y 342. Sobre la carrera política de este noble, Wilson, 2021, p. 358 (nº 26).

[Ad §5. Consulado]

Se discute la posibilidad de que los "no consulares" pudieran ser nombrados dictadores. El texto de Livio 2, 18 está conforme en muchos

[75] Sobre estas ideas en los *libri augurales, vid.* Valditara, 1989, p. 189-190.

casos (*vid.* aquí la nota25 de este parágrafo) pero se contradice en otros (*vid.* aquí las nota 25 y 26, informada con los *fasti capitolini*).

[Ad §6. Acumulación]

Solo puede combinarse o acumularse la dictadura con las otras magistraturas mayores, el consulado o la pretura, las que tienen el mismo *imperium* y *potestas*. Queda excluido el censor, pues goza de *potestas*, pero no de *imperium*.

[Ad §7. Autoridad que otorga el nombramiento]

La magistratura extraordinaria de la dictadura, el dictator mismo es propuesto por al menos uno de los dos cónsules del año, según antigua ley *de dictator creando*[76]. Es la norma general. El nombramiento de Sila (propuesto por un *interrex*)[77] se consideró contrario a la Constitución, y lo mismo la dictadura de César, propuesto por un pretor.

Con respecto al caso de Sila, sabemos que el Senado había elegido a un *interrex*, el *princeps senatus* L. Valerio Flaco (*cos.* 100). Éste, siguiendo las instrucciones de Sila, a su vez provocó la elección de Sila como dictador, convirtiéndose así en el primer dictador después de 120 años, y el primero en obtener esta posición como resultado de la guerra civil. Valerio probablemente no supervisó con celo una elección de la que resultó un dictador en lugar de un cónsul con la aprobación de una ley en los *comitia centuriata*. La investidura *cum imperio* fue refrendada en los *comitia curiata*.

[76] Sobre las nominaciones por parte de los cónsules, Wilson, 2021, pp. 43, 53, 55-56, 122-123, 129-131, 148, 245-246, 342-348, 356-372, 375-378.

[77] Aunque Apiano, *B.C.* 1, 98-99, asegura que fue elegido por los comicios, a los que había dado instrucciones. Livio, *Per.* 89, 3, *Sulla dictator factus*; y Plutarco, *Sila*, 33, 1, afirma que fue "autoproclamado": δικτάτορα μὲν γὰρ ἑαυτὸν ἀνηγόρευσε.

[Ad. §8. Co-dictadores]

Excepcionalmente, en las primeras fases de la Segunda Guerra Púnica, se atestiguan la co-dictadura para los años 217 a.C. (de M. Minucio y de Q. Fabio), y luego para el año siguiente (de M. Junio Pera y de M. Fabio Buteón). Compárense los textos de Polibio, 3, 103; Tito Livio, 22, 25 y Livio 22, 22 y 23. Esta situación excepcional pudo deberse a que el dictador nombrado en primer lugar se mostrase ineficaz o "demasiado ambicioso", como sugiere WILSON, 2021, p. 103: "M. Minucius Rufus, the co-dictator in 217, may have been ambitious and insubordinate, but in that moment Rome itself, plebs and senate both, was rebelling against this long game..., and Minucius was a symptom of a larger problem". *Vid.* también WILSON, 2021, p. 222 y especialmente pp. 230-233, para el análisis.

A propósito de estas co-dictaduras del 217 y 216, nos informan los textos. Todas las etapas en las que Minucio se convirtió en co-dictador con Fabio se señalaron en la narración de Livio como una violación masiva de la costumbre; se indica como causa la gran jactancia atribuida a Minucio:

> En cambio Minucio, que ya anteriormente estaba casi insoportable por sus éxitos y el favor popular, entonces de manera especial se vanagloriaba, de forma desmedida y sin rebozo, de su victoria sobre Quinto Fabio tanto como de la que había conseguido sobre Aníbal: aquel, elegido en una situación comprometida jefe único equiparable a Aníbal, había sido igualado de mayor a menor, de dictador a jefe de caballería –cosa de la que no había precedente alguno en los anales–, por mandato del pueblo en la misma ciudad en la que los jefes de la caballería tenían por costumbre temblar horrorizados ante las varas y hachas del dictador *(Illum in rebus asperis unicum ducem ac parem quaesitum Hannibali, maiorem minori, dictatorem magistro equitum, quod nulla memoria habeat annalium, iussu populi aequatum in eadem ciuitate, in qua magistri equitum uirgas ac secures dictatoris tremere atque horrere soliti sint)* (Livio 22, 27, 3)

Por su parte, dice Polibio:

> τοῖς μὲν οὖν παρ' αὐτὸν γενομένοις τὸν κίνδυνον ἦν ἐναργὲς ὅτι διὰ μὲν τὴν Μάρκου τόλμαν ἀπόλωλε τὰ ὅλα, διὰ δὲ τὴν εὐλάβειαν τοῦ Φαβίου σέσωσται καὶ πρὸ τοῦ καὶ νῦν: τοῖς δ' ἐν τῇ Ῥώμῃ τότ' ἐγένετο φανερὸν ὁμολογουμένως τί διαφέρει στρατιωτικῆς προπετείας καὶ κενοδοξίας στρατηγικὴ πρόνοια καὶ λογισμὸς ἑστὼς καὶ νουνεχής.

> Para los que estaban realmente comprometidos, era bastante claro que la temeridad de Minucio solo había causado un desastre, y que la precaución de Fabio había asegurado nuevamente, como antes, su seguridad; mientras que los de Roma vieron clara e indiscutiblemente la diferencia entre la prudencia perspicaz y el cálculo frío de un general y la temeridad, la temeridad y la bravuconería de un soldado. (Polibio, 3, 105, 8-10)

[Ad §9. Exclusión de la intercessio*]*

Entre los privilegios de que goza esta magistratura extraordinaria, el dictador puede evitar –queda excluido—de la *intercessio* o veto de un colega (consular) y de la *provocatio* iniciada por un tribuno del pueblo (representante de la plebe). Sobre la primera, WILSON, 2021, pp. 40, 71, 92, 324; sobre la segunda, WILSON, 2021, pp. 189-195.

[Ad §10. Influencia del Senado]

Interviene directamente en el nombramiento del dictador mediante un senadoconsulto. Sirva el ejemplo citado, en plena guerra en sitio de Túsculo, por Tito Livio, 4, 46, 9-12 (texto relativo al año 418 a.C.):

> ...los magistrados inferiores sosegaron la agitación de la ciudad; enviados a toda prisa unos observadores, trajeron la noticia de que los generales y el ejército estaban en Túsculo y que el enemigo no había movido el campamento del mismo lugar. Además, y esto levantó mucho los ánimos, fue nombrado dictador mediante un

senadoconsulto Quinto Servilio Prisco, hombre cuyas dotes de previsión en asuntos públicos había comprobado la población con anterioridad en muchas otras ocasiones, pero, sobre todo, por el resultado de aquella guerra, ya que había sido el único en quien la rivalidad de los tribunos había suscitado recelos antes de que las cosas hubieran ido mal (*et quod plurimum animorum fecit, dictator ex senatus consulto dictus Q. Servilius Priscus, vir cuius providentiam in re publica cum multis aliis tempestatibus ante experta civitas erat, tum eventu eius belli, quod uni certamen tribunorum suspectum ante rem male gestam fuerat*). Después de nombrar jefe de la caballería al tribuno militar por quien él mismo había sido nombrado dictador, su propio hijo -según algunos autores, pues otros escritos dicen que fue Ahala Servilio el jefe de la caballería aquel año[78]-, marchó a la guerra con un nuevo ejército...

[Ad §11. La intervención de los comicios]

Una prerrogativa del dictador era conducir las elecciones consulares a través de los *comitia centuriata*[79]: Livio, 28.10.1, *per dictatorem comitia haberi placuisset.* Fija la lista de candidatos, y tiene cierto margen de maniobra para manipular el resultado. En el caso de la dictadura de Sila, se da el caso de que tal magistratura fue promovida por los Comicios (Apiano, *B.C.* 1, 98-99); cf. Livio, *Per.* 89, 3, y Plutarco, *Sila*, 33, 1.

Los tribunos del pueblo no pueden impugnar los nombres/hombres propuestos para la dictadura; no tienen el derecho de *provocatio*, puesto que la institución del tribunado es posterior a la primitiva ley *de dictatore creando.*

[78] Q. Servilio Ahala, *magister equitum* en este episodio, sería años depúes nombrado *dictator rei gerendae causa*, en 360 (Livio, 7, 11, 4).

[79] Una elección en los comicios centuriados podía ser presidida también por un cónsul (o tribuno consular) o por un *interrex.*

[Ad §12. El derecho de presentación por parte del Senado]

Se insiste en el parágrafo en la importancia de las iniciativas del Senado en el proceso de designación del dictador, a la que normalmente no se oponía. Los roces surgidos en algunos casos por la designación de dictadores de origen plebeyo [ref. *in nota* 42] parecen ser más bien excepcionales que habituales.

[Ad §13. Forma del nombramiento]

Los cónsules epónimos, o al menos uno de ellos, tenían la posibilidad de nombrar a un dictator para resolver un problema político grave. Para una situación excepcional, pues, se nombra a un magistrado extraordinario, siguiendo el procedimiento de la antigua lex *de dictatore creando*, posiblemente del 499 a.C. (que se modificó a principio de la Segunda Guerra Púnica, primero en 217, por la *lex Metilia de aequando magistri equitum et dictatoris iure*, de la surge la nueva ley *de dictatore creando* ese mismo año, y ratificada en 216 a.C., y aprobada más tarde, en 210 a.C., por plebiscito). El nombramiento solo podía hacerse en la ciudad, *domi* (en Roma), aunque de hecho, por emulación "ficticia", podía hacerse en cualquier lugar de Italia. La decisión del senado se expresa en una *lex*, un senadoconsulto, que se hacía público.

Sabido esto, el cónsul ponente, antes de salir el sol, mandaba tomar los auspicios *cuando el sol nace por el oriente en el silencio de la noche* (*oriens [surgens] de nocte silentio*]. Si los auspicios son favorables y "sin defecto", *sine vitio*, el dictador queda nombrado oficialmente. Obtiene inmediatamente la *potestas dictatoria.* Los comicios centuriados le otorgaban enseguida, mediante ley, un *imperium* especial, *lex de imperio suo.* En uso de la *potestas* adquirida y del *imperium* conferido[80], el dictador nombra a su "lugarteniente" para la guerra, al *magister equitum*, que le acompaña, a modo de *collega* –en realidad

[80] El dictador "sólo depende se sí mismo", dice Polibio, 87, 7. Tiene un poder ilimitado, excepto en la administración del dinero del Estado (el *aerariun publicum*); solamente en este aspecto financiero necesita la aprobación del Senado.

un pseudo colega, pues el *imperium* propio no admite *par potestas*–, durante el tiempo que dure la dictadura del primero.

[Ad §14. Entrada en funciones]

Entra en funciones inmediatamente tras el nombramiento, por un plazo no superior en ningún caso a los seis meses en que se mantiene vigente el *imperium regium* (Livio, 39, 39, 40; Dionisio, 10, 24; Lydo, *Mag*. 1, 37). Como gesto o insignia del poder adquirido, el dictador recién nombrado puede montar a caballo (*ascenderé equis*), emulando y asumiendo así, como heredero del *rex*, el *imperium* militar de éste (Livio 23, 14, 2; Plutarco, *Fab. Max*. 4; Dionisio. 10, 24).

[Ad §15. Insignias]

Son las propias del *rex*: 24 *lictores* con fasces y hacha, que es símbolo de *ius gladio* (la potestad de poder condenar a muerte) también dentro de la ciudad. Como alto magistrado de la República, puede hacer uso de la *silla curul*.

[Ad §16. El dictador, colega mayor de los cónsules]

Asegura Mommsen que "desde el punto de vista de la autoridad, el dictador debe ser considerado, en general, como un colega extraordinario de cónsules y pretores" (*Seiner Amtsgewalt nach ist der Dictator im Allgemeinen aufzufassen als ausserordentlich eintretender College der Consuln un Prätoren*). Lo es en sentido "funcional" en tanto que estos magistrados mayores (extraordinarios o anuales regulares) tienen *imperium*[81] y *potestas*, aunque difieren en las insignias (*lictores* y fasces) que les acompañan y que identifican el rango de las mismas. Las diferencias son de matices, pero matices importantes.

[81] Si bien el *imperium maius* del dictator es superior al de los cónsules. Más intenso, pero más corto en el tiempo, obviamente.

[Ad §17. Competencias del dictador y de otros magistrados]

Véase en este capítulo de Comentario, la nota a [*I §11. Magistrados mayores y menores]*, donde se especifican las competencias del dictador, del *magister equitum* a él asociado, y de los otros magistrados ordinarios.

[Ad §18. Poder especial del dictador]

El dictador ostenta el poder supremo militar. La dictadura como remedio para los problemas de orden interno (*discordiae intestinae*), y especialmente para los externos (*bellum externum*)[82]. En casos extremos de peligro externos, el dictador es la *ultima spes* al que parece compañar la Fortuna (Tito Livio, 5, 19, 3). Esperanza que va, o debe de ir, ir acompañada de la Fortuna que la *dictio* imprime por sí al dictador por razón de su *virtus* personal, tal como aparece en los relatos de Livio[83]. A él corresponde la *maxima potestas*[84].

[Ad §19. Su exclusión de la jurisdicción civil]

La opinión de Mommsen es que la naturaleza esencialmente militar de la dictadura la diferenciaba del consulado, que tiene competencias civiles y militares. Los poderes omnímodos del rey se habrían desdoblado en la República: los cónsules tienen *imperium*, pero –ciertamente, dependiendo de las épocas– prevalece en ellos la función civil. Aunque Polibio afirma que el dictador es "señor de la

[82] Cavagnoni, 2017, pp. 15-18. Sobre las funciones del *dictator rei gerundae causa*, *seditionis sedandae causa*; dictadores con competencias específicas, como las de *clavi figendi causa*, *comitiorum habendorum causa*, *feriarum constituendarum causa*, vid. Pulitanò, 2017, esp. pp. 47-49 y 65-67. En especial sobre la *dictatura sedande causa*, *vid.* Fenocchio, 2017, pp. 110-114. Sobre el *dictator senatus legendi causa*, Fusco, 2017, pp. 343-356. Sobre el llamativo dictador *clavi figendi causa*, vid. Signorini, 2017, pp. 357-379.

[83] " Magistratura dell' *unus* scelto al di fuori delle normali procedure elettive anche per la propria personale *virtus*, il *dictator* liviano rappresenta l'apporto individuale e a volte addirittura eroico alla storia; ma opera sempre su impulso dell'organo senatorio (e talvolta con l'avallo popolare) in un assetto giuridicamente definito" (Cavaggioni, 2017, p. 25).

[84] Cavagnoni, 2017, pp.18-19.

guerra y de la paz", prevalece en él la función guerrera como general máximo, por encima de los cónsules. Cf. una discusión sobre las ideas de Mommsen sobre este asunto, en Wilson, 2021, pp. 415-419.

[Ad §20. El dictador como general]

En este capítulo alude Mommsen a la curiosa prohibición que cae sobre el general en jefe, como dictator, de montar a caballo.

Pesa sobre el dictador una prohibición misteriosa: que no puede montar a caballo. Sobre el tema ha escrito Biscotti[85] extenso y luminoso trabajo. Años antes, Giuseppe Valditara había escrito un intesante artículo *ad hoc*, titulado precisamente "Perché il 'dictator' non poteva montare a cavallo" (1988), y el jurista Antonio Guarino dedicó tambien, en 1979, repr. 1994) un estudio específico al tema ("Il dittatore appiedato"). Los autores clásicos ya informan de esta prohición:

–Livio, 23, 14, 12, narra la derrota romana al inicio de la Segunda Guerra Púnica, en 216 a.C., y se refiere al dictador M. Junio Pera.

–Plutarco, *Fab.*, 4, 1-2, narra una situación ocurrida inmediatamente después de la derrota romana en Cannas en 217 a.C., a propósito de la propuesta de nombramiento de Q. Fabio Máximo Verrucoso como dictador por segunda vez.

–Zonaras, *Chronic.* 7, 13, se refiere a los eventos del 146 a.C. presentados o editados como epítome de la obra de Dion, y que en su textualidad parece tener presente el texto de Plutarco para otra época y otra casuística. El autor bizantino describe en este pasaje la insitución de la dictadura, durante la guerra contra los latinos, poniendo el acento en el paralelismo con épocas pretericas, entre monarquía y república. Este fragmento, que es menos accesible al público en general, dice así:

> δικτάτωρ ὁ ταύτης ἠξιωμένος ὠνόμαστο, ἠδύνατο δὲ πάντα ἐξ ἴσου τοῖς βασιλεῦσι. τὴν μὲν γὰρ τοῦ βασιλέως ἐπωνυμίαν διὰ τοὺς Ταρκυνίους ἐμίσησαν, τὴν δ› ἐκ τῆς μοναρχίας ὠφέλειαν θέλοντες, ὡς πολὺ ἰσχυούσης ἐς τὰς τῶν πολέμων καὶ τῶν

[85] En general sobre el tema: Biscotti, 2018, pp. 137-231

στάσεων περιστάσεις, ἐν ἄλλῳ ταύτην ὀνόματι εἵλοντο. ἦν οὖν, ὡς εἴρηται, ἡ δικτατορία κατά γε τὴν ἐξουσίαν τῇ βασιλείᾳ ἰσόρροπος, πλὴν ὅτι μὴ ἐφ› ἵππον ἀναβῆναι ὁ δικτάτωρ ἠδύνατο, εἰ μὴ ἐκστρατεύεσθαι ἔμελλεν, οὔτε ἐκ τῶν δημοσίων χρημάτων ἀναλῶσαί τι ἐξῆν αὐτῷ, εἰ μὴ ἐψηφίσθη…

Tal cargo fue denominado *dictator*, y en todas las cosas tenía poderes iguales a los de los reyes. Aunque, de hecho, odiaban el nombre de 'rey' a causa de los Tarquinios, todavía deseaban las ventajas de la monarquía para actuar más eficazmente en situaciones de guerra y rebelión, por lo tanto, transfirieron la monarquía con un nombre diferente. Así, como se había establecido, la dictadura poseía los mismos poderes que la monarquía, *excepto que el dictador no podía montar a caballo a menos que estuviera a punto de llevar un ejército a la batalla*, ni se le permitía tomar nada para sí de las riquezas del pueblo, salvo autorización...
(Dion, 42, 10 ss. Traducción nuestra)

En relación al dictador y al caballo, Mommsen ya expreso su opinión en el sentido de conectar esta prohibición del dictador de montar a caballo con la creación del *magister equitum*, siendo, en consecuncia el dictador el comandante en jefe de la infantería hoplítica. En un sentido aproximado se pronuncian Di Martino[86] y otros autores[87], siempre en relación con ritos o costumbres arcaicas. La mencionada Barbara Biscotti ha defendido con sólidos argumentos el carácter religioso del acto[88], analizando específicamente el caso del dictator Q. Fabio Máximo[89] y los "*negotia senatoriales*" (Cf. Livio, 22, 8, 7: *iisque negotium ab senatu datum, ut muros turresque urbis firmarent et praesidia disponerent, quibus locis videretur, pontesque rescinderent*

[86] De Martino, *Storia*, I, p. 282.
[87] Vid. Biscotti, 2018, pp. 153-155.
[88] Biscotti, 2018, pp. 158-160, y pp. 186-190 (sobre las ceremonias romanas de *Equirria* y *Parilia*), pp. 190-198 (sobre el ritual del sacrificio del caballo en las tradiciones indoeuropeas).
[89] Biscotti, 2018, pp. 160-166. La dictadura de Fabio Máximo (cuya biografía está en ampliamente contada por Plutarco en sus Vidas Paralelas) ha sido estudiada ampliamente por Franchini, 2018, pp. 441-508.

fluminum: pro urbe dimicandum esse ac pena tibus quando Italiam tueri nequissent...). La idea de que el dictador no puede montar a caballo por prescripciones rituales arcarica, choca, ciertamente, con visión que tenemos de la estatuaria ecuestre romana que representa –no en la mitologia o en los relatos heroicos, sino en esculturas o relieves historicos que son retratos de la la realidad—imágenes de políticos o militares a caballo. Biscotti ha analizado los casos más intesanes en una perespectiva novísima: analizar las imágenes ecuestres a la luz del Derecho romano[90] y al hilo de otras considerciones de tipo jurídico que se encuentran en la literatura romana.

[Ad §21. Término del cargo]

El dictador no puede nombrar sucesor. El dictador puede abdicar, o renunciar (Liv . 2 ,18; 7, 3, 4; 7, 3, 9; 8,1 8, 12; 9, 28, 6 ; Dionisio, 5 , 70; Polibio, 3, 87, 8; Cicerón, *De leg.* 3 , 9). Una vez acabado el periodo de ejercicio de esta magistrada, ninguna otra institución tiene derecho de pedir cuentas al dictador por sus actos. El privilegio de "no ser sometido a juicio" al término se suma el derecho legal no tener que someterse a los requerimientos de los comicios populares. Sobre el abandono del cargo del dictador, remitimos al trabajo Pulitanò, 2017, pp. 63-65. Sobre la *abdicatio* dictatorial, Wilson, 2021, pp. 9, 113, 169, 175, 236-241.

[Ad §22. Delegación del poder al praefectus urbi*]*

En época republicana el *praefectus Urbi* viene a ser el custodio de la ciudad en ausencia de los cónsules, con autorización del Senado: Livio, 1, 59, 9; 3, 3, 7; 3, 9, 6; 3, 24, 2; 3, 29, 4; Tácito, *Ann.* 6, 11: *dictatorem, consules, praetores, tribunos plebi, interregem, praefectum urbi* (con el acuerdo del senado). Varrón en Aulo Gelio, 14, 7, 4; Lydo, *Mag.* 1, 34 y 1, 38. Más tarde, cuando el pretor urbano asume la función de autoridad máxima de la ciudad, el *praefectus urbi* pasa, nombrado por el senado, a una función menor: el cuidado de la

[90] Biscotti, 2018, pp. 175-182.

ciudad mientras duren las *Feriae Latinae* (Aulo Gelio, 14, 8, 1; Dion, 41, 14, 4; 49, 16, 2; 54, 6, 6; cf. 47, 40, 6). Por emulación del sistema constitucional, excepcionalmente el *praefectus urbi*, en la República primitiva, puede asumir algunas funciones del dictador cuando tal prefecto de la Ciudad ha sido nombrado por el dictador, y en ausencia de este, del *magister equitum* y de los cónsules.

[Ad §23. Delegación del poder al magister equitum*]*

Como indica Mommsen en este parágrafo, cuando el dictador está ausente le cede el imperium al *magister equitum*, así como el derecho a usar fasces, en número de 12 (la mitad de los que exhibe el dictador, que son 24); pero aun así, al margen de esta restricción en las insignias, el poder conferido al jefe de la caballería es enorme en ausencia del dictador.

[Ad §24. Independencia de la provocatio*]*

El derecho de apelar al pueblo, a sus instituciones, en el caso de procesos judiciales, es decir, la *provocatio*, es una institución antiquísima, documentada ya en época regia (Livio 1, 26, 8; Cic. *De rep*, 2, 54). Sobre el tema, véase el estudio general de Lintott, 1972, pp. 226-267. Tenía como finalidad la limitación del poder del rey o de los magistrados en procesos judiciales capitales. Este derecho quedó regulado, desde el año 509 a.C., por la *lex Valeria-Horatia* (Liv. 2 , 5 , 8; Cic. *De rep.* 2, 5 3), aunque fue suspendida durante un lustro por los decenviros (451-449), y luego restituida, pues aparece en la ley de la Doce Tablas. Este derecho de apelación, aplicable solo a los patricios al principio, se extendió más tarde a todos los ciudadanos (*leges Porciae* de 134 y 108 a.C.). Su ámbito de aplicación se remite a dos situaciones: la jurisdicción criminal, y por tanto concerniente a los procesos que inician los magistrados con jurisdicción, y, por otra parte, actuar contra las decisiones –*coercitiones*[91]– de los magistrados que pide la pena de muerte o una sanción económica al condenado.

[91] Sobre la *coercitio dictatoris*, Fercia, 2017, pp. 135-156, con el análisis extenso de varios casos concretos.

El procedimiento de apelación tenía varias fases, que se producían en los días sucesivos: una vez que el hombre había recibido la sentencia y había apelado, si es que tenía ese derecho y lo ejercía, se pasaba a la fase en que el expediente de la causa juzgada pasaba a las tres asambleas populares, en la que el *iudex* principal veía la causa a modo de acusación pública –lo que actualmente presenta la figura del fiscal popular–, y finalmente se sometía el caso a votación popular para confirmar la sentencia primera del magistrado, o, en su caso para anularla. El pueblo, a través de sus asambleas y representantes, tenía, por tanto, la última palabra.

La aplicación tiene limitaciones. Así, el dictador en principio no está obligado a admitirla (cf. Livio 3, 29, 6; 8, 21, 33-35). En otras penas, como las que afectan a mantenerse alejado de Roma, o las relativas a la confiscación de bienes, tampoco gozan del privilegio de acudir a la *provocatio*. Carecían también de este derecho los no ciudadanos (mujeres y extranjeros), o los ciudadanos que habían sido "rebeldes a Roma", bien por haber desertado del ejército o por otras causas de traición que les situaba en la tesitura jurídica y moral de "enemigos de la patria" (*hostes patriae*). Sobre las penas por deserción en el ejército, PEREA YÉBENES, 2003, pp. 117-120 y textos jurídicos en p. 133.

[Ad §25. Relaciones con el tribunado del pueblo]

En el campo jurídico, el dictador tiene competencias pero también limitaciones. Puede actuar en casos en que estime que hay insubordinación u otro delito grave. En tanto que el dictator posee *imperium* y *potestas*, puede actuar en la jurisdicción criminal, al igual que los pretores. El acusado o condenado tenía garantías procesales, la citada *provocatio ad populum*, y también la *intercessio tribunicia*[92], esto es, el derecho a apelar a los tribunos del pueblo para su defensa y garantía procesal. En realidad el derecho de intercesión (*ius intercesionis*) es común a todos los magistrados, pero el tribuno de la plebe,

[92] Sobre la *intercessio tribunicia*, FERCIA, 2017, pp. 135-156.

al ejercerlo, igual que el *ius coercitionis*, gozan con el apoyo popular, pues es el tribuno es el magistrado superior representante del pueblo.

[Ad §26. Relaciones con el Senado]

El poder ilimitado concedido al dictador le exime de rendir cuentas al Senado, pero tiene que solicitar permiso para usar el dinero público. Este solía acceder a lo pedido, pues en definitiva el senado ha delegado todo su poder en el dictador. Como indica el propio Mommsen, "el dictador no se rige por las instrucciones del Senado, ni para armarse ni para tomar iniciativas militares, y esto es lo que expresa ante todo su denominación griega de autócrata (αὐτοκράτωρ) que es el término que utiliza Polibio (3, 87, 7) para designar al *dictator*.

[Ad §27. Relaciones con la realeza]

Al final de este capítulo Mommsen introduce esta sección sobre las "relaciones", o comparación, de realeza y dictadura, para hablar luego de la decadencia de la misma. Es extraño que colocase aquí estas ideas –que debería haber situado en los inicios históricos de la dictadura, y no al final– salvo que tuviese en mente, como así creemos, la figura de César como "monarca" y también *dictator*. César es, para el historiador alemán, el paradigma de político romano, y a la vez culmen y final de la República. En su *Historia de Roma*, Mommsen glosa la figura política de César, la inusitada concentración de poder en sus manos, en capítulo titulado significativamente "la nueva monarquía"[93] envuelta en una "extraña apariencia externa".

La concentración "extraordinaria" de poder de César se produce en el contexto de la Guerra Civil irrumpida en el 49 a.C. Tras su éxito en la campaña hispana (batalla de *Ilerda*, en el verano de ese año), regresa a Roma, y es investido con una dictadura *provisional*, pero que pronto será confirmada (iterada) en el otoño del año siguiente, tras su victoria en Tapso. No solamente confirmada sino, inusitadamente, y

[93] *Historia de Roma*, libro V, pp. 485-488 de la edición española de 2003.

en contra de la costumbre y de la ley romana, le fue concedida esta dignidad, renovable anualmente, por el periodo de diez años, desde el 1 de enero del 45 a.C. Sus victorias en el verano de ese mismo año en Hispania (batalla de Munda) solo harían confirmar la necesidad de mantener ese estatuto personal de dictator. Y, de hecho, en el año 44 a.C. fue designado dictador perpetuo. Cuando murió, en marzo del 44 a.C. era dictador por cuarta vez y dictador perpetuo (Josefo, *Ant.* 14, 10,7: Γάιος Καῖσαρ αὐτοκράτωρ δικτάτωρ τὸ τέταρτον ὕπατός τε τὸ πέμπτον δικτάτωρ ἀποδεδειγμένος διὰ βίου).

Para entonces, César ya ha había concentrado muchos poderes y dignidades: en el 48 a.C. se le nombró cónsul con atribuciones especiales; luego se le concedió el consulado por cinco años, después por diez. En el 48 a.C., sin tomar el nombre oficial de *tribunus populi*, asumió de hecho tales funciones, entre otras el privilegio de votar el primero en el Senado. En el ámbito religioso, no ocupó sin embargo el primer puesto como pontífice máximo, pero sí forzó la votación en el colegio de augures para ser elegido por "supuesta cooptación" para tal sacerdocio, y fue augur. En el campo político-militar, desde el 46 a.C. recibió el título de *imperator perpetuus*. A ello hay que sumar otras funciones y títulos urbanos[94] y honores, como "el título de padre de la patria, o que su nombre fuera conferido al mes de su natalicio, al mes de julio (*julius*), como todavía lo llamamos, y muchas otras manifestaciones del delirio de los cortesanos que se degradaron desde un principio hasta llegar a la ridícula deificación. Por un visible compromiso entre las genuflexiones de los cortesanos y las repugnancias de los republicanos antiguos a aceptar el verdadero título de la monarquía de César, se intentó una especie de división nominal de los poderes ilimitados del monarca, tan ilógica como difusa"[95].

---

[94] Siempre ejercidos con discreción. Compárense las paráfrasis formulares de algunas leyes cesarianas a propósito de ciertas magistraturas: *Cum censor aliusve quis magistratus Romae iure populi censum aget* (*lex Iul. municip.*, 1, 141); *Praetor iste quei Romae iure deicundo praerit* (*lex Rubria, passim*); *Quaestor urbanus queive aerario praerit* (*lex Iul. munic.*, 1, 37 *et passim*). Cf. Mommsen, *Historia de Roma*, libro V, pp. 653 n. 10, de la edición española de 2003.

[95] *Historia de Roma*, libro V, pp. 486 de la edición española de 2003.

Pero de entre todas las magistraturas acumuladas y ejercidas por César, añade el propio Mommsen, "no se puede negar que la dictadura fue la que con más frecuencia llevaba. La dictadura le era de un uso práctico y legal en la forma, y bien se entiende que él la aceptara, porque fue siempre bajo la antigua constitución una magistratura suprema y extraordinaria en épocas de crisis también extraordinarias. Pero este cargo se acomodaba mal para dar un título a la nueva monarquía. Al haber sido excepcional en otro tiempo y después pasar a ser impopular, la dictadura se hallaba muy circunscrita para servir de expresión al actual poder" [96]. Y añade: "Según todas las apariencias, y no podía ser de otro modo después del papel que había desempeñado en medio de los partidos políticos, no era suficiente para César la dictadura anormal de Sila, dictadura absoluta y por tiempo ilimitado. Al contrario, el título de *imperator* en su acepción reciente era considerado, desde todos los puntos de vista, como el más apropiado a la nueva monarquía por su novedad, y porque a su elección no se oponía ningún motivo importante" [97].

Mommsen es consciente de la paradoja. En efecto, si la dictadura es una solución constitucional republicana surgida de la monarquía latino-etrusca, con César, que es el último dictador romano, se cierra el ciclo recuperando la idea de monarca, μόναρχος[98], no tanto como dinasta sino como jefe o líder único, principal, que reúne en su persona las magistraturas cardinales del Estado romano, políticas y religiosas.

[Ad §28. Decadencia de la dictadura]

Acabada la Segunda Guerra Púnica, y especialmente en el siglo II después del año 133 a.C. los conflictos internos no se solventaron mediante el nombramiento de dictadores. La magistratura había caído en desuso. En su lugar proliferaron los "*senatus consulta ultima*", que están bien documentados como arma contra los distubios *in urbe*, desde 133 hasta 121 (episodio de Cayo Graco) hasta el 43 a.C. o el 40

[96] *Historia de Roma*, libro V, pp. 487 de la edición española de 2003.

[97] *Historia de Roma*, libro V, pp. 487 de la edición española de 2003.

[98] En algún caso "monarca" es sinónimo de *dictator*, como leemos en Plutarco a propósito de la Vida de Camilo, donde *dictator* = monarca (Plutarco, *Camilo*, 18).

(con el *affaire* de Salvidieno Rufo, citado por Dion, 48, 33, 1-3)[99]. Y es verdad que en el siglo I a.C. estos senadoconsultos tuvieron que simultanear con las singulares ditaduras de Sila y de César[100].

En este parágrafo se alude a la dictadura como remedio para hacer frente a una guerra externa (*bellum externum*). Sobre este aspecto, CAVAGNONI, 2017, pp. 15-18.

[Ad §29. La dictadura latina]

A diferencia de Roma, en las primitivas ciudades latinas, en sus orígenes regios y en su evolución, la magistratura de la dictadura era "ordinaria", anual y colegiada. Las incongruencias del sistema de magistraturas en las épocas más antiguas, tras la caída de los reyes, puede entenderse como una mezcla de adaptaciones al nuevo régimen republicano (consular) y el respeto a las tradiciones de la realeza latina en sus centros urbanos más importantes, como son Lanuvio, Fidenas, Aricia, Ficulea y Nomentum, donde se constatan dictadores como magistrados ordinarios anuales, documentados tanto por las fuentes literarias como epigráficas. El tema ha sido estudiado recientemente por TORRES-GONZÁLEZ (2024), con gran solvencia.

---

99 El *senatus consultum De Bacchanalibus* del 186 puede ser considerado un precedente. Véase la discusión jurídica en SILLA, 2017, p. 292 n. 7.

100 Sobre el tema, *vid.* SILLA, 2017, 289-328. Sobre la dictadura de Sila: DI MARTINO, *Costituzione*, III, pp, 82-97; ROSSETTI, 2018, pp. 537-568; GALEOTTI, 2018, pp. 569-604; GUIDA, 2018, pp. 605-649.

COMENTARIOS AL CAPÍTULO V

LOS FASCES, INSIGNIAS DEL PODER DE LOS MAGISTRADOS ROMANOS

I. Los fasces

[Ad §1. Descripción y tipo]

Se ha estudiado insuficientemente la tipología de los fasces en los monumentos romanos o en las monedas. En este párrafo, Mommsen los describe bien. En efecto, las varas (*virgae*) eran de madera natural. Según Plauto, de madera de olmo (*Asinaria*, 2, 3, 74; 3, 2, 98); según Plinio, de madera de abedul, latín *betulla*. (*N.H.* XVI, 30, 75: *Gallica haec arbor mirabili candore atque tenuitate, terribilis magistratuum virgis, eadem circulis flexilis, item corbium costis, bitumen ex ea Galliae excoquunt* ("Este es un árbol de la Galia, de una admirable blancura y delgadez, terrible por las varas de los magistrados").

Las varas servían para infligir castigos corporales, el hacha (*securis*) para la pena capital. Las ejecuciones, cuando eran públicas, se hacían con el hacha desde época más antigua, luego decayó pero fue retomada en época de César; la decapitación se realizada en el campo de Marte, y en presencia de los flámines *Martialis* y *Dialis*, pero dirigida por un magistrado investido de *imperium*, y realizada por los *lictores* que este tenía asignados. De ahí que exhibir el hacha junto a los fasces significaba el poder máximo de un magistrado (Livio, 8 , 32, 10; 8, 7, 19; 25, 16, 19; 26, 16, 3; Cicerón, *Verr.* 3, 156; 5, 118; 5, 142). Este sistema decae en época imperial, donde no se requiere la presencia de los *lictores* en las ejecuciones.

[Ad §2. Equipamiento de los lictores]

Parece, en efecto, como sugiere Mommsen, que los *lictores* iban vestidos con una toga. Apiano (*Pun.* 8, 9, 66) describe a los *lictores* vistiendo túnicas de color púrpura (φοινίκεος), αὐτοῦ δ' ἡγοῦνται τοῦ στρατηγοῦ ῥαβδοῦχοι φοινικοῦς χιτῶνας ἐνδεδυκότες, que preceden al general y luego describe al general vistiendo una prenda tradicional púrpura (πορφύρα), ἔσταλται δ' ἐς τὸν πάτριον τρόπον πορφύραν, probablemente una toga. O una toga corta (*togulae*), como indica Cicerón, *In Pis.* 55: *Togulae lictoribus ad portam praesto fuerunt; quibus illi acceptis sagula reiecerunt, catervam imperatori suo novam praebuerunt* ("Pequeñas togas estaban dispuestas en la puerta para los *lictores*. Recibidas las togas, aquellos *lictores* se quitaron los mantos, y dieron la impresión de mostrarse como un "nueva tropa" para su comandante"). Es importante en el ceremonial el ritual de la *mutatio vestis*. Lo resume bien Pierik, 2019, pp. 29-39: Como extensiones del *imperium* de sus magistrados, la apariencia de los *lictores* cambiaba junto con la de sus magistrados cuando salían de la ciudad. El importante límite entre los dos tipos de *imperium* está ilustrado por el ritual de la *mutatio vestis*. El ritual era complejo, muy simbólico e implicaba un cambio tanto en los magistrados como en los *lictores* de la vestimenta civil a la vestimenta militar. Al salir de campaña con un magistrado, los *lictores* participaban en el mismo ritual, en el que se quitaba la toga cívica para ponerse el *paludamentum* de guerra y se montaban hachas en sus fasces (Varrón, *L.L.* 7, 37, 5; Cicerón, *In Pis.* 55). Las propias capas militares se describen como rojas (Sil. *Pun.* 9.421: *sagulum rubens*). El rito de la *mutatio vestis* marca una importante distinción simbólica entre *domi militiaeque* en el límite del *pomerium*.

[Ad §3. Los fasces, insignias del poder superior]

En la historia más antigua de Roma, cuando el rey iba por la vía pública en un acto oficial, los *lictores* le precedían en la marcha, con los fasces y las hachas. El hecho de exhibir este cortejo significaba el poder máximo del rey, la posibilidad de arrestar a cualquiera por un derecho adquirido: el disponer de la vida y de la muerte de todo ciudadano, dictando una sentencia –por ejemplo, a muerte – que no era inmediatamente ejecutada, pues el condenado podía hacer uso del derecho de provocación (*provocatio*). El condenado podía pedir este recurso, pero el rey no estaba obligado a admitir el procedimiento.

El uso de los fasces, y lo que ello suponía en relación con los procedimientos judiciales, pasó a los altos magistrados del Estado en época republicana. Pero el hacerse acompañar por *lictores* es signo externo y ostentosamente visible del poder de los magistrados romanos, tengan o no competencias jurídicas exclusivas o plenas. De hecho, la expresión "*fasces atollere*", que aparece en Virgilio (*Aen.* 7, 173), "tomar los fasces", venía a ser sinónimo de poder y de buen agüero[101].

Un libro reciente, que estudia el uso de los fasces a través de los tiempos, partiendo de la época romana pone en evidencia la necedad de algunos autores académicos al estudiar este símbolo "constitucional" de los magistrados romanos, que el autor considera "el símbolo político más peligroso" (*Most Dangerous Political Symbol*). El citado libro reciente (Brennan, 2023), evidencia las carencias del autor en estudios de Derecho Público romano o sus instituciones, ignorancia de fuentes y de estudios especializados. Todo su enfoque de los fasces –que el autor ni siquiera es capaz de indicar a qué magistrados se adjudican *legalmente*–, reside en poner el acento en la maldad de la expresión vulgar, concluyendo su relato con la idea de la "construction of Fasces in Mussolini's Italy" (su cap. 11), y la conclusión de que los fasces deben ser erradicados también de la realidad histórica romana antigua, naturalmente, en palabras de este autor, como si hubiese una relación directa entre la República romana y la llamada ideología neonazi del presente.

[Ad §4. Los fasces, insignias propias del poder judicial]

El poder judicial se asigna preferencialmente a la menor de las magistraturas superiores regulares *cum imperio*: la pretura. En los tiempos más antiguos, cónsules y pretores formaban un tándem a modo de poder colegiado, si bien a partir de mediados del siglo III, la pretura se desliga del consulado, y doblando el número de sus

[101] 173-177: *Hic sceptra accipere et primos attollere fasces regibus omen erat, hoc illis curia templum...* ("Para los reyes recibir el cetro y alzar por primera vez el fajo de haces era señal de buen agüero, allí, en este templo donde también se reunía el senado...").

representantes, de uno a dos, aumentando luego a cuatro y hasta seis en el siglo II. Perdieron competencias militares y ganaron competencias judiciales. Como magistrados *cum imperio*, tenían derecho a hacerse escoltar por *lictores*, aunque el campo de actuación de los pretores era el ámbito civil (civil-judicial), si bien a partir del siglo II, el de la expansión romana por Europa, los pretores eran frecuentemente enviados a las "provincias" con misiones diplomáticas o militares. Y tras las reformas de Sila, también los ex pretores podían ser enviados fuera de Italia para dirigir campañas bélicas con un *imperium proconsulare*. En cualquiera de las circunstancias, los pretores tenían derecho al uso de *lictores* y fasces.

[Ad §5. Diferencia entre el poder judicial ejercido domi *o* militiae *derivada del uso de los fasces]*

En este instrumento complejo que es el haz de fasces, las varas representaban el *imperium domi*, y cuando estaban en el exterior, se incrustaba un hacha de un solo filo en el haz para representar *imperium militiae*. Staveley, 1963, pp. 464-465; Schäfer, 1989, *passim*; Pierik, 2019, p. 8.

[Ad §6. Limitación posterior del empleo de los lictores]

[*Ad. notam* 39]. Cicerón, *Pro Rab.* 4, 5: "¡Vamos, *lictor*, átale las manos (al reo, Rabirio)". Un *lictor* interviene en el proceso de arresto de Gayo Rabirio. Éste había sido acusado de matar a un hombre sacrosanto, y se le cita a juicio. El pretor convoca a los dumviros, dado el carácter "religioso" del crimen, y el *lictor* procede al arresto de Rabirio; en ese momento interviene Cicerón en defensa de Rabirio. El *lictor* viene a ser aquí un mero auxiliar judicial en la oficina del pretor.

Durante la época republicana los *lictores* formaban parte de la pompa triunfal y de las pompas fúnebres. Las familias aristocráticas –en aquellas que había fallecido un varón de su familia que había sido magistrado– organizaban su funeral, no como un asunto privado, sino como un acto público. Era un espectáculo tan costoso como vistoso, casi teatral, diríamos hoy, "a la vez sagrado y carnavalesco" (Pierik, 2019, p. 43); una procesión (*pompa*) que convocaba a mucho público para ver desfilar a los actores contrataos, a los músicos, a los mimos (Bodel, 1999; Sumi, 2002). Los *lictores* desfilaban precediendo al carruaje con el cuerpo del difunto. El cortejo iba desde la casa hasta el foro; una vez allí, un familiar o un amigo pronunciaba la *laudatio*, el elogio del difunto. Acabado éste, la ceremonia adquiría un carácter privado, y se dirigía hacia la tumba donde el cadáver podía ser enterrado o incinerado. En los últimos años de la República también las mujeres (familiares o esposa) del magistrado difunto podían desfilar en esta pompa, sosteniendo las imágenes del difunto o de los antepasados notables, precedidas también por *lictores*.

La exhibición de la *imago* del difunto en procesiones fúnebres está explicada por Polibio (6, 53) con características muy llamativas: una persona se vestía de modo que pareciese un doble del difunto, vistiendo la toga con borde púrpura si hubiera sido cónsul o pretor. Este doble, ataviado con una máscara fúnebre (*imago*) realista del difunto, iba en un carro y "las fasces y las hachas y las demás cosas que acostumbraban acompañar a sus magistraturas [le] preceden según el valor de cada uno de los grados alcanzados durante su vida como ciudadano..." (ῥάβδοι δὲ καὶ πελέκεις καὶ τἆλλα τὰ ταῖς ἀρχαῖς εἰωθότα συμπαρακεῖσθαι προηγεῖται κατὰ τὴν ἀξίαν ἑκάστῳ τῆς γεγενημένης κατὰ τὸν βίον ἐν τῇ πολιτείᾳ προαγωγῆς...).

Cicerón indica que el director de la ceremonia funeral (*dominus funeris*) tiene derecho a usar *lictores*, pero no queda clara esta asignación (Cic. *Leg*. 2.24.61-61: *reliqua sunt in more: funus ut indicatur, si quid ludorum, dominusque funeris utatur accenso atque lictoribus*...). Cf. Pierik, 2019, pp. 45-46, con la discusión.

Durante la época de los emperadores, en la que los desfiles triunfales son escasos, permanece en el tiempo la participación de los *lictores* en los funerales.

[Ad §7. Lictores de los diversos magistrados]

El haz de fasces era símbolo del *imperium* personal otorgado por el Pueblo. El número de ellas representaba las gradaciones del *imperium* de cada magistrado, *maius* o *minus*. Cf. Apul. *Met.* 1.24: *Nam et lixas et virgas et habitum prorsus magistratui congruentem in te video.* Sobre el uso de este importante símbolo remitimos al minucioso estudio de Schäfer, 1989.

II
Lictores de los magistrados superiores

[Ad §1. Del rey, del cónsul y de los que tienen poder consular]

El desfile de los *lictores* como escolta de los magistrados romanos forma parte de la teatralidad de la manifestación pública del poder. Esto se aprecia, por ejemplo, en la ceremonia de toma de posesión de los cónsules. Entre los rituales que se realizaban ese día, que incluían tomar los auspicios y vestir la *toga praetexta*, los *lictores* levantaban sus fasces. Luego, los *lictores* se colocan delante de los magistrados caminando en columna, recorriendo las calles de Roma desde la casa del magistrado hasta el Foro y al templo de Júpiter Óptimo Máximo en el Capitolio, donde se hacen los votos y se hace un sacrificio de bueyes blancos (Livio, 31, 63). Luego se procede a la expiación de los prodigios, si ha lugar, a modo de lustración, seguida de una procesión que se encamina a la salida de la ciudad; en el límite de la misma (tradicionalmente, la línea pomerial) se procede a un sacrificio menor, a la *mutatio vestis*, y la salida en procesión de la ciudad.

Sobre la participación de los *lictores* en la ceremonia triunfal, *vid. supra Ad. cap. III 13.*

[Ad §2. Del dictador y de los magistrados nombrados por él]

Obviamente el dictador, como alto magistrado, tiene derecho a *lictores*. Mommsen aporta las fuentes y las circunstancias en que el número de *lictores* puede variar. El magistrado nombrado por él, por antonomasia, es "su mano derecha", el *magister equitum*, que también tiene *imperium maius*, lo que permitía la acción unilateral para resolver problemas, algo que no permitía el carácter colegiado de las magistraturas regulares. Dictador y jefe de la caballería, pues, tenían derecho a *lictores* y que éstos llevaran las hachas montadas mientras estuvieran dentro del *pomerium*. Esta restricción, a la que se refiere Dionisio (5, 75, 2) se debía a que era un derecho asociado a la realeza. De ahí surge un "temor" a una exhibición excesiva ante el pueblo, ya que los dictadores y los jefes de la caballería eran nombrados, y no elegidos por el pueblo, de modo sus fasces, en última instancia, no simbolizaban el poder otorgado por los comicios populares. Es posible que los dictadores no hayan mostrado las veinticuatro fasces completas dentro de la ciudad, sino solo doce. Cf. LINTOTT, 1999, p. 111.

[Ad §3. Del pretor y de los que tienen poder pretorio]

Los pretores (el *urbanus* y el *peregrinus*) tenían dos *lictores*, siempre que estuviera en Roma y dentro del *pomerium*, como indica Cicerón, *De leg.* 2, 93: *Deinde anteibant lictores non cum bacillis, sed, ut hic praetoribus urbanis anteeunt, cum fascibus bini.*

[*Ad notam 62*]. Sobre los *quinquefascales*, cf. Dion, 53, 13, 8: "Todos los propretores disponen, indistintamente, de cinco *lictores* y, salvo quienes son de rango consular, reciben un título derivado de este número". Al texto que menciona Mommsen, pero que no desarrolla, de CIL VI, 1546, ha sido completada y revisada en este sentido: *omiti] / [Augustor]um [expeditionis] / [Parthicae i]tem Germ[anicae] / [et Sarmaticae c]urat(ori) aed(ium) sa[crum] / [et oper(um) publicor(um?)] sodali Anto[niniano] / [leg(ato) Aug(usti) quin]quefasc(ali) reg(ionis) [Transpad(anae?)] / [leg(ato) Aug(usti) leg(ionis) V]II Cl(audiae) [P(iae)] F(idelis) praetor[i trib(uno)] / [plebis* (nova editio, CIL VI, 41131), texto del año 168-169.

[Ad §4. Del censor]

En efecto, los censores no tienen *lictores*. Además del testimonio de Zonaras, añádanse: Aulo Gelio, 13,12. Plutarco, *Quaest rom.* 81, indica que tampoco le correspondían a los tribunos plebeyos: "¿Por qué el tribuno de la plebe no lleva una toga con franjas de púrpura, como la llevan los demás magistrados? ¿Acaso porque en realidad no es un auténtico magistrado? En efecto, no disponen de *lictores*, ni gestionan los asuntos públicos sentados en una silla curul; ni inician su mandato a comienzo de año, como todos los demás magistrados, ni sus funciones quedan en suspenso cuando se elige a un dictador".

[Ad §5. De los embajadores y de los senadores]

Con respecto a los embajadores, añadir, Dion, 54, 10, 2: ... πρέσβεις πρὸς τὸν Αὔγουστον, μετὰ δύο ῥαβδούχων ἕκαστον, ἔπεμψαν ("enviaron embajadores, con dos *lictores* cada uno, a Augusto").

Senadores: Los textos sugieren que a finales de la República, los *lictores* y el uso de fasces, se usaban de manera un tanto indiscriminada, mientras que en las provincias, los senadores iban acompañados de *lictores* como punto de dignidad personal. Esto parece haber sido una cortesía no oficial pero habitual que fue otorgada por el magistrado local con *imperium*, como se deduce de Cicerón, *Ad Fam.* 12, 21 (*dignitatem eius tibi commendo idque a te peto quod ipse in provincia facere sum solitus non rogatus, ut omnibus senatoribus lictores darem*), y 12, 30 (*quod scribis, quo illi animo aequiore ferrent, te tuis etiam legatis lictores ademisse*).

[Ad §6. Del emperador]

Como en tantos asuntos constitucionales, Augusto sentó las bases de la costumbre que luego iban a seguir los césares y los emperadores sucesivos en el uso de los *lictores* y los fasces. Durante el triunvirato, Octavio (el futuro Augusto) se hacía acompañar por doce *lictores*, que le correspondían como cónsul en el año 43 a.C. y *triumvir rei publicae constituendae*. Vid. Koortbojian, 2020, pp. 43-53. Ya como Augusto, en el año 19, y a partir de entonces, se le otorga el *imperium consulare*, de modo que puede usar siempre las insignias y los *lictores* y fasces (en número de doce) que corresponden al cónsul, aunque realmente no era un cónsul regular. El texto fundamental es Dion, 54, 10, 5: "Asumió (Augusto) la potestad de los censores por un periodo similar (cinco años), y la de los cónsules de forma vitalicia, de tal manera que siempre, en todas las circunstancias, pudiera usar los doce *lictores* y pudiera sentarse en la silla curul entre los cónsules del año (ὥστε καὶ ταῖς δώδεκα ῥάβδοις ἀεὶ καὶ πανταχοῦ χρῆσθαι, καὶ ἐν μέσῳ τῶν ἀεὶ ὑπατευόντων ἐπὶ τοῦ ἀρχικοῦ δίφρου καθίζεσθαι).

[Ad §7. Nuevas magistraturas del Principado]

En el periodo imperial (siglos I-III d.C.) se restringe el uso de *lictores* y fasces a los magistrados de rango senatorial. En efecto, no hay noticias de los legados imperiales en la provincias hicieran uso de estas insignia de poder, aun cuando hayan recibido un poder, *imperium*, propretorio. Por el contrario, se documentan *lictores* asignados a magistrados menores que ejercen sus funciones en Roma como *curatores* y, así como otros cargos de designación imperial, adjudicados a caballeros, como los *praefecti* encargados de administrar el dinero de la caja del senado (los *praefecti aerarii Saturni*) y de la caja militar (*aerarium militare*), así como el mayor rango, el prefecto de la ciudad de Roma.

III
Lictores de los sacerdotes y de los que organizan y patrocinan juegos

[Ad §1. Lictores curiatii *de los pontífices]*

Las *decuriae* eran formas de organización jerárquica de los *apparitores* o personal auxiliar de un magistrado o un grupo de magistrados, o a un colegio de magistrados. Parece que el procedimiento de acceso a este cuerpo era personal a través del patrocinio. Aunque el mecanismo de asignación no está claro. En otros casos se habla de sorteo a la hora de asignar *lictores* o escribas de las curias a los magistrados, como puede deducirse del texto de Cicerón, *De lege agr.* 2.32-33: *Omnia sunt haec huius modi, Quirites, ut, ea qui habeat sine vestris suffragiis, aut rex non ferundus aut privatus furiosus esse videatur*. A comienzos del siglo II d.C., Plinio el Joven (*Ep*. 4, 12), alude a una asignación por sorteo de un escriba, *qui sorte obtigerat*. El procedimiento de asignación de *apparitores*, escribas o pregoneros, y los *lictores decuriales* o *curiati*.

El *pontifex maximus* en Roma tendría derecho a ser acompañado, precedido, por *lictores* dado el prestigio de este puesto en las procesiones. Quizás a nivel local, los pontífices de las colonias o municipios pudieran imitar la acción haciéndose acompañar por un *apparitor* local.

El lenguaje empleado en las inscripciones demuestra que las funciones o servicios son imprecisos; la mayoría de las veces afirman que sirvieron a un grupo de magistrados en lugar de a uno en particular, enfatizando cómo sirvieron a un colegio de magistrados y al Estado, o a una institución local. Estas decurias disponían en su *staff* de *lictores* para funciones diversas. El texto de Séneca, *Quaest. Nat*. 4, 13, ... *ista verba, quae iam ab alio magistratu ad alium cum lictoribus transeunt* ("estas palabras, que ahora pasan de un magistrado a otro con los *lictores*"), sugiere la existencia de un intercambio de información a través de los *lictores*.

En algunas inscripciones se nombra a un *lictor* asignado a las decurias locales. Así, en Éfeso el texto bilingüe CIL III 6078 cf. III p. 1285 = III 12254: *Ti(berio) Claudio / Secundo / viatori tribunic[io] / accenso velato licto/ri curiat(i)o gerusia h[o]/noris caus{s}a sua [pecunia]* // Ἡ γερουσία ετείμ[ησεν] / Τι(βέριον) Κλαύδιον Σεκ[οῦνδον] / οἰιάτορα τριβου[νίκιον] / ἀκκῆνσον οὐηλ[ᾶτον] / λείκτορα κουριάτ[ιον] / ἐκ τῶν ἰδίων. Y también de Éfeso, el texto EDCS-00400036: *[A(ulo) Lar]cio [A(uli) f(ilio) Palatina Crispino(?)] / [3]YLO[3] / [lictori] curiato [...] / promag(istro) II pu]bl(icorum) (XXXXquadragesimae) p[ortuum Asiae*. En Roma, por ejemplo, CIL VI, 1846: *T(ito) Mario T(iti) f(ilio) / Palat(ina) / Clementiano / scrib(ae) aedil(ium) / curul(ium) / lictori curiatio*... De Roma, CIL VI, 1869: *D(is) M(anibus) / P(ublio) Aemilio P(ubli) f(ilio) Nicomedi patri / incomparabili / decuriali decuriae lictor(iae) / co(n)s(ularis) trium decuriar(um) Xprimo / item decur(iae) lictor(iae) popularis*... Etc. Se trata de *lictores* con diversas funciones en las instituciones políticas locales como las decurias. Se conocen medio centenar de inscripciones parecidas.

En algunos textos tardíos se alude *al ordo* de *lictores* consulares en época de Constantino, *Cod. Theod.* 8, 9, 1: *ordines decuriarum scribarum librariorum et lictoriae consularis oblatis precibus meruerunt...*, como parte de los *officia* imperiales.

[Ad §2. Del flamen Dialis*]*

El pasaje citado de Plutarco, *Quaest. rom*, 113, dice: "¿Por qué a este mismo sacerdote (el *flamen Dialis*) no le está permitido ocupar magistratura ni presentarse como candidato a ellas, y sin embargo dispone de *lictor*, tiene derecho a ocupar la silla curul como un honor y un consuelo por no poder gobernar?".

Sobre el *flamen Dialis* y sus derechos y deberes, Plutarco, *Quaestiones romanae*, 113, alude al derecho de tener un *lictor*, pero Aulo Gelio 10, 15-25, que lo toma de Varrón, omite tal circunstancia. Para todo lo relativo a este sacerdocio, Marco Simón, 1996.

[Ad §3. De las vestales y de otros sacerdocios femeninos]

Las vestales podían asistir a los Juegos, y verlos en lugar preferencial. El hecho de moverse a pie por Roma suponía cierto riesgo de ser asaltadas. Dion cuenta un caso contextualizado en el caos que había en Roma tras el asesinato de César: "Y a cada una de las vírgenes Vestales se les adjudicó un *lictor*, porque una de ellas, regresando al atardecer a casa después de la cena, no fue reconocida y fue ultrajada". Parece que existía el riesgo de ser atacadas por las prostitutas, Séneca el Viejo, *Contr.* 1, 2, 3, 9; 1, 2, 7, 16; 9, 2, 2, 3; 9, 2, 21, 8.

En los relieves del *Ara Pacis* en Roma aparece un cortejo de vestales precedidas por un togado *lictor* que lleva los fasces delante de él, en lo que parece ser su mano izquierda. El otro friso muestra a un sacerdote que procede detrás de dos asistentes de togado, uno de los cuales lleva fasces delante de él, al igual que en la procesión de las vestales.

Del texto de Dion 56, 46: καὶ οἱ μὲν καὶ ῥαβδούχῳ χρῆσθαι ἐν ταῖς ἱερουργίαις αὐτῇ ἐπέτρεψαν· se deduce que Tiberio autorizó que Livia, viuda de Augusto, fuera acompañada por un *lictor* cuando se desplazaba para cumplir con sus deberes religiosos aunque Tácito,

Ann. 1, 14, indica lo contrario: *ne lictorem quidem ei decerni passus est*: ("[Tiberio] no voto a favor de que le concediera un *lictor*"). Como *flaminica* parece que ese derecho le correspondía, pero que Tiberio pudo negárselo por otras razones.

¿Hasta qué punto la flamínica podía arrogarse el derecho del *flamen Dialis* de llevar un *lictor*? Nada dice Aulo Gelio, en 10, 26 sobre el derecho de la *flaminica Dialis* de tener un *lictor*, ni Plutarco. No queda claro si Livia gozó de ese privilegio, pero tampoco sería hecho extraordinario, pues sabemos por el propio Tácito que años después, en año 54, el senado votó a favor de que Agripina Minor fuese acompañada por dos *lictores* para asuntos religiosos como *flaminica* del culto claudiano, *Ann.* 13, 2: *Decreti et a senatu duo lictores, flamonium Claudiale, simul Claudio censorium funus et mox consecratio.*

Estos casos de época imperial pueden considerarse excepcionales o fuera de la norma constitucional romana, ya que, como plantea Erin Pierik, 2019, p. 49, "this raises some questions about the nature of the priests' *lictor*s, as they lacked *imperium* and would not be expected to be carrying fasces".

[Ad §4. De los que organizan y patrocinan juegos]

Mommsen especula aquí con el carácter religioso de los *ludi*, y la posibilidad de que el editor de los juegos adquiera, por emulación, una autoridad y una obligación de mantener el orden durante la celebración de los espectáculos que exigiera la presencia –¿hasta qué punto solo disuasoria?– de los *lictores*, como si el *dominus ludorum* fuese un "casi magistrado". En este sentido sería bueno disponer de más información epigráfica para aclarar conceptos difusos de los textos literarios. Como solución intermedia podría proponerse, como viene a sugerir Mommsen, que los *lictores* que aparecen en los escenarios de los *ludi*, por ejemplo teatros, y quizás en los anfiteatros, no sean otra cosa que los llevan los magistrados asistentes al espectáculo, y no *lictores ludorum* específicos con funciones difusas de acción judicial o servicio de seguridad y de denuncia de posibles delitos.

Excursus 1

ALGUNAS LEYES ROMANAS

En el *Römische Staatsrecht*, obviamente las leyes romanas están omnipresentes en la obra de Mommsen, pero también en su *Historia de Roma*, que es obra anterior. En realidad, el Derecho romano rezuma en toda la obra del sabio alemán. En el presente libro, pues, el lector encontrará muchas alusiones a leyes romanas republicanas en las notas del autor a pie de página.

En este breve excurso complementario vamos a citar algunas de las más relevantes de las mencionadas en el texto. Interesa hacer esta recensión mínima para ilustrar la vigilancia que las leyes romanas establecían sobre los magistrados y el ejercicio correcto de sus funciones políticas y económicas.

Lex Bantina. – De fecha imprecisa, entre los años 133-118, según Mommsen, las *tabulae* fragmentarias de esta ley no permiten completar con seguridad su texto ni confirmar su contenido, que ha merecido diversas interpretaciones. Estudiada por Mommsen en 1863 (CIL I n.º 197), éste cree que es una l*ex de foedere cum Bantia*. Argumentó que la inclusión de el *IIIvir a(greis) d(andeis) a(dsignandeis)* en la lista de magistrados significaba que estarían obligados a jurar la defensa del estatuto dentro de los cinco días posteriores a su entrada, como parece indicar la *Lex repetundarum*, y que el *IIIvir a.d.a.* mencionado en esta ley debe identificarse con el *IIIvir a.d.a.* de la *Lex repetundarum* como uno de los comisionados designados bajo una de las leyes agrarias de los hermanos Graco[1].

[1] Rotondi, 1963, p. 319. Edición crítica y comentario, en Crawford (ed.), 1996, Law 7 (pp. 193-199), y traducción en pp. 200-201.

Leges Aelia et Fufia (de modo legum ferendarum). - Del año 158 a.C. son dos leyes distintas, como indica Cicerón (*De harusp.* 27, 58; *pro Sest.* 53, 114; *Ad Att.* 2, 9, 1 y 4, 16, 5). La *lex Aelia* limitaba el derecho de la *obnuntiatio* en los comicios legislativos, tanto de los magistrados patricios como de los tribunos plebeyos; por su parte, la *lex Fufia*, siguiendo a Cicerón (*Ad Att.* 4, 16, 5) establecía una pena a los transgresores. Ambas eran instrumentos de los patricios u *optimates* para impedir las reformas legislativas que pudieran favorecer a los plebeyos[2].

Lex Valeria de Sulla dictatore. – Es una *lex rogata* propuesta al Senado por el *interrex* L. Valerio Flaco, en el 82 a.C. Se pedía instituir una dictadura "*legibus escribendis et reipublicae constituendae*", es decir, "para crear leyes y restaurar la República" (Cicerón, *De lege agr.* 3, 2, 5; *De leg.* 1, 15, ,42; *pro Roscio amer*, 43, 125; *Ad Att.* 9, 15, 2; Apiano, *B.C.* 1, 199). La propuesta fue aprobada. Una vez dictador Sila, este nombró al *interrex* que lo había propuesto como *magister equitum*. En seguida se tramitaron leyes –iniciadas por Sila cuando éste se encontraba aún en Asia– siendo la primera la *Lex Cornelia de proscriptione* por la cual se iniciaba un terrible periodo de arrestos, asesinatos y confiscaciones de los enemigos de Sila en Roma[3]. Las reformas legislativas de Sila fueron muchas e importantes, hasta el

[2] Rotondi, 1962, pp. 288-289. Un análisis profundo en Sumner, 1963, pp. 337-358.

[3] Documentada por numerosas fuentes, *vid.* Rotondi, 1962, p. 349. En efecto, esta primera actuación "de gobierno" de Sila tiene su parte odiosa, por no decir directamente criminales "por los actos que él cometió y dejó cometer a los de su facción: proscripciones, recompensas ofrecidas y dadas a los verdugos, confiscaciones, ejecuciones incluso de sus subalternos sin formación de expediente, ni manifestación de causa alguna. Injusticias y asesinatos se habían visto en todas las épocas de la historia, pero nunca se habían presentado públicamente listas y más listas de personas no gratas, destinadas públicamente al sacrificio, nunca los bandidos habían andado más sueltos y habían recibido pensiones públicas por su vandalismo, nunca la autoridad romana había obrado tan a sangre fría, sin consideración alguna de la dignidad humana, y con un menosprecio semejante de todo sentimiento humanitario. Por eso la memoria de Sila ha llegado hasta nosotros empañada en un denso vaho de horror, cuando pensamos que fue el fatídico inventor de las proscripciones. Como dueño absoluto del imperio romano hizo suya la máxima fundamental del absolutismo" (Guillén, 1996, p.132).

punto de decir que otorgó a Roma una nueva Constitución restauradora, con Sila como dueño absoluto de Roma[4].

Lex Gabinia.- Del 67 a.C., reúne varias disposiciones[5]: *Lex Gabinia de bello piratico*, en enero de ese año (Cicerón, *pro lege Manil.* 17, 52; 18, 54; 19, 56; Livio, *Per.* 99; Veleyo Pat. II, 31; Dion 36, 23, 4; 30 y 37). A la que sigue una *rogatio* popular instada por el tribuno L. Trebelio (Dion, 36, 30), que es replicada por otra *rogatio de consulato* iniciada (*abrogata*) por Calpurnio Pisón (Plutarco, *Pomp.* 27, 2; Dion, 36, 37, 2), que se completa con una apostilla sobre *de provinciis consularibus*, y otra disposición para corregir la corrupción de los magistrados (*lex Gabinia de senatu legatis dando*, cf. Cicerón, *Ad Quintum fr.* 2, 11, 3; *Ad Fam.* 1, ,4, 1; *Ad Att.* 1, 14, 5); que se completa con un plebiscito popular por el que se prohibía dar préstamos a los provinciales (Cicerón, *Ad Att.* 5, 21, 12; 6, 1, 5; 2, 7).

Lex Aemilia de dictatore creando, del año 49 a.C. La ley, bien documentada por varios autores (Livio, *Per.* 112; César, *B.C.* 2, 21; Cicerón, *Ad. Att.* 9, 15; Apiano, *B.C.* 2, 48; Plut. *Caes.* 37, 1; Dion, 41, 36, 1) pretende crear una dictadura extraordinaria análoga a la de Sila[6], mediante una *rogatio* del pretor M. Emilio Lépido. En el texto mencionado, Plutarco indica que la iniciativa fue del Senado y Apiano la atribuye al Pueblo. Al año siguiente se ratificó esta ley concediendo a César una segunda dictadura (Dion, 42, 20-21).

En el 44 a.C., Marco Antonio propuso al Senado una ley "*de dictatura in perpetuum tollenda*", por la que se condenaba a la pena de muerte y confiscacion de bienes a cualquiera que se propusiera a otro como dictador o que el mismo asumiese esa magistratura. Cf. Livio, *Per.* 116; Cicerón, *Phil.* 5, 4, 10; Apiano, *B.C.* 3, 25; Dion, 44, 51, 2). Esta ley se complementa con otra instada por el propio Antonio –la

[4] MOMMSEN, *Historia de Roma*, IV cap. X, pp. 357-389 de la edición española de 2003, con el desarrollo de este ambicioso programa político y reformador mediante una batería impresionante de leyes nuevas. Un resumen de la lista de leyes, en GUILLÉN, 1996, pp. 130-131.

[5] ROTONDI, 1962, pp. 372-374.

[6] ROTONDI, 1962, p. 414.

lex Antonia de provocatione, del mismo año 49 a.C. –, por la que se introduce la *provocatio ad populum* para que las asambleas populares actuaran a favor de los condenados en cuestiones *de vi* y *de maistate*.

La época de César es prolija en leyes importantes[7]. Recordamos aquí las más significativas.

A) *Leges Iuliae*, promulgadas en el año 59, durante el primer consulado de César[8] junto a Bíbulo.

Lex agraria. – Trata de las asignaciones de lotes de tierra para los legionarios veteranos[9]. A ella se refieren Suetonio, *Caes*. 20, 81;

[7] La labor legislativa de César es inmensa, solamente comparable, o incluso superior a la de Sila, y ambas sientan las bases de las leyes que regirán durante la época del Principado julio-claudio. Con respecto a esta labor titánica, indica Mommsen: "En el terreno legislativo, César, como nuevo el monarca democrático permaneció fiel a los antiguos principios del derecho público de Roma. La dirección de los negocios públicos solo pertenecía a la asamblea del pueblo en unión con el rey que la convocaba, y las constituciones, que emanaban del jefe del Estado, eran sancionadas regularmente por un plebiscito. Sin duda los comicios no alcanzaban en tiempo de César aquella amplia libertad de otras veces, ni tenían la autoridad moral y política de las antiguas votaciones de los quírites, cuando pronunciaban el sí o el no. La participación de los ciudadanos en la formación de las leyes, muy limitada en tiempo de la República, pero al menos viva y eficaz, no era más que una vana sombra en la práctica de las nuevas instituciones. Y no porque fuera menester emplear contra los comicios medidas restrictivas y especiales, pues la experiencia de los siglos atestigua sobradamente que, para con el soberano nominal, todos los gobiernos, oligarquía o monarquía, han sido siempre complacientes. Por la misma razón que eran la salvaguarda del principio de la soberanía popular, y al mismo tiempo una protesta viva contra el despotismo oriental, los comicios constituían un elemento serio en el sistema y, por indirecta que fuese, su importancia era real" (*Historia Roma*, libro V, pp. 492-493 de la edición española de 2003). Un elenco completo de las *leges Iuliae*: ROTONDI, 1962, pp. 419 ss.

[8] Como recuerda el propio Mommsen a propósito: "Aliados los partidos, hicieron que triunfase sin trabajo su candidatura al consulado para el año 695 (59 a.C.). En cuanto a la aristocracia, y a pesar de sus prácticas escandalosas aun en este tiempo de corrupción profunda, que incluían comprar los votos y poner, para pagarlos, a contribución a todo el orden noble, no consiguió más que dar a César, en la persona de Marco Bíbulo, un colega tenido por un conservador enérgico, cuando en realidad no era más que un testarudo" (*Historia Roma*, libro V, p. 209 de la edición española de 2003).

[9] "Las asignaciones solo debían hacerse en el dominio itálico, es decir, casi exclusivamente en el territorio de Capua. Solo después, en caso de insuficiencia, se haría sobre otros terrenos situados en la península, que debían adquirirse con fondos procedentes de las nuevas provincias orientales, conforme al valor que tuviesen en las listas de los censores. Por lo demás, no se atacaba ningún derecho adquirido de propiedad o de posesión a título hereditario. Las parcelas eran de una extensión insignificante y los

Apiano, *B.C.*, 2, 10 ss, y Veleyo Pat. 2, 44, entre otros[10]. También ha sido designada bajo el nombre de *lex Manilia de coloniis*. La *lex* venía a corregir a la ley agraria del 64 a.C., que tanto disgustaba a Cicerón porque beneficiaba a la nobleza. Este, nada más acceder a su primer consulado en el 63 a.C., a la edad de 42 años, atacó duramente la ley, en tres discursos *De lege agraria*, que se han conservado. Más atrás quedaba la *lex Sempronia agraria*, del 133 a.C., propuesta por Tiberio Sempronio Graco, tribuno de la plebe. La ley limitaba a 500 yugadas la superficie de tierra pública ofrecida en arriendo a particulares.

Lex de publicanis. – Trata de la concesión de la gestión de los arrendamientos en Asia, favoreciendo a los notables del *ordo* de los caballeros, a los que el Senado les había negado esta labor. Citada por Cicerón, *Ad Att.* 7, 16, y Apiano, *B.C.*, 2, 13.

Lex Iulia asiatica. – Trataba de anular los acuerdos de Lúculo en Asia a instancias de Pompeyo. Surge de la reorientación de la política romana en el Este tras la alianza política de Pompeyo, César y Craso. Suetonio, *Caes.* 20; Apiano, *B.C.*, 7, 13; Veleyo Pat. 2, 44.

Lex de provinciis. – Del año 46. Regula los mandos provinciales[11], estableciendo que las promagistraturas provinciales no debían durar más de un año para los ex pretores y más de dos años para los ex cónsules. Cicerón, *Phil.* 1, 8, 19; 1, 10, 24; 5, 3, 7, 3, 15, 38; Dion, 43, 25, 3.

Lex Iulia de repetundis o *repetundarum.* – Su propósito es reprimir y castigar los abusos (económicos principalmente, de ahí que inicialmente se denominara *pecuniarum*) de los gobernadores y

beneficiarios de la ley debían ser ciudadanos pobres. Siendo peligroso el principio, la ley callaba sobre el derecho conferido a los veteranos de venir a participar de estas distribuciones; pero, como estaba en el espíritu de la ley y se había practicado en todo tiempo, los comisarios repartidores debían favorecer muy especialmente a los viejos soldados y a los arrendatarios temporales de los terrenos" (*Historia Roma*, libro V, p. 210 de la edición española de 2003).

[10] Rotondi, 1962, pp. 433.

[11] Rotondi, 1962, p. 421.

funcionarios romanos en las provincias contra los pueblos sometidos o los aliados de Roma. En sentido más amplio, más tarde comprendía también el delito de prevaricación administrativa en las provincias –*male administratae provinciae crimen*, dice Tácito, *Ann.* 6, 79–, así como las extorsiones o el abuso físico. Estos delitos, que eran castigados por diversas leyes romanas desde el final de la Segunda Guerra Púnica, estaba debilitada y se restableció, primero por la *lex Calpurnia* (*sc.* el tribuno de la plebe Lucio Calpurnio Pisón), en el 149 (Cicerón, *De off.* 2, 21), luego por la *lex Cornelia de repetundis* promulgada por Lucio Cornelio Sila en el año 81 a.C., y finalmente completada por César en el 59 a.C.[12] Esta ley, a la que Cicerón (*Pro Sest.* 64) califica de óptima y justísima, tenía 100 capítulos. En el *Digesto* (1, 1, 6, 7; cf. 48, 13) se recuerda la severidad de esta ley, que podía aplicarse a todo magistrado, funcionario o ciudadano encargado de un ministerio público o perteneciente al personal de su oficina (*officium*), que hubiese malversado y recibido o tomado indebidamente algún dinero, directa o indirectamente. En materia de corrupción, esta ley establece la restitución del dinero recibido por vía de malversación, fuese cuales fueran las manos por las que este dinero hubiera pasado, y había que devolverlo por el cuádruplo de lo sustraído. En casos aún más graves, establecía –en caso de que el infractor fuera senador– la expulsión del senado, la degradación social e incluso el destierro.

B) *Leges Iuliae*, promulgadas entre los años 49 – 44 a.C.

Lex Iulia de gaditanorum. – Ratifica la concesión de la ciudadanía a los gaditanos por parte de César (César, B.C. 2, 20-21; Liv. *Per.* 110; Dion, 41, 24, 1).

Lex de aere alieno et de bonis cedendis. – De carácter económico, como su propio nombre indica, regula las relaciones entre arrendadores y arrendatarios de fincas rústicas, suprimiendo mediante esta ley una cuarta parte de la deuda del capital, y estableciendo reglas

[12] Sobre esta *lex*: Crawford (ed.), 1996, pp. 65-112 (crítica textual), y Pasquino, 2018, pp. 130-133 (comentario histórico y jurídico).

que recalifican el valor de las fincas antes de la Guerra Civil del año 49 (Suet. *Caes.* 42; Tácito, *Ann.* 6, 16).

Lex Iulia de modo credendi possidendique intra Italiam. – Ley económica, en línea con la precedente. Trata de evitar que se tesaurice (en casa) mucho dinero no declarado. Así, se establece como máximo la cantidad de 15.000 denarios (Dion, 41, 38; Tácito, *Ann.* 6, 16). Ello produjo que los que tenían mucho dinero en efectivo lo invirtieran en casas, fincas, u otros bienes raíces, produciendo así una notable subida de precio de los mismos por la ley universal de oferta-demanda.

Lex de proscriptis. – La ley eliminó la legislación de Sila que perseguía a los hijos de los proscriptos bajo su mandato; la ley de César, o leyes auspiciadas y/o apoyadas por él, contempla también la medida magnánima de permitir que volvieran del destierro hijos y familiares huidos por la persecución silana. Cf. César, *B.C.*, 3, 1; Plutarco, *Caes.* 37.

Lex Rubria de Gallia Cisalpina. - Conservada en *tabulae* de bronce halladas en Veleia (Italia)[13], que se completan con otros fragmentos encontrados en Ateste. Trata de la emancipación de la Galia Cisalpina por parte de Julio César (Dion 41, 36, 3) y la posterior abolición de su estatus provincial y su incorporación a Italia bajo el triunvirato (Apiano, *B.C.* 5, 22; Dion 48, 12, 5). Se fecha entre el 49/48 y el 42 a.C. Menciona la jurisdicción del *praetor peregrinus* en el capítulo 20. La ley interesa para el estudio del procedimiento judicial romano en las provincias a finales de la República. Las cláusulas más significativas de esta ley se refieren al reconocimiento de la jurisdicción local en diversos casos y su subordinación sistemática al pretor en Roma, cuya participación es necesaria para algunos instrumentos procesales. Toca temas económicos, sobre insolvencia crediticia y algunos aspectos sobre el derecho a acuñar moneda[14].

---

[13] Edición: CIL XI 1146 y I² 592; FIRA I 19; Crawford, 1996, Law n.º 28.

[14] Para aspectos técnicos y de contenido, véase también: Bruna (1972); Frederiksen, 1964, pp. 129-134; Laffi, 1990, pp. 167-175. Texto y comentario en Crawford (ed.), 1996, pp. 461-477

Lex de civitate transpadanorum. – La región Transpadana que no pertenecía propiamente a Italia (César, *B.G.*, 8, 50; Cicerón, *Phil.* 3, 31; Plinio, *Nat. Hist.* 3, 2, 4), y cuyos habitantes siempre fueron favorables a César, certifica, por esta ley, su unión completa y definitiva con Italia.

Lex frumentaria o *de annona*. – Establece limitaciones con respecto a la cantidad de cereal que el ciudadano podía recibir en los repartos gratuitos, provistos de su *tessera frumentaria*, como medida (Apiano, *B.C.* 2, 102; Plutarco, *Caes.* 55; Dion 43, 21, 44).

Lex de collegiis. – Reglamenta la organización de las asociaciones (sodalicios) de tipo político, religioso, funerario o recreativo. En el colegio de los augures, restablece el sistema de cooptación: los augures presentan una lista de candidatos que, en todo caso, debía ser ratificada por la asamblea popular[15].

Lex sumptuaria. – Esta ley refrenda muchas otras anteriores tendentes, en el mismo sentido, a menguar la ostentación que se hacía del lujo. Esto afectaba tanto a los bienes privados como a los excesos en las ceremonias privadas: el mejor ejemplo es la prudencia que se pide a la hora de celebrar funerales. A esta ley aluden Suetonio (*Caes.* 43) y Dion (43, 25). Parece que la ley fue más bien un desiderátum que una realidad.

Lex iudiciaria. – Regula el nombramiento de jueces, y modifica la organización silana de la justicia. Hasta César se nombraban tres listas, *decuriae*, de los tres escalafones de donde procedían los jueces (1. Senadores; 2. Caballeros. 3. *Tribuni aerari*). En el año 46, por

[15] En 1843 Mommsen escribió en latín un ensayo monográfico específico, no muy extenso, pero sí muy erudito, sobre el tema, titulado *De collegiis et sodaliciis Romanorum*, publicado en Kiel, cuyo capítulo IV está dedicado precisamente a la *Lex Iulia* ("Die *lex Iulia de collegiis* und die lanuvinische *lex collegii salutaris*") comparada con la mencionda *lex* de la asociación salutífera y funeraticia de Lanuvio, de época del emperador Adriano, en realidad titulada *Lex collegii Dianae et Antinoi* cuyos estatutos pueden leerse en la extensa inscripción lanuvina CIL XIV, 2112.

esta ley se suprimió la última, la terna de jueces procedente de los tribunos del tesoro, *aerarii*. *Vid.* Suetonio, *Caes.* 42.

Lex de maiestate. – A esta ley, relativa al castigo de crímenes graves, se refieren varios pasajes del Digesto por ejemplo, Ulpiano en *Dig.* 1, 1, 1), sin una clara atribución a César en el año 48 a.C., tal como le atribuye Cicerón en *Phil.* 1, 21.

Lex de vi. – Relativa a los actos violentos ejercidos por la fuerza, y a la violencia criminal. La primera afecta directamente a la vida pública (Paulus, *Sent.* 5, 76), y la segunda también si el asesinato se perpetra contra un magistrado.

Lex theatralis. – Por esta ley se renuevan los derechos otorgados por la *lex Roscia* del año 67 a.C. según la cual se reserva a los caballeros (a los varones del orden ecuestre con solvencia económica) las 14 primeras filas en el teatro detrás de los senadores. Fue abolida por Augusto.

Lex Iulia municipalis. – Se conserva en las llamadas Tablas de Heraclea (*Tabulae Heracleenses*)[16], fechadas en el año 45 a.C. Es una ley general –parece, en principio, destinada solamente para ciudades de Italia, colonias y municipios. Regulan la vida cotidiana: infraestructuras, tráfico de mercancías, normas para la construcción de edificios, saneamiento colectivo, limpieza de calles, etc. Esta ley sirvió como base para estatutos coloniales específicos en provincias, como se deduce del texto conservado de la *Lex coloniae Genetivae Iuliae*, en la Bética.

Lex coloniae Genetivae Iuliae. – Mencionada varias veces por Mommsen en estos capítulos, esta *lex* provincial es importante para el estudio de las magistraturas menores, municipales o coloniales como es el caso. Se trata de la más antigua ley colonial provincial,

[16] Texto latino crítico: CIL I², 593 = ILS 6085 = FIRA I² nº 13. Fuentes en Rotondi, 1962, pp. 423-425; Crawford (ed.), 1996, Law 24 (pp. 355-391).

y una de las que más *tabulae* de bronce nos han llegado hasta hoy. También llamada *Lex Ursonensis*, relativa a la antigua *Urso*, actual Osuna en la provincia de Sevilla. Plinio se refiere a esta ciudad como *Urso Gen<eti>va Urbanorum* (*N.H.* 3, 3, 12). La ciudad tiene una larga historia –escenario de muchas guerras durante los siglos II-I, los de la conquista romana–, mencionada por Estrabón (3, 2,2), Tolomeo (2, 4,10) y Apiano (*Iber.* 16). Una de esas guerras de capital importancia son las libradas por César contra los hijos de Pompeyo en Hispania. El capítulo final del *Bellum Hispaniense* es la batalla de Munda el día 17 de marzo del 45 a.C. Victorioso César, entre las medidas políticas tomadas muy pronto "procedió el año 44 a.C. a la *deductio* de la *colonia Genetiva Julia*, a cuyo fin se confiscaron las tierras a los habitantes de *Urso*, que se habían distinguido especialmente por su apoyo a la causa pompeyana, en virtud de una disposición del propio César, llevada a cabo mediante una ley de Antonio, dada inmediatamente después de la muerte del dictador, pues aún no ha recibido el título de *divus*, según explícitamente se dice en diversos capítulos de la propia ley, que no pudieron escribirse a no ser que César aún viviese"[17]. La ley reviste una importancia capital para conocer, desde la perspectiva del Derecho, el proceso de "romanización" y de urbanización de la Provincia Hispania Ulterior (luego Bética)[18].

---

[17] González Fernández, en CILA 2.3, 1996, p. 40.

[18] El estudio jurídico en D'Ors, 1953, pp 167-280. Hay versión española de esta *lex* debida a J. González Fernández, en CILA 2.3, 1996, pp. 7-40. Estudio crítico y versión inglesa en: Crawford, 1996, Law 25 (pp. 393-454).

EXCURSUS 2

SUPPLEMENTUM LYDIANUM

A continuación se proporcionan los textos referidos a algunas magistraturas romanas – de las mencionadas principalmente en el presente libro en la obra Mommsen– tomados de la obra de Juan Lydo, de su obra Περὶ Ἀρχῶν τῆς Ῥωμαίων Πολιτείας (*De magistratibus populi Romani – Sobre los magistrados del pueblo Romano*), título que aparece en el manuscrito en el margen del inicio del libro I. La fecha más probable de redacción es 554, o, con un margen algo mayor, entre 548-556[1].

El importante testimonio "institucional" de esta obra de Juan Lydo no está disponible en español, de ahí que consideremos de gran interés estas páginas en relación con los capítulos de Mommsen, quien cita en varias ocasiones la obra de Lydo, aunque sin desarrollar sus textos. Para la obra de este autor, Mommsen manejó la edición de I. Bekker, *Ioannes Lydus*. (Corpus Scriptorum Historiae Byzantinae). Editio emendatior et copiosior, consilio B. G. Niebuhri C. F. Instituta, Auctoritate Academiae Litterarum Regiae Burussicae Continuata, Webe, Bonn 1837. Para los textos de las siguientes páginas nos basamos en la edición mejorada de A.C. Bandy, *Ioannes Lydus. De Magistratibus populi Romani. On Powers or the Magistracies of the Roman State*, Philadelphia 1983. American Philosophical Society.

1. EL AUTOR

El autor de esta obra es, según la enciclopedia bizantina Suda, Ἰωάννης, Φιλαδελφεὺς Λυδός, Juan, hijo de Laurencio, lidio de Filadelfia), conocido como Ioannes Lydus, o simplemente Lydo[2]. La

[1] BANDY, 1983, pp. XXVII y XXXIV-VI.

[2] Sobre el personaje Juan Lydo, MOMIGLIANO, 1970; MAAS, 1991. Añádase la introducción del libro de BANDY, 1983, pp. IX-XXVI; PEREA YÉBENES, 2005, pp. 178-179.

fecha verosímil de su nacimiento es el año 490, siendo emperador de Oriente Zenón (474-491), y cónsules Flavius Probus Faustus *iunior* (en la *pars Occidentis*) y Favius Longinus II (en la *pars Orientis*). Muy joven marcha a Constantinopla, a los 21 de edad, para completar sus estudios, quizás bajo la dirección (o asistiendo a las clases) del filósofo ateniense Agapius. Muy pronto entra a trabajar como funcionario estatal como *memorialis*[3] o auxiliar de los *magistriani*, es decir miembros de la oficina del *magister officiorum*, uno de los secretarios principales del emperador. Durante este periodo de aprendizaje en Constantinopla una circunstancia va a favorecer la posterior carrera "funcionarial" de Lydo: el hecho de que un paisano suyo, Zoticus, fue nombrado prefecto pretorio por el emperador Anastasio[4]. Lydo es llamado para colaborar en el *officium* (*sacra scrinia*) de Zoticus en calidad de *exceptor*. Fue, por tanto, uno de los 1000 *exceptores* o funcionarios electos que se incorporaban cada año la oficina pretoria, de los cuales pasaban al servicio fijo unos 30 (a lo sumo 50). Tenían su sede propia (*schola*), asignación alimenticia (*annona*), forraje para su animal (*capita*), y nueve *solidi* de paga anual, más asignaciones extraordinarias. Estos altos funcionarios podían ejercer distintos oficios o funciones especializados, como *commentarienses, ab actis, adiutores, chartularii*, etc., hasta alcanzar la categoría *senior* de *augustalis* o llegar al puesto más alto, en esta época, en la administración civil, *cornicularius*[5] o secretario del prefecto pretorio. Por su preparación intelectual y técnica –era sin duda perito en el manejo de archivos– las obras de Lydo son muy interesantes, más que por su novedad, por su afán y su método enciclopédico. En pocos casos puede discutirse que el *De Magistratibus* de Lydo sea una obra "orgánica"[6]. Es una explicación detallada y didáctica de las instituciones romanas antiguas, tal como las conocía un funcionario bien informado del siglo VI; al menos para su tiempo debe considerarse un verdadero "manual institucional",

---

[3] *Mag.*, III, 26.

[4] *Mag.*, III, 26.

[5] Sobre las transformación de las funciones de este rango administrativo militar en el Bajo Imperio, véase PEREA YÉBENES, 2004.

[6] Sobre Lydo, su obra y su aportación a la Historia del Derecho, véase especialmente el libro de CAIMI, 1984, BANDY, 1983, pp. XXVI-XXXVIII, así como el trabajo previo de TSIRPANLIS, 1974

y, consecuentemente, una fuente de primera mano para el estudio del Derecho romano, que a menudo completa y aclara las leyes del *Codex* de Justiniano, y que no lleva a tiempos más remotos con su particular exposición historicista de las instituciones romanas.

2. Las magistraturas superiores del Estado romano, según Juan Lydo

Tomaremos, modo de ejemplo, las referencias y textos más significativo de Juan Lydo referidos a las principales magistraturas mayores[7]: consulado, dictadura, *magister equitum*, prefecto pretorio, y el concepto de "César" como *autokrátor*.

a) El consulado

El consulado, la máxima magistratura republicana *cum imperio*, es tratada por Lydo en distintos fragmentos salteados. Resuelve la transición de monarquía a República con la siguiente frase corta: μετὰ δὲ τὴν ἐκβολὴν τῶν ῥηγῶν καὶ προβολὴν τῶν ὑπάτων, θορύβων ἐνισταμένων, ὡς εἴρηται τοῖς συγγραφεῦσιν ἑκατέρας φωνῆς, ἐπὶ πεντήκοντα σύνεγγυς ἐνιαυτοὺς χιλίαρχοι τῶν πραγμάτων ἐξηγήσαντο, "tras la expulsión de los reyes y el establecimiento de los cónsules, hubo conflictos, como dicen los autores de una y otra lengua, y durante más de cincuenta años tribunos militares gobernaron los asuntos públicos"[8]. En *Mag.*, I, 45, 7 Lydo nos da otro apunte sobre el consulado: "Hasta César, los cónsules hicieron la guerra, en tanto que los magistrados civiles dirigían los asuntos de la ciudad".

b) La dictadura

Sobre la dictadura trata Lydo en *Mag.* I, 36-38 (ἡ καλουμένη δικτατοῦρα, καὶ τί σημαίνει τὸ ὄνομα, La así llamada dictatura, y en qué consiste). La magistratura tiene claras connotaciones militares,

---

7 Perea Yébenes, 2005, pp. 184-190.

8 *Mag.*, I, 35, 2.

pues de hecho, en la esencia de su creación está el acudir a salvar, *manu militari*, a la República en peligro. Es un nombramiento *belli gerendi causa* o *seditionis sedendae causa*, y por tanto, al menos teóricamente, excepcional, concentrando en su sola mano el poder de los cónsules y situándose por encima de los demás magistrados *cum imperio*. Leemos en *Mag*. I, 36:

> Así, pues, estando su república en estado de alarma, los romanos acordaron nombrar a uno que se llamó dictador, ya que "no es bueno el gobierno de muchos". Por lo tanto, dos eran las ansiedades con que estaban angustiados: temían que, sin tener el título de "reyes", inadvertidamente volvieran a caer en manos de nuevos Tarquinos o fueran matados por muchos magistrados que estaban en desacuerdo. En consecuencia, decidieron, como ya he dicho, a un dictador, a saber, "regente interino", limitándose su poder soberano a sólo seis meses. Y me parece adecuado en este punto explicar el término dictador a los griegos. Ahora bien, los romanos llaman así, en su lengua ancestral [*dictator*], a un monarca provisional; no es designado para reglamentar los asuntos de las personas mediante la promulgación de leyes, sino que su cargo acaba poco después. Se llama "dictadura" a su poder, que no es absoluto, sino que actúa en favor del Estado por un periodo corto. Una vez solucionados los problemas, gracias a la razón y solo a la razón, aquel que había sido nombrado retornaba a su condición anterior. Pues, tan pronto como el dictador acaba con los problemas que acucian al Estado debe renunciar inmediatamente a la magistratura.

En la "provisionalidad" de la dictadura insiste más adelante, poniendo el tope del ejercicio de esta magistratura en un máximo de seis meses, o un plazo mucho menos, incluso, dice "un solo día"[9]. Parece que sobre este tema Lydo consultó la obra de Livio[10]. Interesa a Lydo mostrar el traspaso a la dictadura de una forma singular (e

[9] *Mag.*, I, 37, 9.
[10] Livio, 39, 39, 40; t 23, 14, 2. Sobre el tema: Dionisio, 10, 24; Plutarco, *Fab. Max*, 4.

individualizada) de *imperium* que correspondía al colegio consular, a cuyo poder casi ilimitado se equipara el *dictator*[11]. Leemos a continuación (*Mag.*, I, 38, 1-14):

> Los romanos designaron como primer dictador a Tito Marcio, quien, apenas asumió la magistratura, nombró inmediatamente dos cónsules. De hecho, no fijó el momento en que debían ser nombrados los cónsules, porque el nombramiento del cónsul en el mes de enero se instituyó más tarde. Sin embargo, limitó la función consular a solo un año, ya que los romanos se deleitaban con los cambios en todas partes. Todos los símbolos del oficio regio, a excepción de la corona, estaban a disposición del dictador: las doce hachas, el manto de púrpura, la silla curul, las lanzas y todas las insignias con las que se identificaba a los *reges*. En primer lugar nombró a Espurio Casio comandante de caballería como su lugarteniente, tal como Rómulo [había designado] a Celer tribuno de la caballería. Lo precedían largas varas sin crestas, costumbre que, incomprensiblemente, aún se conserva hasta el día de hoy. Porque, mientras que los *lictores* ya no preceden a los comandantes de la caballería cuando parten, como lo hacían antaño, un guardia por detrás suele llevar largas varas atadas uniformemente, aunque él mismo no sabe la razón de llevarlas; simplemente sigue la costumbre. El comandante de caballería era superior a todas las magistraturas del Estado, y no se permitía a nadie proceder a la apelación de su juicio. Ninguno de los dictadores, sin embargo, conservó la soberanía del gobierno único más de seis meses, y en muchos casos solamente duró un día. No resultaría fácil mencionar a los dictadores, su número y cuánto tiempo duró su dictadura.

[11] Como dice Cicerón, *Leg.*, 3, 39.

En los párrafos del siguiente parágrafo 38, Lydo (*Mag.*, I, 38, 1-14) trata de la breve historia de la dictadura, recordando a vuelapluma algunos momentos clave de la historia de la República romana:

1. El primer dictador fue Tito Marcio[12]. Dejó su puesto a Tito y a Valerio, que eran los cónsules antes de llegar él (a la dictadura), pero pronto estallaron revueltas y tuvieron que retirarse. El dictador entonces nombró a otros para reemplazarlos. Eran las calendas de septiembre. 2. Diecisiete años después de los primeros cónsules hubo grandes conflictos entre el senado y el pueblo; la plebe nombró dos tribunos, cuya misión era actuar como árbitros para la gente del pueblo y para supervisar el mercado; pero se dejaron llevar por un exceso de celo y no dudaron de alentar los votos contra los patricios. 3. En el año vigésimo tercero desde el primer gobierno consular, el poder fue dividido en tres partes: el de los cónsules, el del prefecto de la Ciudad y el del pueblo. Los cónsules conducen las guerras, el pueblo servía en el ejército, y el prefecto aseguraba la vigilancia de la Ciudad; se llamaba *custos Urbis*, es decir "guardián de la Ciudad". 4. El año vigésimo segundo de los cónsules, estando enfrentados el senado y el pueblo, fue nombrado dictador Aulo Sempronio; éste eligió como cónsules a Gayo Julio en el senado y a Quinto Fabio entre el pueblo, y luego aquél renunció a la dictadura. 5. Un nuevo dictador, Gayo Mamerco, fue nombrado en el año 42 de los cónsules. 6. Como el pueblo provocó nuevas revueltas, nombró a tres tribunos militares, que no hicieron sino complicar las cosas. Se nombró entonces como dictador a Tito Quintio, que puso fin a los desórdenes en unos trece días y enseguida dejó el puesto. 7. En el año 74 de los cónsules, la situación se complicó a causa de los etruscos. Vista la importancia de la guerra, se nombró dictador a Marco Emilio, y luego a Publio, que se retiró tras haber puesto fin a la guerra contra los etruscos en dieciséis días solamente. 8. Como el

[12] El primer dictador fue Tito Larcio (no Marcio). El primer nombre podemos leerlo en el texto de Cicerón, *Rep.*, II, 56: "Por esta misma época, unos diez años después de los primeros cónsules, se estableció la dictadura, siendo nombrado T. Larcio para tal magistratura, tan parecida a la monarquía" (*Atque his ipsis temporibus dictator etiam est institutus decem fere annis post primos consules, T. Larcius, novumque id genus imperii visum est et proximum similitude regiae*).

pueblo nombró de nuevo tribunos militares y el mismo pueblo los rechazó, se nombró dictador a Quinto, que abandonó el puesto tras haber puesto orden en la ciudad en ocho horas; luego nombró a P. Cornelio Coso, y luego a T. Quinctius. 9. A partir del año 136 de los cónsules, al comienzo de la Olimpiada 103, la ciudad fue presa de la anarquía. 10. Luego se nombró de nuevo a los cónsules, y se designó entre los patricios a cuatro ediles, dos cuestores, un pretor (es decir, un general), legados (es decir, generales adjuntos) y doce tribunos militares. Se tuvo noticia de que Alejandro de Macedonia preparaba una campaña contra los romanos. 11. Los romanos, preocupados, votaron la propuesta de nombrar como general a Papirio Cursor para que se enfrentase a Alejandro; eligieron también a los augures y a los pontífices. Indudablemente se ocupan de evitar la derrota, y en tiempos de guerra se amparan en las plegarias. 12. En el año 163 de los cónsules se nombró un segundo pretor: a partir de este momento se le llamó "*peregrinus*" o «encargado de los extranjeros». Cuando el pueblo fue dividido en cuatro partes y en treinta y cinco tribus, se sumaron otros tres pretores además de los citados. 13. En el año 290 de los cónsules, cuando Aníbal puso el pie en Italia, la amenaza de la guerra era tan grande que se nombró no sólo a un dictador sino también a un pro-dictador, así como un *magister equitum* y un *pro-magister equitum*: el segundo vigilaba de cerca las decisiones del primero para que la decisión arbitraria de un solo hombre no pusiera en riesgo a todo el Estado. 14. Estos son los únicos dictadores o *intereges* de los que ha conservado recuerdo la historia romana. Detrás vinieron Gayo Julio César, que declaró la guerra contra el senado y Pompeyo una guerra terrible para el Estado y se proclamó a sí mismo rey, con Lépido como jefe de la caballería.

c) El *magister equitum*

El texto esencial es *Mag.*, I, 14, hablando del *magister equitum* antiguo como magistrado o poder ejecutivo antecedente del prefecto pretoriano (ὁ ἵππαρχος καὶ ὅτι εἰς τόπον αὐτοῦ ὁ τῶν πραιτωρίων ὕπαρχος προεβλήθη, *el jefe de la caballería y cómo fue reemplazado por el prefecto del pretorio*). El texto permite conocer también aspectos relevantes (para Lydo) de la organización de la primitiva caballería romana:

> Como ya dije, Rómulo confió la infantería a los centuriones y la caballería a Celer, que mandaba al conjunto del ejército; le animaba a acaparar los poderes extraordinarios, regalos de la fortuna, de la administración del país, en tanto que, a excepción de la corona, la realeza, un poder que no tenga control por sí mismo no tendría nunca maestros de la caballería. Este puesto fue mantenido por los reyes, por todos los dictadores sin excepción y luego por los Césares, que cambiaron el nombre de maestro de la caballería y le llamaron "prefecto". El jurista Aurelio[13] lo confirma, cuando dice textualmente (traduzco): "Es necesario exponer brevemente de dónde procede el poder del prefecto del pretorio. Viene muy probablemente del maestro de la caballería: de hecho, todos los antiguos aluden a la forma en que, en cada lugar, ha sido llamado el prefecto. Y concluye que, efectivamente, entre los antiguos los plenos poderes les fueron confiados inmediatamente a los dictadores. Cada uno de ellos elegía para sí un maestro de caballería para compartir con él su puesto y la administración. Una vez que el poder pasó a los emperadores, se introdujo (la figura) del prefecto del pretorio, a imagen del maestro de caballería. Éste tiene un poder mucho mayor que su predecesor para la administración, para la formación y el entrenamiento de los ejércitos y para recomponerlos en general. Ha llegado a tal nivel de autoridad que nadie puede ir en su contra ni discutir sus opiniones".

Sabemos que el *magister equitum* era un magistrado nombrado por el dictador, y el ejercicio de su mando militar acababa con al mismo tiempo que la del dictador que lo había nombrado. En su ausencia se ponía al mando de las tropas el *magister equitum* y cuando este faltaba (porque estaba en otro frente de guerra) el mando recaía en los tribunos. Tras la reforma de Augusto, caído ya en desuso el título y función del *magister equitum* (convertida de hecho en una

[13] Se trata del jurista Aurelius Arcadius Charisius, *magister libellorum* bajo Constantino I, y autor de varias obras: *De Muneribus civilibus; De Testibus*; y *De Officio Praefecti Praetorio*.

magistratura menor, inferior a la pretura) se organizó en torno a los tribunos el mando de la caballería legionaria y auxiliar[14].

d) Una evolución funcional: del *magister equitum* republicano al *magister officiorum* bajoimperial

Más adelante, en *Mag.*, II, 23-26 Lydo hace un excurso histórico sobre los antecedentes del "así llamado *magister* de los *officia* imperiales denominado comandante de las tropas de la Corte" (ΠΕΡΙ ΤΟΥ ΛΕΓΟΜΕΝΟΥ ΜΑΓΙΣΤΡΟΥ ΤΩΝ ΘΕΙΩΝ ὈΦΦΙΚΙΩΝ ἈΝΤΙ ΤΟΥ ἊΡΧΟΝΤΟΣ ΤΩΝ ΑΥΛΙΚΩΝ ΣΤΡΑΤΕΥΜΑΤΩΝ). Lydo busca los orígenes del *magister sacrorum officiorum* en el *magister equitum* republicano[15]. Interesa recordar a tal fin el texto *Mag.*, II, 24. Lydo se percata del cambio de significado de la magistratura para una misma denominación, que puede parecer incoherente al que examine cuidadosamente los hechos, concretando que

> para el comandante (ἵππαρχός) de la caballería lo principal, puede decirse que en exclusiva, era acudir en ayuda del *rex* mandando las tropas de jinetes y poniéndose a la cabeza de la cohorte; por consiguiente el ahora llamado *magister* no es otra cosa que el comandante de la caballería. La razón del cambio de nombre, sin embargo, implica un aumento de poder. Del mismo que el *magister officiorum* (μάγιστρος ὀφφικίων), como ya expliqué, designa al jefe supremo de los registros del tribunal, en el que figuran todas las fuerzas de caballería y de infantería del emperador hasta un total de diez mil guerreros (θεωρεῖται εἰς μυρίους συναγομένη πολεμιστάς); pues así, mientras que antes la única misión del jefe de la caballería era mandar este cuerpo, ahora el *magister* tiene más categoría porque el poder imperial lo ha querido. Y del mismo modo que antes los

[14] Para la época de la República, Lydo enfatiza el poder militar del *magister equitum,* tema al que vuelve en *Mag.* I, 37, 8.

[15] *Cfr. Mag.*, II, 10 [= III, 40]. La misma idea en Varrón, *L. L.*, 5, 82.

romanos tenían poder sólo sobre Italia, ahora sin embargo, puesto que Dios los protege, además gobiernan todas las tierras y mares.

En el parágrafo siguiente trata de responder a la pregunta "¿Quién fue el primer *magister* con las competencias a que te has referido?". Y responde (*Mag.*, II, 25), "Quién fue por primera vez nombrado *magister* no sabría decirlo, porque la historia calla. Antes de Martiniano, que fue *magister* bajo Licinio, la historia no informa de tal nombramiento para otra persona. Aunque ocurriera con Licinio, siendo Constantino el jefe supremo de toda la cancillería, designó a Paladio[16] como *magister* de la corte, un hombre sagaz e inteligente en cuyo haber estaba haber reconciliado a los persas con los romanos y Galerio Maximiano. Pedro[17], sin embargo, que es un gran conocedor de todos los asuntos y una buena fuente de información de la historia general, dice que, para quienes deseen estar informado sobre tal *magisterium*, acudan a él, porque lleva un registro de *magistri*, uno tras otro hasta nuestros días". En *Mag.*, II, 26, como cabe esperar, Lydo lleva la reflexión a su terreno, y hace una larga disgresión, basada en los párrafos anteriores, por la cual viene a justificar semánticamente el gran poder que se les dio a los *magistriani* de la oficinas civiles, que suplantan las funciones militares de los antiguos *frumentarii*, entendiendo sobre la fabricación de armas y la intendencia (ὁ μάγιστρος ἔχειν πιστεύεται, τόν τε δημόσιον δρόμον καὶ πλῆθος ἐμβριθὲς τῶν πάλαι μὲν φρουμενταρίων, νῦν δὲ μαγιστριανῶν, τήν τε τῶν ὅπλων κατασκευὴν καὶ ἐξουσίαν). Hay que decir que la relación de los *frumentarii* con las armas en el Alto Imperio es una invención de Lydo. Los *frumentarii*, como sabemos, eran agentes del servicio de información e inteligencia al servicio del emperador y de los legados legionarios. De nuevo Lydo, en todo estos argumentos previos, hace una elipsis temporal/funcional pasando de la época monárquica-republicana al Bajo Imperio, sin indicar que el paso intermedio que fue la reforma de Augusto por la que el *magister equitum* fue sustituido por el *praefectus praetorio* (ἔπαρχος/ὕπαρχος

---

16 *PLRE*, I, 658, *s.v. Palladius*, 2.

17 Se refiere a Petrus Patricius, *magister* y rétor.

τῶν πραιτωρίων), por la sencilla razón de que lo había tratado antes, en *Mag.*, I, 14 (véase el texto más arriba).

e) El *praefectus praetorio*

La prefectura pretoriana[18] es la magistratura estrella de la obra de Lydo[19], pues él mismo la ejerció. Para él, la prefectura pretoriana es "la más antigua y la más importante de todas las magistraturas"[20], es "el océano de los asuntos del Estado hacia el que desembocan todos los ríos y todos los mares [...] Es la magistratura de las magistraturas"[21].Explica su evolución desde tiempos remotos: su origen como comandante de la caballería[22], cuál era su papel en Roma y en el campamento[23]; el derecho del prefecto a llevar espada desde su creación[24]; sus insignias[25]; el declive de la magistratura[26], y cómo de sus cenizas surge la nueva magistratura de la Prefectura Pretoriana hasta alcanzar los poderes y prerrogativas que Lydo exalta en los últimos capítulos del libro II y a lo largo de todo el libro III, que se presenta como un tratado autónomo de esta magistratura "restaurada"[27], explicándola en todos sus detalles, aunque con algunos errores históricos[28] y omisiones temporales graves[29].

[18] Sobre la prefectura del pretorio, son fundamentales los estudios de ENSSLIN, 1954 y de STEIN, 1922/1962. En particular sobre las instituciones militares en la obra de Lydo, PEREA YÈBENES, 2005.

[19] CAIMI, 1984, cap. III, "Prefettura del pretorio e autorità imperiale", pp. 201-286.

[20] *Mag.*, I, 15.

[21] *Mag.*, II.17. Antes de Lydo, un intelectual áulico, Casiodoro, hacia el año 511, había la visto en la institución de la prefectura, una especie de "reinado" incluso con connotaciones sagradas (Cass., "Formulae Praefecturae Praetorio", *Variae,* VI, 3).

[22] *Mag.*, I, 14.

[23] *Mag.*, II, 6.

[24] *Mag.*, II, 9.

[25] *Mag.*, II, 13.

[26] *Mag.*, II, 10 = III, 40.

[27] MAAS, 1992, pp. 88-89.

[28] Sirvan como ejemplo la captura de Antioquía por los persas en junio de 540 es situada por Lydo (*Mag.*, III, 54) en el contexto de la primera guerra persa de Justiniano. Según BANDY, 1983, pp. XXXIV-XXXV, donde pueden leerse otras inconsistencias cronológicas de Lydo, tales fallos podrían explicarse por la falta de una revisión del escrito definitivo debido, quizás, a la muerte del autor.

[29] En el libro I, Lydo omite todo el periodo altoimperial, entre la muerte de César y el reinado de Constantino I. Tampoco hay referencias a hechos históricos tan relevantes como la recuperación de parte de Hispania (en el 552). Sin embargo, si se acepta la

El paso del mando supremo del prefecto de la caballería al mando supremo del pretorio, es decir el prefecto pretoriano con competencias militares, lo explica así Lydo en *Mag.*, II, 6:

Una vez que las magistraturas fueron creadas tal manera como he descrito bajo el mando del primer César, que solventó los asuntos del Estado con ayuda de la Fortuna, todo cambió al dejar a los cónsules únicamente con el título de tales, entre otras cosas para datar los años, aunque situándolos por debajo de él, que se atribuyó, y pasando tal derecho a sus sucesores, el dirigir personalmente las guerras que surgieran (a no ser que prefiriesen una vida cómoda), o delegando tal poder a los generales elegidos por ellos a modo de lugartenientes, a aquellos que los romanos llaman *legati*, olvidando aquel poder supremo que en otro tiempo había tenido el jefe de la caballería, por ejemplo Lépido, que había actuado como general en jefe exclusivo. Cuando después (de Julio César) Octaviano César, como he dicho, restauró la figura del comandante de la caballería con el título de prefecto, tenía a sus órdenes no sólo la corte[30] sino todo un ejército, así como el personal civil del que antes había carecido, y se hacía llamar *hyparchos* en vez de *hipparchos*, como si la palabra hubiera sufrido una ligera transformación debido al uso descuidado. Y en Roma (el único lugar donde a la corte se le llama *palatium*) el jefe se vino a llamar "el prefecto del César", es decir "el segundo después de éste", aunque en los *castra* (los romanos tienen la costumbre de llamar así a los campamentos en la guerra) era llamado *prefectus praetorio*, es decir, "el comandante del *pretorium*", ya que (los romanos) denominaban *praetorium* al lugar que daba cobijo al general en tierra extranjera. He encontrado, sin embargo, una razón sólida que explica por qué la designación *praetoria* se añadió a la figura del prefecto: que la magistratura pudiera ostentarla alguien entendido en asuntos específicos y que no dé la impresión de que no hay alguien designado a tal fin, distinto del

fecha de 554-55 para la redacción del *Magistratibus*, resulta lógico que haya mención alguna al terremoto de Constantinopla (en 557) y a la segunda plaga de peste que asoló la ciudad en 558.

30 Debe entenderse el mando "de la corte" o séquito del César.

prefecto de la Ciudad, el cual, como ya dije, lleva el mismo título de "prefecto", aunque anteriormente era llamado pretor urbano. Además, Tranquilo[31], que había dedicado a Septicio su obra *Vida de los Césares*, que era prefecto de las cohortes pretorianas en su día, indica que él era *prefectus* de las órdenes pretorias y comandante de las tropas Por tanto, no había que tomarlo únicamente como prefecto de la corte, a la que me he referido antes numerosas veces, sino también del *praetorium*, en singular, aunque es correcto de igual modo citarlo en plural; de tal modo que también era de los *praetoria*, es decir, "comandante de los pretorianos", indistintamente llamadas "tropas", "cohortes", o "ejércitos" o "fuerzas".

f) El cesariato y el *imperium*

Los Césares, esto es, los emperadores del siglo I (desde Augusto a los Flavios) y los emperadores de las dinastías que gobernaron Roma en los siglos siguientes, eran, para Mommsen, una especie de magistrados únicos que eclipsaban las demás instituciones de su época y que, obviamente, reemplazaba en poder ejecutivo a los magistrados en su concepción republicana, de los que él, el emperador, es legítimo heredero. Así lo entiende también Lydo, en su explicación del nombre "César" que hace sinónimo de *autorkátor*, el que ejerce un poder político unipersonal) en *Mag.* I, 4, 1-5:

> En cuanto al nombre de césares o emperadores, no designa ni una realeza, ni una tiranía, sino más bien un poder personal total para tomar parte, para mejorarlos, de los asuntos que ponen en peligro al Estado, de modo que puede dar instrucciones al ejército sobre la forma mejor en que debe enfrentarse a sus enemigos. *Imperare*, en efecto, significa "dar órdenes", de ahí *imperator*. Que el nombre de César o emperador no designe un papel regio, es la razón por la que de hecho los cónsules, y después de ellos los Césares, han tomado la dignidad como título propio, y de ahí que

[31] Naturalmente se refiere a C. Suetonio Tranquilo, el autor de la *Vida de los Doce Césares*.

se les llame *imperatores*. Se aprecia además que los emperadores no hacen uso de los símbolos de los tiranos; visten únicamente la púrpura cuando suben a la tribuna del Senado y cuando actúan como jefes, como ya se ha dicho, del ejército en armas. Por tal motivo los romanos les llaman Príncipes, es decir, "el que está a la cabeza del Estado. En cuanto al apelativo "Césares", con el mismo se designa a la familia descendiente del primer César.

ESTE LIBRO SE TERMINÓ DE IMPRIMIR
EN EL MES DE DICIEMBRE DE 2024